UTB **3449**

Eine Arbeitsgemeinschaft der Verlage

Böhlau Verlag · Köln · Weimar · Wien
Verlag Barbara Budrich · Opladen · Farmington Hills
facultas.wuv · Wien
Wilhelm Fink · München
A. Francke Verlag · Tübingen und Basel
Haupt Verlag · Bern · Stuttgart · Wien
Julius Klinkhardt Verlagsbuchhandlung · Bad Heilbrunn
Lucius & Lucius Verlagsgesellschaft · Stuttgart
Mohr Siebeck · Tübingen
Nomos Verlagsgesellschaft · Baden-Baden
Orell Füssli Verlag · Zürich
Ernst Reinhardt Verlag · München · Basel
Ferdinand Schöningh · Paderborn · München · Wien · Zürich
Eugen Ulmer Verlag · Stuttgart
UVK Verlagsgesellschaft · Konstanz
Vandenhoeck & Ruprecht · Göttingen
vdf Hochschulverlag AG an der ETH Zürich

Grundriss Allgemeine Geographie

herausgegeben von Heinz Heineberg
begründet von Paul Busch

Bisher sind erschienen:

Geomorphologie von Harald Zepp
Einführung in die Anthropogeographie/Humangeographie von Heinz Heineberg
Stadtgeographie von Heinz Heineberg
Wirtschaftsgeographie von Elmar Kulke
Verkehrsgeographie von Helmut Nuhn/Markus Hesse
Geographiedidaktik von Gisbert Rinschede
Klimatologie von Wilhelm Kuttler
Globalisierung der Wirtschaft von Ernst Giese/Ivo Mossig/Heike Schröder

Ernst Giese/Ivo Mossig/Heike Schröder

Globalisierung der Wirtschaft

Eine wirtschaftsgeographische Einführung

Ferdinand Schöningh

Die Autoren:

PROF. DR. ERNST GIESE, Jahrgang 1938, von 1973-2007 Professor für Wirtschaftsgeographie am Institut für Geographie der Justus-Liebig-Universität Gießen, seit April 2007 emeritiert.
FORSCHUNGSSCHWERPUNKTE: Standort- und Regionalanalyse, Räumliche Implikationen der Globalisierung der Wirtschaft, Angewandte Geo-Statistik.
REGIONALER FORSCHUNGSSCHWERPUNKT: Zentralasien

PROF. DR. IVO MOSSIG, Jahrgang 1969, seit 2008 Professor für Humangeographie mit dem Schwerpunkt Wirtschafts- und Sozialgeographie am Institut für Geographie der Universität Bremen.
FORSCHUNGSSCHWERPUNKTE: Pfadabhängigkeiten und Prozesse der Clusterevolution, Geographien der Kultur- und Kreativwirtschaft, Räumliche Implikationen der Globalisierung der Wirtschaft, Stadt- und Regionalentwicklung.

DIPL.-GEOGR. HEIKE SCHRÖDER, Jahrgang 1982, Doktorandin am Institut für Geographie der Universität Bremen.
FORSCHUNGSSCHWERPUNKTE: Evolutionäre Wirtschaftsgeographie, Krisen/Strukturbrüche und regionale Entwicklungspfade, Räumliche Implikationen der Globalisierung der Wirtschaft.

Coverbild:

Ein Containerschiff, das wichtigste Transportmittel der globalisierten Wirtschaftsordnung.
Foto: Verlagsarchiv

Bibliografische Information der Deutschen Nationalbibliothek

Die Deutsche Nationalbibliothek verzeichnet diese Publikation in der Deutschen Nationalbibliografie; detaillierte bibliografische Daten sind im Internet über http://dnb.d-nb.de abrufbar.

Gedruckt auf umweltfreundlichem, chlorfrei gebleichtem Papier ⊗ ISO 9706

© 2011 Verlag Ferdinand Schöningh, Paderborn
(Verlag Ferdinand Schöningh GmbH & Co. KG, Jühenplatz 1, D-33098 Paderborn)
ISBN 978-3-506-76787-5

Internet: www.schoeningh.de

Printed in Germany.
Herstellung: Ferdinand Schöningh, Paderborn
Einbandgestaltung: Atelier Reichert, Stuttgart

UTB-Bestellnummer: ISBN 978-3-8252-3449-2

Inhalt

Vorwort

Seit den 1980er Jahren ist die Frage nach den Ursachen und räumlichen Implikationen der Globalisierung der Wirtschaft mehr und mehr in den Fokus wirtschaftsgeographischer Forschungen gerückt. Mit der Monographie „Global Shift" von Peter Dicken, die in erster Auflage 1986 erschienen ist, wird erstmals ein allgemeiner Überblick über das Phänomen der Globalisierung vermittelt. Ältere Lehrbücher zu einer „Weltwirtschaftsgeographie" wie z. B. jenes von Hans Boesch aus dem Jahre 1966 haben sich nur randlich mit weltweit verflochtenen Wirtschaftsbeziehungen und Aktivitäten beschäftigt. Dies ist nicht weiter verwunderlich, da die globalen wirtschaftlichen und finanziellen Verflechtungen sich in der heutigen Intensität erst seit den 1970er und 1980er Jahren entwickelten und ihre volle Tragweite erst in den nachfolgenden Dekaden sichtbar wurde.

Mit dem vorliegenden Band wird eine wirtschaftsgeographische Perspektive auf die Globalisierung der Wirtschaft eingenommen, indem ein Überblick über die räumlichen Auswirkungen gegeben wird, die mit diesem Prozess einhergehen. Das Buch soll aufbauend auf grundlegenden Kenntnissen zur Wirtschaftsgeographie den Studentinnen und Studenten höherer Semester einen Einstieg in die Thematik erlauben und ein tiefergehendes Verständnis über die Ursachen und die räumlichen Implikationen der Globalisierung ermöglichen.

Das Buch gliedert sich in drei Teile. Im ersten Teil (Kapitel 1 - 5) werden die Ursachen, Voraussetzungen und Erscheinungsformen der Globalisierung der Wirtschaft erörtert sowie die Motive und Strategien der Internationalisierung sowohl aus Sicht der politischen Akteure (Nationalstaaten und Internationale Organisationen) als auch der zunehmend global agierenden Wirtschaftsunternehmen dargelegt. Der zentrale zweite Teil (Kapitel 6 - 11) beschäftigt sich auf verschiedenen räumlichen Aggregationsniveaus mit räumlichen Implikationen des Globalisierungsprozesses der Wirtschaft. Der dritte Teil des Buches (Kapitel 12 - 14) behandelt die im Jahre 2007 einsetzende globale Finanz- und Wirtschaftskrise, deren Auswirkungen nach wie vor zu spüren sind. Die Finanz- und Wirtschaftskrise wäre ohne die weltweite Verflechtung der Waren- und Finanzströme nicht möglich gewesen. Insofern steht die Krise in einem unmittelbaren Zusammenhang zu den Inhalten der ersten beiden Teile des Buches. Neben der Erörterung der Ursachen wird in diesem dritten Teil der Frage nach den räumlichen Auswirkungen der Finanz- und Wirtschaftskrise nachgegangen.

Der Ursprung für dieses Lehrbuch liegt in Vorlesungsmanuskripten für Lehrveranstaltungen zur Globalisierung der Wirtschaft, die zunächst am Institut für Geographie der Justus-Liebig-Universität Gießen entwickelt und gehalten wurden und später dann am Institut für Geographie an der Universität Bremen eine Fortführung und Weiterentwicklung erfahren haben.

Das Autorenteam möchte an dieser Stelle seinen Dank an Prof. Dr. Heinz Heineberg für die Aufnahme des Bandes in die angesehene Lehrbuchreihe „Grundriss Allgemeine Geographie" und für die von ihm geleistete inhaltliche Betreuung der Arbeit aussprechen. Von Seiten des Verlages danken wir Herrn Dr. D. Sawicki für die freundliche und professionelle Zusammenarbeit. Ein besonderer Dank geht an die beiden Kartographen an den Instituten für Geographie in Bremen und Gießen, Matthias Scheibner (Bremen) und Bernd Goecke (Gießen), welche die zahlreichen Abbildungen und Karten entworfen und gestaltet haben. Matthias Scheibner danken wir zudem ganz, ganz herzlich für die Übernahme des Layouts des vorliegenden Bandes. Wir wissen die enorme Arbeit, die diesbezüglich geleistet wurde, sehr zu schätzen.

Weiterhin möchten wir uns für das Korrekturlesen sowie für die Arbeiten zur Erstellung des Indexes bei Christian Kluck, Lars Schieber sowie Isa Reinecke bedanken. Bei der Erarbeitung einer frühen Fassung des Vorlesungsmanuskripts war als Studentische Hilfskraft Arman Peighambari beteiligt, dem wir an dieser Stelle ebenfalls unseren Dank aussprechen wollen. Die umfangreichen Arbeiten an dem Buch wären ohne die Einbettung in ein funktionierendes berufliches und privates Umfeld kaum zu realisieren gewesen. Allen Personen, die zu dem anregenden und angenehmen Umfeld in Gießen und Bremen beitragen haben und dies bis heute nach wie vor tun, sei an dieser Stelle ganz besonders gedankt.

Gießen und Bremen im Januar 2011

1 Einführung

Quelle: Bundeszentrale für politische Bildung, 2003.

„Früh morgens klingelt der Wecker – made in China. Während wir zum Frühstück Kaffee aus Südamerika trinken und ein Brötchen mit holländischem Käse essen, hören wir im Radio Lieder englischer und amerikanischer Bands. Auf dem Weg zur Arbeit begegnen uns Autos deutscher, japanischer, schwedischer oder französischer Hersteller. Im Büro schalten wir den Computer ein und arbeiten mit US-amerikanischer Software und chinesischer Hardware" *(Kruber et al. 2008b, S. 4).*

Nahezu jeden Tag erscheinen in Zeitung und Fernsehen neue Meldungen über Globalisierungsprozesse und -phänomene. Globalisierung ist zu einem Schlagwort geworden, mit dem sehr heterogene Inhalte verbunden werden. Hoffnungen, aber auch Ängste werden durch die Globalisierung bei der Bevölkerung und bei Politikern hervorgerufen. Ob die Globalisierung mehr Chancen als Risiken birgt oder umgekehrt, wird sehr kontrovers diskutiert *(Bathelt 2000,* *S. 97; Beck 2007; Knox/Marston 2008, S. 74 ff.; Stiglitz 2004, 2006).* Die inflationäre Verwendung des Begriffs scheint aus der Erkenntnis zu resultieren, dass wirtschaftliche und gesellschaftliche Teilsysteme in zunehmendem Maße weltweit zusammenhängen und sich wechselseitig beeinflussen *(Bathelt 2000, S. 98).* Im Zuge der Globalisierung findet offensichtlich eine Intensivierung der ökonomischen, sozialen, kulturellen und ökologischen Beziehungen

Abb. 1.1: Welthandelswege um 1400

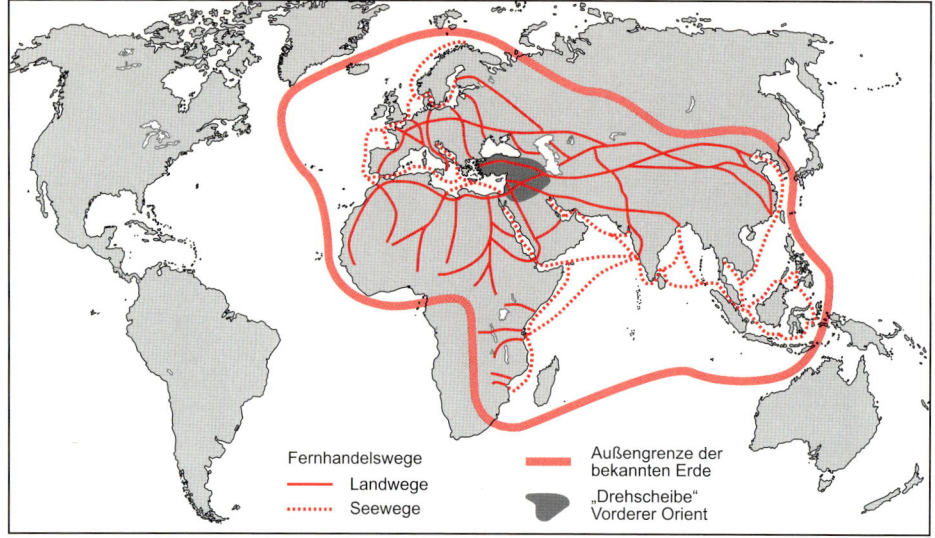

Quelle: Eigene Bearbeitung nach Müller-Wille 1966, S. 16.

und Verflechtungen statt *(Knox/Marston 2008, S. 11)*.

Auch wenn der Begriff der Globalisierung erst in den letzten Jahrzehnten seine starke Verbreitung erfuhr, stellt sich die Frage, inwiefern die Globalisierung der Wirtschaft tatsächlich ein neuartiges Phänomen ist. Grenzüberschreitende ökonomische Aktivitäten fanden seit jeher statt, und geschlossene Volkswirtschaften hat es kaum jemals gegeben.

Bereits in der **Antike** wurde in der damals bekannten Welt mit Gewürzen, orientalischen Stoffen oder Gold, Silber und Edelsteinen gehandelt *(Koopmann/Franzmeyer 2003)*. Im **Spätmittelalter** war Vorderasien die Drehscheibe des Welthandels. Dieser spiegelte eine zonale Arbeitsteilung zwischen den tropischen und subtropischen Regionen Asiens und Afrikas sowie den gemäßigten und borealen Bereichen Europas wider, die durch klimatisch-vegetative Gegebenheiten beeinflusst wurde (vgl. Abb. 1.1) *(Müller-Wille 1966)*.

Spätestens im **17. und 18. Jahrhundert** setzte sich mit der Wirtschaftsphilosophie des **Merkantilismus** die Idee durch, mit dem Export von Gütern den eigenen Wohlstand zu mehren, wobei die Abschottung der jeweiligen Heimatmärkte die Entfaltung des internationalen Handels noch blockierte *(Koopmann/Franzmeyer 2003)*. Bis zum Ende des 18. Jahrhunderts hatten die europäischen Kolonialmächte das System des **Dreieckshandels** aufgebaut, das sich vorwiegend auf den Atlantik konzentrierte. In den lateinamerikanischen Kolonien wurden Plantagen errichtet, auf denen tropische Produkte für den Export nach Europa angebaut wurden. Der so entstandene Bedarf nach Arbeitskräften wurde durch die Verschiffung westafrikanischer Sklaven nach Amerika gedeckt (vgl. Abb. 1.2). Nach dem Zusammenbruch der europäischen Kolonialherrschaft in Lateinamerika gewann wieder der Handel mit Südasien und in geringerem Maße auch mit Afrika an Bedeutung. Es entstand der sogenannte **Dreistrahlenhandel** (vgl.

Abb. 1.3). Mit der zunehmenden Industrialisierung in den nördlichen und südlichen außertropischen Bereichen entstanden neue Bedarfsgebiete neben Europa, so dass die Welthandelsströme immer vielfältiger wurden (vgl. Abb. 1.4) *(Müller-Wille 1966)*.

Dieser kurze geschichtliche Abriss macht die lange Tradition weltwirtschaftlicher Handelsbeziehungen deutlich. In den folgenden Kapiteln ist daher noch zu klären, seit wann die Intensivierung der weltweiten Verflechtungsbeziehungen eine solche Qualität erreicht hat, dass eine Verwendung des Globalisierungsbegriffs berechtigt ist (vgl. insbesondere Kap. 5.4).

Mit der wissenschaftlichen Aufarbeitung der Globalisierungsprozesse beschäftigen sich die verschiedensten Disziplinen. Primär handelt es sich bei dem Prozess der Globalisierung um ein wirtschaftliches Phänomen, das jedoch weitreichende Auswirkungen auf den kulturellen, gesellschaftlichen, politischen und ökologischen Bereich hat. In der Wirtschaftsgeographie wurden die zunehmenden internationalen Verflechtungen relativ spät reflektiert. Zwar wurde in den älteren Lehrbüchern zur Wirtschaftsgeographie eine weltweite Betrachtung agrarer und industrieller Produktionsräume sowie der internationalen Handlungsverflechtungen vorgenommen (z. B. *Sapper 1930, Boesch 1966*). Eine explizite Beschäftigung mit dem einsetzenden Globalisierungsprozess der Wirtschaft erfolgte jedoch nicht. Erst mit dem Lehrbuch „Global Shift" von *Peter Dicken (1. Auflage 1986)* wird das Thema der Globalisierung zu einem der zentralen Bestandteile wirtschaftsgeographischer Forschung. Die Wirtschaftsgeographie widmet sich dabei insbesondere der Fragestellung, welche räumlichen Implikationen mit dem Prozess der Globalisierung verbunden sind, speziell welche Veränderungen der räumlichen Organisation der Wirtschaft mit ihm einhergehen. Einleitend werden zunächst einige Begriffsdefinitionen aus der Wirtschaftsgeographie und ihren Nachbardisziplinen erörtert. Danach werden die

Abb. 1.2: Ausfuhr der Tropen in Millionen Livres Tournois nach Europa und Amerika 1770

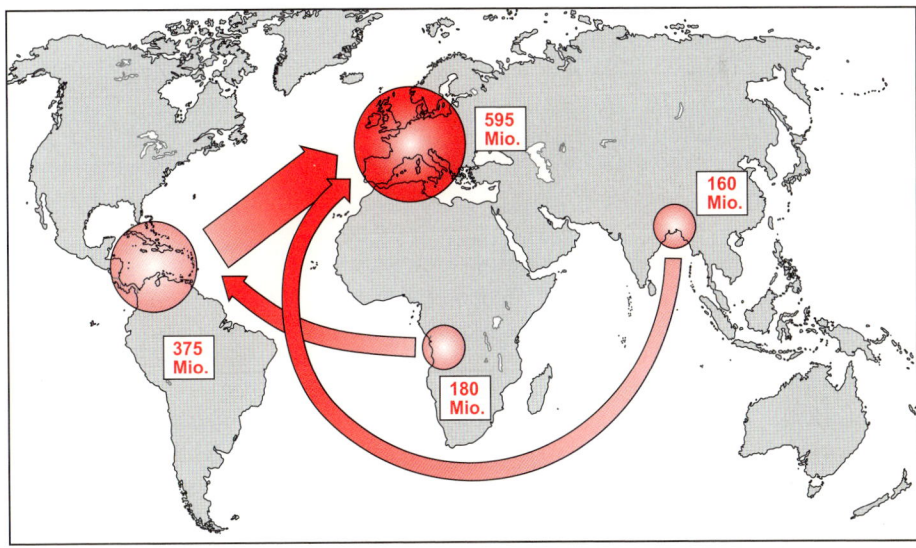

(Livres Tournois = frz. Silberwährung im 18. Jhd.)   *Quelle: Nach Müller-Wille 1966, S. 16.*

„Akteure" benannt, die den Globalisierungsprozess entscheidend voran treiben und auf
ihn Einfluss nehmen.

1.1 Der Begriff der Globalisierung

Je nachdem aus welchem Blickwinkel man
sich dem Begriff nähert, wird Globalisierung
unterschiedlich beschrieben und interpretiert. Gemeinsam ist den verschiedenen Be-
griffsbestimmungen jedoch die „Betonung
einer extremen Internationalisierung des
wirtschaftlichen Geschehens", womit als
Hauptmerkmal die internationale Vernetzung wichtiger Märkte angesprochen wird
(Hemmer et al. 2001, S. 1).

Unter Wirtschaften wird in der Ökonomie
der Versuch verstanden, bestehende Bedürfnisse mit den verfügbaren Mitteln möglichst
weitgehend zu befriedigen. Daher kann sich
die Globalisierung der Wirtschaft sowohl
auf die Bedürfnisse der Konsumenten als
auch auf die Waren und Dienstleistungen
beziehen, die mit Hilfe der verfügbaren

Ressourcen erzeugt und zur Verfügung ge-
stellt werden *(Hemmer et al. 2001, S. 2)*.
In den Wirtschaftswissenschaften liegt das
Hauptinteresse auf der Globalisierung der
Produktionsseite.

Volkswirte beschäftigen sich mit den
gesamtwirtschaftlichen Auswirkungen der
Globalisierung, also mit der Intensivierung
der ökonomischen Austauschbeziehungen
zwischen Staaten, deren Grenzen immer
durchlässiger werden *(Pausenberger 1997,
S. 134)*.

Betriebswirte sehen in der Globalisierung dagegen ein Strategiemodell der
Unternehmen, bei dem die Chancen auf
den relevanten Märkten der gesamten Welt
wahrgenommen werden, und zwar nicht nur
auf den Absatzmärkten (global marketing),
sondern auch auf den Beschaffungs- und
Finanzmärkten (global sourcing, global
financing) *(Pausenberger 1997, S. 134)*.

Aus einem ganz anderen Blickwinkel
betrachten **Soziologen** den Prozess der Globalisierung. Für sie steht die Entwicklung

Abb. 1.3: **Ausfuhr der Tropen in Millionen Mark nach Europa und Nordamerika 1890**

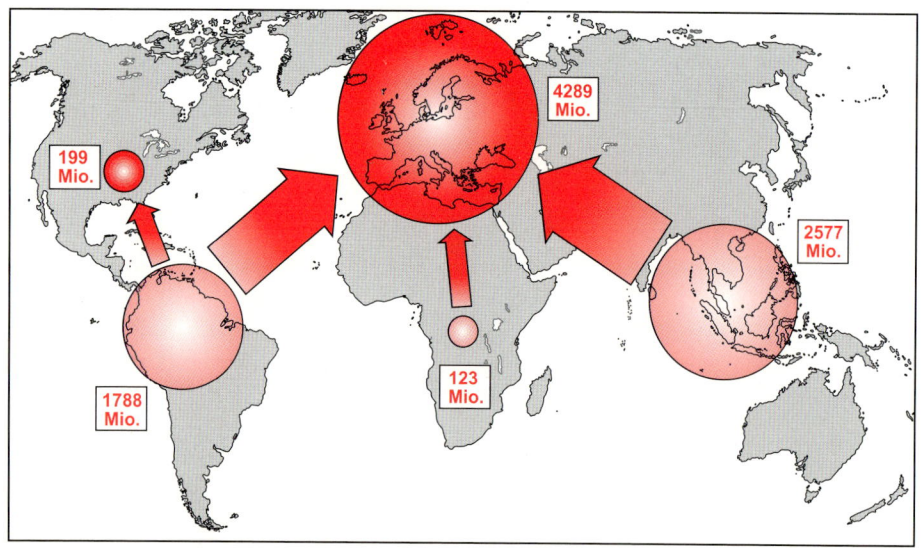

Quelle: Eigene Bearbeitung nach Müller-Wille 1966, S. 20.

Abb. 1.4:   Ausfuhr der Tropen in Millionen US-Dollar in die gemäßigten Breiten 1960

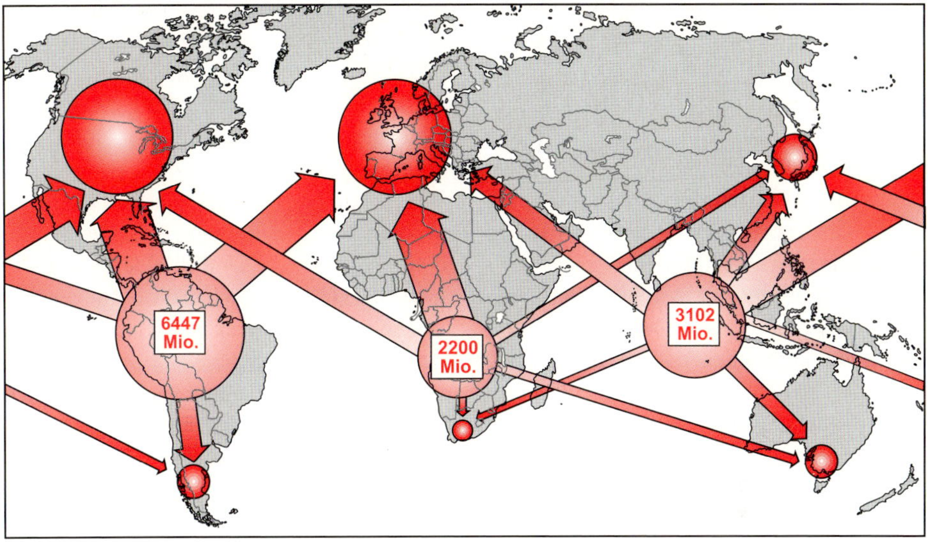

6447
Mio.

2200
Mio.

3102
Mio.

Quelle: Eigene Bearbeitung nach Müller-Wille 1966, S. 20.

weltweiter sozialer Beziehungen zwischen den Menschen im Vordergrund, die im Zuge der Globalisierung eine Intensivierung erfahren. Nach *Giddens (1995, S. 85)* werden dabei entfernte Orte in solcher Weise miteinander verbunden, dass Ereignisse an einem Ort durch Vorgänge geprägt werden, die sich an einem viele Kilometer entfernten Ort abspielen und umgekehrt.

Globalisierung hat also eine doppelte Dimension: Sie ist global durch ihre geographische Ausdehnung und global (umfassend) in dem Sinne, dass sie alle Aspekte des wirtschaftlichen und des sozialen Lebens erfasst. Es handelt sich also nicht um ein ausschließlich ökonomisches Phänomen. Die Globalisierung greift wesentlich tiefer. Sie durchdringt alle Teilbereiche des Lebens, auch die Kultur und das Wertesystem der Menschen *(Hemmer et al. 2001, S. 1)*. *Scholz (2000)* geht sogar so weit, die Globalisierung als einen weltdurchdringenden Angleichungs- und Homogenisierungsprozess zu betrachten. Diesem ist demnach der

Prozess der Entgrenzung inhärent, d.h. der Übergang von einem nationalen zu einem globalen Kapitalismus mit weitgehend unbeschränktem Wettbewerb.

Aus **wirtschaftsgeographischer Sichtweise** stehen die räumlichen Konsequenzen ökonomischer Globalisierungsprozesse im Mittelpunkt des Interesses. Es wird betont, dass die Globalisierung einen historischen Prozess darstellt, in dessen Verlauf sich die wirtschaftlichen Austauschbeziehungen sowohl quantitativ als auch qualitativ intensiviert haben. Vormals räumlich getrennte Wirtschaftssektoren und Produktionssysteme erfahren eine zunehmende organisatorische Zusammenführung und werden auch über große Distanzen hinweg miteinander verbunden. Die räumliche Nähe als wichtiger Faktor für eine Kooperation von Unternehmen bzw. innerhalb von Unternehmen verliert somit an Bedeutung. Angetrieben wird der Globalisierungsprozess von so genannten mächtigen Akteuren. Dies sind einerseits Transnationale Unternehmen (TNU) mit großer Wirtschaftsmacht, andererseits die Nationalstaaten. Beide Akteure werden im folgenden Abschnitt genauer vorgestellt. Zuvor soll die wirtschaftsgeographische Perspektive auf die Globalisierung jedoch noch mit einer abschließenden Definition zusammengefasst werden

Schamp (1996) interpretiert die ökonomische Globalisierung als einen „historischen Prozess, in dem mächtige Akteure eine weltweite Integration von Wirtschaftssektoren und Produktionssystemen bewirken, die zuvor territorial weitgehend getrennt waren."

1.2 Mächtige Akteure als Triebkräfte der Globalisierung

Unter dem Begriff der „mächtigen Akteure", die nach der Definition von *Schamp (1996)* die Antriebskräfte der Globalisierung darstellen, sind sowohl Transnationale Unternehmen (vgl. Kasten 1.1) als auch die Nationalstaaten zu verstehen.

Transnationale Unternehmen wirken in erheblichem Maße auf die Umstrukturierung der Weltwirtschaft ein, indem sie Technologien, Managementfähigkeiten und Finanzkapital an Geschäftspartner und Tochterunternehmen an Standorten weltweit transferieren. Durch ihre Marketing-, Produktions-, Produkt-, und Beschaffungsstrategien beeinflussen sie zudem die internationale Arbeitsteilung. Von einem nationalen Standort ausgehend bilden sie durch die Errichtung von Zweigwerken die Übernahme von Unternehmen bzw. durch Fusionen ein globales Standortsystem aus. Mit ihren Standortentscheidungen tragen sie zur Restrukturierung nationaler Ökonomien bei.

Die Zahl der international operierenden Firmen ist in den letzten Jahren rasant angestiegen. Während es 1993 etwa 40.000 Transnationale Unternehmen mit ca.

250.000 ausländischen Zweigstellen oder Tochterunternehmen gab *(Hemmer et al. 2001, S. 20)*, waren es 2007 bereits etwa 79.000 Transnationale Unternehmen mit ca. 790.000 ausländischen Zweigstellen oder Tochterunternehmen. Im Jahr 2007 verkauften die Transnationalen Unternehmen Waren und Dienstleistungen im Wert von geschätzten 31 Billionen US $. Gegenüber dem Vorjahr bedeutet dies eine Steigerung um 21%. Die Wertschöpfung der ausländischen Beteiligungsgesellschaften betrug geschätzte 11% des weltweiten Bruttoinlandsprodukts. Transnationale Unternehmen beschäftigten 2007 ca. 82 Millionen Personen *(UNCTAD 2008, S. XVI)*.

Vor dem Hintergrund des zunehmenden Wettbewerbs der verschiedenen Länder um Direktinvestitionszuflüsse (vgl. Kap. 5.2.1) besitzen die Transnationalen Unternehmen gegenüber den nationalen Regierungen ein großes Verhandlungspotenzial zur Durchsetzung ihrer Interessen. Dieses ist gegenüber ökonomisch schwächeren Staaten besonders ausgeprägt. Die Umsätze von großen Konzernen erreichen Dimensionen, die denen des Bruttoinlandsproduktes von Staaten wie Portugal oder Schweden entsprechen *(Hemmer et al. 2001, S. 21f.; Haas/Neumair 2006, S. 6f.; Coe et al. 2007)*. Beispielsweise hatte General Electric, das Unternehmen mit dem weltweit größten Auslandsvermögen, im Jahr 2006 ein Gesamtvermögen von 697,2 Milliarden US $ *(UNCTAD 2008, S. 220)*. Nur 16 Staaten der Erde (USA, Japan, Deutschland, China, Großbritannien, Frankreich, Italien, Spanien, Kanada, Indien, Brasilien, Südkorea, Russland, Mexiko, Australien und die Niederlande) hatten 2006 ein größeres Bruttonationaleinkommen *(Weltbank 2008, S. 388f.)*.

Aus diesen Gründen wird vielfach die **Rolle des Staates** als zweiter mächtiger Akteur im Globalisierungsprozess in Frage

---

Kasten 1.1: Multinationale, Transnationale und Internationale Unternehmen

Oftmals werden die Begriffe Multinationale Unternehmen, Transnationale Unternehmen und Internationale Unternehmen synonym verwendet. Nach *Bathelt / Glückler (2003, S. 275-277*, vgl. auch *Kulke 2008, S. 245)* haben sie aber unterschiedliche Bedeutungen.

Das **Multinationale Unternehmen** zeichnet sich dadurch aus, dass es in zahlreichen Ländern eigene Produktionsstätten unterhält. Die weltweiten Operationen werden dabei hierarchisch vom Heimatstandort aus koordiniert.

Bei **Transnationalen Unternehmen** sind dagegen nicht nur die Produktionsaktivitäten, sondern auch wichtige Kompetenzen und Koordinationsaufgaben dezentral gesteuert. So werden beispielsweise einzelne Standorte des Unternehmens mit spezifischen Aufgaben betraut, die innerhalb dieses Kompetenzbereichs die globalen Aktivitäten des Gesamtunternehmens koordinieren. Entscheidend ist aber, dass die weltweit gesammelten Erfahrungen in Schaltstellen gebündelt werden und von dort aus in die einzelnen Unternehmensteile zurückfließen, wo sie schließlich an lokale und nationale Bedingungen angepasst werden.

Nicht verwechselt werden sollten transnationale Unternehmen bzw. multinationale Unternehmen mit **Internationalen Unternehmen**, die lediglich eine weltweite Distribution ihrer Produkte in Form von Exporten aufweisen, aber nur im Heimatland produzieren.

---

gestellt. Der japanische Bestsellerautor und Unternehmensberater *Kenichi Ohmae* hat 1995 die zunehmende Bedeutungslosigkeit der Nationalstaaten im Zuge der voranschreitenden Globalisierung postuliert. Die vier mächtigen K-Kräfte, bestehend aus **K**apital, **K**onzernen, **K**onsumenten und neuen **K**ommunikationstechniken, bestimmten mehr und mehr den zunehmend grenzüberschreitenden Austausch von Produkten und Dienstleistungen *(Ohmae 1995)*. Auch populäre Journalisten wie der Pulitzer-Preisträger *Thomas Friedman* gehen davon aus, dass die zunehmend entgrenzte Welt zu einem globalen Dorf mit einem gigantischen globalen Markt zusammenwächst. Nationalstaaten werden gegenüber den mächtigen Transnationalen Unternehmen als Dinosaurier dargestellt, die vom Aussterben bedroht sind *(Friedman 1999)*.

Dieser Sichtweise so genannter Ultra-Globalisten ist aus wirtschaftsgeographischer Perspektive jedoch zu widersprechen. Nationalstaaten haben nach wie vor großen Einfluss auf die Steuerung und Gestaltung wirtschaftlicher Prozesse, was aktuell in der Wirtschafts- und Finanzkrise seit 2007/08 besonders deutlich wird. Räumliche Differenzierungen einer globalisierten Wirtschaft lassen sich nur verstehen, wenn die Nationalstaaten sowie die Vielfalt der bestehenden Staatsformen und Wirtschaftspolitiken berücksichtigt werden.

Nationalstaaten erfüllen also nicht nur wichtige nicht-ökonomische Aufgaben, wie die nationale Verteidigung, die innere Sicherheit oder die Außenpolitik, sondern beeinflussen auch die ökonomischen Beziehungen in vielfältiger Weise. Sie sind Garant, Bürge und letzter Ausweg im Krisenfall sowie Architekten und Regulierende der nationalen Ökonomie. Auch stellen sie als Eigentümer öffentlicher Unternehmen ökonomisch relevante öffentliche

Einrichtungen und Dienstleistungen bereit (*Coe et al. 2007, S. 187ff.*):

• **Garant, Bürge und letzter Ausweg**

Spätestens mit der globalen Finanz- und Wirtschaftskrise seit 2008/09 ist diese Rolle der Nationalstaaten deutlich zu Tage getreten. Es wurden milliardenschwere Konjunkturprogramme zur Stützung der Wirtschaft verabschiedet, faule Kredite oder gar Unternehmensanteile aufgekauft sowie Bürgschaften für Unternehmen ausgesprochen, die in Schieflage geraten sind.

• **Architekten und Regulierende der nationalen Ökonomie**

Nur Nationalstaaten sind politisch legitimiert, auf den eigenen Märkten regulierend einzugreifen und über Wirtschaftsströme in Form von Waren, Kapital oder Personen über die eigenen Grenzen hinaus zu bestimmen. Den eigenen Markt betreffend geschieht dies z. B. in Form von Steuergesetzen oder durch Aufsichtsbehörden zur Verhinderung der Bildung von Kartellen oder der Abwicklung von Insider-Geschäften. Politische Handlungsfelder, welche die ökonomischen Rahmenbedingungen eines Landes festlegen, sind beispielsweise industriepolitische Strategien (z. B. in Form von Unterstützungen für nationale Schlüsselbranchen und Leitindustrien) oder regionale Strukturpolitiken. Wirtschaftlich relevante Verbindungen über die eigenen Grenzen hinaus werden von den Nationalstaaten durch Zölle, Vorschriften bezüglich der Kapitaltransfers, aber auch durch Zuwanderungsbestimmungen reguliert.

• **Eigentümer öffentlicher Unternehmen**

Staatseigene Unternehmen finden sich bevorzugt in strategisch wichtigen Branchen wie der Ölindustrie oder im Energiesektor. Neben den Ländern des ehemaligen Ostblocks gibt es mächtige staatseigene

Unternehmen insbesondere in Newly Industrialized Countries (NICs) wie Südkorea, Taiwan, Malaysia oder Brasilien. Mit den Unternehmen sind in der Regel konkrete Entwicklungsziele verknüpft. In den entwickelten Volkswirtschaften herrschen hingegen anteilige Beteiligungen des Staates an einzelnen Unternehmen vor. Damit verbunden sind gewisse Mitspracherechte der Regierungen, wobei die Führung und das Management des Unternehmens im Regelfall in privaten Händen liegen.

• **Bereitstellung öffentlicher Einrichtungen und Dienstleistungen**

Nationalstaaten sind Betreiber oder Bereitsteller infrastruktureller Einrichtungen, die der wirtschaftlichen Entwicklung zugute kommen. Dies sind zum Beispiel Transportwege, Kommunikationsnetze, aber auch Ausbildungs- und Forschungseinrichtungen wie Universitäten. Auch die Ausgestaltung eines funktionierenden Rechtssystems ist für wirtschaftliche Akteure von Bedeutung. Der Staat wird dadurch zum wichtigen Wirtschaftsfaktor.

Bezüglich der Wirtschaftspolitik und der Wirtschaftssysteme sowie der grundlegenden Staatsform unterliegen die einzelnen Länder verschiedenen politischen Grundsätzen, so dass sich allein dadurch räumliche Differenzierungen durch die nationalstaatliche Ebene ergeben.

In den beiden folgenden Kapiteln (Kap. 2 und 3) werden zunächst die Ursachen der Globalisierung erörtert. Es werden die Motive und Beweggründe dargelegt, welche die beiden für die Globalisierung entscheidenden Akteursgruppen, die Transnationalen Unternehmen und Nationalstaaten, mit einer zunehmenden weltwirtschaftlichen Verflechtung verbinden.

Danach wird auf die Strategien eingegangen, die diese Akteure anwenden, um ihre jeweiligen Ziele zu erreichen. In Kap. 4 wird dann der Einfluss des technischen Fortschritts auf den Globalisierungsprozess betrachtet, bevor die verschiedenen Erscheinungsformen der Globalisierung in Kap. 5 dargestellt werden. Zum Abschluss dieses ersten Teils des Buches wird die in der Einführung aufgeworfene Frage beantwortet, was das eigentlich „Neue" an der Globalisierung im Vergleich zu früheren Internationalisierungsstufen der Weltwirtschaft ist (Kap. 5.4).

Im zweiten Teil des Buches wird ausführlich auf die räumlichen Implikationen dieser ökonomischen Sachverhalte eingegangen. Zum einen werden großräumige Ausprägungen und Folgen der Globalisierung wie die Triadisierung sowie die Entstehung weiterer Gravitationszentren in der jüngsten Vergangenheit (Kap. 6) oder die Rolle der Entwicklungsländer in einer globalisierten Welt (Kap. 7) erläutert.

Zum anderen werden die Wechselwirkungen zwischen regionaler und globaler Ebene angesprochen, so zum Beispiel die Entstehung von Global Cities als wichtige Orte, an denen Entscheidungen von globaler Reichweite getroffen werden (Kap.8), die Entwicklung globaler Produktions- und Vertriebsnetzwerke (Kap. 9), die Einbindung lokaler Produktionskomplexe als Knoten in den globalen Netzwerken (Kap. 10) sowie die Auflösung von Produktionsclustern durch Globalisierungsprozesse (Kap. 11). Abschließend wird im dritten Teil auf aktuelle Entwicklungstendenzen und zukünftige Herausforderungen der Globalisierung insbesondere vor dem Hintergrund der derzeitigen Finanz- und Wirtschaftskrise eingegangen.

Kap.12 widmet sich den Ursachen der globalen Finanzkrise ab 2007 und dem späteren Übergreifen auf die Realwirtschaft. Die daraus resultierenden Fragen für die globalisierte Wirtschaft werden in Kap. 13 beleuchtet. Welche räumlichen Verschiebungen mit der Krise einhergehen wird zum Abschluss des Bandes in Kap. 14 dargelegt.

Weiterführende und ergänzende Literatur zum Kapitel 1:

Dicken, P. (2007): Global Shift. Mapping the changing contours of the world economy. 5. Auflage, London, Thousand Oaks, New Delhi.

Haas, H.-D. / Neumair, S.-M. (2006): Internationale Wirtschaft. Rahmenbedingungen, Akteure, räumliche Prozesse. München.

Backhaus, N. (2009): Globalisierung. Das Geographische Seminar. Braunschweig.

Hahn, B. (2009): Welthandel. Geschichte – Konzepte – Perspektiven. Heidelberg.

Krugman, P. R. / Obstfeld, M. (2009): Internationale Wirtschaft. Theorie und Politik der Außenwirtschaft. 8. Auflage, München.

Scholz, F. (2010): Globalisierung - Genese-Strukturen-Effekte. Braunschweig.

Bundeszentrale für politische Bildung (2003): Informationen zur politischen Bildung 280: Globalisierung. Bonn.

TEIL 1:   URSACHEN UND ERSCHEINUNGS-FORMEN DER GLOBALISIERUNG

2   Politische Motive und Strategien der Internationalisierung

Delegation der USA und der UdSSR auf der Konferenz von Bretton Woods 1944

Quelle: www.imf.org.

Zentrale Voraussetzungen des Globalisierungsprozesses stellen der Abbau von Handelshemmnissen auf den Güter- und Dienstleistungsmärkten sowie Erleichterungen bei transnationalen Investitionstätigkeiten dar. Diese Rahmenbedingungen sind seit den 1940er Jahren durch ein Zusammenwirken politischer Akteure verschiedener Nationalstaaten geschaffen und seitdem kontinuierlich ausgebaut worden. Bevor auf die einzelnen Abkommen und Institutionen zur Sicherung eines freien Güter- und Kapitalverkehrs eingegangen wird, sollen zunächst die Motive der politischen Akteure vorgestellt werden, die der Liberalisierung der Außenwirtschaftsbeziehungen zu Grunde liegen.

2.1 Politische Motive auf Ebene der Nationalstaaten

Die Entwicklung der internationalen Wirtschaftsbeziehungen ist durch eine ständige **Kontroverse zwischen Vertretern des Freihandels und des Protektionismus** geprägt. Während Erstere für den Abbau von Handelshemmnissen und die gegenseitige Öffnung der Märkte eintreten, befürworten die Protektionisten den Schutz des heimischen Marktes durch den Aufbau von Handelshemmnissen. In der Wirtschaftsgeschichte lassen sich Phasen unterscheiden, in denen mal das eine, mal das andere Prinzip stärker dominierte *(vgl. im Folgenden: Kruber et al. 2008c; Maneschi 2007; Miner 2007; Kenen 2000)*. Die Phase der **merkantilistischen Wirtschaftspolitik** im Europa des frühen 16. bis späten 18. Jahrhunderts war durch erhebliche staatliche Regulierungen ökonomischer Aktivitäten im Interesse der nationalen Ökonomien geprägt. Mit der Industrialisierung und Verbesserung des Transportwesens setzte sich ab dem Ende des 18. Jahrhunderts zunehmend eine **Freihandelspolitik** durch, deren Vorreiter Großbritannien war. Der Erste Weltkrieg und insbesondere der Börsencrash am 25.10.1929 sowie die darauf folgende Weltwirtschaftskrise setzten dem liberalen Trend im Handel jedoch ein abruptes Ende.

Während der **Großen Depression** kollabierten die Gütermärkte, und eine Industrie nach der anderen verlangte nach protektionistischen Maßnahmen, um die inländischen Hersteller zu schützen und die Produktion zu stimulieren. Zwar herrschte nach wie vor die Überzeugung, dass Exporte Arbeitsplätze schaffen, jedoch sah man Importe gleichzeitig als arbeitsplatzvernichtend an, so dass Exportsubventionen durch hohe Einfuhrbeschränkungen begleitet wurden. Die Wirtschaftspolitik der Zwischenkriegszeit wird häufig als Politik des **„beggar-thy-neighbor"** (zu Deutsch: "Bring deinen Nachbarn an den Bettelstab") bezeichnet, da jedes Land anstrebte, die Lasten der Weltwirtschaftskrise auf die anderen Staaten abzuwälzen *(Weintraub 2007, S. 11)*. Somit entstand ein fortwährender Kreislauf kompetitiver Marktabschottung *(Volz 1998, S. 54)*.

In den USA vollzog sich ab dem Jahr 1932 ein wirtschaftspolitischer Wandel, als die Roosevelt-Administration sich stärker für eine **Liberalisierung des Welthandels durch Zollsenkungen** einsetzte. Bis zum Zweiten Weltkrieg schlossen die USA 31 bilaterale Handelsabkommen ab und dehnten die Zugeständnisse im Rahmen einer „Most-Favoured-Nation"-Klausel häufig auf andere Länder aus. Bereits zu Beginn des Zweiten Weltkrieges begannen die USA und ihre westlichen Verbündeten, Pläne für eine Neuordnung der Weltwirtschaft für die Nachkriegszeit auszuarbeiten (vgl. Kap. 2.2). Diese orientierten sich stark an den amerikanischen Handelsabkommen, waren jedoch multilateral statt bilateral ausgerichtet und berücksichtigten neben Zöllen nun auch nicht-tarifäre Handelshemmnisse (vgl. Kasten 2.1).

Kasten 2.1: Tarifäre und nicht-tarifäre Handelshemmnisse

Handelshemmnisse betreffen jede Einschränkung des internationalen Handels.

Tarifäre Handelshemmnisse sind direkte Beschränkungen des freien Warenverkehrs, z. B. durch Zölle oder Einfuhrquoten.

Nicht-tarifäre Handelshemmnisse sind demgegenüber indirekte Behinderungen, z. B. durch Subventionen, die geforderte Einhaltung bestimmter Normen, Qualitäts- oder Sicherheitsstandards sowie die mehr oder weniger „freiwilligen Exportbeschränkungen" einzelner Länder.

Die Hinwendung zu einer **liberalen Wirtschaftspolitik** in den westlichen Industrieländern lässt sich im Wesentlichen auf drei **Ursachen** zurückführen: erstens auf den Einfluss der dominierenden wirtschafts-

Kasten 2.2 a: Außenhandelstheorie

Die Außenhandelstheorie versucht, die Ursachen und Bestimmungsgründe der internationalen Arbeitsteilung zu erklären, indem die Vorteile des internationalen Austauschs erforscht werden. Von zentraler Bedeutung ist dabei die Frage nach den Gründen für die relativen Preisvorteile, die einzelne Länder bei bestimmten Produkten gegenüber anderen Ländern haben.

Relative Preisvorteile können verschiedene Ursachen haben, z. B.

- Technologievorteile,
- Nachfrageunterschiede,
- Unterschiede in der **Faktorausstattung** *(Siebert 2000, S. 459f.)*.

In neoklassischen Theoriemodellen werden insbesondere die Produktionsfaktoren Arbeit und Kapital untersucht. Im **neoklassischen Grundmodell** werden Unterschiede in der Faktorausstattung zweier Länder durch Faktorwanderungen aufgrund der Mechanismen von Angebot und Nachfrage ausgeglichen. In einem Land mit einem überproportionalen Bestand an Arbeitskräften ist dieser Produktionsfaktor aufgrund des Angebotsüberschusses günstiger als in einem anderen Land, in dem die Arbeit knapp und dadurch die Entlohnung höher ist. Aufgrund der unterstellten vollständigen Mobilität der Produktionsfaktoren werden die Arbeitskräfte aus dem Land mit dem Überangebot an Arbeit abwandern, um in dem Land mit dem Arbeitskräftemangel einen höheren Verdienst zu erzielen. Die Unterschiede in der Faktorausstattung zwischen zwei Ländern gleichen sich somit entsprechend der neoklassischen Modellannahmen aus *(Maier et al. 2006, S. 62ff.)*.

Die theoretischen Überlegungen zum Außenhandel der beiden Schweden *Heckscher und Ohlin* (**Heckscher-Ohlin-Theorem**) gehen demgegenüber von der Annahme aus, dass die Produktionsfaktoren Arbeit und Kapital immobil, jedoch die produzierten Güter vollkommen mobil sind und ohne zusätzliche Kosten oder Einschränkungen beliebig exportiert und importiert werden können.

wissenschaftlichen Theorien des internationalen Handels, zweitens auf die spezifischen historischen Erfahrungen der damaligen Zeit und drittens auf die vorherrschenden wirtschaftlichen Interessen der Unternehmen, die an die Politik weitergetragen wurden.

Theoretische Erkenntnisse aus den Wirtschaftswissenschaften haben Auswirkungen auf wirtschaftspolitische Entscheidungen. **Die Theorie des internationalen Handels** stellt das älteste angewandte Teilgebiet der Wirtschaftswissenschaften dar und fand bereits in merkantilistischer Zeit Eingang

in die politische Debatte *(Maneschi 2007, S. 19)*. Die Freihandelsidee entstammt der **Klassischen Außenhandelstheorie** (vgl. Kasten 2.2), die im 18. Jahrhundert als kritische Antwort auf die merkantilistische Politik entstand und insbesondere durch Arbeiten von *Adam Smith* (1723-1790), *David Ricardo* (1772-1823) und *John Stuart Mill* (1806-1873) eine weite Verbreitung erfahren hat *(Dieckheuer 2001, S. 148)*. Grundsätzlich wird davon ausgegangen, dass ein freier Welthandel zu einer internationalen Arbeitsteilung führt, aus der Produktivitäts-,

Kasten 2.2 b: Außenhandelstheorie

Betrachtet werden zwei Länder A und B, die sich entsprechend ihrer Ausstattung mit Produktionsfaktoren unterscheiden. Land A ist mit dem Produktionsfaktor Arbeit überproportional günstig ausgestattet, aber Kapital ist knapp. Land B besitzt demgegenüber reichlich Kapital, aber im Vergleich dazu wenig Arbeitskräfte. Land A kann deshalb arbeitsintensive Produkte (z. B. handgeknüpfte Teppiche) vergleichsweise günstig anbieten, während Land B sich auf die Produktion kapitalintensiver Produkte (z. B. Maschinen) spezialisiert. Land A hat also bei Teppichen einen relativen Kostenvorteil und kann diese entsprechend in Land B exportieren. Umgekehrt werden von dort Maschinen importiert, die in Land B aufgrund der besseren Kapitalausstattung günstiger produziert werden können. Insgesamt ergibt sich durch den Handel für beide Länder die Möglichkeit, sich auf die Herstellung jener Güter zu spezialisieren, die sie im Vergleich zum anderen Land günstiger herstellen können. Beide Länder profitieren davon, dass die benötigten Güter durch die Spezialisierung billiger hergestellt werden.

Die zentrale Aussage der Theorie von *Eli Heckscher* und *Bertil Ohlin* kann auf weitere Produktionsfaktoren übertragen werden: Rohstoffreiche Länder exportieren rohstoffabhängig produzierte Güter, bodenreiche Länder führen bodenintensiv produzierte Güter (z. B. landwirtschaftliche Produkte) aus, Länder mit reichlich Humankapital produzieren wissensintensive Güter.

Wendet man diese Hypothesen auf den Außenhandel der Bundesrepublik Deutschland an, so lässt sich leicht erkennen, bei welchen Gütern Deutschland relative Preisvorteile gegenüber anderen Ländern besitzt und in welchen Bereichen nicht. Preisnachteile hat Deutschland sicherlich bei lohnintensiven Standardprodukten, während Handelsgewinne bei humankapitalintensiven Produkten erzielt werden können, die unter hohem Kapitaleinsatz auf hohem technischen Niveau hergestellt werden *(Maier et al. 2006, S. 65 ff.; Siebert 2000, S. 459 f.; Sinn 2005, S. 209 ff.; Kruber et al. 2008c).*

Dass durch Außenhandel und eine entsprechende Spezialisierung die eingesetzten Produktionsmittel effektiver genutzt werden können, hat bereits *David Ricardo* (1772-1823) mit dem **Theorem der komparativen Kostenvorteile (Ricardo-Theorem)** gezeigt. Nach seinen theoretischen Überlegungen sind für den internationalen Handel nicht die absoluten, sondern die relativen Kostenvorteile von Bedeutung.

Effizienz- und Wohlfahrtssteigerungen resultieren. Die Kombination aus dezentraler Planung, einem freien Leistungswettbewerb und Marktpreisen sei als Ordnungsrahmen für die internationale Wirtschaft ebenso vorteilhaft wie als Organisationsprinzip für den nationalen Wirtschaftsraum. Der Freihandel fördere durch den intensiven Wettbewerb die Innovativität und verbillige durch die Nutzung von Größenvorteilen Verbraucherpreise sowie Vorprodukte. Zudem werde eine Ausweitung und Differenzierung des Güterangebots bewirkt *(Haas/Neumair 2006, S. 210; Kösters 1998, S. 810; Kruber et al. 2008c, S. 28 f.).*

Wie stark diese theoretischen Argumente in der politischen Vorstellung verankert sind, kann ein Zitat des früheren republikanischen Gouverneurs von Minnesota, *Harold E. Stassen*, aus dem Jahr 1947 verdeutlichen:

Kasten 2.2 c: Außenhandelstheorie

Angenommen in Land A werden zur Produktion einer Einheit Teppiche 2 Arbeitsstunden und zur Herstellung von Maschinen 10 Arbeitsstunden benötigt. Land B ist bei beiden Produkten wesentlich unproduktiver und benötigt für eine Einheit Teppiche und Maschinen 10 bzw. sogar 20 Arbeitsstunden.

Betrachtet man jedoch das Verhältnis des Arbeitseinsatzes für die Produkte Teppiche und Maschinen, so besitzt Land B bezüglich der Produktion von Maschinen einen relativen Vorteil gegenüber Land A, denn die Erzeugung einer weiteren Einheit Maschinen würde nur doppelt so viele Ressourcen aus der Teppichproduktion abziehen. Demgegenüber müsste in Land A die fünffache Menge an Arbeitsstunden verlagert werden.

	Land A	Land B
Teppiche	2	10
Maschinen	10	20
Verhältnis Teppiche:Maschinen	1:5	1:2

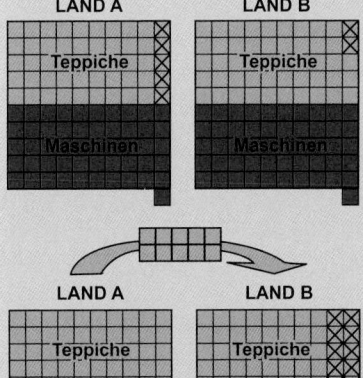

Angenommen, Land A und B produzieren jeweils 50 Einheiten Teppiche und 50 Einheiten Maschinen. Für eine weitere Einheit Maschinen müsste Land A fünf Einheiten Teppiche aufgeben, Land B jedoch nur 2 Einheiten.

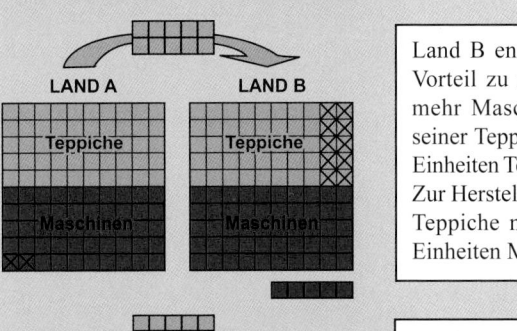

Land B entschließt sich, diesen komparativen Vorteil zu nutzen, und produziert 5 Einheiten mehr Maschinen. Es gibt dafür 10 Einheiten seiner Teppichproduktion auf. Die fehlenden 10 Einheiten Teppiche werden aus Land A importiert. Zur Herstellung dieser 10 zusätzlichen Einheiten Teppiche muss Land A die Produktion von 2 Einheiten Maschinen aufgeben.

Land A muss nun seinerseits die fehlenden 2 Einheiten Maschinen aus Land B importieren. Es zeigt sich, dass durch den freien Handel und die Ausnutzung der komparativen Produktionskostenvorteile ein Wachstum von 3 zusätzlichen Einheiten Maschinen entstanden ist, ohne dass dazu ein weiterer Arbeitseinsatz erforderlich gewesen ist. Die Wiederholung dieser Sequenz führt zu einer entsprechenden Spezialisierung.

„ ... die ganze Welt ist sichtbar heute ähnlich eng zusammen, industriell, wissenschaftlich und im Verkehr, wie die Staaten unseres Bundes vor einem Jahrhundert. Hätten wir darauf bestanden, dass jeder Staat unserer Union seinen eignen Weizen anbaut, sein eignes Mehl mahlt, seine eignen Schuhe herstellt, seine eigne Kleidung schneidert, so würde das Volk in keinem der Staaten den Lebensstandard genießen, den wir heute haben. Wir haben jetzt den Punkt erreicht, wo das Gegenstück dieser Grundtatsache sich auf Weltbasis wiederholt" (zitiert nach Gross 1947, S. 337f.).

Weiterhin war *Stassen* der Meinung, dass die Welt nicht friedlich bleiben könne, wenn nicht überall eine langsame und stetige Besserung des Lebensstandards eintrete. Dies könne nur durch einen wachsenden Handelsstrom, durch höhere Weltproduktion und wachsende Rechte und Freiheiten eintreten, was wiederum nur zu realisieren sei, wenn Amerika nicht zum wirtschaftlichen Isolationismus zurückkehre.

Neben den dominierenden wirtschaftswissenschaftlichen Theorien spiegeln die Entstehung und Ausgestaltung des multilateralen Handelssystems auch die jüngeren **historischen Erfahrungen der Zwischenkriegs- und Kriegszeit** wider. Insbesondere die USA bzw. deren Demokratische Partei betrachteten die protektionistische Wirtschaftspolitik sowie die fehlende zwischenstaatliche Kooperation und Koordination der 1920er und 30er Jahre als entscheidende Faktoren für die Entstehung der Weltwirtschaftskrise und des Zweiten Weltkrieges.

Zudem sahen die USA den aufkommenden Kommunismus als Bedrohung an und betrachteten es als ihre Aufgabe, zur Sicherung des Weltfriedens ein freiheitliches Außenhandelssystem zu errichten. Durch die aus dem Krieg entstandene Not und Zerstörung sowie die Erfordernisse des Wiederaufbaus gelangten auch die Regierungen der westlichen Alliierten zu der Einsicht, dass ihr wirtschaftliches Verhalten zukünftig internationalen Regeln unterworfen sein müsse und merkantilistische Tendenzen zu verhindern seien *(Weintraub 2007, S. 11f.; Miner 2007, S. 39; Tetzlaff 1996, S. 19; Volz 1998, S. 53; Senti 2000, S. 3-6).*

Weiterhin spielten gewandelte **unternehmerische Interessen** insbesondere in den USA eine entscheidende Rolle bei der Entstehung der liberalen Welthandelsordnung. Noch während des Ersten Weltkrieges wies die amerikanische Industrie einen großen Rückstand zur europäischen Konkurrenz auf und hatte gerade erst die Produktion einer Vielzahl früher aus Europa eingeführter Konsumgüter und Maschinen aufgenommen.

Protektionistische Forderungen der Industrie fanden zunächst ihren unmittelbaren Niederschlag in der amerikanischen Wirtschaftspolitik der 1920er Jahre. Ausnahmen bestanden zur damaligen Zeit nur für den Bereich der Landwirtschaft, der durch steigende Überschüsse in wachsendem Maße auf Ausfuhr angewiesen war. Durch technische Fortschritte und die Einführung der Massenproduktion stiegen in der Folgezeit jedoch die Kapazitäten wichtiger Industriezweige stark an. Die Produktion expandierte über die Aufnahmefähigkeit des inländischen Marktes hinaus, so dass das Exportinteresse vieler Industrieunternehmen zunahm.

Die amerikanische Regierung erkannte, dass Absatzschwierigkeiten zukünftig weniger aus der qualitativen und preislichen Überlegenheit der Produkte anderer Industrieländer zu befürchten waren, sondern hauptsächlich aus handelspolitischen Restriktionen möglicher Importländer *(Gross 1947, S. 331-334.)*

Um die Chancen für den Verkauf amerikanischer Produkte und damit den Beschäftigungsstand im Land zu erhöhen, war man ab 1932 bereit, den amerikanischen Binnenmarkt für Lieferungen aus dem Ausland zu öffnen, um damit die Kaufkraft der Herkunftsländer zu stärken *(Kenen 2000, S. 214)*. Mit der steigenden industriellen Produktion wuchs zudem der Rohstoffbedarf, so dass sich eine Verteuerung sowie eine Erschöpfung mancher heimischen Quellen abzeichneten. Somit entstand neben der Exportnotwendigkeit auch ein zunehmendes Interesse an Rohstoffimporten. Im Gegensatz zur Entwicklung des Wunsches nach einem offenen Marktsystem in der Industrie nahmen in der amerikanischen Landwirtschaft aufgrund eines steigenden Kostenniveaus und sinkender Wettbewerbsfähigkeit auf dem Weltmarkt protektionistische Interessen zu. Folglich fand eine Umkehr der handelspolitischen Fronten statt: Die Industrie wurde freihändlerischer, die Landwirtschaft schutzzöllnerischer *(Gross 1947, S. 335f.)*. Letzteres spiegelte sich in der weitgehenden Ausklammerung der Landwirtschaft in den multilateralen Handelsvereinbarungen wider (vgl. Kap. 2.2.1).

Zunächst bestanden die angeführten wirtschaftlichen Interessen nach Ende des Zweiten Weltkrieges hauptsächlich auf US-amerikanischer Seite. Die amerikanische Wirtschaft hatte durch den Krieg erneut einen starken Aufschwung genommen, so dass keine Furcht mehr vor industriellen Importen aus anderen Ländern bestand und man überzeugt war, die Märkte aller anderen Länder in kürzester Zeit mit den eigenen Waren erfolgreich durchdringen zu können. Im hochverschuldeten und industriell ausgepowerten westlichen Europa waren die Interessen dagegen anders gelagert. So befürwortete z. B. der an der Ausarbeitung der neuen Handelsordnung beteiligte britische Ökonom *John Maynard Keynes* staatliche Kontrollen des Außenhandels und Devisenbewirtschaftungsmaßnahmen, um der heimischen Industrie eine Atempause zu verschaffen. Dies sollte ihr ermöglichen, sich auf die geänderten wirtschaftlichen Rahmenbedingungen des Friedens einzustellen. Jedoch waren die USA das einzige große Gläubigerland und der unbestrittene Führer in der Handelspolitik dieser Zeit, so dass sie ihr klassisch-liberales Ideal eines von staatlichen Eingriffen größtenteils unbehelligten Welthandels weitgehend durchsetzen konnten *(Volz 1998, S. 51-56; Miner 2007, S. 29)*.

2.2 Liberalisierung des Güter- und Kapitalverkehrs

Nachdem die Motive der staatlichen Akteure beleuchtet wurden, durch die Liberalisierung der Güter- und Dienstleistungsmärkte wichtige Rahmenbedingungen für die Globalisierung der Wirtschaft zu schaffen, werden im Folgenden die Entwicklung und Inhalte der wichtigsten multilateralen Handelsabkommen dargelegt *(vgl. Senti 2000; Hauser/Schanz 1995; Haas/Neumair 2006; Mrusek/Astheimer 2005; Kruber et al. 2008a; Bundeszentrale für politische Bildung 2004)*.

2.2.1 Liberalisierung der Güter- und Dienstleistungsmärkte

Bereits während des Zweiten Weltkrieges verständigten sich die Alliierten im Rahmen der so genannten „Atlantik Charta" (1941) auf die Grundzüge der politischen und wirtschaftlichen Nachkriegsordnung. Nachdem im Jahr 1944 der Internationale Währungsfonds (IWF) und die Weltbank gegründet wurden (vgl. Kap. 2.2.2), fand 1946 auf Antrag der Vereinigten Staaten eine „Internationale Konferenz für Handel und

Beschäftigung" statt. Deren Ziel bestand in der Gründung einer internationalen Handelsorganisation (International Trade Organization, ITO), welche neben den beiden bereits bestehenden Institutionen den dritten institutionellen Pfeiler der Weltwirtschaftsordnung der Nachkriegszeit bilden sowie eine internationale Ordnung des Handels und der Beschäftigung schaffen sollte.

In der vierten Verhandlungsrunde im Jahr 1948 in Havanna unterzeichneten 54 Staaten die „Havanna Charter for an International Trade Organization". Darin wurde unter anderem ein Teilabkommen über den Abbau von Zöllen und anderen Handelshemmnissen eingebettet, das **„General Agreement on Tariffs and Trade" (GATT)**, das im Vorjahr von 23 teilnehmenden Staaten abgeschlossen worden war und am 1. Januar 1948 in Kraft trat. Deutschland trat dem Vertragssystem 1951 bei *(BMWI 2009b)*. Zu der beabsichtigten Gründung der ITO kam es dagegen nie, da die in wesentlichen Teilen stark von der US-Regierung beeinflusste Havanna-Charta ausgerechnet am Widerstand des US-Kongresses scheiterte. Damit blieb das GATT das einzige multilaterale Handelsabkommen, verfügte jedoch über einen deutlich geringeren Regelungsumfang als die vorgesehene ITO und stellte auch keine internationale Organisation dar, obwohl es häufig als eine solche wahrgenommen wurde. Erst im Jahr 1995 änderte sich dies mit Gründung der Welthandelsorganisation.

Die Ziele des GATT bestehen in der Erhöhung des Lebensstandards, der Verwirklichung von Vollbeschäftigung sowie eines hohen und ständig steigenden Niveaus des Realeinkommens, der optimalen Erschließung der weltweiten Ressourcen und der Intensivierung der Produktion und des Außenhandels zwischen den Vertragsstaaten. Diese Ziele sollen insbesondere

durch die vier Prinzipien des GATT erreicht werden: das Prinzip der Liberalisierung, das Prinzip der Reziprozität, das Prinzip der Nichtdiskriminierung und das Prinzip der Transparenz.

Das **Prinzip der Liberalisierung** verpflichtet die GATT-Mitglieder zum Verzicht auf die Erhöhung bereits existierender und die Verhängung neuer Zölle. Zudem werden handelspolitische Schutzmaßnahmen auf Zölle begrenzt, d. h. es besteht ein Verbot der Kontingentierung (mengenregulierende Handelshemmnisse), da Zölle im Vergleich zu Quoten als transparenter und berechenbarer angesehen werden. Die Handelshemmnisse sollen außerdem kontinuierlich reduziert werden. Die Verhandlungen sind dabei nach dem **Prinzip der Reziprozität** zu führen, d. h. alle Handelsvergünstigungen, die ein Land einem anderen zugesteht, müssen auch umgekehrt eingeräumt werden.

Kernbereich des GATT ist das **Prinzip der Nichtdiskriminierung**, das mit dem Prinzip der Meistbegünstigung und dem Prinzip der Inländerbehandlung zwei Ausprägungen hat.

Ersteres verpflichtet die GATT-Mitglieder, alle Handelsvergünstigungen, die einem Handelspartner zugestanden werden, unverzüglich allen GATT-Mitgliedern zu gewähren. Die Multilateralisierung bilateraler Verhandlungsergebnisse ist vor allem für kleinere Staaten von Vorteil, da diese gegenüber großen Volkswirtschaften eine begrenzte Verhandlungsmacht haben.

In Ergänzung zur Nichtdiskriminierung ausländischer Produkte untereinander schreibt das Prinzip der Inländerbehandlung die Nichtdiskriminierung ausländischer gegenüber inländischer Produkte vor. Dies zielt vornehmlich auf die Eindämmung nicht-tarifärer Handelshemmnisse ab (z. B. diskriminierende absatzbezogene Verwaltungs- und Rechtsvorschriften, auf die

Importgüter nach Überquerung der Zollgrenze stoßen können).

Das **Prinzip der Transparenz** schreibt schließlich vor, sämtliche außenhandelsrelevante Gesetze, Verordnungen, Vorschriften und Gerichtsurteile zu veröffentlichen und dem Ausland zugänglich zu machen. Dies soll die Rechtssicherheit im internationalen Handel gewährleisten sowie unverhältnismäßig hohe Informationskosten für ausländische Anbieter verhindern.

Das GATT sieht eine Reihe von Ausnahmen vor, die ein Abweichen von den genannten Prinzipien erlauben. So müssen Entwicklungsländer beispielsweise nicht das Prinzip der Reziprozität gegenüber Industrieländern befolgen, was durch das höher angesiedelte Ziel, die dortige wirtschaftliche Entwicklung zu fördern, begründet wird. Integrationsräume wie die EU (vgl. Kap. 2.3) dürfen gegenüber Drittländern vom Prinzip der Meistbegünstigung abweichen. Auch kann unter bestimmten Bedingungen eine Abweichung vom Prinzip der Liberalisierung gestattet werden, z. B. im Fall von Preisdumping, ungerechtfertigter Exportsubventionierung oder falls die Notwendigkeit des Schutzes der öffentlichen Ordnung und Gesundheit besteht. Weiterhin werden einige Wirtschaftsbereiche, insbesondere die

Tab. 2.1: **Die acht Verhandlungsrunden im Rahmen des GATT**

Jahr	Ort / Name	Gegenstand der Verhandlungen	Ergebnisse	Anzahl der Länder
1947	Genf	Zölle	Zollsenkungen von insgesamt 23,8%	23
1949	Annecy „Annecy-Runde"	Zölle		13
	Torquay „Torquay-Runde"	Zölle		38
1956	Genf „Genf-Runde"	Zölle	Probleme schwächerer Staaten besser berücksichtigt	26
1960-61	Genf „Dillon-Runde"	Zölle, Anti-Dumping-Maßnahmen	Zollsenkungen von insgesamt 42%	26
1964-67	Genf „Kennedy-Runde"	Zölle, Anti-Dumping-Maßnahmen		62
1973-79	Genf „Tokio-Runde"	Zölle, nicht-tarifäre Maßnahmen, Rahmenabkommen	Abkommen für Getreide, Milchprodukte, Rindfleisch sowie Abkommen zur zivilen Luftfahrt und zum öffentlichen Rechtswesen	102
1986-93	Genf „Uruguay-Runde"	umfassend	GATS, TRIPS, Welttextilabkommen. Gründung der WTO. Senkung der Zölle auf 4,6% des Einfuhrzollwerts, Plan zur weiteren Reduktion auf 2,3%	123

Quelle: Nach Bundeszentrale für politische Bildung 2004, S.225 und BMWI 2008.

Landwirtschaft und die Textilindustrie, vom GATT faktisch nicht erfasst.

Das GATT ist kein statischer Vertrag, sondern dient als Rahmen für kontinuierliche multilaterale Verhandlungen, den sogenannten Welthandelsrunden (vgl. Tab. 2.1), die zum fortschreitenden Abbau von Handelshemmnissen führen sollen. Mit Abschluss der als Uruguay-Runde bezeichneten achten Verhandlungsrunde wurde 1993 eine neue Welthandelsordnung begründet, die sowohl in formeller bzw. institutioneller als auch in materieller Hinsicht einen Neubeginn darstellt.

Anstelle des bisherigen provisorischen GATT-Vertrags trat die neu geschaffene **World Trade Organization (WTO)**, eine internationale Organisation mit eigener Rechtspersönlichkeit. Die WTO mit Sitz in Genf trat zum 1. Januar 1995 die institutionelle Nachfolge des GATT-Sekretariats an. Unter dem Dach der WTO werden sämtliche Abkommen der Uruguay-Runde sowie der GATT-Vertrag zusammengefasst. Alle GATT-Vertragsparteien, die der WTO beitraten, mussten dabei alle Abkommen der Uruguay-Runde übernehmen (single package-Ansatz), wodurch die seit Abschluss der vorangegangenen Tokio-Runde bestehende Zersplitterung des Welthandelssystems überwunden werden konnte.

Das Hauptorgan der WTO ist die Ministerkonferenz. Des Weiteren besteht sie aus einem Allgemeinen Rat (Geschäftsführung zwischen den Ministerkonferenzen), einer Generaldirektion, einem Sekretariat sowie verschiedenen Ausschüssen, Arbeitsgruppen und Nebenorganen zu den in der WTO zusammengefassten Abkommen. Aufgabengebiet der Welthandelsorganisation ist die Überwachung der Einhaltung aller Vertragsinhalte sowie die Umsetzung der Beschlüsse der Uruguay-Runde und künftiger Liberalisierungsrunden. Handelspolitische Konflikte werden im Streitschlichtungsgremium behandelt. Die WTO besitzt jedoch keinen rechtlich eigenständigen Sanktionsauftrag und ist daher auf die Regeltreue ihrer Mitglieder angewiesen.

Wie beim GATT ist es auch oberstes Ziel der neuen Welthandelsordnung, die Wohlfahrt der teilnehmenden Volkswirtschaften zu erhöhen, weshalb man den Handel ausweiten und Protektionismus bekämpfen will. Erstmals finden sich in den Zielsetzungen auch der Umweltschutz – wenn auch der „Ausweitung der Produktion und des Handels" untergeordnet – und in Anlehnung an die Ziele der Ministererklärung von 1986 die Förderung der wirtschaftlich schwachen Länder.

Die neue Welthandelsordnung basiert auf drei Säulen, welche die materiellen Neuerungen repräsentieren. Die erste Säule stellt das GATT-Regelwerk dar, dass z. B. durch schärfere Formulierung der Voraussetzungen für den Einsatz handelshemmender Schutzmaßnahmen, das Verbot handelsverzerrender Direktinvestitionsauflagen (vgl. Kap. 2.2.2), die weitgehende Bindung und Senkung der Zollsätze der Entwicklungs- und Schwellenländer sowie die Integration des Textil- und Agrarhandels weiterentwickelt wurde.

Außerdem wurden im Rahmen der Uruguay-Runde neben dem Güterhandel erstmals auch der Dienstleistungshandel und die handelsbezogenen Aspekte der geistigen Eigentumsrechte erfasst.

Das „**General Agreement on Trade in Services" (GATS)** bildet die zweite Säule der Welthandelsordnung und trägt der wachsenden Bedeutung des grenzüberschreitenden Dienstleistungshandels Rechnung. Während dieser in der unmittelbaren Nachkriegszeit nur etwa 10% des internationalen Güterhandels ausmachte *(Senti 2000, S. 564)*, liegt der Anteil mitt-

Tab. 2.2: Gesamtvolumen der weltweiten Exporte und deren Verteilung auf Güter und Dienstleistungen 1997 und 2007 in Mrd. US $

Jahr	Güter		Dienstleistungen		Gesamt	
	Mrd. US $	in %	Mrd. US $	in %	Mrd. US $	in %
1997	5.591	81,1%	1.307	18,9%	6.898	100%
2007	13.950	80,9%	3.292	19,1%	17.242	100%

Quelle: Eigene Berechnungen nach WTO 2008a.

lerweile bei knapp 20% *(WTO 2008a;* vgl. Tab. 2.2). Im Gegensatz zum Güterhandel besitzen Zölle für Dienstleistungen keine Relevanz. Von großer Bedeutung sind dagegen nicht-tarifäre Handelshemmnisse (vgl. Kasten 2.1), wie die Subventionierung inländischer Monopolanbieter, inländische Standards oder Zertifizierungszwänge. Im GATS sind analog zum GATT die Prinzipien der Nichtdiskriminierung, der Transparenz und der progressiven Liberalisierung verankert. Jedoch gelten im GATS mehr Ausnahmeregelungen. So wurde auf eine generelle Marktöffnung im Dienstleistungssektor verzichtet, vielmehr kann jedes Land diejenigen Dienstleistungen auswählen und auf einer Positivliste aufführen, welche es dem internationalen Wettbewerb aussetzen möchte. Auch ist innerhalb des Prinzips der Nichtdiskriminierung nur die Gewährleistung der Meistbegünstigung für alle Parteien verpflichtend, das Inländerprinzip findet nur in den listengebundenen Sektoren Anwendung.

Vor dem Hintergrund der zunehmenden Bedeutung geistigen Eigentums (z. B. Patente, Urheberrechte, Markennamen) für die Erstellung von Produkten und Dienstleistungen bilden die **„Trade Related Aspects of Intellectual Property Rights" (TRIPs)** die dritte Säule der neuen Welthandelsordnung. Produkt- und Markenpiraterie wurden in den letzten Jahren insbesondere im Zusammenhang mit dem wirtschaftlichen Aufstieg Chinas intensiv diskutiert, da rund ein Fünftel aller Markenprodukte aus China gefälscht sein soll. Weltweit sollen Produzenten aus China an 40-60% aller Markenfälschungen beteiligt sein *(Haas et al. 2008)*. Auch im TRIPs-Abkommen ist das Prinzip der Nichtdiskriminierung vorgesehen. Weitere Regelungen betreffen einen einheitlichen Patentschutz für innovative Produkte und Verfahren, Markenschutzrechte, die Einführung von Sanktionsmechanismen bei Missachtung geistiger Eigentumsrechte in allen WTO-Ländern sowie die Ermächtigung von Zollbehörden, Imitationen und Raubgut zu konfiszieren.

Zu den größten Erfolgen des GATT bzw. der WTO zählen die umfangreichen **Zollsenkungen**. Lag die durchschnittliche Zollbelastung im Jahr 1948 noch bei 40% des Importwertes, so betrug sie zum Ende der Uruguay-Runde nur noch ca. 4% *(Senti 2000, S. 219)*. Zudem hat die Zahl der teilnehmenden Staaten stetig zugenommen. 1946 wurde das GATT von 23 Nationen unterzeichnet, seit dem 23.07.2008 gehören der WTO 153 Länder an, darunter seit dem 11.12.2001 auch China *(WTO 2008b)*. Zurzeit wird mit Russland über einen Beitritt verhandelt. Problematisch ist jedoch, dass der fortschreitende Zollabbau zu einer starken Zunahme nicht-tarifärer Handelshemmnisse geführt hat. Vor Abschluss der Uruguay-Runde wurden schätzungsweise 50% des Welthandels durch nicht-tarifäre Handelshemmnisse geschützt *(Salvatore 1993, S. 1)*. Zwar wurden im Zuge der achten

Welthandelsrunde Grauzonenmaßnahmen wie freiwillige Exportselbstbeschränkungs- und Marktordnungsabkommen verboten, jedoch stellen z. B. regionale Integrationsgebiete nach wie vor erhebliche Marktzugangsbarrieren für Dritte dar.

Seit dem Jahr 2001 läuft die **neunte Welthandelsrunde, die sogenannte Doha-Runde.** Zu deren Zielen gehören eine stärkere Integration der Entwicklungsländer in die internationalen Handelsbeziehungen und eine weitere Liberalisierung der Agrarmärkte durch den Abbau von Zöllen, Binnen- und vor allem Exportsubventionen. Letzteres stellt das wohl größte Problem auf dem Wege zu einer Einigung dar. Das letzte WTO-Ministertreffen fand im Juli 2008 statt und wurde vor allem aufgrund von Differenzen zwischen den USA und insbesondere Indien über die Ausgestaltung des speziellen Schutzzollmechanismus für Entwicklungsländer im Agrarbereich ergebnislos abgebrochen *(BMWI 2009a)*.

Die Ursachen für das bisherige Scheitern der Doha-Runde sind auch in einer offensiveren Haltung der Entwicklungs- und Schwellenländer zu suchen, die erstmals 2003 auf dem Gipfel in Cancún deutlich wurde. Im Vorfeld wurde mit der G20 (developing nations) eine neue Gruppe von Schwellen- und Entwicklungsländern unter Führung Chinas, Indiens und Brasiliens gegründet, die sich explizit gegen die Vorschläge für die Agrarpolitik der EU und der USA wandte. Dies trug dazu bei, dass weitere Gruppen mit Schutzinteressen im „Windschatten" dieser Allianz entstanden, wobei besonders die G90 großen Einfluß hatte. Diese Gruppierung führte mit ihrem Widerstand gegen die Aufnahme der „Singapurthemen" Investitionen, öffentliche Güterversorgung, Wettbewerb und administrative Handelserleichterungen letztlich zu einem Scheitern der Verhandlungen in Cancún.

Zwei Jahre später bildete sich in Hongkong zudem eine sämtliche Entwicklungsländer umfassende G110 *(Schmalz 2008)*.

Abb. 2.1:   Aufbau des Internationalen Währungsfonds

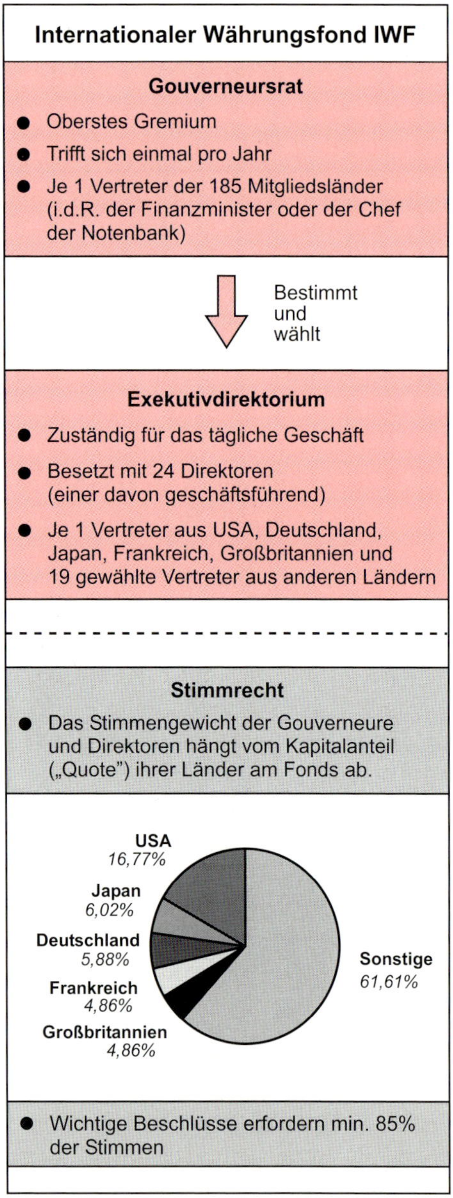

Internationaler Währungsfond IWF

Gouverneursrat

- Oberstes Gremium
- Trifft sich einmal pro Jahr
- Je 1 Vertreter der 185 Mitgliedsländer (i.d.R. der Finanzminister oder der Chef der Notenbank)

Bestimmt und wählt

Exekutivdirektorium

- Zuständig für das tägliche Geschäft
- Besetzt mit 24 Direktoren (einer davon geschäftsführend)
- Je 1 Vertreter aus USA, Deutschland, Japan, Frankreich, Großbritannien und 19 gewählte Vertreter aus anderen Ländern

Stimmrecht

- Das Stimmengewicht der Gouverneure und Direktoren hängt vom Kapitalanteil („Quote") ihrer Länder am Fonds ab.

USA
16,77%

Japan
6,02%

Deutschland
5,88%

Frankreich
4,86%

Großbritannien
4,86%

Sonstige
61,61%

- Wichtige Beschlüsse erfordern min. 85% der Stimmen

Quelle: Nach Kruber et al. 2008b.

2.2.2 Liberalisierung der Kapitalmärkte

Neben den erfolgreichen Integrationsbemühungen auf den Waren- und Dienstleistungsmärkten wurde im Rahmen des GATT auch eine Erleichterung der transnationalen Investitionsregeln angestrebt. Durch den Abschluss des **TRIMs-Abkommens (Trade-Related Investment Measures)** im Rahmen der Uruguay-Runde konnten handelsverzerrende Direktinvestitionsauflagen z. B. in Form von so genannten **Local-Content-Vorschriften** abgebaut werden. Local-Content-Vorschriften stellen eine Beschränkung bei Direktinvestitionen dar. Sie sollen dafür sorgen, dass Unternehmen nicht vollständig in ausländischen Händen sind und kommen vor allem bei Direktinvestitionen in Entwicklungsländern zum Tragen. Damit eine Direktinvestition erfolgen kann, müssen bestimmte Quoten der Unternehmensanteile von inländischen Kapitalgebern gehalten werden.

Ein Beispiel stellt China dar, wo sich Transnationale Unternehmen mit chinesischen Unternehmen der gleichen Branche zu einem Joint Venture vereinen müssen, um überhaupt einen Teil ihrer Produktion nach China verlagern zu dürfen. Insgesamt hat das TRIMs-Abkommen Wirkung gezeigt und geholfen, entsprechende Auflagen vielerorts abzubauen. Der deutliche Anstieg der ausländischen Direktinvestitionen seit den Jahren 1994/95 nach einer eher stagnierenden Entwicklung zu Beginn der neunziger Jahre mag hierin seine Begründung haben *(Hemmer et al. 2001, S. 4)*.

Weitere wichtige Globalisierungsimpulse gehen von der zunehmenden Abschaffung von Devisenbewirtschaftungsmaßnahmen und der Liberalisierung der Finanzmärkte in vielen Ländern aus. Eine in diesem Zusammenhang wichtige Institution ist der **Internationale Währungsfonds (IWF, engl.** **International Monetary Fund, IMF)** mit Sitz in Washington D.C. Diese Sonderorganisation der UNO wurde am 27.12.1945 auf der Grundlage des ein Jahr zuvor geschlossenen Abkommens von **Bretton Woods** (vgl. Kasten 2.3) von 29 Gründungsmitgliedern geschaffen und nahm im Jahre 1947 ihre Tätigkeit auf *(IMF 2009d)*. Mittlerweile umfasst der Internationale Währungsfonds 187 Mitgliedsstaaten (Stand 06/2010) *(IMF 2010)*. Deutschland ist seit 1952 Mitglied *(BMF 2007)*. Oberstes Gremium des IWF ist der Gouverneursrat, in den jedes Mitgliedsland einen Vertreter entsendet. Die laufende Geschäftsführung hat der Gouverneursrat dem Exekutivdirektorium übertragen, welches aus 24 Direktoren besteht (vgl. Abb. 2.1). Kritisiert wird an der Organisationsstruktur des IWF insbesondere, dass die Entwicklungsländer trotz ihrer Überzahl nur geringe Einflussmöglichkeiten besitzen, da sowohl Einzahlungsverpflichtungen als auch Kreditmöglichkeiten und Stimmrechte der Mitgliedsländer durch Quoten bestimmt sind, die sich aus der Größe der Volkswirtschaften ergeben. Indikatoren hierfür sind das Volkseinkommen, Reserven an Gold und Devisen, Größe und Schwankungen des Außenhandels sowie die Exportabhängigkeit eines Landes *(Tetzlaff 1996)*. Trotz der im März 2008 vom Exekutivdirektorium beschlossenen Quotenreform bleibt der Stimmanteil der Industrieländer hoch. Allein die USA verfügen über 16,7% der Stimmrechte und haben damit als einzige Nation ein faktisches Vetorecht (Stand April 2009; *IMF 2009e)*.

Der Internationale Währungsfonds verfolgt im Wesentlichen sechs Ziele *(IMF 1992)*:

- Förderung der internationalen Zusammenarbeit auf dem Gebiet der Währungspolitik

- Ausweitung des Welthandels und damit Förderung eines hohen Beschäftigungsgrades und Realeinkommens

- Förderung der Stabilität der Währungen, Aufrechterhaltung geordneter Währungsbeziehungen unter den Mitgliedern, Vermeidung von Währungsabwertungen aus Wettbewerbsgründen

- Mitwirkung bei der Errichtung eines multilateralen Zahlungssystems für die laufenden Geschäfte zwischen Mitgliedern und bei der Beseitigung von Devisenverkehrsbeschränkungen, die das Wachsen des Welthandels hemmen

- Stärkung des Vertrauens der Mitglieder durch Hilfen bei unausgeglichenen Zahlungsbilanzen (Rückgriff auf die allgemeinen Fondsmittel unter angemessenen Sicherungen)

- Abkürzung der Dauer unausgeglichener internationaler Zahlungsbilanzen der Mitglieder, Verminderung des Grads der Ungleichgewichte

Seit der Schuldenkrise vieler Entwicklungsländer Anfang der 1980er Jahre besteht eine Hauptaufgabe des IWF in der **Kreditvergabe** zur Überwindung von Verschuldungskrisen.

Rechtlich gesehen handelt es sich bei den Krediten um den Kauf benötigter Fremdwährungen mit der Währung des Defizitlandes. Die Überbrückungshilfen sind an die Durchführung von **Strukturanpassungsprogrammen** gebunden, welche die unterstützten Staaten zu einer stärkeren Sparpolitik, Exportorientierung und Überbewertung der Landeswährung zwingen. Hieran setzt vielfältige Kritik an, beispielsweise dass die Programme eher die Konjunktur dämpfen als zu wirtschaftspolitischen Erfolgen zu führen *(Schmalz 2008; Tetzlaff 1996)*.

Abb. 2.2:   Aufbau der Weltbank

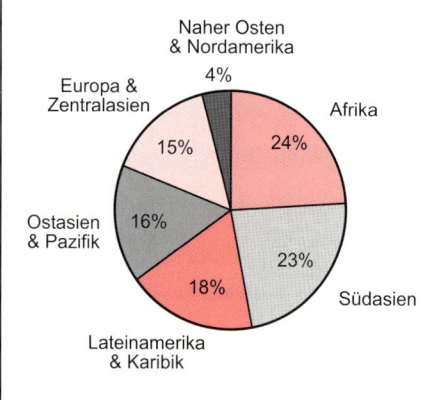

Die Weltbank

- Gegründet 1945
- 185 Mitgliedsstaaten, die unterschiedlich hohe Beiträge zahlen
- Der Präsident wird üblicherweise von den USA als größtem Geldgeber gestellt

Zur Weltbankgruppe gehören die folgenden Institutionen:

- **Internationale Bank für Wiederaufbau und Entwicklung (gegründet 1945)**
  (International Bank for Reconstruction and Development, IBRD)

- **Internationale Entwicklungsorganisation (gegründet 1960)**
  (International Development Association, IDA)

- **Internationale Finanzkooperation (gegründet 1956)**
  (International Finance Corporation, IFC)

- **Multilaterale Investitionsgarantie-Agentur (gegründet 1988)**
  (Multilateral Investment Guarantee Agency, MIGA)

- **Internationales Zentrum zur Beilegung von Investitionsstreitigkeiten (gegründet 1966)**
  (International Centre for the Settlement of Investment Disputs (ICSID)

Die Weltbank vergab 2007 Kredite in Höhe von 24,7 Mrd. US $ in folgende Regionen:

Naher Osten & Nordamerika 4%
Europa & Zentralasien 15%
Afrika 24%
Ostasien & Pazifik 16%
Südasien 23%
Lateinamerika & Karibik 18%

Quelle: Nach Kruber et al. 2008b.

Abb. 2.3: Zunahme regionaler Handelsabkommen[1]

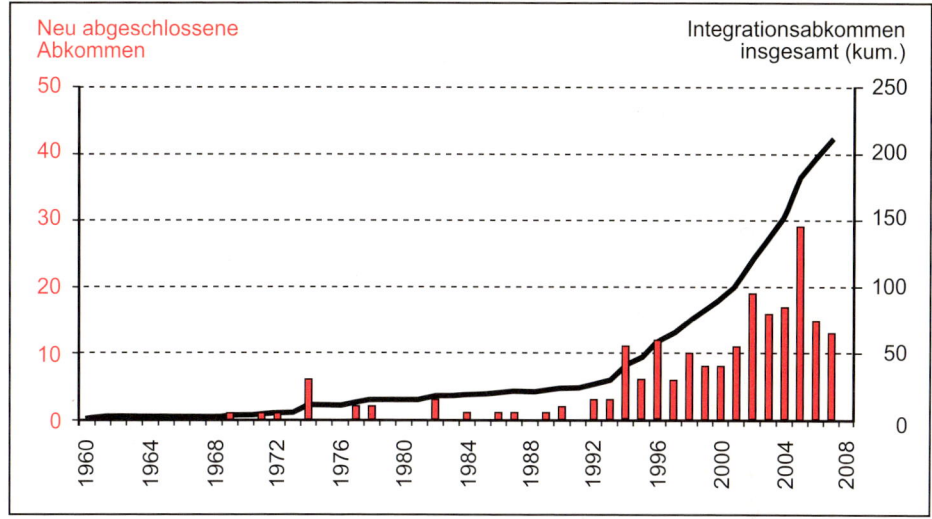

[1]An die WTO gemeldete Abkommen bis 2006 nach dem Jahr des Inkrafttretens

Quelle: Nach Fiorentino et al. 2006, S. 4.

Eine weitere Sonderorganisation der Vereinten Nationen, die auf den Prozess der Globalisierung der Wirtschaft einen gewichtigen Einfluss ausübt, ist die **Weltbank**. Zusammen mit ihren Tochterinstitutionen bildet sie heute die so genannte Weltbankgruppe (vgl. Abb. 2.2).

Das in Bretton Woods geschlossene Abkommen über die Weltbank (IBRD) trat 1945 in Kraft, im Folgejahr nahm die Bank mit Sitz in Washington D.C. ihre Geschäftstätigkeit auf.

Dabei werden drei wesentliche Ziele verfolgt *(Weltbank 1989):*

• Unterstützung des Wiederaufbaus und Entwicklung der Gebiete der Mitgliedsländer durch Erleichterung der Kapitalanlage für produktive Zwecke. Dazu gehören die Wiederherstellung durch den Krieg zerstörter Volkswirtschaften und die Förderung der Entwicklung von Produktionsanlagen und Hilfsquellen in weniger entwickelten Ländern.

• Förderung der privaten ausländischen Investitionstätigkeit durch die Übernahme von Garantien (z. B. Versicherung gegen politische und nicht-kommerzielle Risiken bei ausländischen Direktinvestitionen) oder durch Beteiligung an Darlehen und Investitionen von privaten Geldgebern. Ergänzung der privaten Investitionstätigkeit aus eigenem Kapital, falls privates Kapital nicht zu annehmbaren Bedingungen verfügbar ist.

• Förderung eines langfristig ausgewogenen Wachstums des internationalen Handels und Aufrechterhaltung des Gleichgewichts der Zahlungsbilanzen durch die Anregung internationaler Investitionen. Dies verfolgt das Ziel, die Produktivität, den Lebensstandard und die Arbeitsbedingungen in den Mitgliedsländern zu verbessern.

Zunächst setzte die Weltbank Kredite überwiegend zum Wiederaufbau in den vom Zweiten Weltkrieg zerstörten Staaten

Kasten 2.3: Bretton Woods: Die Neuordnung der Weltwirtschaft nach dem Zweiten Weltkrieg

Noch während des Zweiten Weltkriegs fand 1944 in Bretton Woods (New Hampshire, USA) eine Währungs- und Finanzkonferenz der UNO mit 44 Teilnehmerstaaten statt, um über eine Neuordnung der Weltwirtschaft zu beraten. Die Verträge von Bretton Woods traten 1946 in Kraft.

Neben der Errichtung des **Internationalen Währungsfonds (IWF)** und der **Weltbank** wurde insbesondere eine neue **Weltwährungsordnung mit festen, an den US-Dollar gebundenen Wechselkursen** beschlossen, die von den Staaten nicht willkürlich verändert werden durften. Der Dollar stand wiederum in einem festen Tauschverhältnis zum Gold.

Durch dieses System sollte verhindert werden, dass Staaten in Krisensituationen wie zur Zeit der Großen Depression in den 1930er Jahren ihre Währungen abwerten, um Vorteile im Außenhandel zu erlangen. Durch die Abwertung einer Währung werden Waren aus dem betreffenden Land auf den internationalen Märkten billiger und die importierten Waren in das Land teurer, so dass für andere Länder Nachteile im internationalen Handel entstehen.

Ein Beispiel: Eine Jeans aus den USA für 50 US $ kostete im Januar 2000 bei einem Wechselkurs des Dollars gegenüber dem Euro von 1:1 in Europa entsprechend 50 Euro. Im Januar 2009 bekam man für 1 Euro jedoch 1,40 US $. Für eine importierte Jeans, die nach wie vor 50 US $ kostet, musste der Käufer in Europa jetzt nur noch 35,71 Euro bezahlen. Die importierte Jeans hat sich also gegenüber einer inländischen Hose entsprechend verbilligt.

Ein System fester Wechselkurse, wie in Bretton Woods 1944 vereinbart, verhindert solche Beeinflussungen des Außenhandels durch Wechselkursschwankungen und funktioniert vergleichsweise reibungslos, wenn die teilnehmenden Staaten in etwa ausgeglichene außenwirtschaftliche Bilanzen aufweisen.

Anfang der 1970er Jahre traten jedoch größere Ungleichgewichte insbesondere in der Zahlungsbilanz der USA auf. Durch die negative Leistungsbilanz (vgl. Kap.5.1.1) der USA erhöhte sich die Dollarmenge, die außerhalb des Landes im Umlauf war. Damit stieg die Wahrscheinlichkeit, dass die ausländischen Staaten von der Verpflichtung der US-Zentralbank, jederzeit Dollar in Gold zu konvertieren, Gebrauch machten. Allmählich wuchsen die Dollarbestände der Notenbanken im Ausland über die Goldreserven der Vereinigten Staaten hinaus, wodurch die Konvertibilität des Dollars in Gold nicht mehr gewährleistet schien und ein Vertrauensproblem in die Leitwährung entstand. Außerdem war der Dollar zunehmend überbewertet, was eine Folge stark angestiegener Ausgaben der USA, u. a. für den Vietnam-Krieg, war.

Die USA kündigte 1971 ihre Garantie auf, US-Dollar unbegrenzt in Gold einzutauschen und das System von Bretton Woods brach zusammen. Die Freigabe der Wechselkurse der wichtigsten Währungen der Welt erfolgte daraufhin im Jahr 1973 *(Kruber et al. 2008b; Bundeszentrale für politische Bildung 2004, Kapitel 6; IMF 2009d; Tetzlaff 1996)*.

Abb. 2.4: Beteiligungen an regionalen Handelsabkommen im Januar 2005

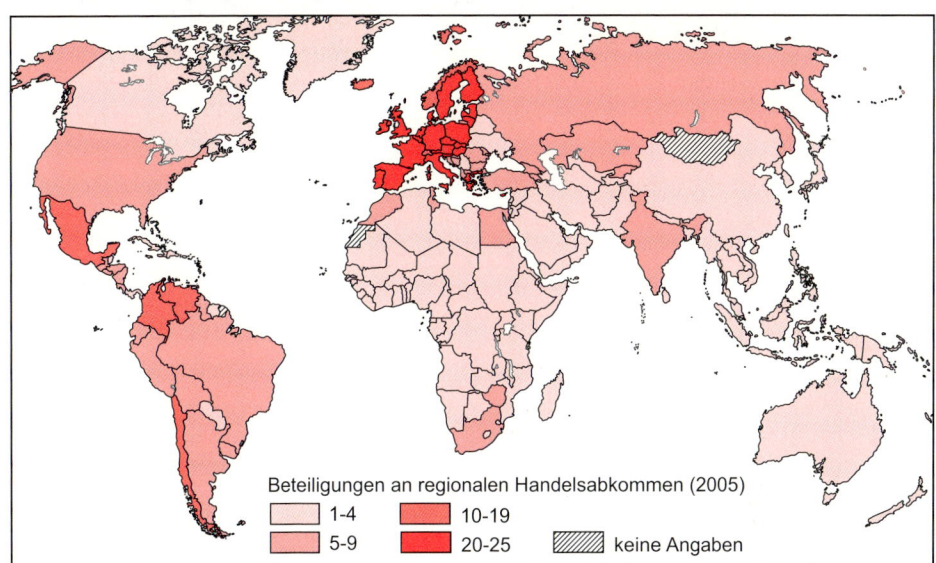

Beteiligungen an regionalen Handelsabkommen (2005)

	1-4		10-19	
	5-9		20-25	keine Angaben

Quelle: Eigene Darstellung nach Crawford/Fiorentino 2005, S. 20.

Europas ein. Nachdem im Jahr 1948 im Rahmen des Marshallplans das amerikanische „European Recovery Program" in Kraft getreten war, widmete sich die Weltbank verstärkt der wirtschaftlichen Förderung der Entwicklungsländer.

Im Mittelpunkt stehen die Vergabe von Krediten und die Teilfinanzierung von wichtigen infrastrukturellen Projekten, welche die Voraussetzungen für ein langfristiges Wirtschaftswachstum bilden, jedoch keine direkten Renditen abwerfen und damit schwierig über private Investoren zu finanzieren sind. Ebenso wie bei Krediten des IWF sind Hilfen der Weltbank an eine **gute Regierungsführung** (Demokratie, Rechtssicherheit, Korruptionsbekämpfung) sowie die Durchführung eines **Strukturanpassungsprogramms** gebunden, das eine Korrektur der Fiskal-, Wirtschafts- und Sozialpolitik in den Empfängerstaaten vorschreibt und dabei insbesondere auf Privatisierung, Deregulierung und Liberalisierung setzt.

Kritiker weisen dabei stets auf die ungleichen sozialen Belastungen der Programme hin *(Tetzlaff 1996; Haas/Neumair 2006; Kruber et al. 2008b)*.

Als **Zwischenfazit** kann festgehalten werden, dass der Abbau der Kapitalverkehrskontrollen, die Abschaffung staatlich festgelegter Zinshöchstgrenzen sowie die Freigabe des Bankensektors für die inländische und ausländische Privatwirtschaft in vielen Ländern wesentlich dazu beigetragen haben, dass ein zunehmend ungehinderter weltweiter Zugang zu den Finanzmärkten möglich ist. Ein freier Kapitalverkehr über Ländergrenzen hinweg kann entsprechend realisiert werden. Die Senkung der Transaktionskosten (vgl. Kap. 3.2.2), die durch diese Liberalisierungsschritte hervorgerufen wurde, war ein essenzieller Impuls für die Ausdehnung der internationalen Arbeitsteilung und stellt somit eine wichtige Ursache der Globalisierung dar *(Hemmer et al. 2001, S. 4)*.

2.3 Regionale Integrationsgebiete

Bemühungen zur Handelsliberalisierung bestehen nicht nur auf multilateraler, sondern auch auf regionaler Ebene. Als erstes regionales Integrationsgebiet gilt die 1947 abgeschlossene Zollunion zwischen den Beneluxstaaten Belgien, Luxemburg und den Niederlanden *(Vicard 2009, S. 169)*. Der Begriff Integration bedeutet, dass eine neue Einheit entsteht, die ihren Bestandteilen in gewissem Maße übergeordnet ist. Wirtschaftliche Integrationen können unterschiedliche Formen und Stufen aufweisen. Zu unterscheiden sind z. B. Zollunionen, Freihandelszonen, gemeinsame Märkte oder Währungsunionen *(Hahn 2007, S. 4)*. Beispielsweise gibt ein Land beim Eintritt in eine **Zollunion** einen beträchtlichen Teil seiner Souveränität im Bereich der Handelspolitik auf, um einen gemeinsamen externen Tarif mit den Mitgliedsländern zu implementieren. Dagegen erlauben **Freihandelsabkommen** den Mitgliedsländern, ihre Tarife gegenüber Drittländern selbst auszuhandeln *(Vicard 2009, S. 168)*. Sie lassen sich daher schneller abschließen und erfordern ein geringeres Maß an politischer Koordination unter den Mitgliedern, so dass diese Form der regionalen Integration am häufigsten vorzufinden ist *(Crawford/ Fiorentino 2005, S. 3 f.)*.

Seit Anfang der 1990er Jahre hat die Zahl neuer regionaler Handelsabkommen stark zugenommen (vgl. Abb. 2.3). Es entstanden mehrere regionale Integrationsgebiete von großer ökonomischer Bedeutung. Die Größten sind die Europäische Union (EU), die Nordamerikanische Freihandelszone (NAFTA), die Südostasiatische Freihandelszone (ASEAN) (vgl. Kap. 6.2 bis 6.4) und die Südamerikanische Freihandelszone (MERCOSUR), die sich in der Tiefe der wirtschaftlichen Integration unterscheiden *(Diez 1997; Dunford 1997; Koschatzky 1997; Nuhn 1997; Coleman/Underhill 1998; Hahn 2007)*.

2010 ist mit der Freihandelszone China und ASEAN-6 gemessen an der Bevölkerungszahl die größte Freihandelszone der Welt entstanden, gemessen am Handelsvolumen die drittgrößte nach der EU und NAFTA *(FAZ 2010)*. Insgesamt waren im Dezember 2006 214 regionale Handelsabkommen in Kraft, wovon allein 55 zwischen Januar 2005 und Dezember 2006 der WTO mitgeteilt wurden. Weitere 70 Abkommen waren bereits in Kraft getreten, aber noch nicht der WTO gemeldet. Zudem waren ungefähr 30 regionale Handelsabkommen schon unterschrieben, jedoch noch nicht in Kraft getreten und etwa genauso viele befanden sich im Verhandlungsstadium. Werden all diese eingeführt, so ist für das Jahr 2010 mit einer Gesamtzahl von fast 400 regionalen Handelsabkommen zu rechnen *(Fiorentino et al. 2006, S. 1-5)*. Die überwiegende Mehrheit der Abkommen ist bilateral, im Jahr 2005 waren es fast 80% *(Vicard 2009, S. 169)*. Wie in Abb. 2.4 deutlich wird, sind die meisten Länder in mehrere Handelsabkommen eingebunden.

Bedeutsamer als die Zahl der Handelsabkommen ist jedoch der Anteil des Welthandels, der auf diese entfällt, da ein Abkommen zwischen zwei großen Volkswirtschaften von größerer Bedeutung für das multilaterale Handelssystem sein kann als mehrere Übereinkommen zwischen kleinen oder weniger entwickelten Volkswirtschaften *(Fiorentino et al. 2006, S. 3)*.

Für das Jahr 2003 bezifferte die OECD den Anteil des Welthandels, der in regionalen Integrationsgebieten stattfand, auf 43%. Innerhalb der nächsten zwei Jahre erwartete sie einen Anstieg auf 55% *(OECD 2003, S. 12)*. Wichtige Trends in Bezug auf

Handelsabkommen stellen die **Zunahme von Vereinbarungen zwischen Industrie- und Entwicklungsländern** sowie zwischen zwei oder mehreren Entwicklungsländern dar. Letzteres ist ein Hinweis auf eine Stärkung der sogenannten **Süd-Süd-Handelsmuster**. Während die ersten regionalen Handelsabkommen eines Landes meist mit benachbarten und regionalen Partnern abgeschlossen werden, zwischen denen bereits etablierte Handelsbeziehungen bestehen, findet in einer späteren Phase meist eine Orientierung hin zu weiter entfernten Partnern statt. Dieser Trend wird zurzeit in Europa, Amerika und in zunehmendem Maße auch im asiatisch-pazifischen Raum deutlich *(Crawford/Fiorentino 2005, S. 2)*.

In den 1970er und 1980er Jahren entstanden regionale Integrationsgebiete häufig als Ergänzung zum GATT, wenn in dessen Rahmen keine Einigung auf globaler Ebene gefunden werden konnte, sich jedoch eine regionale Übereinkunft anbot. In solchen Fällen kam es entsprechend zur Marktöffnung im kleineren Kreis *(Mrusek/Astheimer 2005)*. Dies wird nach wie vor als wichtige Ursache für die Entstehung regionaler Handelsabkommen angesehen. So wird die starke Zunahme der Anzahl von Abkommen in der jüngeren Zeit unter anderem auf das Stocken der Verhandlungen der Uruguay- und der Doha-Runde zurückgeführt *(Crawford/Fiorentino 2005, S. 1,6; Fiorentino et al. 2006, S. 3)*. **Ökonomische Motive** der politischen Akteure für den Abschluss regionaler Handelsabkommen stellen die Suche nach größeren Märkten, der Wunsch nach verstärkter regionaler Integration in Bereichen, die von multilateralen Übereinkünften noch in geringem Maße eingeschlossen sind (z. B. Investitionen, Umwelt, Arbeitsstandards), sowie die Vorteilnahme aus diskriminatorischen Regelungen (z.B. langfristige Wettbewerbsvorteile durch den bevorzugten Zugang zu Märkten der Mitgliedsländer) dar. Weiterhin wird erwartet, dass die Mitgliedschaft in regionalen Handelsabkommen die Anziehungskraft für ausländische Direktinvestitionen erhöht *(Crawford/Fiorentino 2005, S. 16)*.

Bisher hat sich die Analyse der Ursachen des Abschlusses regionaler Handelsabkommen weitgehend auf diese ökonomischen Motive konzentriert. Weniger berücksichtigt wurden dagegen die **geopolitischen und strategischen Dimensionen**. Das offensichtlichste gegenwärtige Beispiel stellen die USA dar, wo bilaterale und regionale Handelsabkommen zunehmend genutzt werden, um strategische Beziehungen zu verstärken. Erstmals wurde dies Mitte der 1980er Jahre deutlich, als die Reagan-Administration ein Abkommen mit Israel abschloss. Nach den Anschlägen vom 11. September 2001 verstärkte sich dieser Trend, und die USA schlossen bilaterale Handelsabkommen ab, um die Beziehungen zu verbündeten Nationen im Mittleren Osten zu stärken. Diese nicht-ökonomischen Motive beim Abschluss regionaler Handelsabkommen beschränken sich jedoch nicht nur auf die USA, sondern stellen einen generellen Trend dar *(Capling 2008, S. 27 f.)*. Neben der Beziehungspflege zu strategisch wichtigen Partnern nutzen Regierungen Handelsabkommen häufig auch zur Konsolidierung von Frieden und regionaler Sicherheit sowie zur Verstärkung ihrer Verhandlungsmacht bei multilateralen Gesprächen *(Crawford/Fiorentino 2005, S. 16)*. Eine weitere zu berücksichtigende Ursache des starken Wachstums regionaler Handelsabkommen liegt neben den politischen und ökonomischen Motiven der verantwortlichen Akteure in der steigenden Mitgliederzahl der WTO, denn deren Mitglieder sind verpflichtet, den Beitritt zu regionalen Handelsabkommen zu melden *(Fiorentino et al. 2006, S. 5)*.

Die Zunahme regionaler Integrationsgebiete wird häufig als **Gefahr für das multilaterale Handelssystem** angesehen, da die damit einhergehenden unterschiedlichen Marktzutrittsbedingungen der globalen Vereinheitlichung der Zoll- und Handelspraxis entgegen wirken würden. Außerdem werde der größte Vorteil der WTO, nämlich das Grundprinzip der Nichtdiskriminierung, ausgehöhlt *(Mrusek/Astheimer 2005)*. Dennoch erlauben sowohl das GATT als auch das GATS ihren Mitgliedern ausdrücklich die Mitgliedschaft in sowie die Bildung von regionalen Handelsabkommen. Bedingung ist, dass dadurch nicht die Handelsbarrieren für Drittländer im Vergleich zu dem Niveau vor einer solchen Vereinbarung erhöht werden *(GATT 2009, Artikel XXIV; GATS 2009, Artikel V)*. Eine Studie der OECD *(2003)* hat die Effekte von regionalen Handelsabkommen innerhalb verschiedenster Bereiche wie z. B. Dienstleistungen, Handelserleichterungen, Arbeitskräftemobilität, Investitionen oder geistigen Eigentumsrechten genauer untersucht. Sie kommt zu dem Ergebnis, dass regionale Handelsabkommen sowohl positive als auch negative Effekte haben, da sie einerseits ein Teil der Liberalisierung sind, andererseits aber auch eine Ausnahme vom Prinzip der Meistbegünstigung darstellen.

In vielen Fällen sehen die Bestimmungen regionaler Handelsabkommen eine **weitreichendere Liberalisierung** vor als die WTO. Beispielsweise gilt im Dienstleistungsbereich häufig ein „Top-Down"-Ansatz bzw. ein Negativlistenansatz, wonach alle Sektoren und mit der Vereinbarung nicht konforme Maßnahmen liberalisiert werden müssen, sofern keine anderweitigen Regeln getroffen wurden. Im GATS dagegen ist eine Liberalisierung nur für diejenigen Bereiche vorgeschrieben, für die eine explizite Vereinbarung getroffen wurde. Zudem

ähneln sich viele Bestimmungen in den verschiedenen regionalen Handelsabkommen, so dass es in den entsprechenden Bereichen zu einer Konvergenz von Regelungen hin zu einem impliziten internationalen Standard kommt. Möglicherweise fließen diese zu einem späteren Zeitpunkt in multilaterale Vereinbarungen der WTO ein.

Sind dagegen eher **divergierende Bestimmungen** festzustellen, resultieren dadurch Nachteile insbesondere durch steigende Transaktionskosten (vgl. Kap. 3.2.2) bei Geschäften zwischen Ländern, die unterschiedlichen regionalen Handelsabkommen angehören. Nachteilig für das multilaterale Handelssystem ist auch, wenn regionale Handelsabkommen Regelungen enthalten, die den Liberalisierungsbemühungen der WTO entgegen treten. Weiterhin kann die Zunahme regionaler Vereinbarungen zu einer systemischen Überbelastung führen, wenn dadurch die Anzahl der Streitfälle steigt, die vor internationalen Schlichtungsstellen verhandelt wird. Dieser Fall ist z. B. auf dem Gebiet der Investitionsbestimmungen eingetreten.

Sehr unterschiedliche Effekte können regionale Handelsabkommen auf **Nicht-Mitglieder** ausüben. In einigen Fällen beinhalten sie Regelungen, die eine Benachteiligung von Drittländern vermeiden sollen, z. B. indem sie allen juristischen Personen unabhängig von ihrem Herkunftsland eine gleichwertige Behandlung bei der Erbringung von Dienstleistungen in jedem Mitgliedsland des Abkommens gewähren. Jedoch enthalten regionale Handelsabkommen nicht immer solche liberalen Regelungen. Insbesondere in sensiblen Sektoren wie der Bekleidungsindustrie oder der Landwirtschaft ist eher das Gegenteil der Fall, so dass z. B. Inputs aus Drittländern nur einen sehr restriktiven Marktzugang in den Mitgliedsländern eines regionalen Abkommens haben. Nachteilige Effekte für Drittländer können auch dadurch entstehen, dass regionale Initiativen z. B. Investitionsmuster beeinflussen, insbesondere dadurch, dass Investoren höhere Wachstumsmöglichkeiten in einem erweiterten regionalen Markt erwarten. Insgesamt sieht die OECD *(2003)* regionale Handelsabkommen trotz diverser Nachteile durchaus als eine sinnvolle Ergänzung zu multilateralen Regeln und einer fortschreitenden multilateralen Liberalisierung an. Diese können jedoch nicht durch regionale Integration ersetzt werden.

Weiterführende und ergänzende Literatur zum Kapitel 2:

Kerr, W. A. / Gaisford, J. D. (2007) (eds.): Handbook on International Trade Policy. Cheltenham.
Darin insbesondere die Aufsätze von:
  Maneschi, A.: History of Economic Thought on Trade Policy. S. 19-28.
  Miner, W. M.: Modern History of Trade Policy. S. 29-43.
Bundeszentrale für politische Bildung (2008): Informationen zur politischen Bildung 299: Internationale Wirtschaftsbeziehungen. Bonn.
Senti, R. (2000): WTO: System und Funktionsweise der Welthandelsordnung. Zürich.
Tetzlaff, R. (1996): Weltbank und Währungsfonds – Gestalter der Bretton-Woods-Ära. Opladen.
Fiorentino, R. V. / Verdeja, L. / Toqueboeuf, C. (2006): The Changing Landscape of Regional Trade Agreements: 2006 Update. – WTO Discussion Paper 12. Genf.
OECD (2003): Regionalism and the Multilateral Trade System. Paris.

3 Unternehmerische Motive und Strategien der Auslandsmarktbearbeitung

Skandinavisches Möbel-Design auch in Dubai   Foto: Ivo Mossig.

Während die Staaten und zwischenstaatlichen Organisationen durch ihre Wirtschaftspolitik wichtige Grundlagen für die Entwicklung einer globalisierten Wirtschaft gelegt haben, trägt die zweite Gruppe der mächtigen Akteure, die Transnationalen Unternehmen, dazu bei, dass die „weltweite Integration von Wirtschaftssektoren und Produktionssystemen" (vgl. Definition der Globalisierung von *Schamp 1996,* Kap. 1.1) vorangetrieben wird. Im folgenden Kapitel werden deshalb die Unternehmen betrachtet, wobei wiederum zunächst auf die Motive der Auslandsmarktbearbeitung und im Anschluss auf die verschiedenen Umsetzungsstrategien eingegangen wird.

3.1 Motive der Auslandsmarktbearbeitung von Unternehmen

Die Internationalisierungsentscheidung eines Unternehmens beruht auf mehreren Motiven und Einflussvariablen des Gast- und Heimatlandes (vgl. im Folgenden *Haas/ Neumair 2006, S. 579-581; Koopmann/ Franzmeyer 2003).* Sie wird ferner durch die spezifischen Unternehmensmerkmale (z. B. Kapitalstruktur, Produktprogramm, Personalbestand) beeinflusst. Die Motive für eine Ausdehnung unternehmerischer Aktivitäten über nationale Grenzen hinweg können systematisiert werden nach:

- ökonomischen gegenüber nichtökonomischen Motiven,
- offensiven gegenüber defensiven Motiven sowie
- unternehmensstrategischen Motiven.

Letztere setzen sich zusammen aus:
- beschaffungsorientierten Motiven (Ressourcenstrategien)
- absatzorientierten Motiven (Marktstrategien)
- kosten- und ertragsorientierten Motiven (Effizienzstrategien)
- wissensbasierten Motiven (Netzwerkstrategien).

Ökonomische Motive liegen im Streben nach Gewinnerzielung, wobei vor allem Wachstumsmotiven wie z. B. der Umsatz- oder Marktanteilssteigerung eine besondere Bedeutung zukommt. Auch spielt der Ausgleich negativer konjunktureller Entwicklungen im Inland eine Rolle. **Nichtökonomische Motive** liegen beispielsweise in der Erreichung eines bestimmten Images oder der Verfolgung von Macht und Einfluss.

Offensive Motive liegen vor, wenn Unternehmen bestrebt sind, bestehende Wettbewerbsvorteile umzusetzen bzw. günstige Unterschiede zwischen Heimat- und Gastland unmittelbar zu nutzen. Ausländische Märkte werden in diesem Fall systematisch und zielgerichtet erschlossen. Ist ein Unternehmen per se nicht an einer internationalen Geschäftstätigkeit interessiert, wird aber durch bestimmte Umstände dazu mehr oder weniger gezwungen, so liegen **defensive Motive** vor. So kann beispielsweise ein wichtiger Kunde seine Zulieferbetriebe auffordern, ihm im Rahmen seines Auslandsengagements zu folgen.

Beschaffungsorientierte Motive (Ressourcenstrategien) stellen das klassische unternehmensstrategische Motiv für die Aufnahme oder die Intensivierung der internationalen Aktivitäten eines Unternehmens dar. Die Internationalisierung dient in diesem Fall der nachhaltigen Sicherung der Versorgung mit wichtigen Ressourcen, z. B. in Form von natürlichen Rohstoffen. Dieses Motiv hat in der Vergangenheit an Bedeutung verloren und ist angesichts des fortschreitenden Übergangs zur Wissensökonomie nicht mehr das dominante Globalisierungsmotiv *(Haas/Neumair 2006, S. 579-581; Koopmann/Franzmeyer 2003)*.

Klassische beschaffungsorientierte Motive verfolgen heute vor allem Unternehmen aus aufstrebenden Entwicklungsländern, insbesondere China, deren natürliche Ressourcen für die stetig expandierende Industrie knapp werden *(Focus-Money 2010; Heinrich 2009.)*

Ressourcenstrategien nehmen jedoch immer wieder neue Ausprägungen an. So häufen sich in jüngster Zeit z. B. Meldungen über das sogenannte **„Land Grabbing"**, bei dem ausländische Investoren große Flächen mit fruchtbaren Böden vor allem in afrikanischen Entwicklungsländern kaufen, um Lebensmittel und Agrotreibstoffe für den Export herzustellen. Damit sind vor allem drei Motive verbunden: erstens soll die Versorgung der eigenen Bevölkerung im Heimatland gesichert werden, insbesondere wenn die eigenen Anbauflächen nicht ausreichen und dadurch die Abhängigkeit vom Weltmarkt hoch ist. Zweitens werden mit dem Landkauf in der Regel auch die Rechte zur Wasserentnahme auf der jeweiligen Fläche erworben, was angesichts bestehender oder durch den Klimawandel drohender Wasserengpässe vorteilhaft ist. Drittens werden angesichts der wachsenden Weltbevölkerung und der steigenden Nachfrage nach Nahrungsmitteln hohe Renditen erwartet *(Schwab 2009; Wieczorek-Zeul 2009)*.

Einen zentralen Beweggrund transnationaler Unternehmen für die Internationalisierung ihrer Geschäftstätigkeit stellen **absatzorientierte Motive** (Marktstrategien) dar. Das Ziel besteht darin, eine bessere Durchdringung der Auslandsmärkte zu erreichen, indem Absatz und Marktanteile gefestigt und ausgeweitet werden. Damit soll aber nicht nur die Position auf den jeweiligen Auslandsmärkten gehalten oder verbessert werden. Marktstrategien verfolgen auch das Ziel, durch den Auslandserfolg inländische Arbeitsplätze zu sichern. Dieses Motiv ist umso wichtiger, je größer der betreffende Markt ist. China, Indien und einige große lateinamerikanische Länder sind daher bevorzugte Zielregionen für absatzorientierte Internationalisierungsstrategien. Auch handelspolitische Gründe können zu den Marktstrategien einer Internationalisierung zählen, wenn beispielsweise durch die Verlagerung von Unternehmensaktivitäten ins Ausland Handelsbarrieren wie Zölle umgangen werden und so der Absatzmarkt erschlossen werden kann *(Nuhn 1997)*.

Von wachsender Bedeutung sind **kosten- und ertragsorientierte Motive** (Effizienzstrategien), bei denen Kostensenkungen im Vordergrund des Auslandsengagements stehen. Unter die Effizienzstrategien fallen unter anderem die folgenden Aspekte: Nutzung von Kostenvorteilen durch die Produktion im Ausland (z. B. aufgrund niedrigerer Lohn- oder Transportkosten), Kostensenkung durch die Nutzung von Economies of scale (vgl. Kap. 3.2.1) und die Auslastung vorhandener oder zu schaffender Kapazitäten. Zudem können nationale Märkte zu klein sein, um die stark angestiegenen Kosten für Forschung und Entwicklung in vielen Branchen durch Erlöse vor Ort zu decken. Durch die weltweite Vermarktung wird der Absatzmarkt vergrößert und die Kosten werden so schneller durch Erlöse gedeckt. Ebenso zählen die Nutzung staatlicher Förderprogramme, die Risikostreuung

Abb. 3.1: Basisstrategien der Internationalisierung

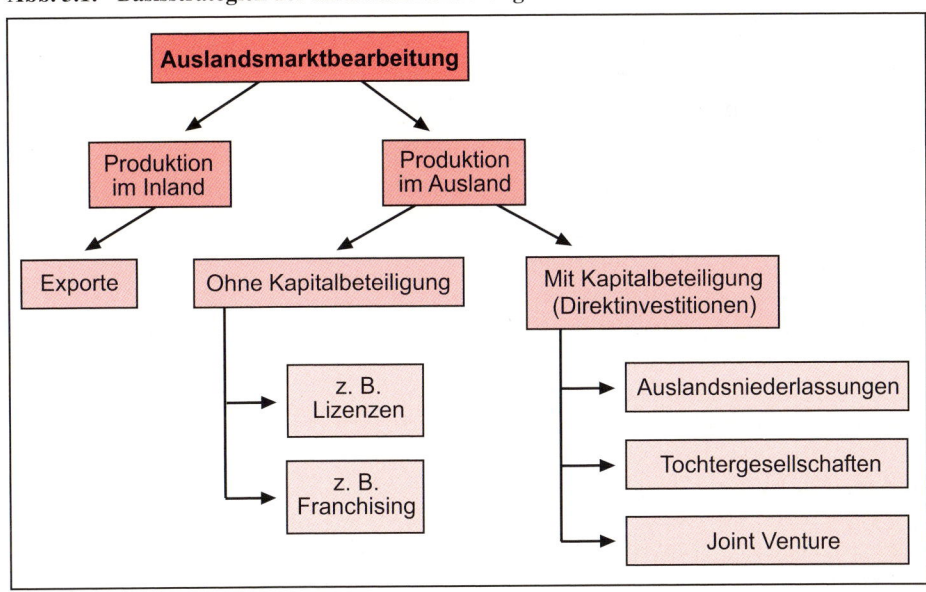

Quelle: Eigene Darstellung nach Haas/Neumair (2006, S. 606); Pausenberger (1994, S. 2).

oder der Ausgleich von Standortnachteilen zu den Effiziensstrategien *(Haas/Neumair 2006, S. 579-581)*.

Immer wichtiger werden **wissensbasierte Motive** (Netzwerkstrategien), die auch als „neue" Globalisierungsmaßnahmen der Unternehmen beschrieben werden. Ziel ist die Steigerung des Unternehmenswertes durch die Erschließung und Nutzung strategischer Wissensressourcen im Ausland. Dabei geht es hauptsächlich um den Zugang zu ausländischen Wissensquellen und speziell zu lokal gebundenem Wissen *(Tacit Knowledge)*, das nicht international handelbar ist, sondern durch persönliche Kontakte weitergegeben wird (vgl. Kap. 9.2.2, Kasten 9.1). Außer der Produktion führen multinationale Unternehmen deshalb verstärkt Forschungs- und Entwicklungsaktivitäten im Ausland durch, häufig in Kooperation mit wissenschaftlichen Einrichtungen vor Ort, wie zum Beispiel international führenden Universitäten *(Koopmann/Franzmeyer 2003)*.

Nachdem die Motivation von Unternehmen für die internationale Wirtschaftstätigkeit aufgezeigt wurde, sollen im folgenden Kapitel die grundlegenden Möglichkeiten dargelegt werden, um auf den weltweiten Märkten aktiv zu werden. Um die verschiedenen Formen der Auslandsmarktbearbeitung abzugrenzen, werden zwei Kriterien berücksichtigt. Zum einen findet eine Unterscheidung danach statt, ob die Produktion im Inland oder im Ausland stattfindet und zum anderen danach, ob bei der Auslandsproduktion eine Kapitalbeteiligung vorliegt oder nicht. Die wichtigsten Aspekte der drei dadurch abgegrenzten Möglichkeiten in Form von Exporten, der Lizenzvergabe und ausländischer Direktinvestitionen werden im Folgenden näher erläutert (vgl. Abb. 3.1). Für eine umfassende Darstellung sei auf *Haas/Neumair (2006, Kapitel 22)* verwiesen.

3.2 Auslandsmarktbearbeitung durch Exporte

Da es hier um die Bedienung von Auslandsmärkten durch inländische Unternehmen geht, werden nur Exporte betrachtet und Importe ausgeklammert. Deren Bedeutung für Unternehmen darf jedoch nicht unterschätzt werden, denn ein zunehmend größerer Teil des Exportwerts produzierter Güter wird zuvor als Vorprodukt aus dem Ausland importiert (vgl. Kap 5.1.3).

Mehrere Argumente sprechen für die **Exporttätigkeit als geeignete Form der Auslandsmarktbearbeitung**:

- Exporte können je nach Bedarf und mit kurzer Reaktionszeit durchgeführt werden und sind somit die schnellste Möglichkeit der Auslandsmarktbearbeitung.

- Durch Exporte können Kostenvorteile realisiert werden. Die mit den Exporten verbundene Erhöhung des Absatzvolumens führt in der Regel zu einer Stückkostenabsenkung, beruhend auf den economies of density (Fixkostendegression), economies of size (Betriebsgrößenvorteile) und den Effekten der Erfahrungskurve (vgl. Kap. 3.2.1).

- Die geographische Nähe von Produktion und Forschungs- und Entwicklungsabteilung (FuE) erleichtert die Kommunikation zwischen diesen beiden Unternehmensteilen. Dadurch können Lerneffekte der Produktion besser an die FuE-Abteilung weitergegeben, Innovationen leichter in der Produktion eingeführt und die Produktqualität gesichert werden.

- Auch bei wenig Auslandserfahrung ist der Export möglich, denn das Risiko ist relativ gering. Bei einem Misserfolg ist ein Rückzug vergleichsweise schnell und ohne große Verluste möglich.

- Ein Kapital-, Management- und Personal-transfer ins Ausland ist nicht oder nur bedingt notwendig. Zwar fallen für die Suche nach Abnehmern Transaktions-kosten an (vgl. Kap. 3.2.2), jedoch sind die Investitionen nicht vergleichbar mit jenen, die bei der Errichtung von Pro-duktionsstätten anfallen. Dadurch sind Exporte auch für kleine Unternehmen möglich.

- Die Gefahr des Wissensabflusses und unerwünschten Technologietransfers an ausländische Unternehmen ist im Ver-gleich zu den anderen Formen der Aus-landsmarktbearbeitung bei Exporten am geringsten.

Dem stehen einige Aspekte gegenüber, die **Exporttätigkeiten erschweren**:

- Trotz weitreichender Liberalisierung im Rahmen der GATT und der WTO (vgl. Kap. 2.2) können tarifäre und nicht-tarifäre Handelshemmnisse (vgl. Kasten 2.1) die Exporttätigkeit nach wie vor be-hindern. Auf Seiten der Entwicklungslän-der kann sich der Handel häufig zudem durch Devisenknappheit erschweren.

- Hohe Produktionskosten im Inland, z. B. durch ein hohes Lohnniveau oder um-fangreiche Sicherheits- und Umweltstan-dards, können dazu führen, dass die geforderten Preise international nicht konkurrenzfähig sind.

- Schwankende Wechselkurse und eine Aufwertung der Inlandswährung er-schweren den Außenhandel (vgl. Kap. 2.2.2, Kasten 2.3).

- Verschiedene Rechtssysteme und kultu-relle Distanzen können die Einschätzung des Zahlungsrisikos bei ausländischen Abnehmern erschweren.

- Durch die geographische Distanz des Pro-duktionsstandortes zum Absatzort besteht die Gefahr, dass exportierte Produkte nicht ausreichend an die Bedürfnisse der ausländischen Kunden angepasst sind und Veränderungen der Nachfrage zu spät bemerkt werden.

- Generell erschweren Transportkosten den Export, vor allem bei großen oder sperrigen Gütern *(Haas/Neumair 2006, S. 608-612; Pausenberger 1994, S. 2-5)*.

3.2.1 Kostenvorteile durch die Erhöhung des Absatzvolumens

Der unternehmerischen Entscheidung für Exporte geht in der Regel eine Erhöhung des Produktionsvolumens voraus, welche die Aufnahmefähigkeit des inländischen Marktes übersteigen und eine Ausdehnung des Absatzmarktes über nationale Grenzen hinweg notwendig erscheinen lassen kann. Durch die Erhöhung des Absatzvolumens kann ein Unternehmen Kostenvorteile realisieren, die ein Gegengewicht zu den beim Export entstehenden Transport- und Transaktionskosten bilden.

In einem Unternehmen fallen bei der Produktion **fixe und variable Kosten** an. Fixe Kosten entstehen auch dann, wenn die Produktion komplett still steht. Es handelt sich u.a. um Mieten, Zinsen für Kredite (z. B. für Geräte und Maschinen) und Gehäl-ter für die Unternehmensführung und den Organisationsapparat. Im Gegensatz dazu fallen variable Kosten nur dann an, wenn auch tatsächlich produziert wird. Diese sind z. B. Kosten für das Material der einzelnen Stücke, Strom für den Betrieb der Maschi-nen, Verschleißteile und Löhne für die direkt bei der Produktion beschäftigten Angestell-ten *(Grote/Wellmann 1999, S. 86ff.)*.

Je nachdem welche Ursache die Entste-hung der Kostenvorteile hat, reduzieren sich fixe oder variable Kosten im Unter-nehmen. An dieser Stelle sollen mit der

Fixkostendegression, Betriebsgrößenvorteilen und der Erfahrungskurve drei verschiedene Typen von Kostenvorteilen in Folge der Erhöhung des Absatzvolumens betrachtet werden.

Unter der **Fixkostendegression** versteht man Kostenvorteile, die durch eine höhere Auslastung einer vorhandenen Kapazität entstehen, da dadurch die auf das Stück verrechneten fixen Kosten abnehmen. Es wird von einer gegebenen Betriebsgröße bzw. Kapazität und somit einer bestimmten Höhe an fixen Kosten ausgegangen, die durch die Anzahl der Maschinen, die Größe der Räumlichkeiten und die Unternehmensorganisation begrenzt und festgelegt ist. Innerhalb dieser Grenzen kann die Produktionsmenge variiert werden, wobei die fixen Kosten konstant bleiben. Durch eine bessere Auslastung wird bei einer Erhöhung der Produktionsmenge der Anteil an den fixen Kosten, den jedes einzelne Stück tragen muss, geringer *(Wöhe 1996, S. 509)*.

Abb. 3.2:   Beispielhafte Darstellung der Fixkostendegression

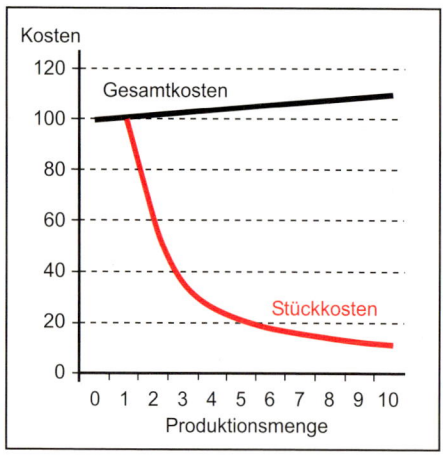

Quelle: Eigene Darstellung.

Abbildung 3.2 verdeutlicht den Zusammenhang: Ausgehend von Fixkosten = 100

und variablen Kosten = 1 pro Stück zeigt der Verlauf der Stückkostenkurve deutlich, wie die Fixkostendegression wirkt. Wird nur ein Stück produziert, muss dieses die gesamten Fixkosten in Höhe von 100 tragen, bei einer Produktion von 5 Stück sinkt der zu tragende Teil der Fixkosten auf ein Fünftel, bei einer Produktionsmenge von 10 entsprechend auf ein Zehntel.

Die Stückkosten errechnen sich entsprechend aus dem zu tragenden Anteil an den Fixkosten plus den variablen Kosten pro Stück, die in dem gewählten Beispiel 1 betragen. Entsprechend setzen sich die Stückkosten bei einer Produktionsmenge von 5 aus dem Fixkostenanteil in Höhe von 20 Kosteneinheiten plus den variablen Kosten pro Stück = 1 Kosteneinheit zusammen, also insgesamt 21 Kosteneinheiten. Analog betragen die Stückkosten im gewählten Beispiel bei einer Produktionsmenge von 10 Stück 11 Kosteneinheiten.

Betriebsgrößenvorteile, auch Economies of (firm) size genannt, können im Gegensatz zur Fixkostendegression nicht durch eine höhere Auslastung einer konstanten Kapazität entstehen, sondern durch die Erhöhung der Kapazität bzw. der Betriebsgröße. Beispielsweise können beim Einkauf von Maschinen und Vorprodukten Rabatte durch eine höhere Abnahmemenge ausgehandelt werden, insbesondere wenn das Unternehmen aufgrund seiner Größe eine gewisse Marktmacht besitzt. In diesem Fall reduzieren sich die variablen Kosten pro Stück *(Aberle/Hedderich 1995, S. 351-359)*.

Die Effekte der Fixkostendegression sowie der Betriebsgrößeneffekt wirken jedoch nicht unbegrenzt. Ab einem bestimmten Punkt, der optimalen Betriebsgröße, kehrt sich der Effekt um und es können sogar **Skalennachteile (diseconomies of scale)** entstehen, weil durch die Unternehmensgröße oder eine erhöhte Ausbringungsmenge auch Kosten entstehen, beispielsweise zu lange Vertriebswege, eine Verbürokratisierung der Verwaltung oder der steigende interne Kommunikationsaufwand *(Aberle/ Hedderich 1995, S. 351-359; Maier/Tödtling 2006, S. 102)*.

Als drittes soll die **Erfahrungskurve** betrachtet werden. Bei einer Erhöhung der Produktionsmenge treten Lerneffekte auf, die genutzt werden können, weil sich Vorgänge und Abläufe wiederholen. Dies führt beispielsweise zu einer Verringerung der Fertigungszeiten und einer Reduzierung der Ausschussquote. Die Lerneffekte nehmen in ihrer Häufigkeit ab, weshalb sich der in Abbildung 3.3 dargestellte Zusammenhang ergibt.

Die Boston Consulting Group stellte 1966 einen empirisch belegten Zusammenhang zwischen der Erfahrung bei der Produktion und den Stückkosten pro Erzeugnis her. Für verschiedene Wirtschaftszweige konnte nachgewiesen werden, dass sich bei jeder Verdoppelung der kumulierten Ausbringungsmenge ein Kostensenkungspotenzial von ca. 20-30 Prozent ergibt. In diese Größe fließen jedoch auch der Effekt der Fixkostendegression und der Betriebsgrößenvorteile ein, eine Differenzierung der Anteile der einzelnen Kostenvorteile ist nicht möglich *(Wöhe 1996, S. 145)*.

Des Weiteren existiert im Zusammenhang mit Kostenvorteilen, die auf einer Erhöhung der Ausbringungsmenge basieren, der Begriff **Economies of Scale.** Während *Aberle/Hedderich (1995)* diese als Sonderfall der Betriebsgrößenvorteile betrachten, existiert in der Wirtschaftsgeographie ein anderes Begriffsverständnis. *Kulke* (*2008, S. 110)* definiert sie beispielsweise folgendermaßen:

Economies of scale sind Kostenvorteile, die sich durch Großserien und Massenproduktion ergeben. Mit steigender Produk-

tionsmenge verringern sich die durchschnittlichen Kosten pro Einheit (Stückkosten), da von der Produktionsmenge unabhängige Festkosten (z. B. für Gebäude, Organisation, Forschung und Entwicklung) auf mehr Einheiten aufgeteilt werden und sich auch variable Kosten verringern (u.a. Durchsetzung niedrigerer Einkaufspreise für Input-Materialien bei Abnahme großer Mengen).

Abb. 3.3: Zusammenhang von Erfahrungskurve und hierdurch möglicher Stückkostensenkung

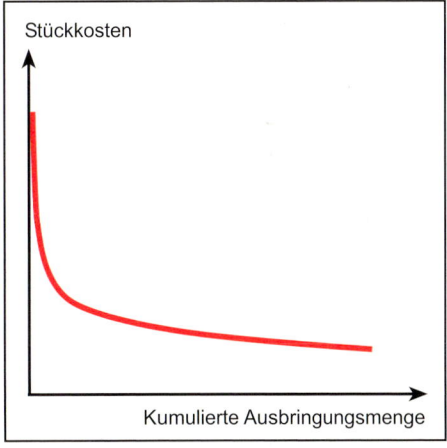

Quelle: Eigene Darstellung.

3.2.2 Transaktionskosten und räumliche Produktionsorganisation

Die Höhe der Kosten, die in einem Unternehmen entstehen, hängt nicht nur von der Produktions- und Absatzmenge ab, sondern auch von der Häufigkeit und Komplexität der während des Herstellungsprozesses durchgeführten Transaktionen. In den meisten Fällen werden nicht alle Arbeitsschritte, die zur Erstellung eines Produktes notwendig sind, innerhalb eines einzigen Unternehmens durchgeführt. Bei Produktionsprozessen gibt es verschiedene technisch trennbare Schnittstellen, an denen so genannte **Transaktionen** stattfinden. Ob die verschiedenen Transaktionen unternehmensintern abgewickelt oder an externe Akteure ausgelagert werden, hängt vor allem von den dabei entstehenden Kosten ab. An den Schnittstellen im Produktionsprozess fallen Kosten für Informationssuche und -beschaffung, für Vertragsvereinbarung und -abschluss, für Kontrolle und Sicherung der Qualität sowie für Koordination und Steuerung der Transaktionen an. Mit anderen Worten: Transaktionen sind kostspielig *(Richter/Furubotn 1996, S. 45ff.)*. Die Kosten, die für die Beherrschung und Überwachung einer Transaktion anfallen, werden entsprechend als **Transaktionskosten** *(Coase 1937)* bezeichnet.

Für jede einzelne Transaktion muss abgewogen werden, ob die Kosten bei unternehmensinterner **(Organisationskosten)** oder unternehmensexterner Abwicklung **(Tauschkosten)** geringer sind. Man spricht daher von einem **make-or-buy-Problem**. Die **Höhe der Transaktionskosten** hängt von den speziellen Eigenschaften einer Transaktion ab. Unterschieden werden diesbezüglich die Kriterien Spezifität, Häufigkeit und Unsicherheit. Bezüglich der **Spezifität** hängen die Transaktionskosten davon ab, ob es sich um ein unspezifisches, also standardisiertes Produkt handelt, das problemlos unter reinen Preisgesichtspunkten über den Markt zu erwerben ist, oder ob eine Transaktion zwischen zwei Unternehmen genau aufeinander abgestimmt werden muss. Letztere wird tendenziell in ein Unternehmen integriert, weil sich so die Kontroll- und Überwachungskosten verringern lassen. Die **Häufigkeit**, mit der eine bestimmte Transaktion durchgeführt wird, wirkt sich ebenso auf die Höhe der Transaktionskosten aus. Je häufiger eine Transaktion durchgeführt werden muss, desto eher besteht ein Anreiz zur Integration der Transaktion in das Unternehmen, denn die spezifischen

Investitionen, die für eine Transaktion notwendig sind, lassen sich am ehesten tragen, wenn diese regelmäßig wiederholt wird und nicht ein einmaliges Ereignis bleibt. Jede Transaktion ist aufgrund des Zusammenspiels verschiedener Akteure zudem durch **Unsicherheiten** bezüglich der individuellen Verhaltensweisen gekennzeichnet. Grundsätzlich besteht die Gefahr, dass sich die beteiligten Akteure opportunistisch verhalten, d. h. Eigeninteressen verfolgen, wobei auch Täuschung und List eingesetzt werden können. Weiterhin verfügen die Akteure nur über eine begrenzte Rationalität, weshalb sie weder über vollständige Information verfügen noch in der Lage sind, vorhandene Informationen vollständig zu verarbeiten. Je höher die Unsicherheit einer Transaktion ist, desto eher erfolgt eine unternehmensinterne Abwicklung *(Bathelt/Glückler 2003, S. 155-159)*.

Dieses zunächst rein betriebswirtschaftliche Problem, dass ursprünglich von *Coase (1937)* und *Williamson (1990)* thematisiert wurde, kann um eine räumliche Perspektive erweitert werden. *Scott (2005, 2006)* stellt diesbezüglich heraus, dass **räumliche Nähe** für einige Transaktionen wesentlich wichtiger ist als für andere. Je nach Häufigkeit, Spezifität und Unsicherheit kann räumliche Nähe helfen, die Interaktionsbeziehungen zwischen Geschäftspartnern zu intensivieren, da das Zustandekommen von persönlichen Treffen durch räumliche Nähe erleichtert wird. Dadurch lassen sich zum einen Informationskosten verringern, da bei räumlicher Nähe verschiedener ökonomischer Akteure weniger aufwendige Suchprozesse notwendig sind, um Zulieferer zu finden, technische Probleme zu lösen und Arbeitskräfte auszuwählen. Des Weiteren werden Anpassungskosten reduziert, da regelmäßige Treffen zwischen Unternehmen, die in einer Wertschöpfungskette miteinander verflochten sind, durch räumliche Nähe einfacher und kostengünstiger werden. Zudem reduzieren sich auch die Kommunikationskosten, da nah beieinander liegende Unternehmen oftmals stilles, nicht-kodifiziertes Wissen und Konventionen teilen. Durch regelmäßige Treffen und einen gemeinsamen institutionellen Hintergrund entsteht Vertrauen. Dies trägt dazu bei, Unsicherheit zu verringern und die Wahrscheinlichkeit von opportunistischem Verhalten zu reduzieren *(Bathelt/Glückler 2003, S. 155-159)*.

Mit der Entscheidung eines Unternehmens, die eigenen Aktivitäten international auszuweiten, sind stets zusätzliche Transaktionskosten verbunden, die ohne ein Auslandsengagement nicht anfallen würden. Bei der Wahl geeigneter Strategien im Zuge der Auslandsmarktbearbeitung sollte entsprechend die spezifische Höhe der jeweils anfallenden Transaktionskosten nicht vernachlässigt werden. Mit der Entscheidung, ob die Auslandsmärkte durch Exporte, Lizenzvergabe oder Direktinvestitionen bearbeitet werden sollen, sind unterschiedlich hohe Transaktionskosten verbunden. Sie variieren zudem je nachdem welche Teilbereiche der Produktion ins Ausland verlagert werden. Bei der Verlagerung weitgehend standardisierter Tätigkeiten ins Ausland sind weniger hohe Transaktionskosten zu erwarten als bei sehr spezifischen oder wissensintensiven Produktionsschritten.

Ein wesentliches **Problem bezüglich der Berücksichtigung von Transaktionskosten** bei strategischen Entscheidungen ist der Umstand, dass ihre Höhe weder im Vorfeld noch während der Durchführung der betreffenden Transaktionen exakt bestimmbar ist. Transaktionskosten können für verschiedene Vorgänge mal besser und mal schlechter abgeschätzt werden *(Richter/ Furubotn 1996, S. 56ff.)*.

3.3 Auslandsproduktion: Lizenzvergabe oder Direktinvestitionen

Ausgehend von den Nachteilen der Exporttätigkeit ergeben sich einige **Vorteile bei der Produktion direkt im Zielland:**

- Es können Handelshemmnisse wie Zölle und Kontingente umgangen werden, die einfuhrbeschränkend wirken.

- Im Vergleich zum Export sind die Transportkosten und das Wechselkursrisiko weitaus geringer.

- Es können Unterschiede in den Faktorkosten, also im Preis der eingesetzten Produktionsfaktoren wie z. B. Arbeit (Lohnkostenunterschiede), genutzt werden.

- Die Kundennähe erleichtert die Anpassung an Landesspezifika bzw. ermöglicht es, Veränderungen der Nachfrage schneller zu erkennen.

- Durch die Auslandsproduktion kann ein Unternehmen den Kunden vor Ort einen besseren after-sales-service bieten.

Allerdings hat die Produktion vor Ort auch Nachteile. Durch die Dezentralisierung oder auch die Vergabe der Produktion an andere Firmen verzichten die Unternehmen erstens auf größenbedingte Kostenvorteile in den bereits bestehenden Produktionsstätten. Zweitens fallen durch die geographische Distanz erhebliche Kosten für den erhöhten Informations- und Kommunikationsaufwand an. Drittens müssen kulturelle Distanzen beachtet werden. Eine Übertragung gewohnter Produktions- und Managementpraktiken in einen anderen kulturellen Kontext ist häufig nicht möglich und erfordert entsprechende Anpassungsmaßnahmen.

Neben diesen allgemeinen Vor- und Nachteilen der Auslandsproduktion gibt es weitere Aspekte, die berücksichtigt werden müssen. Diese hängen davon ab, ob die

Produktion im Zielland zumindest in Teilen selbst oder durch ein anderes Unternehmen durchgeführt wird (vgl. im Folgenden *Haas/ Neumair 2006, S. 618-623; Pausenberger 1994, S. 5ff.).* Entscheidet sich ein Unternehmen für die Produktion vor Ort, aber gegen eigene Investitionen, so stehen die Kooperationsformen Lizenzvergabe, Franchising, Managementverträge und Vertragsfertigung zur Auswahl.

An dieser Stelle soll die **Lizenzvergabe** als Beispiel dienen. Hierbei muss ein Kooperationspartner gefunden werden, der die Investitionen im Auslandsmarkt an Stelle des internationalisierenden Unternehmens durchführt. Die Leistungserstellung wird durch fremde, im Ausland ansässige Unternehmen durchgeführt. Diese erhalten dafür die notwendigen Rechte (Patente etc.) und Kenntnisse (technisches oder kaufmännisches Know-how) vom internationalisierenden Unternehmen. Im Gegenzug müssen sie eine Lizenzgebühr entrichten, die in der Regel umsatzabhängig ist.

Diese Form der Auslandsproduktion bietet sich insbesondere für solche Unternehmen an, die qualitativ hochwertige Produkte, insbesondere im Bereich der Investitions- und Konsumgüterindustrie, erzeugen und somit wertvolles Know-how besitzen, jedoch nicht über ausreichend Kapital und nur über geringe Auslandserfahrung verfügen, um dieses auch in anderen Märkten einzusetzen

Die **Lizenzvergabe** bietet folgende **Vorteile**:

- Im Vergleich zu Direktinvestitionen sind der finanzielle und personelle Aufwand für das internationalisierende Unternehmen (Lizenzgeber) geringer. Das wegen hoher Produktanpassungserfordernisse an den Auslandsmarkt und einer unsicheren Nachfrage auftretende Risiko wird auf den Lizenznehmer übertragen.

- Da der Lizenznehmer durch seine Marktnähe und Kenntnisse über die Region Anpassungserfordernisse des Produktes häufig besser erkennen kann als der Lizenzgeber, können sich der Erfolg des Produktes und somit die umsatzgebundene Lizenzeinnahmen erhöhen.

- Die Lizenzvergabe bietet im Vergleich zum Aufbau eigener Produktionsstätten eine schnellere Alternative der Auslandsmarktbearbeitung, insbesondere wenn die heimischen Produktionsstätten nicht in der Lage sind, ihre Kapazitäten für Exporte auszuweiten.

Neben diesen positiven Aspekten gibt es einige **gewichtige Nachteile der Lizenzvergabe,** die trotz der genannten Vorteile meist zu einer Entscheidung gegen diese Form der Auslandsmarktbearbeitung führen:

- Die entstehenden Transaktionskosten (vgl. Kap. 3.2.2) sind beim internationalen Technologietransfer sehr hoch. Sie entstehen bei der Suche nach einem geeigneten Lizenznehmer, bei Verhandlungen über den Vertrag und die Lizenzgebühren, bei der Realisierung bzw. Kontrolle und schließlich bei der Anpassung an regionale Erfordernisse.

- Es besteht nur eingeschränkt die Möglichkeit, die Nutzung des lizenzierten Knowhows zu kontrollieren. Neben dem Imageverlust, der beispielsweise durch mangelnde Qualität entstehen kann, kann es vor allem zu unerwünschter Technologiediffusion kommen. Dies ist besonders in solchen Ländern der Fall, in denen keine ausreichenden Vorschriften zum Schutz des geistigen Eigentums bestehen.

- Der Lizenzgeber kann den Gewinn des neu erschlossenen Marktes nicht allein für sich behalten, sondern muss diesen mit dem Lizenznehmer teilen.

- Der Lizenznehmer kann durch das übertragene Know-how nach Beendigung des Lizenzvertrags zum Konkurrenten werden.

Vor allem die mangelnde Kontrolle der Verwertung und Verbreitung der wertvollen Technologie bzw. des wertvollen Wissens führt dazu, dass Unternehmen im Zweifel eher darauf verzichten, ihr Know-how durch Weitergabe zu nutzen. Die Lizenzvergabe an ein fremdes Unternehmen ist also eine suboptimale Möglichkeit, einen bisher unerschlossenen Markt zu bedienen.

Grundsätzlich treffen diese Nachteile auch auf die eingangs erwähnten anderen kooperativen Marktbearbeitungsformen zu. Das **Franchising** bietet jedoch bessere Kontrollmöglichkeiten, da hierbei das unternehmerische Gesamtkonzept des Franchisegebers auf den Partner übertragen wird. Der rechtlich selbständige Franchisenehmer übernimmt gegen Gebühr insbesondere das Beschaffungs-, Absatz-, Organisations- und Managementkonzept des Franchisegebers, so dass ein Franchising-Vertrag deutlich mehr Bereiche umfasst als die

---

Kasten 3.1: Internationale Ausweitung des Filialnetzes - Das Beispiel Starbucks

Die Kaffeekette Starbucks wurde 1971 in Seattle gegründet. 1990 beschränkte sich die Zahl der Filialen noch auf 84. Das sollte sich in den nachfolgenden Jahren erheblich ändern. 1996 wurde in Tokio der erste Laden im Ausland eröffnet. In Deutschland gibt es Starbucks seit 2002. Im Jahr 2000 gab es weltweit bereits 3.501 Starbucks Filialen und im Jahr 2007 wurden 15.756 Geschäfte in 47 Ländern gemeldet, davon mehr als zwei Drittel in den USA *(www.starbucks.com)*.

Weltweit werden drei bis vier Filialen pro Tag (!) eröffnet, in denen rund 30 verschiedene Kaffeesorten, eine Auswahl an Tee sowie passende Snacks und andere Getränke angeboten werden. Starbucks hat als Marketingstrategie die Erzeugung einer informierten Kultur des Kaffeetrinkens verfolgt. Auf der Internetseite und in den Läden stehen ausführliche Informationen rund um den Kaffee zur Verfügung. Mit dem Slogan „Herkunft ist Geschmack" bzw. „Geography is a flavour" werden wie in einem Weinladen verschiedene Anbauregionen und damit verbundene typische Kaffeearomen vorgestellt.

Auch die soziale Verantwortung in den Anbaugebieten, die in der Regel in den so genannten Entwicklungsländern liegen, wird ausführlich thematisiert. Starbucks ist es dadurch gelungen, das alltägliche Ereignis des Kaffeetrinkens für den Konsumenten in einen besonderen und bedeutungsvollen Akt zu verwandeln.

Die Auslandsmärkte werden durch drei verschiedene Geschäftsmodelle erschlossen:

- Joint Ventures,
- Lizenzvergaben oder
- eigene Tochterfirmen.

Aufgrund der in Kap. 3.3 geschilderten Nachteile werden Lizenzen nur dann vergeben, wenn Starbucks ohne einen Lizenznehmer keinen Zugang zu bestimmten Immobilien erhalten kann, z. B. an Flughäfen oder in Universitäten. In Deutschland werden die Filialen von der Starbucks Coffee Deutschland GmbH betrieben *(Coe et al. 2007, S. 90f., www.starbucks.com)*.

Lizenzierung einzelner immaterieller Vermögensgegenstände.

Dies hat allerdings auch zur Folge, dass sich das Franchising im Gegensatz zur Lizenzvergabe weniger für Produkte oder Dienstleistungen eignet, für deren Herstellung ein umfassendes technologisches Know-how benötigt wird. Franchisenehmer sind meist auf konsumnäheren Wertschöpfungsstufen angesiedelt als der Franchisegeber, was bei Lizenznehmern nicht der Regelfall ist.

Anstatt die Produktion im Ausland von einem anderen Unternehmen durchführen zu lassen, kann durch **ausländische Direktinvestitionen** eine eigene Produktionsstätte vor Ort errichtet bzw. eine bestehende übernommen werden. Die dabei getätigten Direktinvestitionen haben das Ziel, einen entscheidenden Einfluss auf die Geschäftsführung eines zu etablierenden bzw. bereits bestehenden Betriebs im Ausland auszuüben (vgl. Kap. 5.1). Sie sind daher die nachhaltigste Internationalisierungsstrategie.

An dieser Stelle werden zunächst die Vor- und Nachteile ausländischer Direktinvestitionen im Vergleich zu anderen Formen der Auslandsmarktbearbeitung aufgeführt. Im nachfolgenden Kapitel 3.4 werden dann die Gestaltungsalternativen von Direktinvestitionen genauer beschrieben.

Folgende **Vorteile ausländischer Direktinvestitionen** sind zu nennen:

- Die technologische Überlegenheit, durch die eine Internationalisierung oftmals erst angestoßen wird, ist im Vergleich zur Lizenzvergabe leichter zu sichern und zu nutzen. Zum einen ist die Kontrolle der Technologieverbreitung einfacher, zum anderen können Qualitätsstandards leichter gehalten werden.

- Brückenkopfeffekt: Der Aufbau einer Auslandsunternehmung kann dazu führen, dass weitere Produkte der Unternehmung nachgefragt werden.

Als **Nachteile ausländischer Direktinvestitionen** gelten folgende Aspekte:

- Die hohen „Start-up-Kosten" sowie notwendige Investitionen lassen Direktinvestitionen zur risikoreichsten Internationalisierungsstrategie werden. Hat ein Lizenznehmer keinen Erfolg, fällt zwar kein Gewinn an den Lizenzgeber ab, es entstehen jedoch auch keine Kosten. Hat der Direktinvestor keinen Erfolg, so hat er neben dem mangelnden Erfolg auch die Kosten seiner Investition zu tragen.

- Neben dem unternehmerischen Scheitern bergen Direktinvestitionen im Ausland auch ein politisches Risiko. Eingriffe der Regierung des Gastlandes können beispielsweise einen Kapital- oder Gewinntransfer verhindern oder sogar zur Enteignung führen. Bei unruhiger politischer Lage sind neben dem investierten Kapital auch die Mitarbeiter in Gefahr.

3.4 Gestaltungsalternativen bei Direktinvestitionen

Entscheidet sich ein Unternehmen für eine eigene Produktion im Ausland und somit für Direktinvestitionen, müssen zwei wichtige Entscheidungen getroffen werden. Erstens muss zwischen einer Neugründung und einem Aufkauf eines bereits bestehenden Betriebs gewählt werden. Die zweite wichtige Entscheidung betrifft die Eigentümerstruktur des Betriebs. Das internationalisierende Unternehmen hat dabei die Wahl, das neue Unternehmen in Eigenregie zu leiten, also in Form einer Auslandsniederlassung bzw. einer Tochtergesellschaft, oder die Unternehmensführung mit einem Partner zu teilen (Joint Venture).

3.4.1 Aufkauf versus Neugründung

Im Zuge der Entscheidung zwischen einer Neugründung und einem Aufkauf eines bereits bestehenden Betriebs müssen verschiedene Aspekte gegeneinander abgewogen werden *(Pausenberger 1994, S. 16-19)*.

Argumente für einen Aufkauf und gegen eine Neugründung sind:

- Zeitersparnis: Durch die Übernahme eines bereits bestehenden Unternehmens erfolgt der Markteintritt unverzüglich.

- Kostenersparnis: Wenn sofort mit der Produktion und dem Absatz begonnen werden kann, wird eine Phase übersprungen, in der zwar Kapital gebunden ist, jedoch keine Einnahmen fließen.

- Durch den Aufkauf können Start-up-Probleme vermieden werden, da ein entwickeltes Produktprogramm, eine eingespielte Organisation, erfahrene Mitarbeiter und eine solide Marktstellung vorhanden sind.

- Das bestehende Unternehmen bringt unter Umständen einen Marktanteil mit, der nicht erst kosten- und zeitintensiv erobert werden muss.

Folgende **Argumente** sprechen dagegen **für eine Neugründung** und gegen einen Aufkauf:

- Ein neu gegründeter Betrieb lässt sich leichter in das organisatorische Gefüge des internationalisierenden Unternehmens eingliedern. Sowohl die Anpassung bestehender Strukturen eines aufgekauften Unternehmens an das internationalisierende Unternehmen als auch die Neuorientierung der Belegschaft können weitaus schwieriger sein als der erstmalige Aufbau von Unternehmensstrukturen bei einer Neugründung. Besonders bei der Belegschaft kann große Verunsicherung entstehen, da mit einer Umstrukturierung

häufig eine Veränderung oder der Verlust des Arbeitsplatzes verbunden sind.

- Anstelle der Übernahme einer vorhandenen Ausstattung in einem bestehenden Unternehmen kann bei einer Neugründung modernste Technologie eingeführt werden.

- Bei einer Neugründung können Standort und Standortstruktur frei und somit bestmöglich für die Bedürfnisse des internationalisierenden Unternehmens gewählt werden.

- Die öffentliche Meinung und Politik nimmt Neugründungen weit positiver auf als Aufkäufe, da mit ersteren die Schaffung zusätzlicher Arbeitsplätze verbunden ist.

- In diesem Zusammenhang bietet sich möglicherweise auch die Chance, die Unterstützung der Politik z. B. in Form von verbilligten Krediten, geringeren Grundstückskosten oder Steuerprivilegien zu gewinnen.

3.4.2 Tochtergesellschaften versus Joint Venture

Ein **Joint Venture** ist eine kooperative Marktbearbeitungsform mit Kapitalbeteiligung. Das internationalisierende Unternehmen und ein oder mehrere Partner gründen gemeinsam ein organisatorisch und rechtlich selbstständiges Unternehmen, an dem alle Parteien mit Kapital beteiligt sind. Je nach eingebrachtem Kapitalanteil teilen sie sich die Geschäftsführung, das unternehmerische Risiko und die Gewinne. Im Gegensatz dazu sind **Auslandsniederlassungen und Tochtergesellschaften** nur mit einem Mutterunternehmen verbunden. Während Auslandsniederlassungen nicht rechtlich selbstständig und somit nur ein räumlich getrennter Teil des Unternehmens sind, handelt es sich bei Tochtergesellschaften um rechtlich selbstständige Unternehmen, deren Anteile jedoch von einer Muttergesellschaft mehrheitlich gehalten werden.

Argumente für die Wahl eines Joint Ventures und gegen eine eigene Auslandsniederlassung bzw. Tochtergesellschaft sind: *(Haas/Neumair 2006, S. 625-630; Pausenberger 1994, S. 20-23):*

- Das Risiko des einzelnen Unternehmens wird dadurch reduziert, dass ein oder mehrere weitere Partner am Joint Venture beteiligt sind und so das Risiko verteilt wird. Dennoch verfügt es über Einfluss auf die Unternehmenstätigkeit.

- Durch eine gemeinsame Produktion der Partner können alle Beteiligten gewisse Größenvorteile nutzen.

- Durch den Zusammenschluss mit einem lokalen Partner können rechtliche Bestimmungen umgangen werden, die ein Unternehmen in alleiniger ausländischer Hand verbieten.

- Ähnlich wie bei der Lizenzvergabe können die Kenntnisse der lokalen Partner sowie deren Kontakte zu Kunden und Zulieferern genutzt werden. Zum einen wird die Anpassung an regionale Bedürfnisse, zum anderen aber auch die Kommunikation mit regionalen Behörden und Geschäftspartnern erleichtert.

- Durch den Zusammenschluss entsteht zwischen den Beteiligten keine Rivalität um den Markt.

Gegen ein Joint Venture und **für eine Auslandsniederlassung bzw. Tochtergesellschaft** sprechen folgende Gründe:

- Ähnlich wie bei der Lizenzvergabe findet auch bei einem Joint Venture ein gewisser Know-how-Abfluss statt. Auch hier besteht die Gefahr, dass ein Partner später zum Konkurrenten wird.

- Bei einem Joint Venture müssen Unternehmensentscheidungen mit den Partnern abgestimmt werden. Je nach Höhe der Beteiligung kann es schwer sein, eigene Interessen gegen die Partner durchzusetzen.

- Interkulturelle Differenzen können die Kommunikation mit dem ausländischen Partner erschweren.

- Je mehr Partner ein Unternehmen weltweit hat, umso schwieriger ist eine einheitliche Internationalisierungsstrategie. Ein international homogener Marktauftritt kann aus Marketing- oder organisatorischen Gründen jedoch entscheidend sein.

- Gewinne eines Tochterunternehmens fließen vollständig an die Muttergesellschaft, während sie bei einem Joint Venture zwischen den Kooperationspartnern geteilt werden.

Wie in den vorangegangenen Unterkapiteln aufgezeigt wurde, sind sowohl bei der grundsätzlichen Entscheidung für eine Internationalisierungsstrategie als auch im Speziellen bei der Auswahl der Vorgehensweise bei Direktinvestitionen von den Unternehmen vielfältige Aspekte zu berücksichtigen.

Dabei gibt es keine allgemein gültige oder beste Strategie. Vielmehr muss fallspezifisch zwischen verschiedenen Vor- und Nachteilen abgewogen werden. Je mehr Einfluss und Kontrolle ein Unternehmen haben will, umso mehr Kapital muss es investieren und somit ein entsprechendes Risiko eingehen. Hat ein Unternehmen jedoch nicht ausreichend Auslandserfahrung oder Kapital, so muss ein Partner gefunden werden, um den ausländischen Markt zu bedienen.

Ein Partner ist jedoch nur bereit, seine Kenntnisse über die Region einzusetzen, wenn das Unternehmen diese Einflussnahme

Tab. 3.1: Formen der Auslandsmarktbearbeitung nach dem Eklektischen Paradigma

Eigentumsvorteile	Internalisierungs-vorteile	Standortvorteile	Form der Auslands-marktbearbeitung
Ja	Ja	Ja	Direktinvestition
Ja	Ja	Nein	Export
Ja	Nein	Nein	Lizenzvergabe
Nein	Nein	Nein	Keine

Quelle: Eigene Darstellung nach Dunning 1981, S. 32.

gewährt. Ebenso möchte dieser Partner Technologien erhalten, die jedoch am besten gesichert sind, wenn sie im Unternehmen verbleiben.

3.5 Vorteilskategorien im Eklektischen Paradigma

Der zentralen Frage, unter welchen Bedingungen und Voraussetzungen ein Unternehmen bereit ist, im Ausland zu investieren oder eine alternative Form der Auslandsmarktbearbeitung wählt, ist *Dunning (1981)* mit seinem Eklektischen Paradigma nachgegangen. Dabei werden drei Vorteilskategorien unterschieden: Eigentumsvorteile, Internalisierungsvorteile und Standortvorteile *(Dunning 1981; Haas/Neumair 2006, S. 231 ff.; Kulke 2008, S. 242)*.

Die erste Kategorie der **Eigentumsvorteile** umfasst mehr oder weniger exklusive Wettbewerbsvorteile, über die ein potenzieller Investor gegenüber anderen Unternehmen verfügt und die zumindest in Teilbereichen über nationale Grenzen hinweg transferierbar sind. Solche Wettbewerbsvorteile sind eine zentrale Voraussetzung dafür, dass sich ein Unternehmen auf einem Auslandsmarkt gegenüber der lokalen Konkurrenz behaupten kann. Ohne derartige Vorteile erscheint ein internationales Engagement wenig aussichtsreich. Beispiele für Eigentumsvorteile sind Patente, spezifisches Humankapital,

Management- und Marketing-Know-how sowie Vorteile, die aus der internationalen Erfahrung eines Transnationalen Unternehmens resultieren. Dazu zählt beispielsweise die zielgerichtete Ausnutzung international unterschiedlicher Faktorausstattungen oder eine besondere Fähigkeit, Synergien zwischen den international verteilten Unternehmenseinheiten herzustellen.

Die Kategorie der **Internalisierungsvorteile** ist im Zuge der Entscheidung für die Form der Auslandsproduktion (Lizenzvergabe oder Direktinvestition) relevant. Nur wenn der Investor selbst die oben genannten Eigentumsvorteile im Ausland besser nutzen kann als ein Lizenznehmer, entscheidet er sich für eine Direktinvestition. Internalisierungsvorteile entstehen insbesondere durch die Vermeidung von Transaktionskosten (vgl. Kap. 3.2.2), die z. B. im Zuge der Verhandlungen mit dem Lizenznehmer anfallen, um die eigenen Unternehmensinteressen abzusichern.

Die dritte Kategorie der **Standortvorteile** bezeichnet bestimmte Vorteile des Ziellandes gegenüber dem Heimatland, die eine Direktinvestition begründen. Ohne entsprechende Standortvorteile im Zielland könnte die Auslandmarktbearbeitung vom Heimatland aus durch Exporte erfolgen. Insbesondere wirtschaftliche Vorteile wie die Größe des Absatzmarktes, die Beschaffung von Rohstoffen, geringe Arbeitskosten oder politische Vorteile durch Investitionszulagen oder günstige Steuersätze zählen dazu.

Nur wenn alle drei Vorteilskategorien erfüllt sind, entscheidet sich nach dem Ansatz des Eklektischen Paradigmas ein Unternehmen für eine Direktinvestition. Sind alle drei Kategorien nicht gegeben, so findet keine Internationalisierung statt. Sind nur einzelne Vorteilskategorien gegeben, so wählt das Unternehmen Exporte oder die Vergabe von Lizenzen als alternative Form der Marktbearbeitung *(Dunning 1981; Haas/Neumair 2006, S. 231 ff.; Kulke 2008, S. 242)*. In Tabelle 3.1 sind die entsprechenden Formen der internationalen Marktbearbeitung in Abhängigkeit von den drei Vorteilskategorien des eklektischen Paradigmas dargestellt.

Die **Kritik am Eklektischen Paradigma** setzt daran an, dass zwischen den einzelnen Vorteilskategorien erhebliche Interdependenzen bestehen und diese in der Realität nicht derart trennscharf voneinander unterschieden werden können, wie es im Rahmen der dargelegten Konzeption erfolgt. Verschiedene Formen der Marktbearbeitung können gleichzeitig gewählt und erfolgreich praktiziert werden. Die tatsächliche Konkretisierung der Internationalisierungsentscheidungen in Zeit und Raum findet daher in diesem Ansatz zu wenig Berücksichtigung *(Schamp 2000, S. 48)*.

3.6 Räumliche und organisatorische Unternehmensentwicklung

3.6.1 Räumliche Unternehmensentwicklung

Die Entscheidung bezüglich der Aufnahme einer Auslandsmarktbearbeitung und der aufgezeigten Handlungsalternativen stellt sich den einzelnen Unternehmen an verschiedenen Zeitpunkten der Unternehmensentwicklung. In der Regel durchläuft

ein neu gegründetes Unternehmen verschiedene Entwicklungsstufen ehe der Schritt ins Ausland erfolgt. Die einzelnen Entwicklungsphasen bringen jeweils neue Organisationsstrukturen innerhalb des Unternehmens hervor, die sich entsprechend räumlich niederschlagen. Gleichzeitig fordert die Entscheidung, die Unternehmenstätigkeiten international auszuweiten, eine entsprechende Reorganisation der Unternehmensstruktur heraus. Vereinfachende Modelle der räumlichen und organisatorischen Unternehmensentwicklung unterscheiden verschiedene Phasen, wie sich im Zuge des Wachstums eines Unternehmens die Unternehmensorganisation und die räumlichen Strukturen verändern. Als grundlegendes Prinzip liegt den Modellen ein einheitliches Muster einer risikominimierenden Wachstumspolitik der Unternehmen zugrunde. Die schrittweise Expansion erfolgt von der Nähe zur Ferne sowie jeweils mit Vertriebsaktivitäten beginnend zur zeitlich späteren Errichtung von Produktionsstätten (vgl. Abb. 3.4) *(vgl. im Folgenden Bathelt 1991, S. 339 ff.; Bathelt/Glückler 2003, S. 174 ff.; Gebhardt et al. 2007, S. 686 ff.; Hayter 1997, S. 198; Schamp 2000, S. 45f.)*.

Den Ausgangspunkt bildet ein neu gegründetes Unternehmen, das ein Produkt in einem einzelnen Betrieb herstellt. Es handelt sich dabei zunächst um ein eigentümergeführtes Unternehmen ohne klare Trennung zwischen strategischen, administrativen und operativen Entscheidungen. Das junge Unternehmen versucht sich zunächst auf dem regionalen Markt zu etablieren (Stufe 1 in Abb. 3.4). Im nächsten Schritt wird der Vertrieb auf den nationalen Markt über Verkaufsbüros ausgeweitet (Stufe 2).

Mit zunehmendem Unternehmenswachstum werden weitere Produktionsstandorte im Heimatland errichtet, z. B. wenn die

Produktionskapazitäten am Stammsitz nicht mehr ausreichen. Mit dem zunehmenden Wachstum und der räumlichen Expansion der Produktionsstätten gehen im Normalfall auch Veränderungen in der Organisationsstruktur des Unternehmens einher. Für spezifische Funktionsbereiche wie z. B. Produktion, Marketing oder Vertrieb werden eigenständige Abteilungen gebildet. Die funktionale Spezialisierung innerhalb des Unternehmens sowie die Koordination der verschiedenen Produk-

Abb. 3.4: **Modell der räumlichen Unternehmensentwicklung**

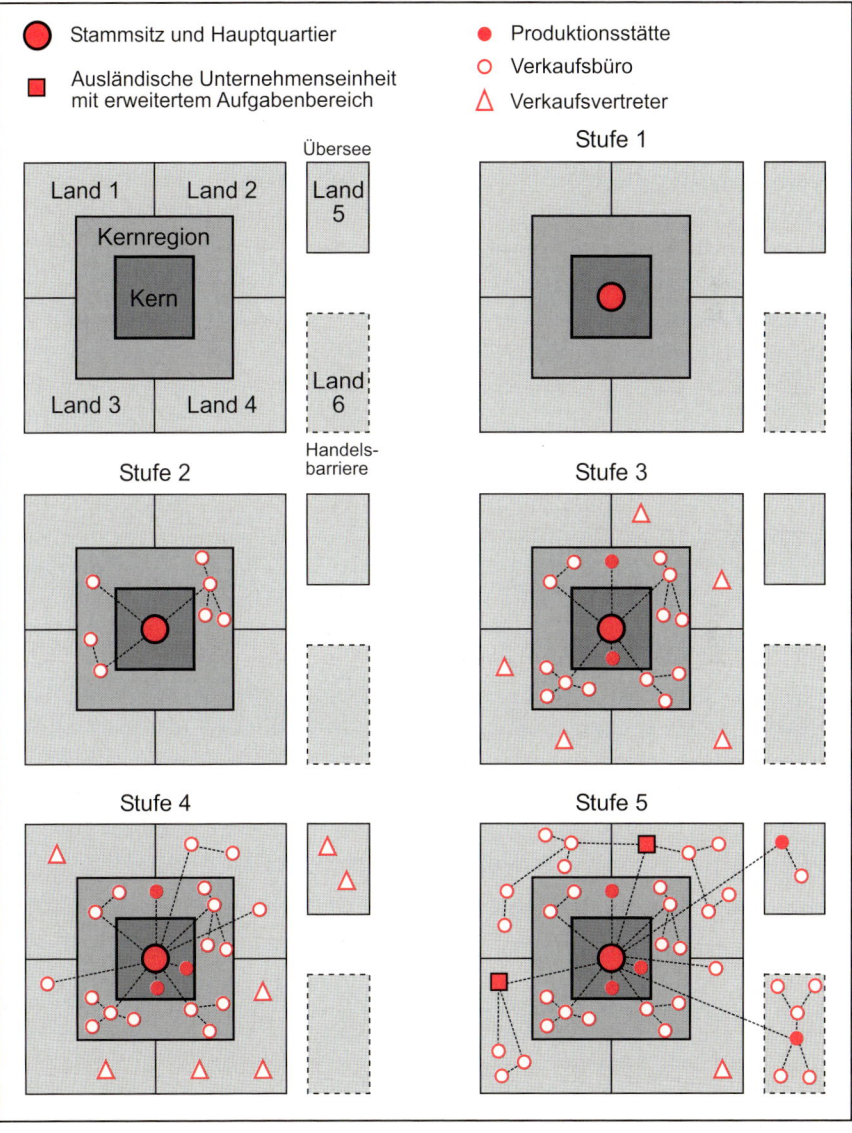

Quelle: Eigene Darstellung nach Hayter 1997, S. 198.

tionsstandorte erfordert eine neue Ebene der übergeordneten Kontrolle und strategischen Ausrichtung, die von der Hauptverwaltung als übergeordnete Entscheidungsebene übernommen wird. Nach wie vor bewegt sich das Unternehmen in dem vertrauten institutionellen Kontext des Heimatlandes.

Erst mit der Erschließung ausländischer Absatzmärkte z. B. durch Verkaufsvertreter erfolgt der Schritt in neue institutionelle Rahmenbedingungen. Durch den internationalen Vertrieb sollen Zuwächse im Absatz erzielt und die inländischen Produktionskapazitäten ausgeweitet oder besser ausgelastet werden. Auch das Risiko schwankender Absätze durch unterschiedliche Konjunkturentwicklungen in den jeweiligen Ländern wird gestreut. Der Weg, ausländische Märkte zunächst durch Verkaufsvertreter zu erschließen, senkt das Risiko der potenziellen Verluste bei einem Scheitern des Auslandsengagements. Idealtypisch sind die ersten Zielländer durch die räumliche Nähe zum Heimatland sowie vergleichsweise niedrige Zutrittsbarrieren gekennzeichnet. Dies betrifft beispielsweise rechtliche Bestimmungen oder Sprachbarrieren.

Die Errichtung von weiteren Produktionsstätten im Heimatland sowie die Erschließung ausländischer Absatzmärkte durch Verkaufsvertreter werden im Modell der räumlichen Unternehmensentwicklung als eine Phase zusammengefasst (Stufe 3). Diese Abschnitte können jedoch auch als zwei eigenständige Entwicklungsstufen angesehen werden, da der erstmalige Eintritt in einen Auslandsmarkt oftmals mit großen Herausforderungen für Unternehmen verbunden ist. Durch das fremde institutionelle Umfeld und neuartige Markterfordernisse müssen Unternehmen zunächst vielfältige Suchprozesse (z. B. nach geeigneten Vertriebspartnern) und einen hohen An-

passungs- sowie Koordinierungsaufwand leisten, der mit entsprechenden Kostennachteilen verbunden ist.

Weiteres Unternehmenswachstum geht üblicherweise mit einer Ausweitung der Produktpalette und einer Intensivierung des Auslandsengagements einher. Bezüglich der räumlichen Unternehmensentwicklung lösen an einigen Auslandsstandorten eigene Verkaufsbüros die Verkaufsvertreter ab, welche nicht immer exklusiv für das Unternehmen gearbeitet haben. Für neue Produkte werden weitere Verkaufsvertreter engagiert. Die Zahl der Absatzmärkte steigt ebenso wie die Entfernung zum Heimatland (Stufe 4). Innerhalb der Unternehmensorganisation wird die funktionale Gliederung nach einzelnen Abteilungen durch eine multidivisionale Struktur ersetzt (vgl. Kap. 3.6.2).

Der zentralen Unternehmensleitung am Hauptsitz sind nun einzelne produktbezogene Geschäftsfelder unterstellt, die ihrerseits ihre eigenen Abteilungen (Produktion, Marketing, Vertrieb, etc.) koordinieren, um damit der zunehmenden Komplexität durch die unterschiedlichen Eigenheiten der einzelnen Geschäftsfelder gerecht zu werden. Durch den Aufbau einer solchen Struktur der unternehmensinternen Arbeitsteilung wird es möglich, bestimmte Teilbereiche des Unternehmens in unterschiedlichen Regionen mit besonders günstigen Standorteigenschaften anzusiedeln.

In der letzten Phase (Stufe 5) werden auch im Ausland Produktionsstätten errichtet sowie Länder mit hohen Zutrittsbarrieren erschlossen. Durch die Errichtung eigener Produktionsstätten können z. B. Handelsbeschränkungen umgangen werden. Die Produktionsstätten im Ausland beginnen damit, den Vertrieb in dem betreffenden Land und teilweise auch für weitere ausländische Absatzmärkte eigenständig zu organisieren. Weitere, auch strategisch wichtige

Aufgabenbereiche und Unternehmenseinheiten, die zuvor am Hauptsitz des Unternehmens lokalisiert waren, werden auf die ausländischen Unternehmenseinheiten übertragen bzw. ausgelagert. Das kann dann soweit gehen, dass der Heimatmarkt mit Produkten bedient wird, die an den ausländischen Produktionsstandorten hergestellt wurden.

Anhand dieser vereinfachenden modellhaften Beschreibung lässt sich erkennen, dass die räumliche Struktur eines Unternehmens jeweils eine Momentaufnahme im zeitlichen Verlauf der Unternehmensentwicklung darstellt. Es ist dabei zu betonen, dass die räumlichen und organisatorischen Strukturen das Ergebnis der jeweiligen Unternehmensstrategien sind, die sich von Unternehmen zu Unternehmen erheblich unterscheiden. Entsprechend stellen solche Stufenmodelle eine **grobe Vereinfachung** auf einige grundlegende Zusammenhänge dar. Die Wirklichkeit ist erheblich komplexer und vielfältiger.

Das vorgestellte grundlegende Prinzip der räumlichen Unternehmensentwicklung von der Nähe zur Ferne und vom Vertrieb zur Produktion stellt nicht die einzige, jedoch eine sehr häufige Möglichkeit eines unternehmerischen Entwicklungspfades dar. Viele Start-ups der so genannten New Economy, die im Zusammenhang mit der Verbreitung moderner Informations- und Kommunikationstechnologien wie dem Internet entstanden, haben hingegen versucht, bereits von Beginn an ihre Aktivitäten global auszurichten.

3.6.2 Organisationsstrukturen globaler Unternehmen

In den vorangegangenen Ausführungen zur räumlichen Unternehmensentwicklung wurde bereits darauf hingewiesen, dass sich mit dem Wachstum, der zunehmenden Internationalisierung und Diversifizierung eines Unternehmens die Organisationsstrukturen verändern. Eigentümergeführte und funktionale Organisationsstrukturen werden durch eine multidivisionale Struktur ersetzt, die in der Regel auch mit Veränderungen der Eigentumsstruktur einhergehen. Dabei existieren verschiedene grundsätzliche Möglichkeiten, wie solche multidivisionalen Strukturen von den Unternehmen ausgestaltet sein können.

Die Wahl der Unternehmensstruktur ist eine zentrale strategische Entscheidung, um die enorme Komplexität zu koordinieren, die sich aus den verschiedenen Eigenarten und Anforderungen der einzelnen Geschäftsfelder und ihrer Produkte ergeben. Die Komplexität wird zusätzlich durch die unterschiedlichen Merkmale und Besonderheiten der jeweiligen Auslandsmärkte erhöht. Entsprechend stehen die international operierenden Unternehmen vor der Aufgabe, eine Balance zu finden, in der sowohl die **raumspezifischen** als auch die **produktspezifischen** Faktoren angemessen in der Organisationsstruktur berücksichtigt werden. *Dicken (2007, S. 118 ff.)* stellt diesbezüglich vier häufig verwendete Organisationsstrukturen vor (vgl. Abb. 3.5).

a) *Nach Geschäftsfeldern differenzierte Struktur mit separater Auslandsabteilung*

Die einfachste Möglichkeit besteht darin, den bestehenden Abteilungen für die verschiedenen Geschäftsfelder eine weitere Abteilung für die Auslandsaktivitäten beizufügen. Diese koordiniert dann die Aktivitäten in den verschiedenen Ländern nicht nach Produkten bzw. Geschäftsfeldern differenziert, sondern jede Unterabteilung bearbeitet die gesamte Produktpalette für die Regionen im Ausland, für die sie zuständig ist. Eine solche Struktur ist charakteristisch für Unternehmen, die sich in einer frühen Phase ihres Internationalisierungsprozesses befinden. Bei einer Ausweitung der Auslandsaktivitäten treten zunehmend Koordinationsprobleme und Spannungen zwischen der Auslandsabteilung und den verschiedenen Abteilungen auf, welche die Geschäftsfelder bzw. Produktlinien vertreten und ihre spezifischen Merkmale nicht mit den anderen Bereichen vermischt und dadurch verwischt sehen wollen (vgl. Abb. 3.5a).

b) Nach Geschäftsfeldern differenzierte globale Organisationsform

Eine von zwei Möglichkeiten, die Konflikte zu entschärfen, besteht darin, das Unternehmen nach den Geschäftsfeldern zu strukturieren. Die Auslandsabteilung wird geteilt und den Geschäftsfeldern untergeordnet (vgl. Abb. 3.5b).

c) Räumlich differenzierte globale Organisationsstruktur

Die andere Möglichkeit besteht darin, die räumlichen Eigenheiten hervorzuheben und die Abteilungen der Geschäftsfelder zu zerteilen und die Subeinheiten den jeweiligen Territorien unterzuordnen. Beide Alternativen lösen jedoch nicht die grundsätzlichen Spannungen zwischen der produktspezifischen und der geographischen Sichtweise auf, denn die strategische Entscheidung legt lediglich fest, welchem der beiden Aspekte eine höhere Priorität eingeräumt wird. Es ist naheliegend, dass der jeweils untergeordnete Bereich entsprechend unzufrieden ist (vgl. Abb. 3.5c).

d) Globale Matrix-Organisation

Große Transnationale Unternehmen versuchen daher so genannte globale Matrix-Strukturen zu etablieren, in denen die räumlichen und die produktspezifischen Abteilungen gleichberechtigt nebeneinander stehen. Im Gegensatz zu den drei zuvor aufgeführten Alternativen bestehen nun Weisungsbefugnisse und eine Berichtspflicht nicht mehr nur zwischen den unmittelbar vorgesetzten Abteilungseinheiten, also entlang der vertikalen Verbindungslinien. Die Matrix-Organisation erfordert nunmehr ein duales Berichts- und Weisungssystem zwischen den Abteilungen aus beiden Bereichen. Mitunter liegt sogar eine gleichberechtigte Gliederung nach mehr als zwei Dimensionen vor (z. B. nach Funktionen, Geschäftsfeldern und Regionen). In diesem Fall spricht man von einer **Tensororganisation** *(Krüger 2005)*. Mit dem Verlust der vertikalen Weisungsstrukturen werden Koordinationsabläufe und Entscheidungsprozesse wesentlich komplexer und erfordern daher ein hohes Maß an Abstimmung und Kommunikation (vgl. Abb. 3.5d).

Neben dem generellen Aufbau der Organisationsstrukturen Transnationaler Unternehmen existieren verschiedene Varianten, wie eng die Verbindungen zwischen den Unternehmenseinheiten und der Unternehmenszentrale sind und wie das **Verhältnis der Einheiten untereinander** ausgestaltet ist. Eine entsprechende Typologie verschiedener Formen haben *Bartlett/Goshal (2002)* entwickelt *(vgl. auch Dicken 2007, S. 119ff.)* (vgl. Abb. 3.6).

Das Modell der **Multinationalen Organisation** (Typ a) zeichnet sich durch einen ausgesprochen dezentralen Aufbau aus. Die Einheiten in den einzelnen Ländern besitzen ein hohes Maß an Eigenständigkeit und dürfen strategisch wichtige Entscheidungen unabhängig treffen. Kontrolle seitens der Zentrale wird lediglich bezüglich der Finanzen ausgeübt. Aus Sicht der Unternehmenszentrale operieren die Unternehmenseinheiten in den einzelnen Ländern als Profit-Center, wobei deren Aktivitäten sehr stark lokal ausgerichtet sind. Der Vorteil besteht darin,

Abb. 3.5: Verschiedene Formen multidivisionaler Organisationsstrukturen transnationaler Unternehmen

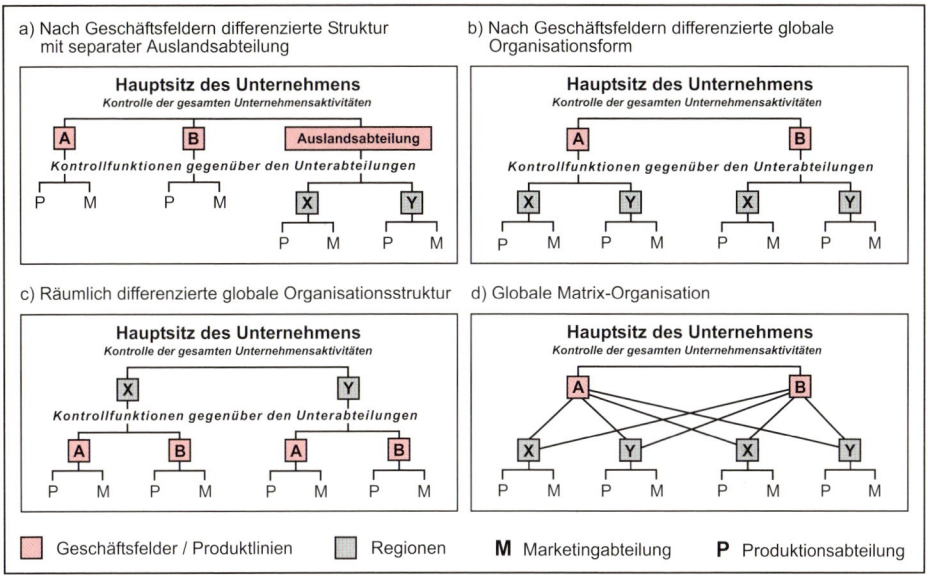

Quelle: Nach Dicken 2007, S. 118.

dass sich die einzelnen Einheiten in den Ländern sehr gut auf die Anforderungen und Besonderheiten der jeweiligen Auslandsmärkte anpassen und schnell reagieren können. Nachteilig wirkt sich jedoch aus, dass durch die dezentrale Struktur kaum Skalenerträge erzielt werden können und auch die internen Wissensflüsse stark reduziert sind. Weder die Unternehmenszentrale noch die Einheiten untereinander profitieren von den Erfahrungen und dem Wissen der Anderen.

Im Gegensatz dazu ist die **Internationale Organisationsform** (Typ b) durch einen höheren Grad an formeller Kontrolle und Koordination der ausländischen Unternehmenseinheiten durch die Unternehmenszentrale gekennzeichnet. Die Einheiten können als Anhang bzw. als Fortführung des Hauptquartiers mit eingeschränkten Verantwortungsbereichen und Entscheidungsbefugnissen betrachtet

werden. Eine solche Organisationsform basiert in der Regel auf dem Versuch, die am Heimatstandort erarbeitete technologische Führerschaft oder besondere Stärken im Marketing auf den Auslandsmärkten gewinnbringend einzusetzen. Insbesondere US-amerikanische Unternehmen haben in den 1950er und 1960er Jahren versucht, auf diese Weise ihre spezifischen Kompetenzen und Potenziale auf den Auslandsmärkten zu kapitalisieren.

Der Nachteil dieser Organisationsstruktur besteht jedoch darin, dass die ausländischen Einheiten aufgrund der geringeren Entscheidungsspielräume gegenüber der Multinationalen Organisationsform für ihr Ergebnis weniger verantwortlich sind und vor Ort entsprechend weniger effektiv operieren. Bezüglich der Verteilung der Entscheidungsbefugnisse zwischen Unternehmenszentrale und den ausländischen Einheiten stellt die Internationale Organisationsform einen

Mittelweg mit einer Betonung der Unternehmenszentrale dar.

Wesentlich zentralistischer ist die dritte idealtypische Form der **Globalen Organisation** (Typ c) aufgebaut. Die wichtigsten unternehmenseigenen Ressourcen, Verantwortungsbereiche und strategischen Entscheidungsbefugnissen sind zentral am Hauptsitz konzentriert, die ausländischen Unternehmenseinheiten unterliegen einer strengen Kontrolle. Diese werden als Auslieferungskanäle eines einheitlichen globalen Marktes betrachtet, ohne die Möglichkeit, eigene Produkte oder Strategien zu entwickeln. Auf diese Weise versucht das Unternehmen, im globalen Maßstab Economies of Scale auf der Basis der zentralen Kernkompetenzen zu erzielen. Lokale Marktbedingungen werden dabei jedoch ebenso ignoriert wie die Möglichkeiten, durch die Erfahrungen vor Ort positive Lernprozesse zu entwickeln.

Idealtypisch bedarf es einer Struktur, welche die Stärken der zuvor dargestellten Modelle verbindet: Globale Effizienz durch die Realisierung von Skalenerträgen weltweit, geographisch flexibel auf die jeweiligen Märkte angepasst und dabei fähig, von weltweiten Lernprozessen gemeinsam zu profitieren. Entsprechend versuchen Transnationale Unternehmen das Modell der **Integrierten Netzwerkorganisation** zu verwirklichen, indem Verantwortungsbereiche und Entscheidungskompetenzen zwischen den Teileinheiten aufgeteilt werden (vgl. Abb. 3.6d). An die Stelle der hierarchischen Ordnung tritt eine **funktionale Heterarchie** *(Grabher 2001)*, in der zwischen sämtlichen Einheiten ein intensiver Austausch der Ressourcen in Form von Produkten, Informationen und Personen stattfindet. Die einzelnen Einheiten haben bestimmte Verantwortungsbereiche mit entsprechenden Ressourcen und Kapazitäten und können im Idealfall

Abb. 3.6: **Organisationsstrukturen zwischen der Firmenzentrale und den Unternehmenseinheiten Transnationaler Unternehmen**

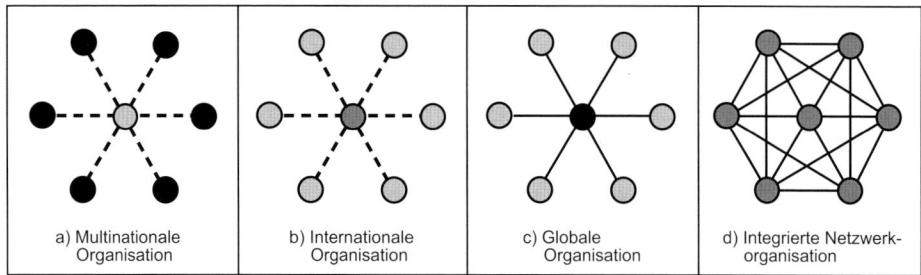

| a) Multinationale Organisation | b) Internationale Organisation | c) Globale Organisation | d) Integrierte Netzwerkorganisation |

Quelle: Nach Bartlett/Goshal 2002, S.57 ff., S. 102.

Jede dieser drei Organisationsformen ist in unterschiedlichen historischen Perioden entwickelt worden und hat aufgrund der jeweiligen partiellen Stärken auch zwischenzeitliche Erfolge erzielt *(Bartlett/Goshal 2002; Dicken 2007, S. 122)*. Jedoch sind mit jeder Organisationsform auch spezifische Schwächen verbunden gewesen.

innerhalb dieses Rahmens weitgehend unabhängig agieren. Für verschiedene Aufgabenstellungen erfolgt die Zusammenarbeit mit wechselnden Unternehmenseinheiten, die nicht mehr zentral über den Hauptsitz koordiniert werden, sondern direkt zwischen den Einheiten. Die Unternehmensleitung hat die Aufgabe, diesen komplexen Prozess der gemeinsamen Koordination und Kooperation zwischen den einzelnen Einheiten zu begleiten und ein unternehmensinternes Klima geteilter Regeln im Zuge der Entscheidungsprozesse zu schaffen.

Marken bestehen bleiben und behalten dadurch ihre Exklusivität. Konkurrierende Kundenbedürfnisse können so von verschiedenen Marken des Unternehmensverbundes bedient werden und Stammkundenbezie-

Abb. 3.7: Elemente der fragilen Balance integrativer und disintegrativer Prozesse in heterarchischen Organisationsstrukturen

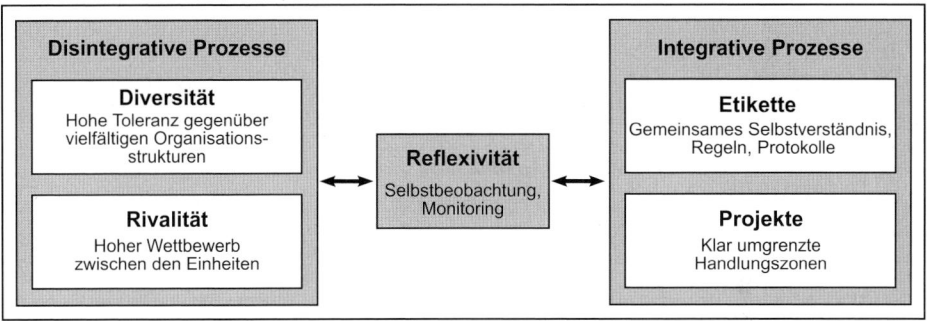

Quelle: Mossig 2006, S. 87.

Grabher (2001) stellt fünf Elemente heraus, die charakteristisch für eine solche **heterarchische Organisationsstruktur** sind. Sie umreißen die fragile Balance zwischen den Vorteilen einer starken Integration der Unternehmenseinheiten und den Vorteilen, autonom zu agieren: Die fünf Elemente sind Diversität, Rivalität, Etikette, Projekte und Reflexivität (vgl. Abb. 3.7) und finden sich in der Koordination der Abläufe innerhalb einer globalen Unternehmensgruppe wieder.

Diversität entsteht in Transnationalen Unternehmen zum einen durch die unterschiedlichen Geschäftsfelder mit ihren spezifischen Eigenarten. Aber auch innerhalb eines Geschäftsbereichs kann es beispielsweise durch Unternehmensübernahmen zu erweiterten Sichtweisen kommen. Bei Unternehmenszukäufen wird häufig versucht, den Charakter des gekauften Unternehmens zu bewahren und es nicht zwangsweise auf allen Ebenen der etablierten Unternehmensplattform unterzuordnen. Dadurch können die einzelnen Unternehmenseinheiten als

hungen bleiben erhalten. Das gleiche gilt für die Diversität durch die Unternehmenseinheiten in den verschiedenen Auslandsmärkten. Solche Formen der Diversität erfordern eine hohe Toleranz gegenüber vielfältigen Organisationsstrukturen innerhalb des gesamten Unternehmens.

Rivalität und Konkurrenzsituationen zwischen den Teileinheiten des Unternehmens entstehen durch die zuvor erläuterten Strukturen der Diversität automatisch. Dies wird nicht zwangsläufig negativ bewertet. Auch die interne Rivalität ist eine wichtige Antriebskraft, durch die das Transnationale Unternehmen seine Dynamik erhält, weil die einzelnen Einheiten aufgefordert sind, im sportlichen Wettbewerb mit den anderen Unternehmensbereichen nach individuellen best-practice-Lösungen zu suchen.

Diesen beiden disintegrativen Prozessen stehen die stabilisierenden Elemente gegenüber. Für ein Transnationales Unternehmen ist es wichtig, verbindende **Etikette** bzw. eine ‚corporate identity' zu entwickeln und ein gemeinsames Selbstverständnis zu etablieren, um die Diversität zu bündeln und die Kommunikation innerhalb der Unternehmensgruppe zu fördern.

Die Organisation der Tätigkeiten in Form von **Projekten** ist ein wichtiges Instrument, das die Einheiten eines Transnationalen Unternehmens in verschiedenen Konstellationen partiell zusammenbringt. Häufig entstehen Projekte aus Kundenaufträgen, z. B. wenn verschiedene Dienstleistungen aus einer Hand gewünscht werden. Folglich bietet die Projektorganisation eine Möglichkeit, ein starres Angebotsgefüge aufzubrechen und an Kundenwünsche angepasste Leistungen zu offerieren. Projekte können auch intern vom Transnationalen Unternehmen initiiert werden, z. B. um die eigene Wissens- und Kompetenzbasis des Unternehmens auszubauen oder um neue Geschäftsfelder und Arbeitsmodelle zu entwickeln. Ein weiteres Ziel besteht darin, dass die einzelnen Unternehmenseinheiten durch die Projektzusammenarbeit voneinander lernen sollen.

Zwischen den disintegrativen und den integrativen Prozessen kann auf Grund der dynamischen Veränderungen im unternehmerischen Umfeld kein dauerhaftes Gleichgewicht durch Optimierungsansätze erreicht werden. Daher ist die **Reflexivität** ein wichtiger Bestandteil, um die Abläufe zu koordinieren. Die systematische Betrachtung der bestehenden Standards und Routinen durch entsprechende Dokumentations- oder Monitoring-Systeme unterstützt die Weiterentwicklung, Anpassung oder einen Wechsel der Handlungsweisen.

3.7 Probleme der Internationalisierung aus Unternehmenssicht

Die verschiedenen Formen der Auslandsmarktbearbeitung, - Exporte, Lizenzen sowie Direktinvestitionen - sind mit spezifischen Schwierigkeiten und Herausforderungen verbunden. Die daraus resultierenden Problemlagen sind in den vorangegangenen Abschnitten ausführlich dargelegt worden. Dabei wurden vor allem strategische sowie organisatorische Beschränkungen benannt. Jedoch können auch kulturelle Distanzen zu Schwierigkeiten bei der Auslandsmarktbearbeitung führen. Diese werden im folgenden Abschnitt (Kap. 3.7.1) erläutert und im Anschluss am Beispiel der Einzelhandelskette Wal-Mart verdeutlicht (Kap.3.7.2). Dieses Fallbeispiel illustriert zudem die Konsequenzen einer fehlerhaften Internationalisierungsstrategie und knüpft damit vertiefend an die voran gegangenen Kapitel 3.2 bis 3.4 an

3.7.1 Kulturelle Distanzen

In der wirtschaftsgeographischen Literatur, aber auch in der Managementliteratur *(z. B. Bartlett/Goshal 2002, S. 164 ff.)* wird zunehmend die Rolle kultureller Barrieren thematisiert. Am **Beispiel des Einsatzes flexibler Maschinen** hat *Gertler (1993, 1995, 1996)* gezeigt, dass gleichwertiges technologisches Equipment in verschiedenen nationalen Kontexten zu unterschiedlichen Produktivitätssteigerungen geführt hat. Der erfolgreiche Einsatz neuer Produktionstechnologien hängt nach den Untersuchungsergebnissen demnach nicht nur von der technischen Qualität der verwendeten Maschinen ab, sondern auch von der Fähigkeit der Unternehmen, sich neue Produktionsmethoden anzueignen und zu übernehmen. Diese Fähigkeiten werden von den spezifischen nationalen oder regionalen Kontexten geprägt. So ist es erforderlich, dass die Manager und Mitarbeiter sich von ihren alten Vorstellungen bezüglich der Produktionsweise, der Arbeitsorganisation aber auch bezüglich der Beziehungen zu anderen Firmen lösen können, um neue

Technologien und Maschinen effektiv einzusetzen. Ebenso steigen die Anforderungen an das generelle Qualifikationsniveau der Mitarbeiter, damit der tägliche Umgang mit den neuen Maschinen und Technologien erlernt werden kann. Nach *Gertler (1993)* haben im Vergleich zur europäischen und japanischen Konkurrenz vor allem die angloamerikanischen Unternehmen in den 1970er und 1980er Jahren bei der Umstellung von den fordistischen Produktionsprinzipien auf flexible Produktionstechnologien zu wenig in die Ausbildung und Weiterqualifikation ihrer Mitarbeiter investiert.

Auf der anderen Seite offenbaren sich jedoch auch durch das sogenannte „overengineering" kulturelle Missverständnisse. Insbesondere deutsche Maschinenbauer haben teure Spezialmaschinen entwickelt, die eher entwicklungs- und produktions- aber nicht marktorientiert waren. Auch von den Abschreibungszeiträumen entsprachen die Maschinen nicht den Investitionsgewohnheiten der Kunden im Ausland. Entsprechend geriet mit dem Maschinenbau in Deutschland zu Beginn der 1990er Jahre keine Low-Tech-Branche unter globalen Wettbewerbsdruck, wie dies bis dato der Fall gewesen ist, sondern ein Industriezweig, der sich durch seinen hohen Anteil an qualifizierten Mitarbeitern und ingenieurtechnischem Spezialwissen auszeichnet *(vgl. Bertram 1993; Kalkowski et al. 1995, S. 103 ff.)*.

Dass verschiedene kulturelle Kontexte im Zuge der Einführung neuer Technologien und Maschinen zu Schwierigkeiten führen können, resultiert aus der Tatsache, dass die Implementierung kein standardisierter Vorgang ist. Je komplexer die Technologien und Maschinen und je schnelllebiger die technologische Entwicklung in dem betreffenden Feld sind, desto größer ist der Abstimmungsbedarf zwischen dem Hersteller und Anwender der neuen Technologien und Maschinen. Die Einführung neuer Technologien und Maschinen stellt keine one-time-only Transaktion zwischen dem Anbieter und dem Kunden dar, sondern einen Prozess, der die drei Phasen (a) Design und Entwicklung, (b) Installation und Prozessbeginn sowie (c) Dauerbetrieb mit Wartungsarbeiten, Modifikationen und Aufrüstungen durch Updates umfasst.

Häufige Treffen, ein kontinuierlicher und intensiver Informationsaustausch sowie eine langfristige, vertrauensbasierte Zusammenarbeit sind demnach charakteristisch für die Interaktionsbeziehungen zur spezifischen Anpassung an die Produktionsprozesse und die Arbeitsorganisation beim Kunden. Die Interaktionsbeziehungen werden durch die räumliche Nähe zwischen dem Anbieter und dem Kunden erheblich erleichtert, so dass nicht nur der Einsatz neuer Technologien, sondern auch die Nähe zu den Entwicklungsquellen einen Wettbewerbsvorteil darstellt *(Gertler 1993, 1995, 1996)*.

Auch *Depner (2006)* hat am **Beispiel deutscher Automobilzulieferer in China** aufgezeigt, dass Kooperationen zwischen Unternehmen aus verschiedenen nationalen Kontexten durch kulturelle Unterschiede erschwert werden. Sowohl die Unternehmen als auch ihre Beschäftigten werden von ihren spezifischen institutionellen Kontexten geprägt, so dass transnationale Unternehmen mit ihren Zweigwerken in den einzelnen Ländern auf ein Umfeld treffen, in dem Arbeitsabläufe und Zulieferbeziehungen völlig anders organisiert sind als im Heimatland des Mutterkonzerns. Kulturelle Eigenarten wie die Bedeutung und Gestaltung zwischenmenschlicher und familiärer Beziehungen oder kulturell geprägte Gewohnheiten der Arbeitnehmer wirken sich auf die Gestaltung der Arbeitsabläufe innerhalb und zwischen den Unternehmen aus. Entsprechend sehen sich Unternehmen bei ausländischen Direktinvestitionen mit der Problematik konfrontiert, die individuellen Akteure mit ihren unterschiedlichen institutionellen Prägungen in eine kohärente und effiziente Organisationsform zu integrieren.

Im Rahmen der empirischen Fallstudie über die deutschen Automobilzulieferer in China wurden sowohl auf der Unternehmensseite als auch auf der individuellen Ebene entsprechende Unterschiede aufgezeigt *(Depner 2006)*. Auf der Unternehmensseite offenbaren sich spezifisch ausgeprägte technologische und institutionelle Standards als Hindernis. So stellten sich die Versuche, eine Angleichung der chinesischen Zulieferer an die Standards der deutschen Abnehmer zu erreichen, als sehr mühsam und kostenintensiv heraus. Gerade bei anspruchsvollen Vorprodukten gelang es nicht, chinesische Lieferanten auf die Einhaltung spezifischer Standards festzulegen, so dass die Teile aus Deutschland importiert werden mussten oder von anderen ausländischen Zulieferern beschafft wurden, die in China produzierten.

Auf der Ebene der individuellen Akteure ist die Zusammenarbeit zwischen deutschen Fachkräften und chinesischen Kollegen und Geschäftspartnern erheblich durch die verschiedenen kulturellen Prägungen gekennzeichnet. Unterschiedliche Umgangsformen, Normen, informelle sowie formelle Regeln sowie in alltäglichen Kontexten erlernte und erlebte Hierarchieverständnisse, Formen der Mitbestimmungs- oder Machtstrukturen innerhalb eines Unternehmens kommen zum Tragen, sobald eine deutsche Tochterfirma chinesische Arbeitnehmer einstellt.

In Joint Ventures mit gleichberechtigten deutschen und chinesischen Partnern ist davon auch die Ebene der Unternehmens-

führung betroffen. Zur Koordination der Schnittstellen zwischen den chinesischen und den deutschen Kollegen ist der Aufbau so genannter **‚guanxi'** erforderlich. Guanxi sind verlässliche persönliche Beziehungen zu einer Person, die sowohl emotionalen als auch instrumentellen Charakter haben.

Der emotionale Charakter basiert auf festgestellten oder konstruierten persönlichen Gemeinsamkeiten. Um eine solche auf Lebenszeit angelegte Vertrauensbeziehung aufzubauen und zu erhalten, muss man die andere Person gut kennen lernen und ihr bei passenden Gelegenheiten Respekt erweisen, z. B. indem man sie unterstützt. Dies gilt stets gegenseitig. Bei guanxi handelt es sich also um eine reziproke Beziehung. Der Aufbau von guanxi hat zudem instrumentellen Charakter, denn er eröffnet Zugang zum guanxi-Netzwerk der betreffenden Person. Mit dem Zugang sind entsprechende Pflichten des respektvollen Umgangs innerhalb des Netzwerkes verbunden. Unterbleibt dies, so nimmt die Reputation oder das „Gesicht" (minazi) desjenigen, der sich nicht angemessen verhalten hat, im Netzwerk Schaden. Das „Gesicht" entspricht der sozialen Position eines Einzelnen innerhalb des Netzwerkes. Je mehr „Gesicht" jemand hat, desto stärker sind die anderen Netzwerkteilnehmer bemüht, zu der Person guanxi aufzubauen oder zu verfestigen. „Gesichtsverlust" kann leicht durch öffentlich vorgetragene Schuldzuweisungen oder Belehrungen eintreten. Auch Manager, die in der Öffentlichkeit ihre Fassung verlieren, erleiden einen entsprechenden Reputationsverlust und werden in dem sozialen Gefüge des Netzwerks herabgestuft *(Depner 2006, 2007a; Schiller/Meyer 2008)*.

Nur wenigen Managern oder Bereichsleitern gelingt es, die **interkulturellen Unterschiede zu überbrücken** und effizient mit ihren chinesischen Kollegen und Mitarbeitern zu interagieren. Viele scheitern, weil sie die chinesischen Mitarbeiter alleine durch ihre Position in der Unternehmenshierarchie führen wollen oder versuchen, fehlende Motivation durch Druck zu sanktionieren. In den von *Depner (2006)* untersuchten Unternehmen in China hatten sich die deutschen Fachkräfte zum Teil so weit isoliert, dass sie auf ihre Kollegen und Mitarbeiter keinen Einfluss mehr hatten. Ausländische Führungskräfte benötigen guanxi zu wichtigen Akteuren auf chinesischer Seite und damit Zugang zu den weitergehenden Beziehungsnetzwerken, um Prozesse wirkungsvoll anzustoßen und die Fähigkeiten und Ressourcen der chinesischen Mitarbeiter effektiv zu nutzen *(Depner 2006, 2007a)*.

Sowohl *Gertler (1993)* als auch *Depner (2006)* betonen die **nationalstaatliche Ebene** als die wichtigste Einheit, an der sich räumliche Differenzen in kulturellen Eigenheiten offenbaren. Nach *Gertler (1993)* wird der soziale Kontext, der die Interaktionsbeziehungen zwischen dem Hersteller und dem Kunden neuer Technologien und Maschinen beeinflusst, vor allem durch ein Set an Institutionen bestimmt, die im nationalen Rahmen ausgebildet sind. Dies betrifft beispielsweise Arbeitsmarktbestimmungen, Einflüsse national organisierter Gewerkschaften, nationale Technologieförderpolitiken sowie die Sprache und das Problemverständnis, welche die Kommunikation im Zuge der Abstimmungsprozesse beeinflussen. Die Kommunikation zwischen Unternehmen wird durch einen gleichen oder ähnlichen sozialen Kontext erleichtert. *Gertler (1993)* weist zudem darauf hin, dass sich die Beziehungen zu nationalen Kunden in der Regel länger entwickeln konnten und daher besonders eng und vertrauensbasiert sind.

In ähnlicher Weise stellt auch *Depner (2006)* in Anlehnung an das **Konzept der Nationalen Innovationssysteme** *(Lundvall 1992; Lundvall/Maskell 2000; Nelson 2000; Bathelt/Depner 2003)* heraus, dass die nationalstaatliche Ebene hohen Einfluss darauf hat, (1) wie Unternehmen intern organisiert sind, (2) welche Strategien ihnen aufgrund nationaler Politiken oder des Finanzsystems offenstehen, (3) wie Aus- und Weiterbildung sowie Forschung und Entwicklung strukturiert sind, (4) welche Technologien sich daraus entwickeln und verbreiten und (5) wie die Unternehmen untereinander und mit anderen Organisationen vernetzt sind. Daraus resultieren national geprägte Wirtschaftssysteme, die Globalisierungsprozesse erschweren, weil Unternehmen ihr Organisationsmodell nicht problemlos in andere Länder übertragen können.

3.7.2 Fallbeispiel: Das Scheitern von Wal-Mart in Deutschland

Das Beispiel des gescheiterten Engagements des weltweit größten Einzelhandelskonzerns Wal-Mart in Deutschland zeigt, dass auch bei sehr mächtigen Akteuren das Auslandsengagement insbesondere in Form von Direktinvestitionen sehr risikobehaftet ist und sich nicht immer der gewünschte Erfolg einstellt. Das Fallbeispiel verdeutlicht, wie eine **verfehlte Internationalisierungsstrategie** *(vgl. Knorr/Arndt 2003)* dazu führte, dass die mitgebrachten Ressourcen des US-amerikanischen Investors Wal-Mart aufgrund der spezifischen Eigenheiten auf dem deutschen Markt nicht in Wert gesetzt werden konnten *(Christopherson 2007)*.

Seit mehreren Jahren führt Wal-Mart die Fortune Global 500-Liste der umsatzstärksten Unternehmen weltweit an. Im Jahresranking 2007 wird der Umsatz von Wal-Mart mit 351,1 Milliarden US $ ausgewiesen. Nur der Ölkonzern Exxon Mobil erzielte mit 347,3 Milliarden US $ einen vergleichbar hohen Umsatz *(Fortune*

2008). Der Auslandsumsatz, den Wal-Mart in 15 Ländern außerhalb der USA erzielte, betrug im Jahr 2005 62,7 Milliarden US $. Das entsprach einem Anteil von 20% an den Gesamtumsätzen des Unternehmens. Gemessen am Auslandsumsatz ist Wal-Mart die größte internationale Einzelhandelskette, gefolgt von dem französischen Unternehmen Carrefour (Auslandsumsatz 50,1 Mrd. US $ in 29 Ländern) und dem niederländischen Konzern Ahold (45,4 Mrd. US $ in 5 Ländern). Auf den Plätzen 4 bis 6 rangieren die deutschen Einzelhandelsunternehmen Metro (Auslandsumsatz 38,5 Mrd. US $ in 30 Ländern), Aldi (20,1 Mrd. US $ in 12 Ländern) sowie Lidl&Schwarz (19,8 Mrd. US $ in 19 Ländern) *(Coe et al. 2007, S. 293).*

Auch wenn einzelne international agierende Einzelhandelsunternehmen auf eine lange Tradition zurückblicken können, so ist erst seit den 1990er Jahren ein bedeutender Anstieg des Engagements von Einzelhandelsunternehmen über die eigenen Ländergrenzen hinaus feststellbar. Investitionsziele waren bis in die 1990er Jahre hinein vornehmlich die führenden Volkswirtschaften in Nordamerika und Westeuropa sowie Japan. Seit den 1990er Jahren, als sich die Internationalisierungsbestrebungen im Einzelhandel erheblich ausweiteten, wurden zudem die Transformationsstaaten in Osteuropa, die wachstumsstarken Schwellenländer in Ostasien sowie die Staaten Lateinamerikas zunehmend als Ziel für Direktinvestitionen ins Auge gefasst *(Coe et al. 2007; Coe/Hess 2005; Dawson 2007; Aoyama 2007; Pütz 2003).* In Europa eröffneten sich durch die Vollendung des EU-Binnenmarktes sowie durch die Öffnung der osteuropäischen Märkte im Zuge des Zerfalls der sozialistischen Planwirtschaften politisch bedingte Möglichkeiten für Direktinvestitionen. Stagnierende Einzelhandelsumsätze auf den heimischen Märkten *(Giese 1999)* sowie die weitgehend ausgeschöpften Möglichkeiten zu internen Produktivitätssteigerungen haben des Weiteren dazu geführt, dass die Unternehmen verstärkt auf Expansionsstrate-

Abb. 3.8:   Internationalisierung von Wal-Mart 2004

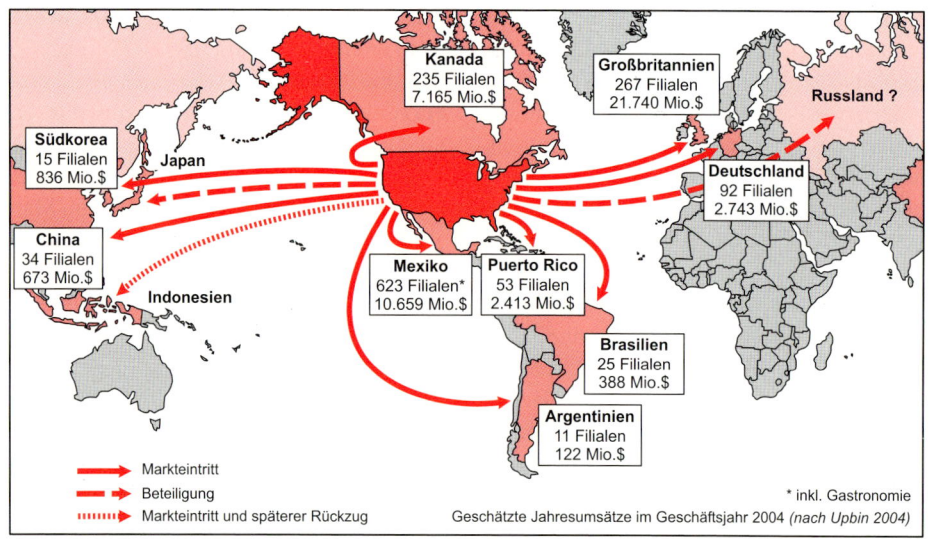

Quelle: Eigene Darstellung nach Gotterbarm 2005.

gien durch Internationalisierung gesetzt haben *(Kulke 1997)*.

Das internationale Engagement von Wal-Mart begann 1991 mit dem Markteintritt im benachbarten Mexiko. Es folgten 1993 Puerto Rico und 1994 Kanada *(Gotterbarm 2005, vgl. Abb. 3.8)*. Auf dem deutschen Markt begann Wal-Mart 1997 mit dem Aufkauf von 21 Wertkauf-Filialen sowie der Übernahme von 74 Hypermärkten der Spar-Gruppe im Jahr 1998 *(Knorr/Arndt 2003)*. Die **Internationalisierungsstrategie von Wal Mart** verfolgte das Ziel, die Marktführerschaft in Deutschland zu erreichen, denn Deutschland ist der zahlungskräftigste und damit wichtigste Markt in Europa und liegt nach diesem Kriterium nach den USA und Japan weltweit auf Rang drei. Zudem wurde Deutschland als strategisch wichtiges Gateway zu den neuen Märkten in Osteuropa angesehen *(Christopherson 2007)*. Jedoch beendete der Konzern nach mehreren Führungswechseln im Juli 2006 sein Engagement in Deutschland, indem die verbliebenen 85 Filialen an den deutschen Einzelhandelskonzern Metro verkauft wurden *(Spiegel-Online 2006)*. **Weshalb scheiterte** der weltweit größte Einzelhandelskonzern in Deutschand bei seinem wichtigen Internationalisierungsvorhaben?

Christopherson (2007) weist diesbezüglich darauf hin, dass es Wal-Mart nicht gelungen ist, die unternehmenseigenen organisatorischen Ressourcen, die den Erfolg auf dem US-amerikanischen Markt erklärten, erfolgreich auf Deutschland zu übertragen. Zu diesen Ressourcen zählen einerseits die harte **Kontrolle über sämtliche Input-Faktoren**, also auch über Mitarbeiter und Zulieferfirmen. Durch das Erreichen einer dominanten Position auf dem Markt, die auch in Deutschland anvisiert wurde, verfügt Wal-Mart im Heimatmarkt über besondere Fähigkeiten, die Ressource der

Netzwerkkontrolle aufzubauen und zu nutzen, so dass Produktionskosten, Lagerkosten und Lieferzeiten diktiert werden können. Zum Zweiten hat Wal-Mart auf dem heimischen US-Markt gelernt, bei veränderten Rahmenbedingungen schnell und autonom Standorte aufzubauen oder zu schließen und verfügt damit über die Ressource, sich bietende Handlungsspielräume durch **schnelles Reagieren** konsequent nutzen zu können. In Kanada, Mexiko und England konnte Wal-Mart diese beiden Ressourcen erfolgreich einsetzen und erreichte in der Folge über die Kostenführerschaft die Position des wichtigsten nationalen Einzelhändlers. In Deutschland ist es Wal-Mart jedoch bereits aufgrund einer fehlerhaften Strategie im Zuge des Markteintritts nicht gelungen, die Ressource der Netzwerkkontrolle zu aktivieren, denn insbesondere die 74 übernommenen Spar-Märkte haben nicht dazu beigetragen, eine dominante Marktposition zu erreichen. Spar gilt als einer der schwächeren Akteure auf dem deutschen Markt mit vergleichsweise niedrigen Umsätzen pro Quadratmeter Verkaufsfläche und mit vielen renovierungsbedürftigen Filialen in zumeist weniger wohlhabenden Wohnvierteln. Zudem scheiterten die Übernahmeangebote für Filialen der Konkurrenten Metro und Globus. Da sich auch die Neuerrichtung großflächiger Einzelhandelsstandorte wegen der strengen **Planungs- und Bebauungsbestimmungen in Deutschland** als ein nicht gangbarer Weg herausstellte, konnte das weitmaschige Filialnetz nicht wie gewünscht und erforderlich verdichtet werden. Entsprechend konnte Wal-Mart zu keiner Zeit eine entsprechende Größe erreichen, um Preiszugeständnisse von den Zulieferern zu erhalten oder die hohen Logistikkosten zu senken *(Knorr/Arndt 2003)*. Die strikten Regularien in Deutschland führten dazu, dass Wal-Mart seine organisatorische Fähigkeit, durch Neuerrichtung oder Schließung schnell auf sich ändernde Marktbedingungen zu reagieren, nicht wie erhofft entfalten konnte.

Ein weiterer Grund für das Scheitern von Wal-Mart in Deutschland liegt in dem **spezifischen Wettbewerbsumfeld** begründet. Der Wettbewerb wird hier sehr preisintensiv geführt und lässt ausgesprochen geringe Gewinnmargen zu. Zudem sind auf dem deutschen Markt insbesondere im Lebensmittelbereich mit Aldi und Lidl ausgesprochen preisaggressive Discounter stark vertreten *(Christopherson 2007)*. Das Werbeversprechen „jeden Tag Niedrigpreise" konnte von Wal-Mart nicht eingehalten werden, da Aldi, Lidl, aber auch Rewe und Edeka bei den von Wal-Mart initiierten Preissenkungen nachgezogen haben. Wal-Mart hat zu keiner Zeit die Preisführerschaft erreicht, wie verschiedene Marktstudien belegt haben *(Knorr/Arndt 2003)*. Auch die zweite Werbebotschaft, besonderen Service zu bieten, konnte aus Sicht der deutschen Kunden nicht eingelöst werden. Die Übertragung US-amerikanischer Servicegewohnheiten erwies sich als nicht kompatibel zu den **Gewohnheiten der Kunden in Deutschland**, die das selbstständige Einkaufen ohne besondere Hilfe des Personals gewohnt sind. Teilweise wurde es von den Kunden sogar als lästig empfunden, dass sie zu häufig von Service-Mitarbeitern angesprochen wurden. In Umfragen zur Kundenzufriedenheit erreichte Wal-Mart daher allenfalls Durchschnittswerte *(Knorr/Arndt 2003)*.

Ein zentraler Grund für das Scheitern liegt zudem darin begründet, dass Wal-Mart offensichtlich nicht nur von den andersartigen Kundengewohnheiten überrascht wurde, sondern auch die **Rolle sozialer Normen und den Einfluss der Gewerkschaften** unterschätzt hat. In den USA beschäftigt Wal-Mart praktisch keine Gewerkschaftsmitglieder. In Deutschland haben die Gewerkschaften trotz schwindender Mitgliederzahlen nach wie vor erheblichen Einfluss, und zwar sowohl auf die Politik als auch auf die Mitarbeiter in den einzelnen Filialen. Es kam zu Streiks und Auseinandersetzungen zwischen der Gewerkschaft ver.di und dem Unternehmen *(Knorr/Arndt 2003)*. So haben 2004 die Gewerkschaften öffentlich über die „Erpressungsmethoden" geklagt, dass der Konzern auf dem Rücken der Mitarbeiter versuche, Kosten zu senken und wenn einzelne Mitarbeiter sich gegen die Flexibilisierung der Arbeitszeiten wehrten, würde oft mit der Schließung der ganzen Filiale gedroht. Für besonders negative Schlagzeilen, die einen großen Imageschaden für Wal-Mart in der deutschen Öffentlichkeit zur Folge hatten, sorgte zudem die **„Ethik-Richtlinie"** des Konzerns. Nach amerikanischem Vorbild wurden Liebesbeziehungen und Flirts zwischen Mitarbeitern untersagt. Dies hat weitere Klagen von Gewerkschaften und Mitarbeitern nach sich gezogen. Im Herbst 2005 urteilte das Landesarbeitsgericht Düsseldorf, dass die Richtlinie in Deutschland weitgehend nichtig sei *(Spiegel-Online 2006)*.

Insgesamt zeigt das Fallbeispiel von Wal-Mart in Deutschland, dass die einfache Übertragung etablierter best practice bei der Bearbeitung von Auslandsmärkten oftmals keine angemessene Internationalisierungsstrategie darstellt. Dies gilt insbesondere dann, wenn die Auslandsmärkte, in denen etablierte Strategien zum Einsatz kommen sollen, sich erheblich von den Märkten unterscheiden, in denen die betreffende Praktik entwickelt wurde *(Christopherson 2007)*. So ist in Ostasien nicht nur Wal-Mart, sondern auch der französische Einzelhandelskonzern Carrefour auf vergleichbare Schwierigkeiten gestoßen. Nach *Aoyama (2007)* haben diese beiden Einzelhandelskonzerne im Zuge der Bearbeitung des japanischen Marktes die Stärke ihrer globalen Netzwerke und ihrer weltweiten Marktanteile überschätzt. Die globale Führungsposition erwies sich als keineswegs ausreichend, um auf dem japanischen Markt als mächtiger Akteur aufzutreten. Dabei wurde auch unterschätzt, dass die Einführung der gewohnten Strategien zum Erreichen hoher Marktanteile und damit verbundener oligopolistischer Macht im dortigen Kontext mit größeren Schwierigkeiten als erwartet verbunden waren und sie deshalb eben nicht dieselbe Wirkmächtigkeit entfalten haben wie am Heimatstandort *(Aoyama 2007)*.

Weiterführende und ergänzende Literatur zum Kapitel 3:

Haas, H.-D. / Neumair, S.-M. (2006): Internationale Wirtschaft. Rahmenbedingungen, Akteure, räumliche Prozesse. München.

Pausenberger, E. (Hrsg.) (1994): Internationalisierung von Unternehmungen. Strategien und Probleme ihrer Umsetzung. Stuttgart.

Dicken, P. (2007): Global Shift. Mapping the changing contours of the world economy. 5. Auflage, London, Thousand Oaks, New Delhi.

Bartlett, C. A. / Goshal, S. (2002): Managing across borders: the transnational solution, 2. Auflage, Boston (Mass.).

Depner, H. (2006): Transnationale Direktinvestitionen und kulturelle Unterschiede. Lieferanten und Joint Ventures deutscher Automobilzulieferer in China. Bielefeld.

Christopherson, S. (2007): Barriers to ‚US style' lean retailing: the case of Wal-Marts failure in Germany. In: Journal of Economic Geography, Vol. 7 (4), pp. 451-469.

4 Der Einfluss des technischen Fortschritts auf den Globalisierungsprozess

Internationale Drehscheibe Frankfurter Flughafen   *Quelle: Fraport.de*

Die beiden vorangegangenen Kapitel haben deutlich gemacht, welche Interessen Unternehmen und Nationalstaaten mit einer globalisierten Wirtschaft verbinden und welche Strategien und Instrumente sie einsetzen, um ihre Ziele zu verwirklichen. Eine wichtige Rahmenbedingung, die zur Entstehung der weltweiten Vernetzung entscheidend beigetragen hat, stellt der technische Fortschritt dar. Dabei kann zwischen Technologien, welche die Produktionsprozesse verändert haben, und den so genannten ‚time-space-shrinking technologies' unterschieden werden, die es ermöglichen, die durch Raum und Zeit gegebenen Beschränkungen menschlicher Mobilität zu überwinden *(Dicken 2007, Kap. 3; Coe et al. 2007, Kap. 5).*

Die **Produktionsprozess-Technologien** haben zu einer enormen Steigerung der Produktivität beigetragen, da der Einsatz von Maschinen die Herstellung großer Stückzahlen unter geringerem Arbeitseinsatz ermöglicht. Dadurch konnte der Produktions-Output erhöht werden. Neben der zunehmenden Industrialisierung in vielen Entwicklungsländern und der Herausbildung der sogenannten Schwellenländer („Newly industrialized countries", NIC) hat dies entscheidend zu einer starken Ausweitung der weltweiten Produktionskapazitäten beigetragen. Die Zunahme der Produktionskapazitäten führt unter anderem dazu, dass über die Aufnahmefähigkeit des inländischen Marktes hinaus expandiert wird und dadurch das Außenhandelsinteresse der Unternehmen steigt. Das weltweite Vorhandensein ausreichender Produktionskapazitäten ermöglicht die Realisierung einer internationalen Arbeitsteilung, die ein typisches Charakteristikum der Globalisierung darstellt *(Hemmer et al. 2001, S. 4)*.

Die Produktionsprozess-Technologien haben aber nicht nur mengenmäßig den Produktions-Output erhöht, sondern auch eine enorme Flexibilisierung der Produktionsprozesse ermöglicht. Durch computergesteuerte, flexibel programmierbare Maschinen wurden seit den 1970er Jahren die starren Produktionsprinzipien der bis dahin vorherrschenden Massenproduktion in vertikal integrierten Großunternehmen

Abb. 4.1 Konvergenz von Zeit und Raum durch time-space-shrinking technologies

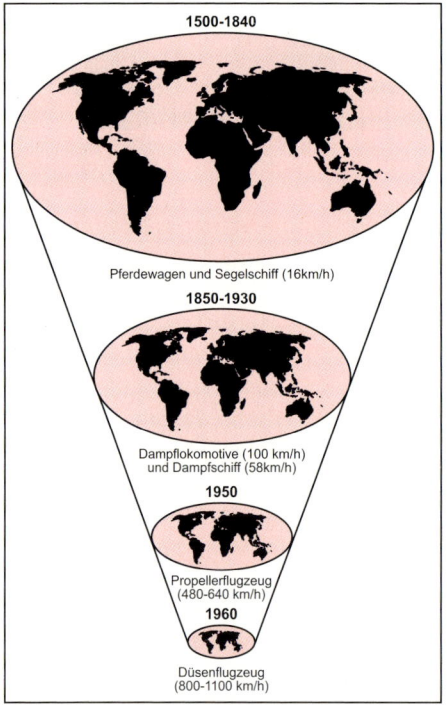

1500-1840

Pferdewagen und Segelschiff (16km/h)

1850-1930

Dampflokomotive (100 km/h) und Dampfschiff (58km/h)

1950

Propellerflugzeug (480-640 km/h)

1960

Düsenflugzeug (800-1100 km/h)

Quelle: Bearbeitung nach Bathelt/Glückler 2003, S. 264 bzw. Dicken 2007, S. 81.

aufgebrochen und durch flexible Formen der Großserienfertigung abgelöst *(Bathelt 1995; Coriat 1991; Martinelli/Schoenberger 1991)*.

Damit einher gingen auch neue räumliche Organisationskonzepte der Produktion, wie zum Beispiel die in der Automobilindustrie umgesetzte Modulbauweise, die eine räumliche Verlagerung vieler Produktionsschritte nach sich gezogen hat *(Bertram/Schamp 1989, Schamp 1991, Gaebe 1993, Mossig 2008a)*.

Für die weltweite Integration von Wirtschaftssektoren und Produktionssystemen besonders relevant waren jedoch die so genannten ‚**time-space-shrinking technologies**‘ *(Dicken 2007, S. 78ff.)*. Distanzen können in viel kürzerer Zeit überwunden und Informationen quasi ohne Zeitverzögerung übertragen werden, so dass Zeit und Raum zu konvergieren scheinen *(Bathelt/ Glückler 2003, S. 263ff.)* (vgl. Abb. 4.1). Zudem sind die Kosten ihrer Nutzung innerhalb des letzten Jahrhunderts stark gefallen (vgl. Abb. 4.2). Innerhalb der ‚time-space-shrinking technologies‘ bietet sich eine Unterscheidung nach Transporttechnologien (Kap. 4.1) und Kommunikationstechnologien (Kap. 4.2) an.

4.1 Transporttechnologien

Bereits im 19. Jahrhundert verbesserten sich die Transportmöglichkeiten durch die Eisenbahn und Dampfschifffahrt erheblich. Doch erst in der Zeit nach dem Zweiten Weltkrieg konnten neue Transporttechnologien dem Globalisierungsprozess die entscheidenden Impulse geben. In der Luft wurde durch die Einführung regelmäßiger interkontinentaler Flugverbindungen sowohl für den Personen- als auch den Güterverkehr eine neue Qualitätsstufe erreicht *(Feldhoff 2007)*. Zur See sind die riesigen Transportschiffe für den

Abb. 4.2 Entwicklung von Transport- und Kommunikationskosten im 20. Jahrhundert (1930=100)

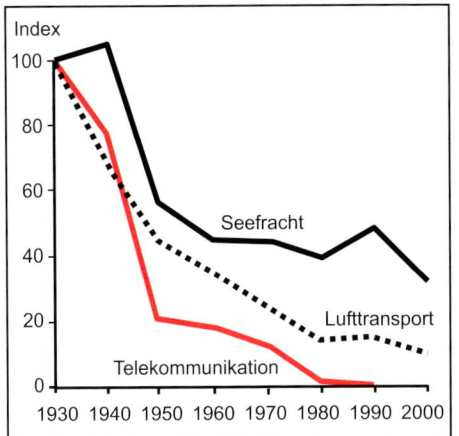

Quelle: Nach Nuhn 2008, S. 49.

Massen- und Stückguttransport zu nennen, die mittlerweile bereits Längen von über 400 Metern bzw. Containerkapazitäten von 10.000 Stück erreichen. Die Einführung der ISO-genormten 20- bzw. 40-Fuß-Container (so genannte TEU - Twenty foot equivalent unit) trug dazu bei, vor allem beim Umschlag zwischen den Verkehrsträgern erhebliche Kosten zu sparen *(Nuhn 2009; Exter 1997)*. Insgesamt sind weltweit über 15 Millionen Container zu Land, zu Wasser und in der Luft unterwegs. Die Zahl der weltweiten Containerbewegungen wurde für das Jahr 2004 auf 72 Millionen geschätzt. Allein in den 20 größten Containerhäfen der Welt (vgl. Tab. 4.1) werden rund 50% der weltweit verschifften Transportgüter umgeschlagen *(Coe et al. 2007, S. 126)*. Die mit den Neuerungen auf dem Gebiet des Transports verbundenen substanziellen Senkungen der Kosten zur Raumüberwindung (vgl. Abb. 4.2) haben den Mobilitätsgrad von Rohstoffen und Zwischenprodukten entsprechend spürbar erhöht *(Nuhn 2007; Hemmer et al. 2001, S. 5)*.

Mit der Ausweitung des globalen Güterverkehrs, der zunehmenden Verknüpfung verschiedener Verkehrsträger sowie neuer Logistik-Konzepte wie eine zeitgenaue Warenanlieferung ‚just-in-time' zum Produktionsprozess stieg der Synchronisierungsbedarf innerhalb der Transportkette, der nur durch die neuen Informations- und Kommunikationstechnologien gedeckt werden konnte *(Lenz/Menge 2007)*. Die neuen Informations- und Kommunikationstechnologien sind jedoch nicht nur auf dem Gebiet des Transports eine wesentliche Voraussetzung der Globalisierung gewesen, wie im folgenden Kapitel aufgezeigt wird.

4.2 Informations- und Kommunikationstechnologien

Auch auf dem Gebiet der Informations- und Kommunikationstechnologien wurden in den letzten Jahrzehnten erhebliche Fortschritte erzielt und dadurch erst die technisch-organisatorischen Voraussetzungen für die Globalisierung der Wirtschaft geschaffen *(vgl. im Folgenden Dicken 2007,*

Abb. 4.3 Entwicklung der Anzahl der Internet-Domains mit der Endung .de 1994 - 2008

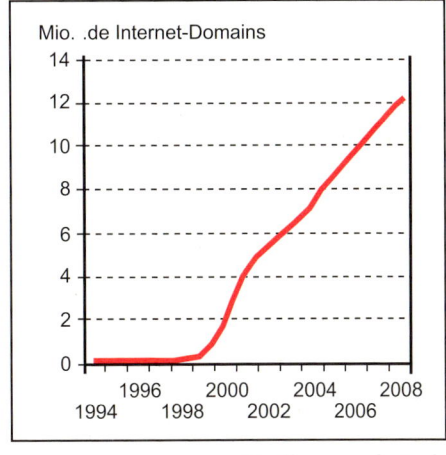

Quelle: www.denic.de.

Tab. 4.1:   Containerumschlag der 20 größten Häfen der Welt 2006

Nr.	Hafen	Land	Containerumschlag in 1.000 TEU[1]
1	Singapur	Singapur	24.792
2	Hongkong	China	23.230
3	Shanghai	China	21.710
4	Shenzhen	China	18.469
5	Busan	Südkorea	12.032
6	Kaohsiung	Taiwan	9.775
7	Rotterdam	Niederlande	9.601
8	Dubai	VAE	8.923
9	Hamburg	Deutschland	8.862
10	Los Angeles	USA	8.470
11	Tsingtao	China	7.702
12	Long Beach	USA	7.290
13	Ningbo	China	7.068
14	Antwerpen	Belgien	7.019
15	Guangzhou	China	6.600
16	Port Kelang	Malaysia	6.320
17	Tianjin	China	5.900
18	New York	USA	5.128
19	Tanjung Pelepas	Malaysia	4.770
20	Bremer Häfen	Deutschland	4.450

[1] *TEU: Twenty foot equivalent unit*
        Quelle: www.nordcapital.com/main/nca/at/fonds/containerumschlag.jsp (06.03.2009)

S. 83 ff.; Coe et al. 2007. S.127 f.; Kessler 2009, S. 51 ff.). Zu nennen ist erstens die **Installation geostationärer Satelliten** seit Mitte der 1960er Jahre, welche die globalen Kommunikationsmöglichkeiten erheblich ausgeweitet haben. Zweitens wurde es durch die Erfindung und **Nutzung der Optischen Datenübertragung über Glasfaserkabel** seit den 1970ern möglich, enorme Informationsmengen in kurzer Zeit zu übertragen.

Drittens sind Menschen durch **mobile Telekommunikationsgeräte** (Handys) nunmehr jederzeit und überall erreichbar geworden. Viertens hat die Ausbreitung elektronischer **Massenmedien** wie Radio und Fernsehen dafür gesorgt, die Produkte und Dienstleistungen bewerben und auf den Auslandsmärkten bekannt machen zu können. Fünftens haben durch das Internet ausgesprochen tiefgreifende Veränderungen

Kasten 4.1: Verlagerungsprozesse der Unternehmen durch den Interneteinsatz?

Die Verbreitung des Internets hat zu einer enormen Senkung der Kommunikations- und Informationskosten geführt. Von dem daraus resultierenden Absinken der räumlichen Transaktionskosten (vgl. Kap. 3.2.2) geht tendenziell eine **dekonzentrierende Wirkung** aus, da die Unternehmen in die Lage versetzt werden, interne Unternehmensabläufe zu reorganisieren, indem Teile der Produktion an kostengünstigere Standorte ausgelagert und via moderner Telekommunikation aus der Ferne koordiniert und kontrolliert werden. Das Internet unterstützt damit die Möglichkeiten der räumlichen Trennung von Management- und Produktionsaktivitäten. *Dohse et al. (2005)* argumentieren jedoch, dass durch den Einsatz neuer Kommunikationstechniken nicht nur Dekonzentrationsprozesse, sondern auch **räumliche Konzentrationsprozesse** stattfinden.

Die Dezentralisierung betrifft vor allem **standardisierte Produktionsaktivitäten**, die sich auch aus der Ferne koordinieren und kontrollieren lassen. Gleiches kann aber auch für Dienstleistungen zutreffen, die zu einem gewissen Grad standardisierbar sind. Das Beispiel der Agenturfotographie zeigt, dass vormals räumlich gebundene **Kundenbeziehungen** einen großen Wandel durch den Interneteinsatz erfahren haben. Die Produkte der Bildagenturen lassen sich heutzutage nahezu kostenfrei über das Internet vertreiben. Durch eine geschickte Verschlagwortung und Beschreibung der Bilder ist das Auswahlverfahren und die Bildsuche im gesamten Archiv der Agenturen auch für weit entfernte Kunden bei sehr geringen Transaktionskosten möglich geworden. Entsprechend haben die Transaktionsbeziehungen zwischen den Bildanbietern und den Kunden eine räumliche Entankerung erfahren *(Glückler 2005)*.

Managementaktivitäten, die persönliche Face-to-face-Kontakte erfordern, konzentrieren sich demgegenüber stärker in den Zentren. Gleiches gilt auch für wissensintensive Produktions- und Dienstleistungsbereiche, die auf den Austausch von personengebundenem Expertenwissen (Tacit-Knowledge) angewiesen sind. Die erforderlichen Interaktionen im Zuge des Austauschs von Wissen und Informationen werden durch Face-to-face-Kontakte erheblich begünstigt *(Storper/ Venables 2004)* und lassen sich durch das Internet nicht vollständig substituieren. So hat eine Unternehmensbefragung in Österreich zum **Interneteinsatz und den räumlichen Strukturen von Innovationsnetzen** ergeben, dass hinsichtlich der Innovationsbeziehungen das unterstellte Potenzial des Internets, fehlende räumliche Nähe durch so genannte virtuelle Nähe zu substituieren, entweder nicht ausreicht oder bislang nicht ausgeschöpft wurde, um beispielsweise Standortnachteile ländlicher Gebiete in Innovationsprozessen zu kompensieren. Eine räumliche Ausweitung oder Entankerung durch den Interneteinsatz erfolgt in diesem Bereich keinesfalls in radikaler Weise, sondern allenfalls schrittweise *(Tödtling et al. 2005)*.

Auf die Standortregionen bezogen zeigen *Dohse et al. (2005)*, dass im Zuge des Einsatzes der Internettechnologien eine fortschreitende funktionale Spezialisierung insbesondere der urbanen Zentren auf Management- und Verwaltungstätigkeiten stattgefunden hat. Gegenüber den späten 1990er Jahren hat sich der Grad der Spezialisierung merklich erhöht, während in den eher peripheren Regionen eine allgemeine Dezentralisierungstendenz festgestellt wurde.

der Kommunikationsprozesse stattgefunden (vgl. auch Kasten 4.1). Das **Internet** ermöglicht zuverlässig, interaktiv und nahezu kostenfrei den weltweiten Austausch von Informationen sowie die gemeinsame Nutzung von Daten. Die rasante Ausbreitung des Internets in Deutschland ist in Abb. 4.3 dargestellt. Im Januar 2009 waren insgesamt 12.568.592 Domains mit der Endung „.de" für ein Internetangebot aus Deutschland registriert *(Mossig 2010)*.

Mit der Ausbreitung des Internets und den anderen, vergleichsweise günstigen mobilen Kommunikationstechnologien, scheinen nunmehr beinahe alle Informationen für jeden Menschen auf der Erde frei zugänglich zu sein. Daher könnte angenommen werden, dass sich räumliche und gesellschaftliche Disparitäten entsprechend angleichen. Tatsächlich verschärft ein vielerorts fehlender Zugang aufgrund nicht vorhandener finanzieller oder infrastruktureller Möglichkeiten die bestehenden Ungleichheiten. Diese Entwicklung wird als **Digitale Spaltung (engl. digital divide)** bezeichnet *(Arnhold 2003; Dicken 2007, S. 89ff.)*. So machten im Jahr 2006 bereits 70% der Bevölkerung in Nordamerika vom Internet Gebrauch, während in Afrika nur 3,6% der Bevölkerung dieses Medium nutzt *(Daniels et al. 2008, S. 312)*.

Insgesamt hat die mikroelektronische Revolution auf dem Gebiet der Telekommunikation und der Datenverarbeitung zu einer deutlichen Senkung der Transaktions- und Kommunikationskosten geführt. Die rapide gesunkenen Kosten sowie die immense Vereinfachung und Effizienzsteigerung im Kommunikationsbereich haben es für Unternehmen ökonomisch sinnvoll gemacht, zu transnationalen Unternehmen zu werden, die auf der ganzen Welt agieren *(Rauh 2005; Hemmer et al. 2001, S. 5)*.

Die massive Senkung der Kosten zur Raumüberwindung bewirkt, dass Standortüberlegungen im Zuge von Internationalisierungsentscheidungen immer weniger durch das Vorhandensein benötigter Produktionsfaktoren vor Ort beeinflusst werden. Der Mobilitätsgrad für viele Produktionsfaktoren ist deutlich gestiegen und die Standortgebundenheit der Produktion hat abgenommen. Die Unternehmen können schneller auf negative Standortentwicklungen reagieren und ihre wirtschaftliche Tätigkeit an denjenigen Ort verlagern, der ihren spezifischen Anforderungen am besten entspricht. Vorleistungen werden zunehmend am billigsten Ort eingekauft, am kostengünstigsten weiterverarbeitet und am einträglichsten Ort verkauft. Je billiger es wird, die Produktionsfaktoren an bestimmte Orte zu bringen, umso stärker nimmt die Konkurrenz auch weit voneinander entfernter Orte zu *(Hemmer et al. 2001, S. 6 f.)*. Die damit verbundene Aufspaltung des Produktionsprozesses auf räumlich getrennte Standorte wird in Kapitel 9 betrachtet.

Weiterführende und ergänzende Literatur zum Kapitel 4:

Coe, N. M. / Kelly, P. F. / Yeung, H. W. C. (2007): Economic Geography: A Contemporary Introduction. Malden. (Kap. 5).

Dicken, P. (2007): Global Shift. Mapping the changing contours of the world economy. 5. Auflage, London, Thousand Oaks, New Delhi. (Kap. 3).

Nuhn, H. / Hesse, M. (2006): Verkehrsgeographie. Grundriss Allgemeine Geographie. Paderborn u.a.

5 Erscheinungsformen der Globalisierung: Der empirische Befund

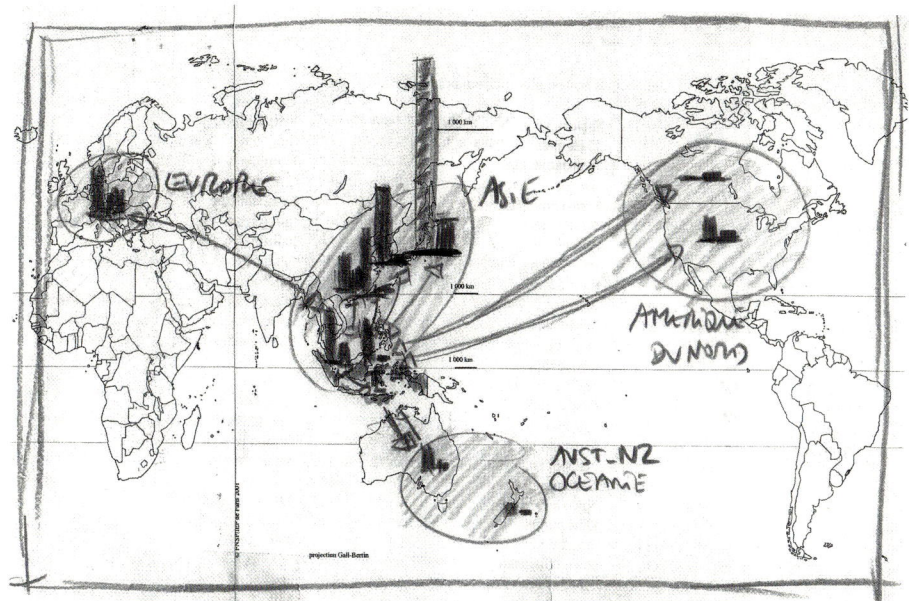

Aus der Werkstatt des Kartographen   *Quelle: Le monde diplomatique 2006; S 191.*

Das Zusammenwachsen der Weltwirtschaft spiegelt sich insbesondere im Zuwachs und der veränderten räumlichen Verbreitung des internationalen Handels in Form von Exporten und Importen sowie der weltweiten Direktinvestitionen wider. Diese zählen zu den bedeutendsten Indikatoren der wirtschaftlichen Globalisierung. In Kapitel 5.1 und 5.2 wird für diese beiden Erscheinungsformen der Globalisierung eine Bestandsaufnahme durchgeführt und die Entwicklung der letzten Jahrzehnte nachgezeichnet. Dabei muss beachtet werden, dass die Entwicklungen von Handel und Direktinvestitionen eng zusammen hängen, denn auf der einen Seite substituieren Direktinvestitionen den Außenhandel, auf der anderen Seite ziehen sie durch innerbetrieblichen Austausch und

zwischenbetriebliche Zulieferungen grenzüberschreitenden Handel nach sich *(Haas/ Neumair 2006, S. 41)*. In Kapitel 5.3 wird dann die Konsumentenseite betrachtet, die ebenfalls einem Globalisierungsprozess unterliegt.

5.1 Wachstum des Welthandels

5.1.1 Entwicklung des weltweiten Güterhandels

Der weltweite Güterhandel expandierte ab den 1950er Jahren bis zur Jahrtausendwende mit durchschnittlichen Jahresraten von 6% *(Hemmer et al. 2001, S. 8)* (vgl. Abb. 5.1). Das kontinuierliche und starke Wachstum setzte ab Mitte der 1980er Jahre ein und beschleunigte sich im vergangenen

Jahrzehnt nochmals. Zwischen 2000 und 2008 verzeichnete der weltweite Güterhandel einen jährlichen durchschnittlichen Zuwachs von 12%, zwischen 2007 und 2008 sogar von 15%. Im Jahr 2008 betrug der Wert der weltweiten **Warenexporte** 16,1 Billionen US $ *(WTO 2009e)*. Dieses Wachstum ist jedoch im Zuge der globalen Finanz- und Wirtschaftskrise massiv eingebrochen (vgl. Kap 13.1).

Abb. 5.1:   Entwicklung der weltweiten Warenexporte 1950 - 2009*)

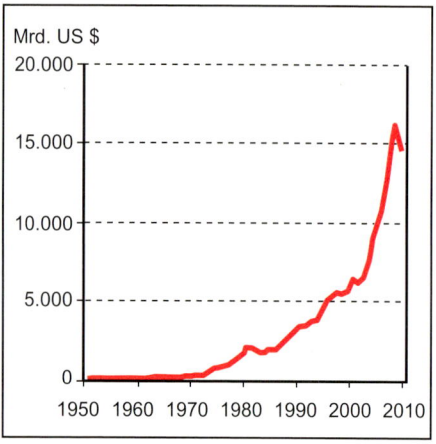

*) 2009 geschätzt

Quelle: Nach WTO 2009e.

Der **langjährige Anstieg des Welthandelsvolumens** ist für sich genommen noch kein hinreichender Beleg für die zunehmende internationale Verflechtung der Volkswirtschaften. Erst durch einen Vergleich mit der Entwicklung des weltweiten Bruttoinlandsprodukts ergibt sich ein aussagekräftigeres Bild. Abbildung 5.2 zeigt, dass der weltweite Güterhandel in den letzten Jahren sehr viel kräftiger gewachsen ist als die Weltwirtschaftsleistung. Dass anteilig stets mehr exportiert und gehandelt als zusätzlich produziert wurde, ist nur durch die Öffnung der einzelnen Volkswirtschaften möglich. Entsprechend ist der

überproportionale Anstieg der weltweiten Exporte gegenüber der Wirtschaftsleistung ein Indikator für die Intensivierung der ökonomischen Austauschbeziehungen und der internationalen Arbeitsteilung.

In Tabelle 5.1 sind für das Jahr 2008 die zehn **führenden Export- und Importnationen** aufgeführt. Von den weltweiten Warenexporten in Höhe von 16,1 Billionen US $ entfielen 9,1% auf die damals noch führende Exportnation Deutschland (1.465 Mrd. US $). Dicht dahinter folgten China und die USA. Die zehn führenden Exportnationen vereinten insgesamt die Hälfte der weltweiten Warenexporte (50,7%) auf sich *(WTO 2009b)*.

Der Anteil Deutschlands an den weltweiten Warenexporten ist in den 1990er Jahren fast kontinuierlich zurückgegangen (vgl. Abb. 5.3). 1990 lag er noch bei 12,2%, im Jahr 2000 hatte er dann seinen bisherigen Tiefststand mit 8,5% erreicht. Danach war wieder ein leichter Anstieg zu verzeichnen. Die USA, mit denen sich Deutschland viele Jahre die beiden vordersten Plätze in der Rangliste der führenden Exportnationen teilte, zeigt eine gegenläufige Entwicklung. Hier blieb der Anteil an den weltweiten Warenexporten in den 90er Jahren relativ stabil und begann erst zu Beginn des neuen Jahrtausends verhältnismäßig stark zu sinken. Im Jahr 2003 fielen die USA daher erstmals seit 1990 in der Rangliste hinter Deutschland zurück, 2007 wurden sie dann von China überholt. Chinas Anteil an den weltweiten Warenexporten hat sich von 1,8% im Jahr 1990 in einer enormen Geschwindigkeit auf 8,9% im Jahr 2008 gesteigert *(WTO 2009b)*. Mittlerweile hat China Deutschland überholt und ist damit die weltweit führende Exportnation (vgl. Kap 6.4) *(Schrinner 2010)*.

Um den Welthandel vollständig zu erfassen, müssen neben den Exporten auch die **Importe** betrachtet werden, die den zweiten

Abb. 5.2: Entwicklung der Weltexporte und der Weltwirtschaftsleistung 1980-2009*)

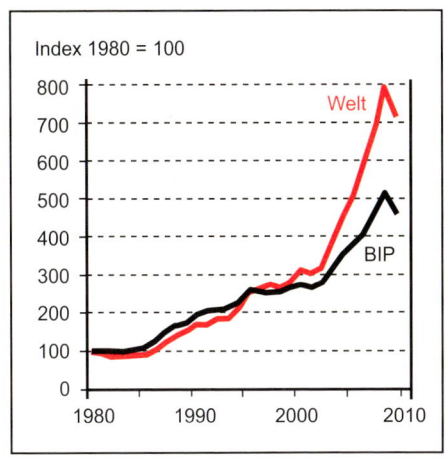

*) 2009 geschätzt
Quelle: Nach WTO 2009b, 2009e; IMF 2009f.

Bestandteil der Handelsbilanz (vgl. Kasten 5.1) bilden. Der größte Warenimporteur im Jahr 2008 waren mit einem Anteil von 13,2% die USA, mit großem Abstand gefolgt von Deutschland (7,3%) und China (6,9%) (vgl. Tab. 5.1). Die Importe sind noch stärker als die Exporte auf die zehn führenden Importnationen konzentriert. 52,6% der Warenimporte gehen in diese zehn Länder *(WTO 2009e)*. Parallel zu den Exporten ist Chinas Anteil auch bei den Importen in den vergangenen zwei Jahrzehnten stark gewachsen, 1990 lag er erst bei 1,5%.

Die Betrachtung von Ex- und Importen offenbart einige Unterschiede in den **Handelsbilanzen** der jeweiligen Länder. Die Handelsbilanz ergibt sich aus der Differenz zwischen den Exporten und den Importen von Gütern. Einen Handelsbilanzüberschuss hatten im Jahr 2008 beispielsweise Deutschland (+259 Mrd. US $) und China (+295 Mrd. US $) zu verzeichnen. Demgegenüber fallen die USA mit ihrem Handelsbilanzdefizit in Höhe von 865 Mrd. US $ auf (vgl. Kasten 5.1). Nimmt man in

Tab. 5.1: Die führenden Export- und Importnationen des weltweiten Warenhandels 2008

Rang	Exporte	in Mrd. US $	Anteil in %	Importe	in Mrd. US $	Anteil in %
1	Deutschland	1.465	9,1	USA	2.166	13,2
2	China	1.428	8,9	Deutschland	1.206	7,3
3	USA	1.301	8,1	China	1.133	6,9
4	Japan	782	4,9	Japan	762	4,6
5	Niederlande	634	3,9	Frankreich	708	4,3
6	Frankreich	609	3,8	Großbritannien	632	3,8
7	Italien	540	3,3	Niederlande	574	3,5
8	Belgien	477	3,0	Italien	556	3,4
9	Russland	472	2,9	Belgien	470	2,9
10	Großbritannien	458	2,8	Südkorea	435	2,7

Quelle: WTO 2009b.

**Abb. 5.3:   Entwicklung des Anteils der Exporte Deutschlands, Chinas und
der Vereinigten Staaten an den weltweiten Warenexporten 1990-2008**

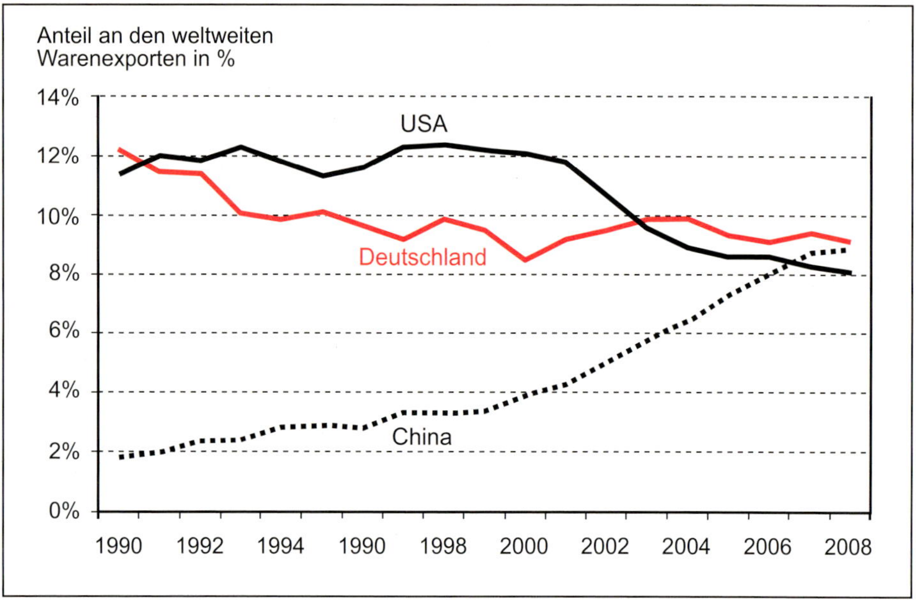

Quelle: Nach WTO2009b.

diese Berechnung die Dienstleistungsbilanz (Differenz aus Export und Import von Dienstleistungen) sowie die Bilanz der Erwerbs- und Vermögenseinkommen hinzu, so erhält man die Leistungsbilanz eines Landes *(Siebert 2000, S. 462 ff.)*

Auch wenn die Konzentration der Ex- und Importe auf wenige Länder nach wie vor hoch ist, ist die Zahl der **Teilnehmer am Welthandel** in den letzten Jahren dennoch gewachsen. Vor allem die Exporterfolge der Schwellenländer in Südost- und Ostasien zeigen, dass den Industrieländern ernst zu nehmende Konkurrenten erwachsen sind *(Hemmer et al. 2001, S. 9)*. Seit Mitte der 1980er Jahre ist der Wert der **Warenexporte der Entwicklungsländer** kontinuierlich angestiegen, der Anteil der Industrieländer sank dagegen. Zwar gab es in der Vergangenheit Schwankungen bezüglich des Anteils der Entwicklungsländer am weltweiten

Warenexport, seit den 1990er Jahren hat sich dieser aber beständig erhöht. Während er sich 1990 auf etwa 21% belief, waren es 2002 schon 27,5% *(Scholz 2006, S. 131)* und im Jahr 2008 bereits 44,4%. Der Anteil der Entwicklungsländer an den weltweiten Warenimporten lag 2008 bei 34,1% *(WTO 2009d, S. 13)*.

Nach **Ländergruppen** unterteilt zeigen sich jedoch erhebliche Unterschiede. Die ASEAN-Staaten Brunei, Indonesien, Kambodscha, Laos, Malaysia, Myanmar, Philippinen, Singapur, Thailand und Vietnam konnten beispielsweise bezüglich der weltweiten Warenexporte deutlich kräftiger zulegen als die Staaten Afrikas oder die Gruppe der ärmsten Entwicklungsländer (Least Developed Countries, LDC) (vgl. Abb. 5.4). Die Darstellung mit zwei unterschiedlich skalierten Achsen in Abbildung 5.4 darf jedoch nicht über den sehr geringen Anteil

Kasten 5.1: Auswirkungen langfristiger Handelsbilanzdefizite

Seit Mitte der 1980er Jahre verzeichnen die USA regelmäßig hohe Handelsbilanzdefizite, mit steigender Tendenz ab Mitte der 1990er Jahre *(Schubert 1999; Siebert 2000, S. 150)*. Das Defizit hat seinen Ursprung in der hohen Konsumnachfrage in den USA, die in den rasanten Kursgewinnen an den Aktienmärkten in der zweiten Hälfte der 1990er Jahre begründet liegt. Fast jeder zweite US-amerikanische Haushalt besaß zum damaligen Zeitpunkt Aktien, z. B. über Pensionspläne des Arbeitgebers. Aktien machten rund ein Drittel des Vermögens der Privathaushalte aus. Die Kursgewinne und der Glaube an weiterhin stetig steigende Aktienmärkte haben die Ausgabenentscheidungen der Privathaushalte massiv beeinflusst und zu hohen Kreditaufnahmen, z. B. zum Erwerb eigener Immobilien, geführt. Diese Situation hat zu einer enormen Verschuldung des privaten Sektors geführt *(Schubert 1999)* (vgl. Kap. 12.3). Die inländische Produktion war in den USA nicht in der Lage, die hohe Konsumnachfrage zu befriedigen, so dass die Lücke zwischen Warenimporten und Warenexporten kontinuierlich anstieg.

Auch wenn eine hohe Binnennachfrage das inländische Wirtschaftswachstum zunächst unterstützt, sind die Gefahrenpotenziale des Defizits in den Zahlungsbilanzen eines Landes sehr groß *(Schubert 1999)*. Die meisten Länder bezahlen ihre Importe nicht in ihrer eigenen, sondern in einer Fremdwährung. Dadurch nehmen die Devisenbestände des Landes kontinuierlich ab und das Defizit kann nur über begrenzte Zeiträume beibehalten werden. Um einen Ausgleich zu erzielen, wählen viele Länder den Weg der Auslandsverschuldung mit entsprechenden späteren Zahlungsverpflichtungen und dem Risiko von Zins- und Wechselkursschwankungen. Auf mittlere Sicht können Maßnahmen zur Entwicklung des Landes aufgrund der Rückzahlungen der Schulden nicht mehr realisiert werden, wie die Schuldenkrise in Lateinamerika in den 1980er Jahren dokumentiert.

Anfang der 1970er Jahre hatten sich u.a. Mexiko, Brasilien, Chile und Argentinien im Ausland Geld geliehen, um ihr Wachstum im Inland zu finanzieren. Rasant steigende Zinsen auf fast 20% in den 1980er Jahren infolge der Geldpolitik des damaligen Präsidenten der US-Notenbank, Paul Volcker, führten dazu, dass die in US-Dollar denominierten Zinsen und Schulden nicht mehr zurückgezahlt werden konnten. Dazu hätten die lateinamerikanischen Staaten hohe Exportüberschüsse erzielen müssen, um die benötigten Devisen in US-Dollar aufzubringen. Die Schuldenkrise traf Argentinien 1981, Chile und Mexiko 1982 sowie Brasilien 1983. In den Folgejahren blieb das Wirtschaftswachstum in diesen Ländern sehr niedrig. Es folgten Kapitalabflüsse und eine Abwertung der lateinamerikanischen Währungen, welche die Schuldenlast gemessen in der jeweiligen inländischen Währung noch vergrößerten *(Stiglitz 2004, 2006; Hemmer 2002)*.

der einzelnen Gruppen von Entwicklungsländern am globalen Welthandel hinweg täuschen. Auf die ASEAN-Staaten entfielen 2008 mit 990 Mrd. US $ lediglich 6,1%, auf alle afrikanischen Staaten mit 561 Mrd. US $ nur 3,5% und auf die 47 von der WTO erfassten ärmsten Entwicklungsländer mit 176 Mrd. US $ 1,1% der weltweiten Warenexporte (vgl. Abb. 5.5). Im Vergleich dazu hatten im Jahr 2008 die drei bedeutendsten Exportnationen Deutschland, China und die USA jeweils einen höheren Anteil am weltweiten Warenhandel als die zuvor genannten Ländergruppen (vgl. Tab. 5.1).

5.1.2 Entwicklung des weltweiten Dienstleistungshandels

Eine Betrachtung des Welthandels bliebe unvollständig, wenn nur die Güterex- und Importe berücksichtigt würden. Vor allem in hoch entwickelten Gesellschaften besitzen Dienstleistungen eine immer größere wirtschaftliche Bedeutung. Weltweit wurden im Jahr 2006 69% des Bruttoinlandsprodukts durch Dienstleistungen generiert. 1980 lag dieser Wert noch bei 56% *(Weltbank 2009)*. Dieser Strukturwandel hat dazu geführt, dass sich die internationale Arbeitsteilung nicht mehr nur auf Industrieprodukte beschränkt, sondern mittlerweile auch Dienstleistungen einschließt. Auch wenn als typische **Merkmale von Dienstleistungen** häufig die Immaterialität der Produkte, ihre fehlende Lagerfähigkeit, der Interaktionsprozess zwischen Anbieter und Nachfrager sowie das zeitliche und räumliche Zusammenfallen von Produktion und Verwendung der Dienst-

leistung (uno-actu-Prinzip) genannt werden *(Kulke 2008, S. 23)*, sind diese auch ohne eine ständige Präsenz im Ausland (z. B. über Tochterunternehmen) international zu vermarkten *(Köhler 1991, S. 54)*.

Der internationale Handel mit Dienstleistungen kann in vier verschiedene Typen differenziert werden, die sich aus den unterschiedlichen Mobilitätsanforderungen an Produktionsfaktoren und Nachfrager ergeben. Der sogenannte **„Across the Border Trade"** (quasi-industrieller Dienstleistungshandel) verlangt weder vom Anbieter noch vom Nachfrager Mobilität. Dabei werden z. B. veredelte Dienstleistungen wie Musikstücke oder Filme im klassischen Sinne via CD oder DVD gehandelt. Beim **„Domestic Establishment Trade"** (anbieterstandortbasierter Dienstleistungshandel) nimmt ein mobiler Kunde die Leistung eines immobilen Anbieters in Anspruch. Diese Form liegt z. B. im Touris-

Abb. 5.4: Entwicklung der Warenexporte ausgewählter Ländergruppen 1980 – 2008/09*)

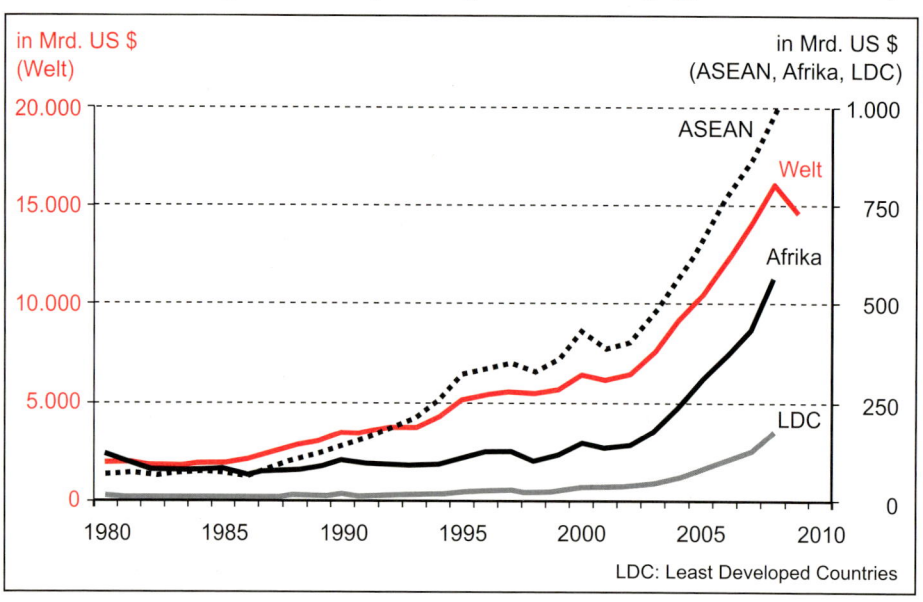

*) 2009 geschätzt   *Quelle: Nach WTO 2009e; WTO2009b.*

Abb. 5.5: Weltweite Warenexportanteile ausgewählter Kontinente und Ländergruppen

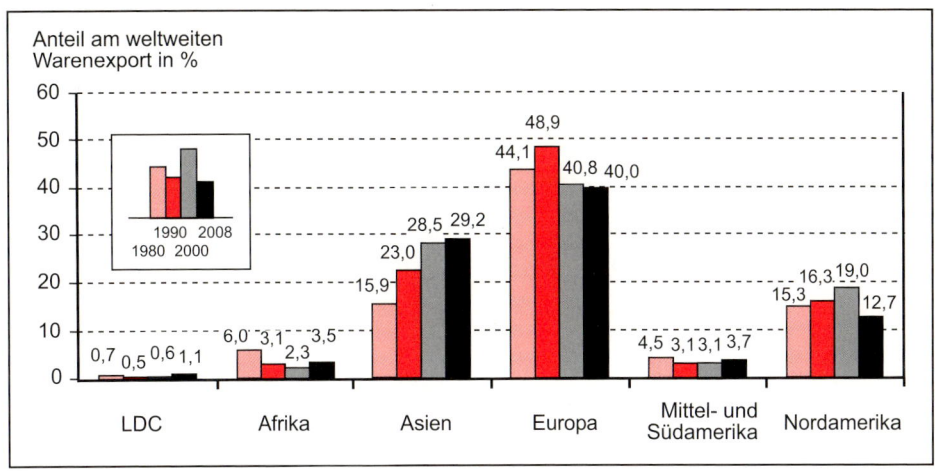

Quelle: Nach WTO 2009b.

mus vor. Nutzt ein ausländischer Besucher in Deutschland touristische Dienstleistungen, dann liegt folglich ein „Export" von Dienstleistungen aus Deutschland vor. Im Gegensatz dazu erstellt beim **„Foreign Earning Trade"** (nachfragerstandortbasierter Dienstleistungshandel) ein mobiler Anbieter eine Leistung am Standort des Kunden. Dies kann bspw. auf die Unternehmensberatung zutreffen. Die vierte Form des Dienstleistungshandels stellt der **„Third Country Trade"** (standortunabhängiger Dienstleistungshandel) dar, der sowohl durch Mobilität des Anbieters als auch des Nachfragers gekennzeichnet ist. Anbieter und Nachfrager treffen sich zur Erbringung und Inanspruchnahme der Dienstleistung also in einem Drittland. Ein Beispiel dafür stellt der Freizeitpark Eurodisney bei Paris dar, welcher als eine Dienstleistung eines amerikanischen Anbieters für Touristen aus ganz Europa in Frankreich angesehen werden kann *(Bruhn 2005, S. 12)*.

Die weltweiten **Dienstleistungsexporte** verzeichnen seit Mitte der 1980er Jahre ein starkes Wachstum (vgl. Abb. 5.6). Im Jahr 2008 betrug ihr Wert 3,7 Billionen US $. Seit 1980 sind die Dienstleistungsexporte mit durchschnittlichen jährlichen Zuwachsraten von 9% gewachsen. Zwischen 2000 und 2008 betrug das durchschnittliche jährliche Wachstum sogar über 12% und war damit in etwa identisch zu den Zuwachsraten der weltweiten Güterexporte (vgl. Kap. 5.1.1). Jedoch entsprach die Höhe der Dienstleistungsexporte im Jahr 2008 nur etwa einem Viertel des Wertes der Warenexporte. Der Anteil der Dienstleistungen an den gesamten weltweiten Exporten ist in den letzten drei Jahrzehnten von 15% im Jahr 1980 auf 19 % im Jahr 2008 gestiegen. Dieser Wert ist bereits seit Anfang der 1990er Jahre nahezu konstant geblieben *(WTO 2009b)*.

Die größten Dienstleistungsexporteure der Welt waren im Jahr 2008 die USA mit einem Anteil von 16% an den weltweiten Ausfuhren. Auf den Rängen zwei bis fünf folgten Großbritannien (7,6%), Deutschland (6,3%), Frankreich (4,1%) und Japan (3,9%). China lag mit einem Anteil von 3,7% auf Rang sieben *(WTO 2009d, S. 10ff.)*. Es ist anzunehmen, dass China seine Position

Abb. 5.6:   Entwicklung der Dienstleistungsexporte ausgewählter Ländergruppen 1980 -2008

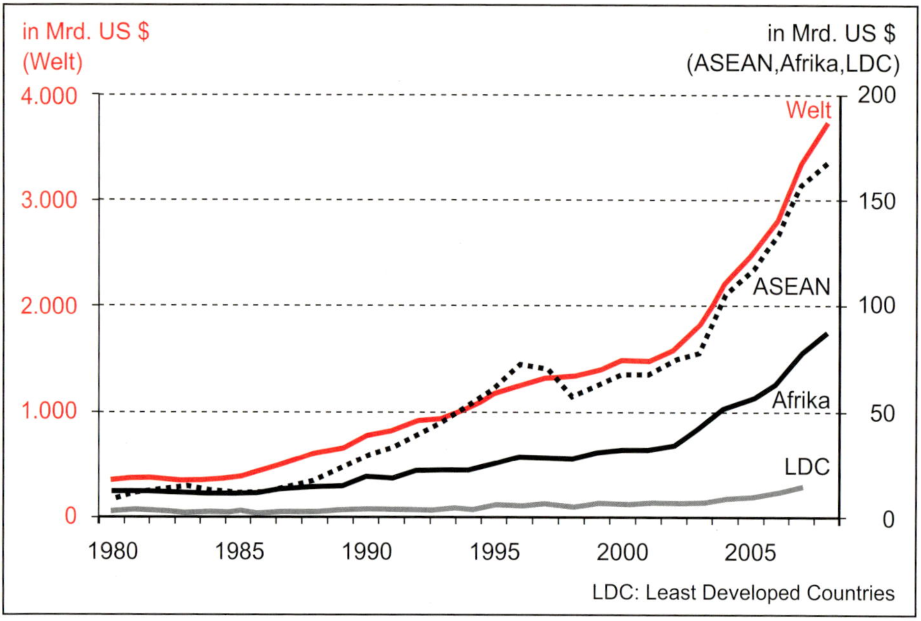

Quelle: Nach WTO 2009b.

zukünftig analog zu den Warenexporten weiter verbessern wird, da die Zuwachsraten der Dienstleistungsexporte hier weit über dem Durchschnitt liegen. Zwischen 1990 und 2007 betrugen die durchschnittlichen jährlichen Zuwachsraten 20% *(WTO 2009b)*. Von den **Dienstleistungsimporten** im Wert von 3,4 Billionen US $ im Jahr 2008 entfielen 10,5% auf den größten Importeur USA. Damit exportieren die USA mehr Dienstleistungen als sie importieren, so dass ihre **Dienstleistungsbilanz** im Gegensatz zur Handelsbilanz positiv ist. In Deutschland, dem weltweit zweitgrößten Dienstleistungsimporteur (8,2% Anteil an den weltweiten Importen), ist die Situation genau umgekehrt. Die Dienstleistungsimporte übersteigen die Exporte und die Dienstleistungsbilanz ist folglich negativ *(WTO 2009c, S. 14)*. Dies betrifft gleichermaßen wissensintensive, technologische sowie

unternehmens- und personengebundene Dienstleistungen. Allerdings ist bei der Interpretation der Dienstleistungsbilanz zu beachten, dass Dienstleistungen auch häufig als Vorleistungen in eine materielle Ware inkorporiert sind und somit vielfach indirekt gehandelt werden. Die verfügbaren Statistiken vermögen aber nicht, die Höhe dieser indirekten Dienstleistungsexporte zu beziffern *(Stahlecker 2006, S. 25-28)*.

Die Entwicklung der Dienstleistungsexporte in verschiedenen Ländergruppen ähnelt der regionalen Verteilung der Warenexporte (vgl. Abb. 5.6). Auch hier sind die Wachstumsraten seit 1980 in den ASEAN-Staaten sehr hoch, in den afrikanischen Ländern dagegen sehr viel niedriger. In den LDCs stagnierten die Dienstleistungsexporte lange Zeit auf sehr niedrigem Niveau und begannen erst ab Mitte der 1990er Jahre langsam zu wachsen.

Die Entwicklung der Anteile verschiedener Ländergruppen an den weltweiten Dienstleistungsexporten seit 1980 wird in Abb. 5.7 dargestellt. Auf Europa entfielen 2008 mehr als die Hälfte aller Dienstleistungsexporte, was eine leichte Steigerung gegenüber dem Jahr 2000 bedeutet. Asien konnte seinen Anteil in den vergangenen drei Jahrzehnten kontinuierlich von 13,7% im Jahr 1980 auf 22,4% 2008 steigern. Dagegen sank der Anteil Nordamerikas an den weltweiten Dienstleistungsexporten von über 20% in den Jahren 1990 und 2000 auf nur noch 16,2% im Jahr 2008. Afrika und Lateinamerika sind mit Anteilen zwischen zwei und drei Prozent weit abgeschlagen. Ihre Bedeutung im weltweiten Handel mit Dienstleistungen ist im Vergleich zu 1980 sogar noch gesunken.

5.1.3 Intra-industrieller und Intra-Unternehmenshandel

Unabhängig von der negativen Dienstleistungsbilanz wird die langjährige Position Deutschlands als Exportweltmeister im internationalen Warenhandel häufig als Beleg für die Wettbewerbsfähigkeit der deutschen Wirtschaft angesehen. Jedoch führt sie nicht automatisch zu Wohlstand und Beschäftigung, was Kritiker wie der Ökonom *Hans-Werner Sinn (2005)* auf den **Basar-Effekt** zurückführen.

Dieser besagt, dass sich deutsche Unternehmen immer stärker auf die kapitalintensiven Endstufen der Produktion spezialisieren und vorgelagerte Teile der Wertschöpfungskette in Niedriglohnländer verlagern. Die arbeitsintensiven Produktionsprozesse verschwinden aus Deutschland mit entsprechenden Folgen auf den Arbeitsmärkten. „Im Endeffekt schrauben die Firmen die in Niedriglohnländern vorfabrizierten Teile in Deutschland nur noch zusammen, kleben ein ‚Made in Germany'-Schild auf die fertige Ware und verkaufen sie dann über den deutschen Tresen weiter in die Welt" *(Sinn 2005, S. 91)*. Diese Aufsplittung der Wertschöpfungskette und Verlagerung verschiedener Produktionsschritte in andere Länder führt automatisch zu einem Handel mit unfertigen Produkten. Damit wächst sowohl die Bedeutung des intra-industriellen Handels als auch des Intra-Unternehmenshandels.

Unter **intra-industriellem Handel** wird der Handel mit ähnlichen Produkten des gleichen Industriezweigs verstanden. Das relevante Kriterium ist dabei weniger die Austauschbarkeit auf der Konsumstufe, sondern die Ersetzbarkeit in der Produktion, die sich z. B. aus ähnlichen Input-Erfordernissen ergibt *(Brülhart 2009, S. 404)*. Ein gängiger Index stammt von *Grubel* und *Lloyd* **(Grubel-Lloyd-Index)**, die den intra-industriellen Handel als einen Anteil des gesamten bilateralen Handels in einer bestimmten Branche oder Nation messen. Wird die dreistellige Wirtschaftszweigklassifikation der UN (Standard International Trade Classification, SITC) herangezogen, die zwischen 177 Sektoren unterscheidet, entfielen im Jahr 2006 14% des Welthandels auf den intra-industriellen Handel. Wird dagegen die fünfstellige Wirtschaftszweigklassifikation der UN verwendet, die zwischen 1.161 Sektoren unterscheidet, dann lag dieser Anteil nur bei 7% .

Der Anteil des intra-industriellen Handels am gesamten Warenhandel ist tendenziell umso höher, je größer der Anteil einer Nation am Welthandel ist. In Deutschland entfielen 2006 z. B. 57% (dreistellige Wirtschaftszweigklassifikation) bzw. 42% (fünfstellige Wirtschaftszweigklassifikation) des Handels auf den intra-industriellen Warenaustausch. Den höchsten Anteil des intra-industriellen Handels erreichten Frankreich mit 42% (fünfstellige Wirtschaftszweigklassifikation) bzw. die Tschechische Republik mit 62% (dreistellige Wirtschaftszweigklassifikation).

Dagegen gibt es insgesamt 85 Länder, die bei Verwendung einer fünfstelligen Wirtschaftszweigklassifikation überhaupt keinen intra-industriellen Handel aufweisen. Ihr Anteil am Welthandel ist insgesamt jedoch sehr gering. Mit 0,17% erreichen die Vereinigten Arabischen Emirate noch den höchsten Anteil am Welthandel. Um diesem Zusammenhang zwischen der Größe einer Handelsnation und dem Anteil des intraindustriellen Handels Rechnung zu tragen, kann der Grubel-Lloyd-Index mit dem Anteil einer Nation am Welthandel gewichtet werden. Bei Verwendung eines solchen gewichteten Index liegt der weltweite Anteil des intra-industriellen Handels am Welthandel sehr viel höher als in ungewichteter Form, nämlich bei 27% (Fünfsteller) bzw. 44% (Dreisteller) im Jahr 2006 *(Brülhart 2009, S. 409-417)*.

Betrachtet man die Handelspartner im intra-industriellen Handel differenziert nach Einkommensgruppen von Ländern, so zeigt sich, dass der intra-industrielle Handel einer jeden Einkommensgruppe am höchsten mit den Ländern der höchsten Einkommensgruppe und am niedrigsten mit den Ländern der niedrigsten Einkommensgruppe ist. Dementsprechend ist der Anteil des intra-industriellen Handels am gesamten Handel innerhalb der Länder der höchsten Einkommensgruppe am größten. Den zweitgrößten Anteil nimmt der Handel zwischen Ländern der höchsten Einkommensgruppe und Ländern mit Einkommen im oberen Mittelfeld ein, wozu einige lateinamerikanische Länder wie z. B. Argentinien oder Mexiko, aber auch Ungarn oder die Türkei zählen *(Brülhart 2009, S. 434-438)*.

Aufgrund der Datenlage ist die Betrachtung der Entwicklung des intra-industriellen Handels im Zeitablauf nur für insgesamt 56 Länder möglich. Für diese ergibt sich folgendes Bild: Seit dem frühesten verfügbaren Betrachtungszeitpunkt 1962 stieg der Anteil des intra-industriellen Handels am Welthandel bis Mitte der 1990er Jahre stark an und bleibt seitdem ungefähr konstant.

Abb. 5.7: Weltweite Dienstleistungsexportanteile ausgewählter Kontinente und Ländergruppen

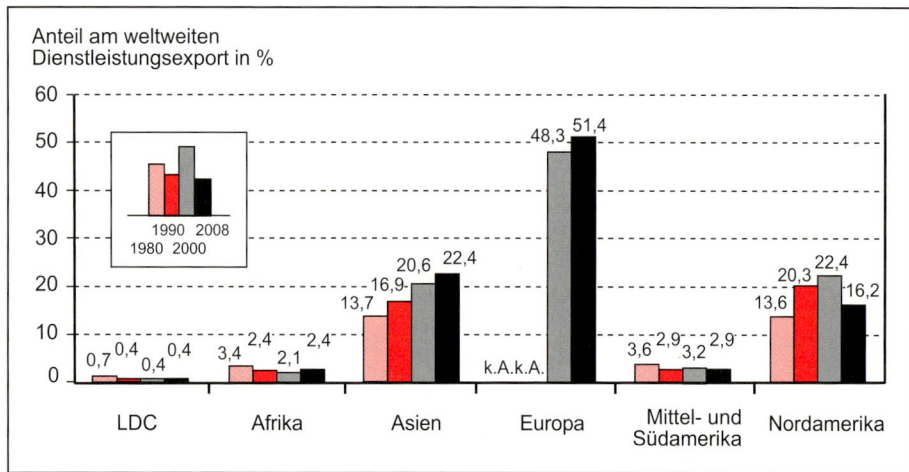

Quelle: Nach WTO 2009b.

Dass dieser lange Aufwärtstrend unter anderem auf die oben erwähnte vertikale Aufsplittung des Produktionsprozesses über Ländergrenzen hinweg zurückzuführen ist, wird dadurch deutlich, dass die Bedeutung des intra-industriellen Handels bei halbfertigen Gütern seit etwa 1975 sehr viel stärker wuchs als bei Endprodukten und im Jahr 2006 einen Anteil von 36% (Fünfsteller) am gesamten Handel mit Zwischenprodukten erreichte *(Brülhart 2009, S. 425-488)*.

Finden die verschiedenen Produktionsschritte zwar in unterschiedlichen Ländern, dort aber in Produktionsstätten desselben Unternehmens statt, so hat dies firmeninternen Handel von Zwischenprodukten **(Intra-Unternehmenshandel)** zur Folge. Der Begriff **firmeninterner Handel** bezeichnet den internationalen Austausch von Gütern und Dienstleistungen innerhalb verbundener Unternehmen. Firmeninterner Handel liegt folglich nur vor, wenn für ein Unternehmen gleichzeitig die Kriterien Multinationalität und vertikale Integration zutreffen. Daher stellen ausländische Direktinvestitionen die Bedingung für firmeninternen Handel dar. Diese werden in Kap. 5.2 ausführlich betrachtet.

Das globale Ausmaß des firmeninternen Handels ist nur unzureichend dokumentiert. Es existieren lediglich Untersuchungen für einzelne Staaten sowie diverse Erhebungen bei multinationalen Unternehmen. Mitte der 1990er Jahre wurde der Umfang des firmeninternen Handels auf ungefähr 30 bis 40% des Welthandelsvolumens geschätzt. Aktuellere Schätzungen bestehen auf globaler Ebene nicht, so dass nicht eindeutig festzustellen ist, ob der Anteil des firmeninternen Handels wächst oder ggf. durch verstärktes Outsourcing von Produktionsschritten an externe Unternehmen zurückgeht *(Klau 1995, S. 15ff.; Hemmer et al. 2001, S. 19; WTO 2008c, S.99, S. 103)*.

5.2 Wachstum der ausländischen Direktinvestitionen

Das eigentliche Kennzeichen und zugleich Motor der Globalisierung ist das rasante Anwachsen der ausländischen Direktinvestitionen **(FDI = foreign direct investment)** seit Mitte der achtziger Jahre. Sie sind ein guter Indikator für die Globalisierung der Wirtschaft, denn Direktinvestitionen liefern einen unmittelbaren Hinweis auf die internationale Arbeitsteilung im Produktionsprozess und die Verlagerung von Arbeitsplätzen ins Ausland. Dabei spiegeln sie den Teil des Offshoring wider, der nicht über Markttransaktionen (Out-Sourcing), sondern innerhalb des eigenen Produktionsnetzwerkes von Firmen (In-Sourcing) abgewickelt wird *(Stierle/Juretzka 2003, S. 17; Ruschinkski/Sturm 2003, S. 136; Coucke/Sleuwaegen 2008, S. 1262 f,; Hemmer et al. 2001, S. 17)*.

5.2.1 Abgrenzung ausländischer Direktinvestitionen von Portfolioinvestitionen

Unter einer Auslandsinvestition allgemein sind Kapitalanlagen eines Investors außerhalb des Staatsgebietes zu verstehen, in dem dieser ansässig ist.

Eine **ausländische Direktinvestition** liegt nur dann vor, wenn es sich um eine langfristige Beziehung zwischen Investor und Direktinvestitionsempfänger handelt. Der Investor muss mit der Unternehmensbeteiligung zudem die Absicht verfolgen, auf die Führung des erworbenen oder neu errichteten ausländischen Unternehmens einen entscheidenden Einfluss zu nehmen. Es wird also eine langfristige Managementkontrolle angestrebt. Wird dagegen kein aktiver Einfluss auf das Unternehmen ausgeübt, spricht man von **Portfolioinvestitionen**.

Diese sind meist ertragswirtschaftlich motiviert, d.h. die Investoren erwarten für das bereitgestellte Kapital eine Rendite in Form von Verzinsung oder Dividenden. Es handelt sich folglich um eine reine Vermögensanlage, mit der nicht das Ziel der Kontrolle über das ausländische Unternehmen verfolgt wird. Neben den ertragswirtschaftlichen Motiven werden Portfolioinvestitionen außerdem vorgenommen, um das Risiko zu minimieren, denn je mehr Investitionen ein Unternehmen in verschiedene Firmen und Standorte tätigt, desto weniger anfällig ist es zum Beispiel bei einer Konjunkturschwankung in einem bestimmten Land oder bei Krisen in einer Branche oder einem Unternehmen. Allerdings schließen sich die Motive einer ausländischen Direktinvestition und einer Portfolioinvestition nicht zwangsläufig aus *(UNCTAD 2006b; Haas/ Neumair 2006, S. 215 f.; Hinrichs 2005, S. 4; Otto 2005, S. 23).*

Bei einer Portfolioinvestition kommt es nur zu einer rein monetären Kapitalübertragung, wobei in Wertpapieranlagen (z. B. Aktien) investiert wird. Direktinvestitionen können neben der monetären Kapitalübertragung auch einen realen (Sachleistungen) sowie intangiblen Vermögenstransfer (Technologie-, Management-, Marketing- oder Organisations-Know-how) beinhalten. Sie beinhalten neben der anfänglichen Transaktion zwischen dem Investor und dem Direktinvestitionsempfänger auch alle folgenden Transaktionen zwischen diesen sowie zwischen den ausländischen Tochterunternehmen. Zu den Direktinvestitionen werden drei Komponenten gezählt: Erstens das Beteiligungskapital, zweitens reinvestierte Gewinne des ausländischen Unternehmens und drittens Kredite des Mutterunternehmens an die Tochtergesellschaft *(UNCTAD 2006b; Hinrichs 2005, S. 5; Haas/Neumair 2006, S. 215 f.).*

In amtlichen Statistiken werden Direktinvestitionen und Portfolioinvestitionen anhand des Beteiligungsgrades an ausländischen Unternehmen unterschieden. Der Internationale Währungsfonds empfiehlt, eine Quote von mindestens 10% an den Stimmrechten heranzuziehen *(IMF 2008, S. 145).* Die Richtlinien des IMF sind jedoch noch nicht von allen Ländern vollständig umgesetzt worden, manche setzen eine höhere Beteiligungsquote an *(Hinrichs 2005, S. 10 f.).* Statistiken zu ausländischen Direktinvestitionen enthalten in der Regel Angaben zu den Direktinvestitionsbeständen und Direktinvestitionsströmen. Diese Unterschiede werden in Kasten 5.2 erläutert.

5.2.2 Entwicklung der ausländischen Direktinvestitionen

Die Anfänge des Kapitalexports können für Westeuropa auf die zweite Hälfte des 19. Jahrhunderts zurückdatiert werden. Zu den ersten zählten Schweizer Firmen, die bereits ab den 1830er Jahren begannen, in ausländische Betriebe zu investieren. Allerdings spielten zu dieser Zeit Portfolio-Investitionen eine größere Rolle als ausländische Direktinvestitionen. Lange Zeit nahmen diese nur in geringem Maße zu *(Pohl 1994, S. 10; Schröter 1994, S. 205).* Bis Mitte der 1980er Jahre verlief die Entwicklung der Direktinvestitionsströme parallel zur Entwicklung des Welthandels und der Weltwirtschaftsleistung gemessen am globalen Bruttoinlandsprodukt (BIP). Dies ist ein Indiz dafür, dass es sich bei den Direktinvestitionen damals überwiegend um exportbegleitende Auslandsaktivitäten gehandelt hat *(Hemmer et al. 2001, S. 18 f.),* also z. B. Serviceleistungen und Reparaturen für im Ausland verkaufte Produkte. Seit etwa 1985 wachsen die Direktinvestitionsströme aber sehr viel rascher als die anderen beiden Indikatoren. Während sich

Kasten 5.2: Direktinvestitionsbestände und Direktinvestitionsflüsse

Bei der Betrachtung ausländischer Direktinvestitionen muss zwischen dem weltweiten Direktinvestitionsbestand und den Direktinvestitionsströmen unterschieden werden.

Die United Nations Conference on Trade and Development (UNCTAD) definiert die Begriffe folgendermaßen:

Der **Direktinvestitionsbestand (FDI-stock)** eines Unternehmens beinhaltet alle bisher getätigten Direktinvestitionen. Er setzt sich zusammen aus (1) dem Wert des Anteils am Kapital und den Reserven (einschließlich thesaurierter Gewinne) von Tochtergesellschaften, die einem Mutterunternehmen zuzurechnen sind und (2) der Netto-Schuldenlast von Tochtergesellschaften gegenüber dem Mutterunternehmen. Daten zum Direktinvestitionsbestand können zum Buchwert oder zu den historischen Kosten dargestellt werden. Letztere geben den Preis zum Zeitpunkt der Investition wieder.

Direktinvestitionsbestände lassen sich auch für ganze Volkswirtschaften angeben. Dabei ist zwischen dem FDI-Bestand in einem betrachteten Land („inward stock") und dem FDI-Bestand der Unternehmen des betrachteten Landes im Ausland („outward stock") zu unterscheiden. Unter dem **„inward stock"** ist der Wert des Kapitals und der Reserven in der betrachteten (inländischen) Wirtschaft zu verstehen, welche Mutterunternehmen zuzurechnen sind, die in einem anderen Land ansässig sind. Der **„outward stock"** umfasst dagegen den Wert des Kapitals und der Reserven in einem anderen Land, der den Mutterunternehmen des betrachteten Landes (Inland) zuzuschreiben sind *(UNCTAD 2006c)*.

Im Gegensatz zu den FDI-Beständen geben die **Direktinvestitionsströme (FDI-flows)** an, um wie viel sich der Direktinvestitionsbestand in einem bestimmten Zeitabschnitt, z. B. innerhalb eines Jahres, verändert hat *(Haas/Neumair 2006, S. 55)*. Hierbei ist zwischen Zuflüssen und Abflüssen zu unterscheiden.

Direktinvestitionszuflüsse („inflows of FDI") umfassen das Kapital, das durch ausländische Investoren für Unternehmen (direkt oder über zugehörige Unternehmen) bereitgestellt wird, die in der betrachteten Volkswirtschaft ansässig sind *(UNCTAD 2006d)*. **Direktinvestitionsabflüsse („outflows of FDI")** umfassen Kapital, das Unternehmen, die in der betrachteten Volkswirtschaft ansässig sind, (direkt oder über zugehörige Unternehmen) in andere Unternehmen im Ausland investieren *(UNCTAD 2006e)*.

die jährlichen Direktinvestitionszuflüsse zwischen 1980 und ihrem vorläufigen Höchststand im Jahr 2007 um das 34-fache steigerten, stiegen die Weltexporte in diesem Zeitraum lediglich um etwa das Siebenfache, das Weltsozialprodukt sogar nur um knapp das Fünffache (vgl. Abb. 5.8). Es wird deutlich, dass nicht mehr nur eine Internationalisierung des Absatzes in Form von Exporten stattfindet, sondern auch eine Internationalisierung der Produktion. Die

in der jüngeren Vergangenheit getätigten Direktinvestitionen sind daher zu einem eigenständigen Faktor der internationalen Arbeitsteilung geworden. Durch diese Entwicklung hat sich sowohl der Wettbewerb der Standorte, die möglichst viele Direktinvestitionen anziehen möchten, als auch der firmeninterne Handel (vgl. Kap. 5.1.3) intensiviert *(Hemmer et al. 2001, S. 19)*.

Betrachtet man die Direktinvestitionsbestände, wird der starke Anstieg seit den

1980er Jahren deutlich. Ihre Entwicklung wird in Abb. 5.9 dargestellt. Während der Direktinvestitionsbestand („outward stock") 1980 noch 548,7 US $ betrug, lag der Betrag im Jahr 2007 mit 15.602,3 Mrd. US $ bereits 28-mal so hoch. Der Abbildung 5.9 sind zudem die jährlichen Zuwachsraten des Direktinvestitionsbestands zu entnehmen. Dieser ist zwischen 1980 und 2007 jedes Jahr im Durchschnitt um 13,4% gestiegen. Lediglich ein einziges Mal (1982) ist in diesem Zeitraum der Direktinvestitionsbestand zurückgegangen *(UNCTAD 2009c)*. Im Jahr 1990 entfielen 49% der weltweiten Direktinvestitionsbestände auf Dienstleistungen, 2006 waren es bereits 62%. Damit ist der Anteil der Dienstleistungen an den ausländischen Direktinvestitionen sehr viel höher als am Welthandel. Der Anteil des produzierenden Gewerbes an den Direktinvestitionsbeständen ging dagegen von 41%

im Jahr 1990 auf 28% 2006 zurück. Der Anteil des primären Sektors verharrt mit 8% auf einem relativ konstanten, aber niedrigen Niveau *(UNCTAD 2008, S. 207)*.

Die weltweiten Direktinvestitionszuflüsse (FDI-inflows) betrugen im Jahr 1980 lediglich 54 Mrd. US $. Zehn Jahre später hatte sich der Wert schon fast vervierfacht (202 Mrd. US $). Im Jahr 2007 umfassten die Direktinvestitionsströme eine Summe von 1.833 Mrd. US $ *(UNCTAD 2009c)*. Die Entwicklung der Direktinvestitionszuflüsse wird in Abb. 5.10 dargestellt. Der vorläufige Höhepunkt wurde zu Beginn des neuen Jahrtausends gemessen und ist vor allem auf so genannte Mega-Fusionen und Mega-Akquisitionen, wie zum Beispiel die Übernahme von Mannesmann durch Vodafone, zurückzuführen *(Haas/Neumair 2006, S. 55)*. Der starke Einbruch in den Jahren 2001 bis 2003 lässt sich mit dem

Abb. 5.8:   **Entwicklung der Direktinvestitionsströme im Vergleich zu den Warenexporten und der Weltwirtschaftsleistung (BIP) 1980 und 2007/2009***

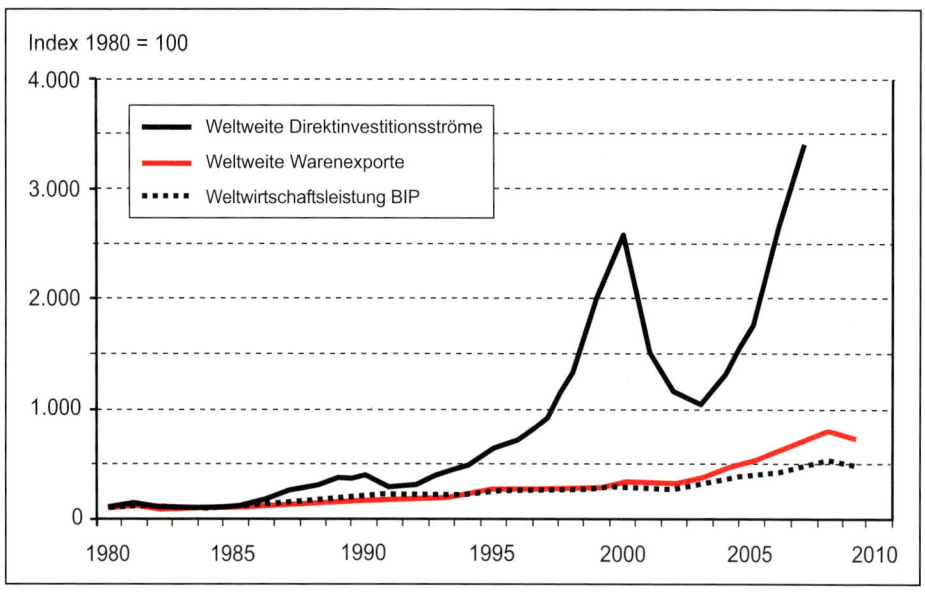

*) 2009 geschätzt   *Quelle: Nach WTO 2009b; IMF 2009f; UNCTAD 2009c.*

Abb. 5.9: **Entwicklung der weltweiten Direktinvestitionsbestände (outward stock) sowie jährliche Zuwachsraten des Direktinvestitionsbestands in Prozent 1980 - 2007**

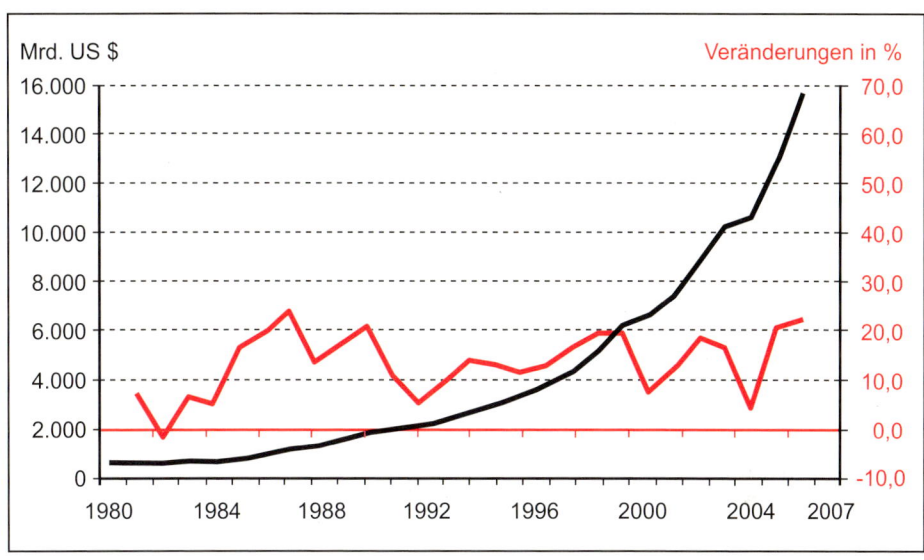

Quelle: Nach UNCTAD 2009c.

schleppenden Wirtschaftswachstum in den Industrieländern, vor allem in der Eurozone und in Japan erklären *(UNCTAD 2006a, S. 4)*. Werden diese drei Jahre bei der Berechnung ausgeklammert, so betrug das durchschnittliche jährliche Wachstum 22%. Unter Berücksichtigung aller Jahre zwischen 1980 und 2007 lag es immerhin noch bei 17%. Zwischen 1996 und 2000 wuchsen die Direktinvestitionszuflüsse jährlich sogar um durchschnittlich 38%. Die Wachstumsrate von 2007 im Vergleich zum Vorjahr betrug 30% *(UNCTAD 2009c)*. Auf die räumliche Verteilung der Direktinvestitionen wird im folgenden Kapitel eingegangen.

5.2.3 Regionale Verteilung der ausländischen Direktinvestitionen

Im Jahr 2007 befanden sich 68,8% der **Direktinvestitionsbestände** (inward stock) in den entwickelten Volkswirtschaften, wobei der größte Anteil davon auf die Europäische Union entfiel (45,2%). Das Land mit

den größten Direktinvestitionsbeständen war die USA, mit großem Abstand gefolgt von Großbritannien, Hongkong und Frankreich *(UNCTAD 2009c)*. Viele Entwicklungsländer wollten lange Zeit Direktinvestitionen eher vermeiden, um Ausländern nicht die Kontrolle über Teile ihrer Wirtschaft zu überlassen. Diese Einstellung hat sich im Laufe der Zeit geändert, da erkannt wurde, dass Direktinvestitionen nicht nur Kapital, sondern auch Technologien, Marktzugänge und organisatorisches Wissen mit sich bringen *(Hemmer et al. 2001, S. 19 f.)*. In den **Entwicklungsländern** befanden sich im Jahr 2007 etwa 27,9% der Direktinvestitionsbestände, was im Vergleich zu 1980 (24,4%) zwar eine leichte Steigerung um gut 3% bedeutet. Jedoch sind im Vergleich zum Jahr 2000 die Anteile um gut 2% zurückgegangen. In Südosteuropa und den GUS-Staaten haben sich die Anteile an den weltweiten Direktinvestitionsbeständen von nahezu Null im Jahr 1990 auf 3,3% im Jahr

Abb. 5.10: Direktinvestitionszuflüsse (FDI-inflows) nach Ländergruppen 1980-2007

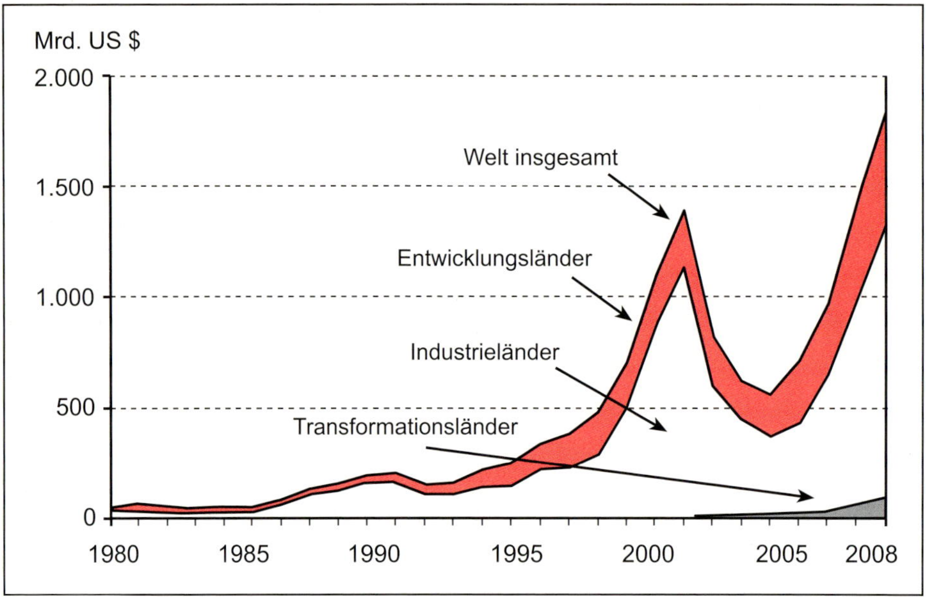

Quelle: Nach UNCTAD 2009c.

2007 gesteigert (vgl. Abb. 5.11) *(UNCTAD 2009c)*.

Lateinamerika verzeichnete 2007 einen Anteil von knapp 7,5%. Der größte Teil der Direktinvestitionsbestände in Entwicklungs- und Schwellenländern befindet sich jedoch in Süd-, Südost- und Ostasien (15,5% im Jahr 2007). Die Region konnte mit einem Anstieg um 6,7 % gegenüber dem Jahr 1980 auch die höchste Steigerung des Anteils an den weltweiten Direktinvestitionsbeständen verzeichnen (vgl. Abb. 5.11). Ungefähr ein Viertel der süd-, südost- und ostasiatischen Direktinvestitionsbestände liegt in China, das seinen Anteil in den letzten fünfzehn Jahren noch viel deutlicher steigern konnte als die Region insgesamt (1990: 13,6% der südostasiatischen Bestände) *(UNCTAD 2006a, S. 7, S. 305, UNCTAD 2009c)*.

Innerhalb der Gruppe der Entwicklungs- länder hat allein Afrika eine negative Entwicklung zwischen 1980 und 2007 zu verzeichnen. Hier hat sich der Anteil an den weltweiten Direktinvestitionsbeständen von 6,9% im Jahr 1980 auf 2,6% im Jahr 2007 mehr als halbiert *(UNCTAD 2009c)*. **Gründe für die mangelnde Attraktivität eines Landes** für ausländisches Kapital sind unter anderem politische Instabilität, die mangelnde Fähigkeit, ausländische Investitionen zu schützen, eine zu geringe Marktgröße und Defizite im Humankapital, also in der Qualifikation der Arbeitskräfte aufgrund eines zu geringen Bildungsniveaus *(Hemmer et al. 2001, S. 56ff.)*.

Betrachtet man die **Direktinvestitionszu- flüsse**, ist wiederum die Dominanz der In- dustrieländer zu erkennen (vgl. Abb. 5.10). Im Jahr 1980 flossen 86% in die entwickelten Volkswirtschaften. 2007 waren es nur noch 68%. Allerdings unterlag der Anteil der Industrieländer an den weltweiten Direktin- vestitionszuflüssen in den vergangenen drei Jahrzehnten starken Schwankungen, so dass man nicht von einer generell abnehmenden Bedeutung der Industrieländer als Direktinvestitionsempfänger sprechen kann. Am niedrigsten war ihr Anteil an den Direktinvestitionszuflüssen in den Jahren 1982 (55%) und 2004 (56%). Mit Werten über 80% war er dagegen in einigen Jahren der 1980er sowie im Jahr 2000 auf besonders hohem Niveau. Die restlichen Direktinvestitionen flossen größtenteils in die Entwicklungsländer. Der Anteil der Transformationsländer wächst seit dem Jahr 2000 zwar fast beständig, jedoch lag er mit knapp 5% im Jahr 2007 immer noch sehr niedrig *(UNCTAD 2009c)*.

Auch als **Ursprungsland von Direktinvestitionen** dominieren die Industrieländer. Jedoch investieren in den letzten Jahren die Entwicklungs- und Transformationsländer zunehmend selbst im Ausland. Aus Abbildung 5.12 geht hervor, dass diese Länder im Jahr 2007 15,2% aller Direktinvestitionen

weltweit getätigt haben, im Jahr zuvor lag der Anteil sogar bei 17,8%. Im Vergleich dazu lag der Anteil in den 1980er Jahren zumeist unter 9% *(UNCTAD 2006a, S. 107; UNCTAD 2009c)*. Unter den Entwicklungs- und Schwellenländern ist wiederum Ostasien dominant, 41% ihrer Auslandsinvestitionen kamen 2007 aus dieser Region. Eine besondere Rolle spielt dabei Hongkong. Von dort stammte mehr als die Hälfte aller ostasiatischen Direktinvestitionen. Die weltweit größten Direktinvestoren waren im Jahr 2007 dieselben Länder, die auch die meisten Direktinvestitionszuflüsse erhielten, nämlich die USA, gefolgt von Großbritannien und Frankreich *(UNCTAD 2009c)*.

5.3 Veränderungen der Konsumstrukturen

Die beiden bisher beschriebenen Erscheinungsformen, das Wachstum des Welthan-

Abb. 5.11: **Entwicklung der Anteile ausgewählter Länder und Regionen an den Direktinvestitionsbeständen (inward stock) 1980-2007**

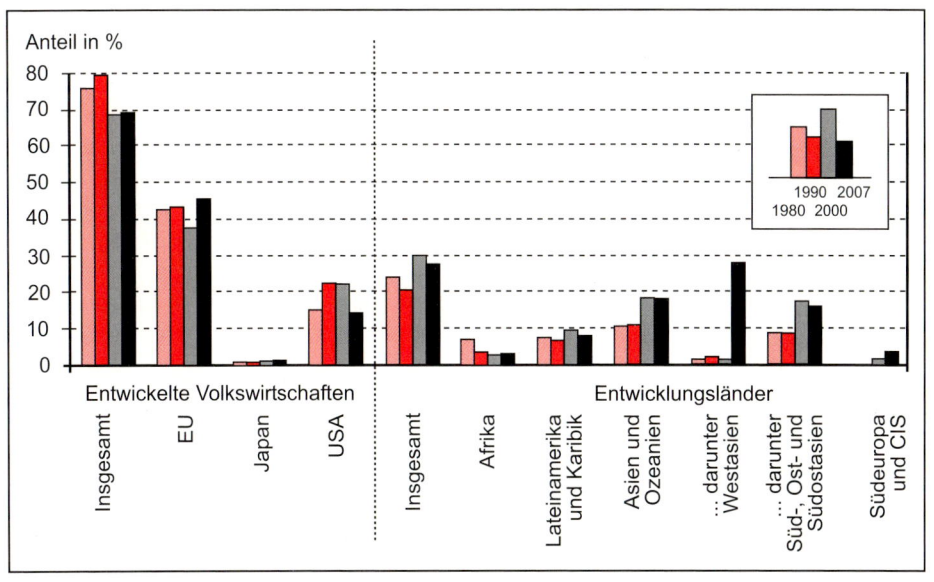

Quelle: Nach UNCTAD 2009c.

dels (Kap. 5.1) sowie das Wachstum der Direktinvestitionen (Kap. 5.2) stellen **Effekte der Globalisierung** auf der Produktionsseite dar. Aber auch auf der **Konsumseite** sind Auswirkungen der Globalisierung feststellbar, die jedoch empirisch wesentlich schwerer zu erfassen sind, da sie sich kaum quantifizieren lassen. Der Konsum ist der letzte Schritt in der Serie wertschöpfender Aktivitäten bei der Herstellung von Gütern und Dienstleistungen. Konsum bezieht sich dabei nicht nur auf den Kauf des Produktes, sondern auch auf die Nutzung der Güter durch die Kunden *(Coe et al. 2007, S. 286; Crewe 2000, S. 280)*.

Ein wichtiges Element der ökonomischen Globalisierung ist die stetige **Vermehrung globaler Konsumgüter**. Überall auf der Welt trifft man in den Geschäften und Restaurants auf die gleichen Markennamen wie z. B. Coca-Cola, Nestlé, Nike, Sony, Nintendo oder Microsoft. Auf den Straßen fahren die gleichen Autos, bei denen oft

lediglich die Modellbezeichnungen variieren. Auch die Fernsehprogramme der einzelnen Länder weisen viele Gemeinsamkeiten auf und in den Kinos laufen oft die gleichen Filme. Daher haben sich Wissenschaftler schon früh mit der Frage beschäftigt, ob mit der universellen Verfügbarkeit von Konsumgütern eine kulturelle Homogenisierung der Welt einhergeht *(Pütz/Schröder 2007, S. 920; Knox/Marston 2008, S. 365)*.

Vertreter der **Homogenisierungs- bzw. Anpassungsthese** gehen davon aus, dass die Globalisierung zu einer weltweiten Vereinheitlichung der Konsumstrukturen und der Kultur führt. Die Wirkungsrichtung wird einseitig wahrgenommen: das Globale durchdringt das Lokale und hebt die örtlichen Unterschiede auf. Der bekannteste Vertreter dieses Ansatzes ist *Georg Ritzer*, der das Buch „Die McDonaldisierung der Gesellschaft" verfasst hat *(Kessler/Steiner 2009, S. 19; Ram 2004, S. 20; Ritzer 2006)*. Unter den wohlhabenden Teilen

Abb. 5.12: Entwicklungs- und Transformationsländer als Ursprungsländer von Direkt- investitionen (outward FDI flows) 1980-2007

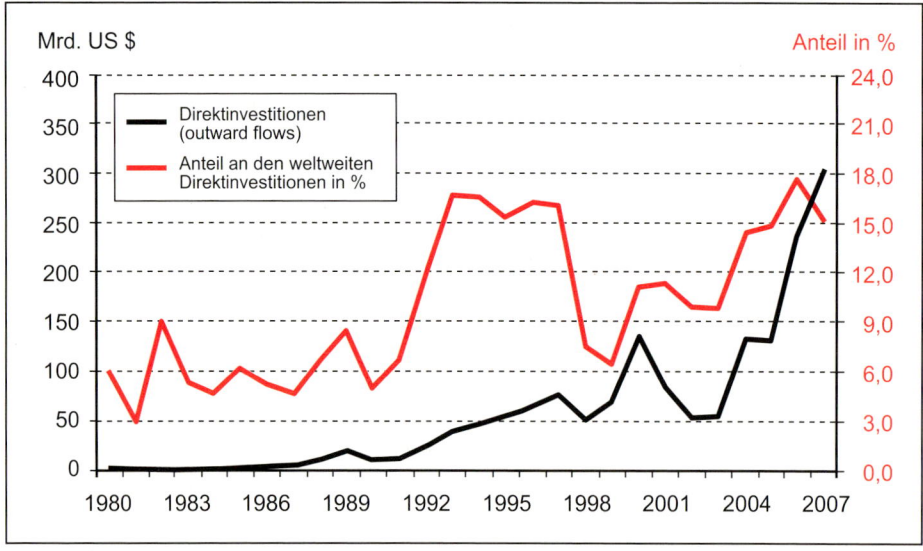

Quelle: Nach UNCTAD 2009c.

der Weltbevölkerung haben ähnliche soziale Prozesse parallele Trends im Konsumentengeschmack geschaffen. Der in der Nachkriegszeit vorherrschende Massenkonsum standardisierter Waren wurde von einem stark fragmentierten Konsum abgelöst, der weniger durch den Preis und die Funktionalität der Waren, sondern immer stärker durch den ästhetischen und symbolischen Wert angetrieben wird. Insbesondere bei nach außen hin sichtbaren Gütern wie Kleidung, Schmuck oder Autos konstruieren Konsumenten mit dem Kauf bestimmter Waren ihre eigenen Identitäten und zeigen ihren Stand in der Gesellschaft *(Knox/Marston 2007, S. 75; Coe et al. 2007, S. 289, S. 311).*

Durch den technischen Fortschritt im Kommunikationsbereich (vgl. Kap. 4.2) wird diese Konsumkultur in die ganze Welt befördert und die Beeinflussbarkeit der Konsumenten erhöht. Besondere Bedeutung wird dabei den Medien beigemessen, durch die kulturelle Botschaften und Vorbilder transportiert werden. Als **„trendsetting societies"** gelten vor allem die USA. Die US-amerikanische Medienindustrie nimmt eine weltweit einmalige Vormachtstellung ein und ihre erzeugten und medial verbreiteten Inhalte erreichen sehr hohe Anteilswerte auf dem Weltmarkt. Dadurch setzen Vertreter der Homogenisierungstheorie die postulierte Vereinheitlichung der Konsumstrukturen auch häufig mit einer **Amerikanisierung** gleich *(Mossig 2008d, 2008b; Dittrich van Weringh 2003; Knox/Marston 2008, S. 366).*

Durch die **mediale Beeinflussung** werden westliche Produkte von vielen Menschen als überlegen angesehen. Dies rührt weniger aus ihrem tatsächlichen Wert, sondern eher aus der ihnen innewohnenden Symbolik her. Mit den Waren wird ein Lebensstil assoziiert, der von Wohlstand, Luxus, Jugend, Fitness,

Schönheit und Freiheit geprägt ist. Dadurch werden sie zu Statussymbolen aufgewertet und auch in ärmeren Ländern gekauft, obwohl sich viele Menschen das Geld zum Kauf dieser Waren wortwörtlich vom Munde absparen müssen. Teure Importe grenzen diejenigen aus, die sie sich diese Produkte nicht leisten können und verschärfen damit die Wahrnehmung sozialer Ungleichheit. Die neuen Konsummuster können dadurch weitreichende **Veränderungen in der Alltagskultur und dem Wertesystem** des Empfängerlandes auslösen. Durch die Dominanz westlicher Güter kann zudem die lokale Produktion geschädigt werden. Immer mehr lokale Unternehmer passen sich daher an die amerikanische oder westliche Kultur an. So findet man in Schnellimbissen in China Gerichte namens „Yes, Sir, Cheese my Baby" oder „Ike and Tina Turner". Auch bemühen sich lokale Unternehmen häufig, die begehrten westlichen Produkte zu imitieren, um an den aktuellen Trends teilhaben zu können. Da diese Güter meistens kapitalintensiv, also durch hohen Maschineneinsatz hergestellt werden, trägt diese Entwicklung allerdings oft zur Unterbeschäftigung bei *(Knox/Marston 2008, S. 366; Hemmer et al. 2001, S. 31; Pütz/Schröder 2007, S. 920).*

In der Summe führen jedoch weder der verbreitete Konsum westlicher Erzeugnisse noch die weltweite Vertrautheit der Menschen mit den globalen Medien und internationalen Markennamen zur Herausbildung einer einheitlichen globalen Kultur. Zahlreiche empirische Analysen über das Eindringen konkreter globaler Konsumgüter in verschiedene Untersuchungsräume haben ein differenzierteres Bild kultureller Globalisierung entstehen lassen.

Neben Homogenisierungsprozessen spielen demnach auch **Prozesse der Hybridisierung bzw. Kreolisierung** eine bedeutende Rolle. Darunter wird die Entstehung neuer kultureller Muster durch das Aufeinandertreffen, die Vermischung und wechselseitige Beeinflussung des Lokalen mit dem Globalen verstanden. Auch wenn Menschen mittlerweile weltweit mit bestimmten globalen Marken und Produkten vertraut sind, muss die Bedeutung einer Ware immer vor dem Hintergrund des unterschiedlichen sozialen Kontextes verstanden werden, in dem sie konsumiert wird.

Im Gegensatz zur Homogenisierungshypothese erkennt diese Sichtweise, dass nicht nur ein einseitiger, sondern vielmehr ein **wechselseitiger Austausch zwischen dem Globalen und dem Lokalen** stattfindet. Lokale Kulturen lösen sich daher nicht auf, sondern nehmen globale Einflüsse auf und formen diese um, um sie in die bisherigen Lebensstile einzupassen. Aus diesen Transformationsprozessen resultieren eigene, hybride Kulturen, so dass die Globalisierung paradoxerweise Heterogenität erzeugt.

Weiterhin ist auch das Wiedererstarken traditioneller Kulturen und Produkte, die sogenannte **Re-Lokalisierung**, eine regelmäßige Begleiterscheinung der globalen Verbreitung von Konsumgütern. Vielfach wird der Eintritt eines globalen Unternehmens auf den nationalen Markt als Bedrohung empfunden und gibt dadurch den Impuls zur Bewahrung des Eigenen. Besonders in der islamischen Welt wehren sich bestimmte Bevölkerungsgruppen oder Regierungen gegen die Verwestlichung der eigenen Kultur und schotten sich daher gegen bestimmte äußere Einflüsse ab *(Foster 2008, S. 6 ff.; Pütz/Schröder 2007, S. 920; Knox/Marston 2008, S. 367; Ram 2004, S. 20; Crewe 2000, S. 280; Craig/Aresel 2004, S. 631; Hemmer et al. 2001, S. 30-32; Krätke 1995; Dittrich van Weringh 2003).*

Am **Beispiel von McDonald's in Israel** hat *Ram (2004)* die Wechselwirkungen zwischen dem Globalen und dem Lokalen genauer untersucht. Seit den 1930er Jahren gilt die ursprünglich aus Ägypten stammende Falafel als israelisches „Nationalgericht", das an Straßenständen lange Zeit vor allem nach individuellen Familienrezepten zubereitet und verkauft wurde. Vertreter der Homogenisierungsthese würden erwarten, dass mit der Expansion und zunehmenden Akzeptanz von McDonald's in Israel ein Niedergang der traditionellen Speise stattgefunden hat.

Ganz im Gegenteil dazu ist jedoch eine Renaissance der Falafel eingetreten. Zum einen wurden „Gourmet-Modelle" entwickelt, die in einer Vielzahl von Geschmacksrichtungen in Restaurants serviert werden. Zudem wurden eigene Falafel-Fast-Food-Ketten gegründet. Im Gegensatz zu den ursprünglichen, sehr individuellen Straßenverkaufsständen wird die Falafel dort in standardisierten Verfahren produziert, wie es auch bei McDonald's üblich ist. Der Geschmack und die Qualität sind so in allen Filialen identisch. Insofern hat das Eindringen des globalen Unternehmens McDonalds einerseits zu einem Revival der traditionellen Speise geführt, andererseits aber auch die Natur und Bedeutung des Lokalen verändert, indem neue Angebotsformen der Falafel entstanden sind. Dies stellt ein typisches Beispiel für die Hybridisierung infolge der Globalisierung dar.

Die Untersuchung von *Ram (2004)* verdeutlicht zudem sehr gut, dass nicht nur das Lokale eine Veränderung in Folge der Verbreitung globaler Unternehmen erfährt, sondern auch das Globale gewissen Anpassungen unterzogen wird, um auf lokalen Märkten akzeptiert zu werden. In der Anfangsphase der Marktpräsenz amerikanischer Fast-Food-Ketten in Israel bevorzugten die dortigen Konsumenten größtenteils Produkte von Burger King gegenüber Hamburgern von McDonald's. Dies lag vor allem darin begründet, dass erstere größere Fleischportionen enthielten. Zudem bevorzugten die israelischen Konsumenten gegrilltes Fleisch, so dass das Produktionsverfahren von Burger King eher ihren Geschmack traf als das von McDonald´s. Fünf Jahre nach dem Markteintritt beugte sich McDonald´s im Jahr 1998 dem israelischen Konsumentengeschmack und änderte sowohl die Zubereitungsweise als auch die Größe der Hamburger. In Israel gibt es seitdem den größten Hamburger von McDonald´s weltweit *(Ram 2009)*.

Auch in anderen Ländern hat McDonald´s seine Angebote geändert und bestimmte Produkte für verschiedene nationale Kontexte angeboten, so z. B. die McSpaghetti mit Ursprung auf den Philippinen *(Coe et al. 2007, S. 315)*. Lokale Besonderheiten haben somit bestimmte Modifikationen im Geschmack oder der Größe des Globalen verursacht, während die grundlegenden Organisationspraktiken und institutionellen Muster intakt geblieben sind *(Ram 2004, S. 15)*.

5.4 Fazit: Eine neue Qualität der internationalen Verflechtungen

Im einleitenden Kapitel dieses Buches wurde auf die lange Tradition internationaler Handelsbeziehungen hingewiesen und die Frage aufgeworfen, was „neu" an der Globalisierung ist (vgl. Kap. 1). Mit der vorangegangenen Analyse der Erscheinungsformen der Globalisierung lässt sich diese Frage nun beantworten.

Die Globalisierung stellt eine fortgeschrittene Stufe der Internationalisierung dar *(Bathelt 2000, S. 101)*, die durch eine Veränderung des Tempos, der Formen und der Teilnehmer der internationalen Arbeitsteilung gekennzeichnet ist *(Hemmer et al. 2001, S. 10)* und etwa in den 1980er Jahren begann:

- Zunehmende Geschwindigkeit der Internationalisierung:

  - Güterhandel, Dienstleistungshandel und ausländische Direktinvestitionen haben seit den 1980er Jahren sehr viel schneller zugenommen als in den Jahrzehnten zuvor.

  - Handelsflüsse und Direktinvestitionsströme haben sich von der Entwicklung des weltweiten Bruttoinlandsproduktes abgekoppelt. Dies ist ein Indikator für die Intensivierung der internationalen ökonomischen Austauschbeziehungen.

- Wachsende Teilnehmerzahl an der internationalen Arbeitsteilung:

  - In den letzten drei Jahrzehnten ist die Zahl der an der internationalen Arbeitsteilung beteiligten Länder stetig gewachsen. Einige Entwicklungsländer haben die Stufe eines Rohstofflieferanten verlassen und einen Industrialisierungsgrad erreicht, der dem der Industrieländer ähnelt. Sie bilden nun die Gruppe der Schwellenländer. Zudem steigt die Integration Chinas in den Weltmarkt rasant.

  - Diese Länder verzeichnen einen ständig wachsenden Anteil am weltweiten Güter- und Dienstleistungshandel.

  - In geringerem Ausmaß trifft dies auch auf die Direktinvestitionsbestände in diesen Ländern zu. Zudem treten sie zunehmend auch als Investoren im Ausland auf.

- Veränderte Formen der internationalen Arbeitsteilung:

  - Der weltweite Handel umfasst nicht mehr nur Industrieprodukte und Rohstoffe, sondern schließt mittlerweile auch alle Formen von Dienstleistungen ein.

- Zudem gewinnen der intra-industrielle sowie der Intra-Unternehmenshandel immer mehr an Bedeutung.

- Als Hauptkennzeichen der Globalisierung sind die zunehmende Aufspaltung der Wertschöpfungskette und die Verlagerung der einzelnen Produktionsschritte an weltweit verteilte Standorte anzusehen. Ausländische Direktinvestitionen stellen hierfür den wichtigsten Indikator dar. Sie sind seit Mitte der 1980er Jahre sehr viel stärker angestiegen als die Warenexporte, was darauf hindeutet, dass nicht mehr nur eine Internationalisierung des Absatzes, sondern auch der Produktion stattfindet.

Weiterführende und ergänzende Literatur zum Kapitel 5:

Wichtige Datenquellen für eigene Recherchen über internationale Wirtschaftsverflechtungen:

WTO - World Trade Organization: International Trade Statistics. Genf.
(Erscheint jährlich und ist abrufbar unter: http://www.wto.org. Auf den Internetseiten der WTO findet sich unter der Rubrik „statistical database" eine Vielzahl an Daten zum internationalen Handel).

UNCTAD - United Nations Conference on Trade and Development: World Investment Report. New York.
(Erscheint jährlich und ist abrufbar unter: http://www.unctad.org.
Auf den UNCTAD-Internetseiten findet sich zudem die Möglichkeit der Nutzung der „Interactive Database").

IMF – International Monetary Fund: World Economic Outlook. Washington D.C.
(Erscheint zu wechselnden Schwerpunktthemen und ist abrufbar unter:
http://www.imf.org. Auch hier befindet sich eine umfangreiche „database").

Weltbank: Weltentwicklungsberichte. Bonn.
(Erscheint jährlich mit einem wechselnden Schwerpunktthema und ist zu beziehen über die Bundeszentrale für Politische Bildung: http://www.bpb.de).

TEIL 2:   RÄUMLICHE IMPLIKATIONEN DER GLOBALISIERUNG

6   Bildung großer Wirtschaftsblöcke

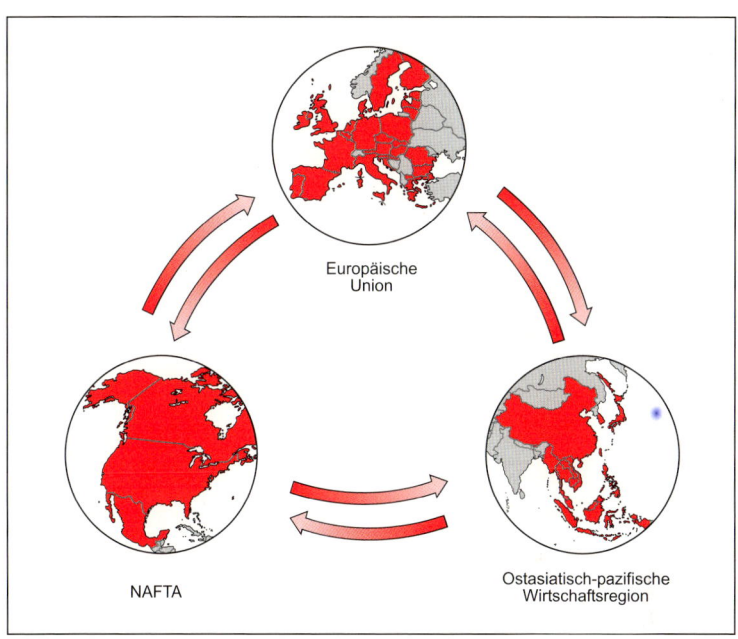

Europäische
Union

NAFTA

Ostasiatisch-pazifische
Wirtschaftsregion

Quelle: Eigene Darstellung.

6.1 Entwicklung der aktuellen Weltwirtschaftsordnung

Bis zum Beginn des 20. Jahrhunderts wurde die Weltwirtschaft von Europa dominiert, man spricht von einer **monopolaren Weltordnung**. Mit dem Cobden-Chevalier-Vertrag gab es aber bereits 1860 ein erstes Abkommen zwischen Nordamerika und Europa, mit dem die hohen Zollbarrieren abgebaut werden sollten. Dies führte zu einem verstärkten Handel zwischen diesen beiden Regionen. Mit der Zeit wuchsen die

USA zunehmend zu einer annähernd gleich bedeutenden Wirtschaftsmacht heran, so dass eine **bipolare Weltordnung** entstand.

Mit dem Ende des Zweiten Weltkrieges etablierte sich eine neue geopolitische Weltordnung, die sich einerseits aus dem kapitalistisch ausgerichteten Block westlicher Industrienationen (die USA und deren Verbündete einschließlich der besiegten Länder Japan und Deutschland) und andererseits aus einem kommunistisch orientierten Block östlicher Staaten (die Sowjetunion und ihre Verbündeten) zusammensetzte.

Abb. 6.1: Die drei größten Freihandelszonen der Welt im Vergleich 2008

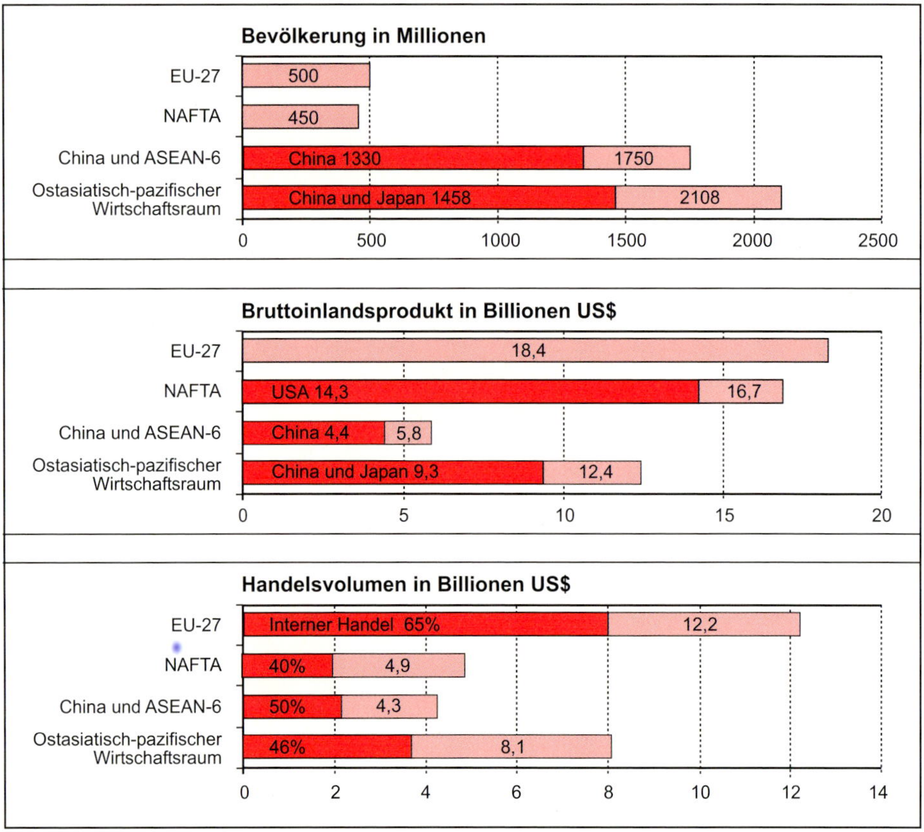

Bevölkerung in Millionen

EU-27	500
NAFTA	450
China und ASEAN-6	China 1330 — 1750
Ostasiatisch-pazifischer Wirtschaftsraum	China und Japan 1458 — 2108

Skala: 0 – 500 – 1000 – 1500 – 2000 – 2500

Bruttoinlandsprodukt in Billionen US$

EU-27	18,4
NAFTA	USA 14,3 — 16,7
China und ASEAN-6	China 4,4 — 5,8
Ostasiatisch-pazifischer Wirtschaftsraum	China und Japan 9,3 — 12,4

Skala: 0 – 5 – 10 – 15 – 20

Handelsvolumen in Billionen US$

EU-27	Interner Handel 65% — 12,2
NAFTA	40% — 4,9
China und ASEAN-6	50% — 4,3
Ostasiatisch-pazifischer Wirtschaftsraum	46% — 8,1

Skala: 0 – 2 – 4 – 6 – 8 – 10 – 12 – 14

Ostasien-Pazifik: China, Japan, Tigerstaaten und *ASEAN 6 (Singapur, Indonesien, Thailand, Malaysia, Philippinen, Brunei)*

Quelle: Nach WTO 2009a.

Hinzu kamen noch diejenigen Nationen des „globalen Südens", die keiner dieser beiden Staatengruppen angehörten. Sie waren die wirtschaftlich schwächsten Weltmarktteilnehmer und wurden unter dem Begriff „Dritte Welt" zusammengefasst.

Die sozialistischen Staaten vereinigten sich im Rat für gegenseitige Wirtschaftshilfe (RGW bzw. Comecon) und schotteten sich stark vom Welthandel ab. Die weltwirtschaftliche Entwicklung der westlichen Ökonomien wurde im Wesentlichen von den USA und deren wirtschaftlichen sowie politischen Interessen bestimmt. Europa wurde von den Vereinigten Staaten endgültig als vormals führende Region abgelöst. Mit dem Aufstieg Japans zu einer globalen Wirtschaftsmacht und dem Erstarken der ostasiatischen Tigerstaaten (Hongkong, Singapur, Taiwan und Südkorea) begann die Herausbildung der sogenannten **Triade,** bestehend aus Nordamerika, Westeuropa und der von Japan dominierten Wirtschaftsregion im asiatisch-pazifischen Raum *(Haas/ Neumair 2006, S. 28 f.; Hemmer et al. 2001, S. 10; Knox/Marston 2008, S. 78)*.

In den 1990er Jahren setzten erneut nachhaltige **Veränderungen im globalen Wirtschaftsgefüge** ein. Im Jahre 1989 brach zunächst das Wirtschaftssystem der Sowjetunion zusammen. Der sowjetisch beherrschte sozialistische Wirtschaftsblock löste sich auf. Sowjetrepubliken erklärten ihre Unabhängigkeit und entwickelten sich zu selbständigen, unabhängigen Staaten. Die verbündeten osteuropäischen Staaten befreiten sich aus der sowjetischen Umklammerung und orientierten sich neu.

Abb. 6.2: **Exportverflechtungen zwischen den größten Wirtschaftsblöcken in Millarden US $ 2008**

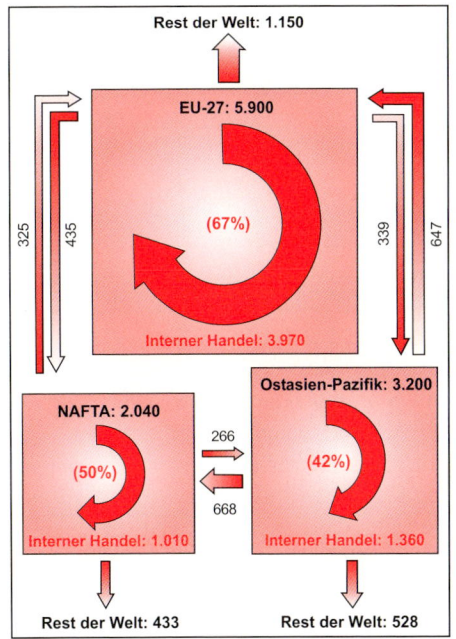

Quelle: Eigene Darstellung n. WTO 2009a;c.

Eine Folge dieser Entwicklung war die **Erweiterung der Europäischen Union (EU)** nach Osten, so dass sich die EU innerhalb kürzester Zeit von 15 auf 27 Staaten erweiterte und damit zu einer Wirtschaftsgemeinschaft von 500 Millionen Menschen wuchs (vgl. Kap. 6.2). Mit einem

Bruttoinlandsprodukt von 18,4 Billionen US $ (2008) und einem Handelsvolumen von 12,2 Billionen US $ (2008) bildet die EU-27 weltweit den größten Wirtschaftsblock (vgl. Abb. 6.1). 67% des Handelsvolumens betreffen dabei den Warenaustausch innerhalb der EU, womit angedeutet wird, dass die EU ein sehr eng verknüpfter Wirtschaftsverbund ist.

Als Antwort auf die fortschreitende Integration in anderen Regionen wurde im Jahr 1994 die **NAFTA (North American Free Trade Agreement)** gegründet (vgl. Kap. 6.3). Die Länder der NAFTA wickelten im Jahr 2008 rund 40% ihres Handelsvolumen untereinander ab. Insgesamt lebten in dem Wirtschaftsraum 2008 rund 450 Millionen Einwohner. Im gleichen Jahr wurde ein BIP von 16,7 Billionen US $ erwirtschaftet, wovon 85% auf die USA entfielen (vgl. Abb. 6.1).

Parallel zur Entwicklung in Europa und Nordamerika vollzogen sich im ostasiatisch-pazifischen Raum erhebliche Veränderungen. Neben Japan entwickelte sich **China** in nur knapp zwei Jahrzehnten zu einer der größten Volkswirtschaften der Erde (vgl. Kap. 6.5). Die Volksrepublik gilt heute als Motor und Stimmungsbarometer der wirtschaftlichen Entwicklung nicht nur im asiatisch-pazifischen Raum, sondern weltweit.

Mit einem Bruttoinlandsprodukt von 4,4 Billionen US $ (2008) ist China nach den USA und Japan die drittgrößte Volkswirtschaft der Erde. Kein Land exportiert mehr Waren als China. Neusten Zahlen zufolge hat China im Jahr 2009 ein Exportvolumen von rund 1,2 Billionen US $ erreicht und damit Deutschland (1,1 Billionen US $) als lange Zeit führende Exportnation überholt *(Schrinner 2010)*. Zusammen mit den sechs führenden Ländern Südostasiens (Indonesien, Thailand, Malaysia, Singapur,

Abb. 6.3:   Die größten Wirtschaftsräume der Erde und ihre Kernräume

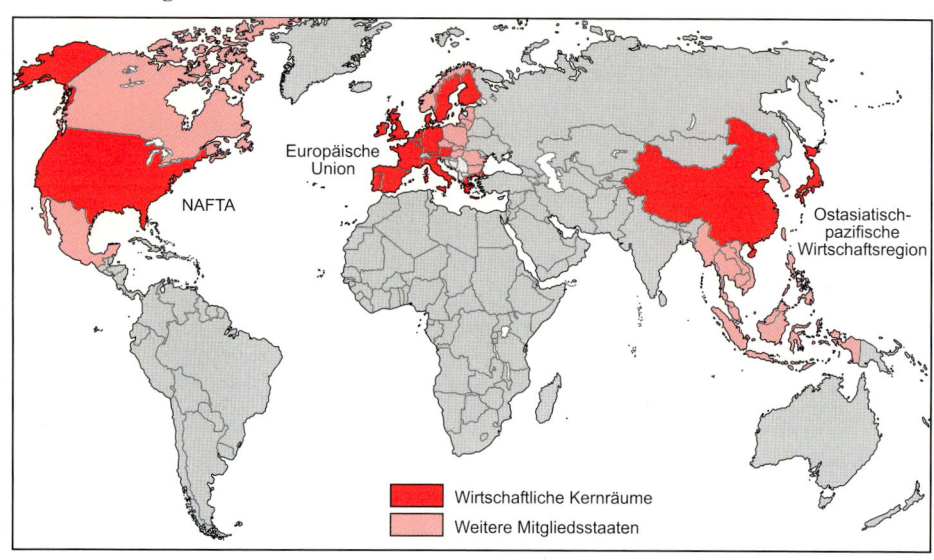

Quelle: Eigene Darstellung.

Philippinen und Brunei=**ASEAN-6**), hat sich um China seit Beginn des Jahres 2010 mit fast 1,8 Milliarden Menschen die bevölkerungsreichste Freihandelszone der Welt gebildet. Gut 90% aller Zölle wurden seither zwischen China und den Asean-6-Ländern gestrichen. Gemessen am Bruttoinlandsprodukt in Höhe von 5,8 Billionen US $ (2008) und einem Handelsvolumen von 4,3 Billionen US $ bildet diese Freihandelszone nach der EU und der Nordamerikanischen Freihandelszone NAFTA die drittgrößte Freihandelszone der Welt *(FAZ 2010)* (vgl. Abb. 6.1 und Abb. 6.2).

Immer deutlicher zeichnet sich ab, dass im **ostasiatisch-pazifischen Raum** ein neuer Wirtschaftsblock mit eigenständigen Handelsströmen entsteht, der sich insbesondere um die Volksrepublik China gruppiert und sich zunehmend von den Wirtschaftsblöcken in Nordamerika (NAFTA) und Europa (EU) löst. Japan hat seine ehemalige Vorreiterrolle und Führungsposition in dieser Großregion verloren. Verfolgt man das wirtschaftliche

Engagement und die betriebene Entwicklungshilfe der VR China in Afrika und Südamerika, so deutet sich weiterhin eine erhebliche Ausweitung des globalen Einflussbereichs dieses Wirtschaftsblocks an. Bereits jetzt bedient sich China zahlreicher attraktiver Ressourcen in Ländern Afrikas und Südamerikas *(Wang 2007; Liebert 2009)*. Neben einer breiten Palette von Rohstoffen liegen insbesondere in Südamerika nennenswerte Absatzmärkte und ausreichend Produktionskapazitäten vor.

Die drei Wirtschaftsblöcke lassen sich als **regionale Integrationsgebiete** auffassen (vgl. Kapitel 2.3), in denen sich die beteiligten Ländern zu einem gemeinsamen Wirtschaftsraum zusammengeschlossen haben oder zumindest enge Wirtschaftsbeziehungen unterhalten. Grundsätzlich lassen sich zwei Grundformen der regionalen Blockbildung unterscheiden: Von einer **De-facto-Blockbildung** bzw. einer funktionellen Integration spricht man, wenn sich die Blockbildung als Folge marktwirtschaftlicher Prozesse vollzieht. Das regionale Integrationsgebiet kommt auf natürlichem Wege als Ergebnis der Verdichtung des Waren- und Dienstleistungsaustausches sowie der wachsenden Kapitalverflechtung zustande. Es wird nicht durch dafür geschaffene supranationale Organisationen und Institutionen gesteuert, sondern geht von den Unternehmen selbst aus, die Vorteile in verdichteten Produktions- und Absatzräumen sehen. Dem Markt kommt die Rolle des Integrators zu.

Die zweite Grundform ist die so genannte **De-jure-Blockbildung** bzw. institutionelle Integration. Sie liegt dann vor, wenn sich einzelne Staaten bzw. Volkswirtschaften aufgrund von Verträgen zu regional begrenzten Wirtschaftsräumen zusammenschließen und der Integrationsprozess politisch gewollt ist. Sie beinhaltet die Schaffung gemeinsamer Institutionen, denen nationalstaatliche Kompetenzen übertragen werden *(Haas/Neumair 2006, S. 267)*. Gelegentlich werden bereits vorhandene De-facto-Blockbildungen nachträglich über Verträge institutionalisiert und somit de-jure nachvollzogen.

In den folgenden Unterkapiteln werden zunächst die drei großen Wirtschaftsblöcke vorgestellt und entsprechend dargelegt, ob es sich um eine Blockbildung de-jure oder de-facto handelt. Unterpunkt 6.2 behandelt den westeuropäischen Wirtschaftsraum, gefolgt vom nordamerikanischen (Kap. 6.3) und dem ost- und südostasiatischen Wirtschaftsraum (Kap. 6.4). Besonderes Augenmerk wird in einem weiteren Kapitel auf den wirtschaftlichen Aufstieg Chinas gelegt (Kap. 6.5).

6.2 Der westeuropäische Wirtschaftsraum

Der westeuropäische Wirtschaftsraum wird von der Europäischen Union (EU) dominiert. Dieser de-jure vollzogene Zusammenschluss stellt die weltweit am weitesten vorangeschrittene Form eines regionalen Integrationsprozesses dar. Keines der anderen regionalen Integrationsgebiete hat solch weitreichende Aufgaben und Kompetenzen in politischer und ökonomischer Hinsicht wie die EU. Die Integration umfasst insbesondere die vereinbarten **fünf Grundfreiheiten**

(1) des freien Warenverkehrs,

(2) der Arbeitnehmerfreizügigkeit,

Tab. 6.1: Gründungsmitglieder und Erweiterungsrunden der Europäischen Union

Erweiterung der EU	Neue Mitgliedstaaten
1957: 6 Gründungsmitglieder	Belgien, Deutschland, Frankreich, Italien, Luxemburg, Niederlande
1973: Erweiterung auf 9 Staaten	Dänemark, Großbritannien, Irland
1981: Erweiterung auf 10 Staaten	Griechenland
1986: Erweiterung auf 12 Staaten	Portugal, Spanien
1995: Erweiterung auf 15 Staaten	Finnland, Schweden, Österreich
2004: Erweiterung auf 25 Staaten	Estland, Lettland, Litauen, Malta, Polen, Ungarn, Tschechien, Slowenien, Slowakei, Zypern
2007: Erweiterung auf 27 Staaten	Bulgarien, Rumänien

Quelle: Eigene Darstellung.

(3) der Niederlassungsfreiheit,
(4) der Dienstleistungsfreiheit sowie
(5) des freien Kapital- und Zahlungsverkehrs *(Hahn 2007)*.

Als erster Gemeinschaftsvertrag trat 1952 der Gründungsvertrag der Europäischen Gemeinschaft für Kohle und Stahl (EGKS) in Kraft. An diesem Vertragswerk waren Belgien, die Bundesrepublik Deutschland, Frankreich, Italien, Luxemburg und die Niederlande beteiligt. Diese sechs Staaten gründeten 1957 mit den **Römischen Verträgen** die Europäische Wirtschaftsgemeinschaft (EWG). 1968 wurde der gemeinsame Markt mit einem einheitlichen Außenzolltarif verwirklicht. Mit dem Beitritt Dänemarks, Großbritanniens und Irlands im Jahr 1973 begann die territoriale Ausweitung der Europäischen Union in sechs Erweiterungsrunden (vgl. Tab. 6.1 sowie Abb. 6.4) *(Oßenbrügge 2004)*.

Seit den 1980er Jahren wurde die Weiterentwicklung der Wirtschaftsgemeinschaft zur politischen Union diskutiert. Mit dem Inkrafttreten der so genannten Einheitlichen Europäischen Akte (EEA) im Jahr 1987 wurde die vertragliche Grundlage für die europäische politische Zusammenarbeit sowie die Voraussetzung für die Realisierung des Europäischen Binnenmarktes geschaffen. 1992 wurde dann in **Maastricht der Vertrag über die Europäische Union** unterzeichnet, der die Grundlage für die Vollendung einer Europäischen Wirtschafts- und Währungsunion bis 1999 sowie für weitere politische Integration bildete. Damit konnte dann auch der Euro als einheitliche europäische Währung eingeführt werden.

Die EU beruht heute auf **drei Säulen**: Erstens auf der Zusammenarbeit in den Bereichen Justiz und Inneres, zweitens auf einer gemeinsamen Außen- und Sicherheitspolitik (GASP) und drittens auf den drei Europäischen Gemeinschaften im weiteren

Sinne, bestehend aus der früheren Europäische Wirtschaftsgemeinschaft (EWG), der Europäischen Gemeinschaft für Kohle und Stahl (EGKS) und der Europäischen Atomgemeinschaft (EAG) *(Gabler Kompakt-Lexikon 2001, S. 95-99; Hahn 2007)*.

In der im Jahr 2000 verabschiedeten **Lissabon-Strategie** hat sich die EU das Ziel gesteckt, sich bis 2010 zum weltweit dynamischsten und wettbewerbsfähigsten Wirtschaftsraum zu entwickeln. Die drei zentralen Zielsetzungen der Lissabon-Strategie umfassen die Sicherung und den Ausbau von Wachstum, Wettbewerbsfähigkeit und Beschäftigung. 2001 wurde in Göteborg zusätzlich das Umweltziel vereinbart. Diese Ziele sollen durch die Umsetzung der folgenden Maßnahmen erreicht werden (vgl. im Folgenden *Stratenschulte 2006, S. 94):*

(1) **Mehr und bessere Arbeitsplätze** durch die Reform der Arbeitsmärkte. Die Mitgliedsstaaten wurden aufgefordert, ihre Steuer- und Sozialleistungssysteme substanziell zu reformieren und größere Anreize für die Aufnahme von Beschäftigung zu schaffen. Das Ziel ist es, eine höhere Beschäftigungsquote zu erreichen. Diese lag im Jahr 2000 in Europa bei ca. 60% und soll auf ca. 70% gesteigert werden, um dadurch ein nachhaltiges Wirtschaftswachstum zu erreichen. Einen Schwerpunkt sollen dabei ältere Menschen bilden, indem diese durch das Prinzip des lebenslangen Lernens für die Anforderungen der Zukunft qualifiziert werden.

(2) **Sozialer Zusammenhalt** durch die Bekämpfung von Armut und sozialer Ausgrenzung sowie die Gleichstellung der Geschlechter.

(3) **Wettbewerbsfähigkeit durch Innovationen**. Um Innovationen hervorzubringen, sind nach Vorstellung der EU 3% des BIP für Forschung und Entwicklung auszugeben. Auch die Vernetzung von Wissenschaft und

Abb. 6.4: Ausweitung der Europäischen Union nach Beitrittsjahr der Mitgliedsstaaten

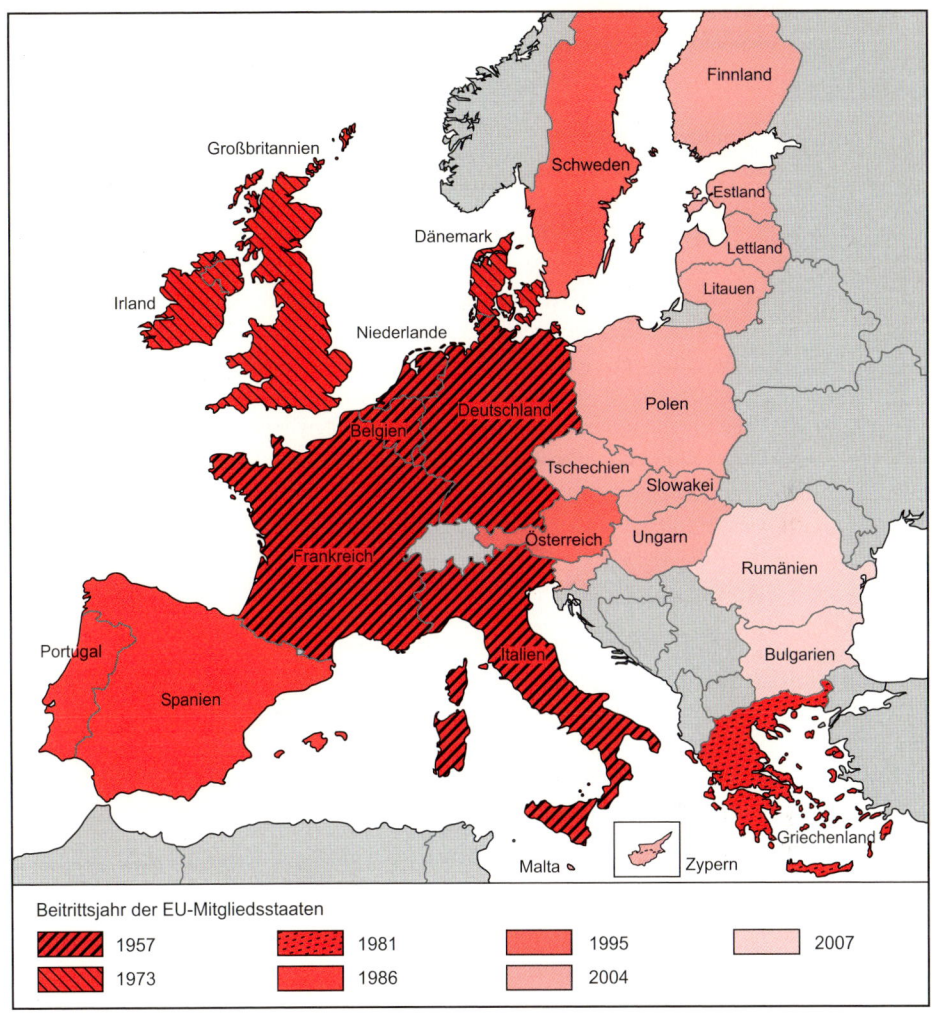

Quelle: Eigene Darstellung.

Wirtschaft ist zu verbessern, damit Innovationen schneller umgesetzt werden.

(4) **Vollendung des Binnenmarktes.** Die Einführung des Binnenmarkts 1993 hat zu einem starken Anstieg des Binnenhandels innerhalb der EU-Staaten geführt. 2008 entfielen 65% auf den Intra-EU-Handel und es wurden 55% der Direktinvestitionen aus EU-Ländern in anderen Ländern der EU getätigt *(Haas/Neumair 2006; WTO 2009c; Hussain/Istatkov 2009)*. Im Zuge der Formulierung der Lissabon-Strategie ging die EU davon aus, dass die Potenziale des Binnenmarktes noch nicht ausgeschöpft seien. Es bedürfe weiterer Anstrengungen, damit die grenzüberschreitenden Märkte für Waren, Dienstleistungen, Kapital und Arbeit reibungslos funktionieren. Dazu sind

Maßnahmen zur Vereinfachung der Rechtssetzung und der Steuersysteme zu ergreifen. Ein geringerer Verwaltungsaufwand steigert die Produktivität der Unternehmen in der ganzen EU.

(5) **Ökologisch nachhaltiges Wachstum.** Nur ein umweltverträgliches Wachstum ist nachhaltig. Ziel ist es, die Umsetzung des Kyoto-Protokolls zu beschleunigen. Dabei sollen die Folgen für die Wettbewerbsfähigkeit der Wirtschaft genau abgeschätzt werden. In diesem Punkt gehen die Vorstellungen jedoch weit auseinander, was unter einem ökologisch nachhaltigen Wachstum zu verstehen ist. In den entsprechenden Erklärungen wird in der Regel umgehend darauf verwiesen, dass es entscheidend darauf ankommt, die Wettbewerbsbedingungen für die europäische Industrie zu verbessern, um unter den Bedingungen der Globalisierung bestehen zu können.

Ein wichtiges Feld der EU-Politik stellt die **Regionalförderung** dar *(Vorauer-Mischer 2004)*, die für eine Umverteilung der Ressourcen aus den reicheren in die ärmeren Gebiete der Europäischen Union sorgt und somit zu einer Modernisierung rückständiger Regionen führen soll. Sie umfasst in der Förderperiode von 2007 bis 2013 ein Volumen von rund 347 Mrd.€ und orientiert sich an drei Zielen *(http:// ec.europa.eu)*:

1. Konvergenz
2. Regionale Wettbewerbsfähigkeit und Beschäftigung
3. territoriale Zusammenarbeit.

Fast 82% der EU-Fördermittel entfallen auf das **Ziel Konvergenz** (283 Mrd. €)

und dienen der Zielsetzung entsprechend dem Abbau regionaler Disparitäten, indem strukturschwache Regionen Fördermittel erhalten. Drei Viertel der Gelder stammen dabei aus dem **Europäischen Fonds für regionale Entwicklung (EFRE)** sowie dem **Europäischen Sozialfonds (ESF),** das restliche Viertel aus dem **Kohäsionsfonds**. Zur Abgrenzung der Gebiete, die innerhalb des Konvergenz-Ziels als förderwürdig angesehen werden, hat die EU einen klaren aber gleichzeitig auch sehr technokratischen Weg gewählt. Die Mittel werden NUTS-2-Regionen (vgl. Kasten 6.1) zur Verfügung gestellt, deren BIP pro Kopf geringer als 75% des EU-Durchschnitts ist. Da sich der EU-Durchschnittswert durch die EU-Osterweiterung deutlich verringert hat, wurde eine Übergangslösung zur Unterstützung von Regionen eingebaut, die durch diese statistische Verschiebung aus der Förderung fallen. Mittel aus dem Kohäsionsfonds stehen Mitgliedsländern zur Verfügung, deren Bruttonationaleinkommen pro Kopf kleiner als 90% des EU-Durchschnitts ist.

Für das **Ziel regionale Wettbewerbsfähigkeit und Beschäftigung** werden in der Förderperiode 2007-2013 insgesamt 55 Mrd. Euro verausgabt (ca. 16% der gesamten EU-Aufwendungen zur Regionalförderung). Dieses Geld stammt zu gleichen Teilen aus dem EFRE und dem ESF und kommt vornehmlich solchen Regionen zu Gute, die nicht zum Fördergebiet des Konvergenz-Ziels gehören.

Für das dritte Ziel **Territoriale Zusammenarbeit** stehen aus dem EFRE weitere 8,7 Mrd. Euro zur Verfügung. Das Geld

---

Kasten 6.1: NUTS-Regionen

NUTS: *„Nomenclature des unités territoriales statistiques"* bzw. auf deutsch *„Systematik der Gebietseinheiten für die Statistik"*. Die NUTS-1 Ebene entspricht in Deutschland der Ebene der Bundesländer. NUTS-2 entspricht der Ebene der Regierungsbezirke und NUTS-3 der Ebene der Kreise.

Tab. 6.2:   Wirtschaftliche Disparitäten durch die EU-Osterweiterung im Jahr 2004

Indikator	Alte EU 15	Beitrittsländer 2004
Bevölkerung	378,7 Mio.	74,8 Mio (+20%)
Fläche (in km²)	3.191.120 km²	738.592 km² (+23%)
BIP/Kopf in Kaufkraftparitäten 2001 (in %)	100%	45%
Arbeitskosten pro Stunde 2000 (in €)	22,19 €	4,21 €
Arbeitslosenquote 2003 (in %)	7,2%	14,5%
Beschäftigte in der Landwirtschaft (in %)	4,3%	13,3%

Quelle: Geographische Rundschau 2004 nach Angaben von Eurostat.

dient der Verstärkung der Zusammenarbeit auf grenzübergreifender, transnationaler und interregionaler Ebene. Gefördert werden gemeinsame Lösungsansätze für benachbarte Behörden in den Bereichen Stadtentwicklung, ländliche Entwicklung und Entwicklung der Küstengebiete sowie der Ausbau der Wirtschaftsbeziehungen und die Vernetzung der kleinen und mittleren Unternehmen (KMU). Förderfähig sind Regionen auf der NUTS-3-Ebene in benachbarten grenznahen Gebieten, die höchstens 150 km voneinander entfernt sind *(http://europa.eu)*

Das mit der Regionalförderung verfolgte Ziel des Abbaus der Wohlstandsgefälle innerhalb der Europäischen Union hat mit der **EU-Osterweiterung** eine neue Dimension erhalten. Der Beitritt der ost- und mitteleuropäischen Transformationsstaaten am 1. Mai 2004 (vgl. Tab. 6.1 sowie Abb. 6.4) ist ein besonderes Datum für die Europäische Union. Auf der einen Seite stellt die Osterweiterung einen wesentlichen Beitrag zur endgültigen Überwindung der ehemaligen Spaltung Europas dar und trägt damit erheblich zur Sicherung des Friedens und Stabilität der Demokratie in Europa bei. Auf der anderen Seite sind mit der Osterweiterung erhebliche Herausforderungen verbunden.

Im Gegensatz zu den vorangegangenen Erweiterungsrunden, als ökonomisch relativ starke Länder der EU beitraten, bestehen nunmehr enorme wirtschaftliche Disparitäten innerhalb der EU, die durch den Beitritt Rumäniens und Bulgariens 2007 nochmals verschärft wurden. Durch die Osterweiterung 2004 kam es zu einer Zunahme der Bevölkerung um 20%, die Fläche erweiterte sich sogar um 23%, aber das Bruttoinlandsprodukt erhöhte sich nur um 4,4% (vgl. Tab. 6.2) *(Hahn 2004a)*.

Die rechtlichen Grundlagen für die EU-Osterweiterung wurden 1993 auf dem EU-Gipfel in Kopenhagen gelegt, als Aufnahmekriterien für mögliche neue Mitglieder, die sogenannten **Kopenhagener Kriterien**, festgelegt wurden. In den Folgejahren bekundeten daraufhin zunächst Polen und Ungarn (1994) sowie nach und nach die anderen Beitrittskandidaten ihren Beitrittswunsch, so dass bereits 1994 in Essen eine entsprechende „Heranführungsstrategie" beschlossen wurde. Erforderliche EU-interne Strukturreformen (z. B. Qualifizierte Mehrheit statt Einstimmigkeit bei Beschlüssen durch die sogenannte doppelte Mehrheit) wurden im Jahr 2000 durch den Vertrag von Nizza beschlossen. Die konkreten Beitrittsbestimmungen wurden letztlich im Vertrag von Athen 2003 fixiert, der von den Staats- und Regierungschefs der alten EU-Mitgliedsstaaten und den Beitrittskandidaten unterzeichnet wurde.

Von einigen EU-Mitgliedsstaaten wurden **besondere Beitrittsbestimmungen** eingefordert (darunter insbesondere von Deutschland und Österreich), denn aufgrund des offensichtlichen Wohlstandsgefälles bestanden starke Befürchtungen, dass es mit der Osterweiterung zu einer **Massenwanderung von Arbeitskräften** von Ost nach West kommen würde. Die zu Beginn des 21. Jahrhunderts ohnehin angespannte Situation auf den Arbeitsmärkten in Deutschland und Österreich würde dadurch eine weitere Verschärfung erfahren. Aufgrund der erheblichen Lohnkostenunterschiede wurde zudem ein einsetzendes Lohndumping befürchtet. Auf der anderen Seite ist jedoch die Grundfreiheit der Freizügigkeit von Arbeitnehmern aus Sicht der EU für den Binnenmarkt von zentraler Bedeutung, denn durch die Mobilität können - so die liberale Vorstellung - regionale Unterschiede innerhalb der EU bezüglich der Arbeitslosigkeit und des Lohnniveaus ausgeglichen werden *(Fassmann 2004a)*. So wurden im Vorfeld der Osterweiterung mehrere Studien in Auftrag gegeben, um anhand unterschiedlicher Methoden das Migrationspotenzial abzuschätzen *(Alvarez-Plata et al. 2003; Department for Education and Employment 1999; Fassmann/Hintermann 1997; Franzmeyer/Brücker 1997; Sinn et al. 2001)*.

Die Studien kamen zu unterschiedlichen Ergebnissen und kalkulierten das Migrationspotenzial zwischen 340.000 und 680.000 Menschen pro Jahr. Allein für Deutschland wurden Zuwanderungszahlen errechnet, die zwischen insgesamt 2,3 Mio. Personen bis zum Jahr 2030 bis hin zu 4,1 Mio. bereits im Jahre 2020 variieren. Trotz der weiten Spanne bezüglich der Ergebnisse

haben die Studien dazu geführt, dass das Migrationspotenzial als erheblich eingestuft wurde. Auf dieser Grundlage wurde im Rahmen der Beitrittsverhandlungen eine Übergangbestimmung von maximal sieben Jahren Dauer vereinbart. Spätestens ab 2011 gilt die Arbeitnehmerfreizügigkeit uneingeschränkt innerhalb der gesamten EU für die Menschen in den osteuropäischen Beitrittsstaaten *(Fassmann 2004a)*.

6.3 Der nordamerikanische Wirtschaftsraum

Die USA traten nach dem Zweiten Weltkrieg zunächst für einen multilateralen Freihandel ein (vgl. Kap. 2.1). Mit dem Erstarken der EU und den technologischen Herausforderungen Japans sowie einer verspäteten Restrukturierung der eigenen Wirtschaft war die weltweite Vormachtstellung der USA ab Mitte der 1970er Jahre in Frage gestellt. Daraufhin wechselte die USA von der multilateralen zu einer unilateralen Wirtschaftspolitik. Protektionistische Maßnahmen wie Kontingente und Zölle wurden wieder verstärkt eingesetzt.

Im Jahr 1994 wurde die **NAFTA (North American Free Trade Agreement)** gegründet. Für die USA waren die beiden anderen Mitglieder Kanada und Mexiko bereits vorher wichtige Exportmärkte, so dass sich die Blockbildung de-facto vollzog und nachträglich institutionalisiert wurde. Bei der NAFTA handelt es sich um eine Freihandelszone mit einer engen handelspolitischen Kooperation. Handelshemmnisse werden untereinander abgebaut, die Mitglieder der Freihandelszone bleiben aber gegenüber Drittstaaten außenhandelspolitisch autonom, d.h. es existiert kein gemeinsamer Außenzoll. Ebenso gibt es weder ein selbständig handelndes Gemeinschaftsorgan wie die EU-Kommission, noch eine Währungs-

Abb. 6.5: **Entwicklung der mexikanischen Warenexporte und -importe 1980 - 2008**

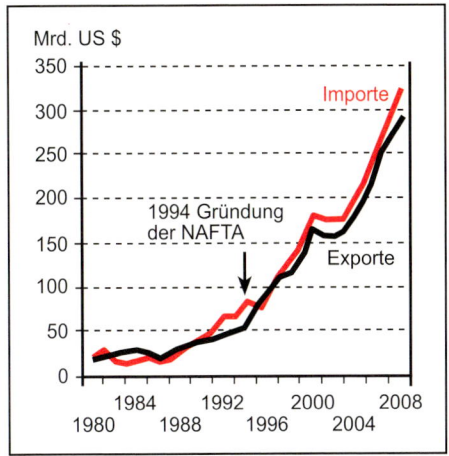

Quelle: Nach WTO 2009b.

union. Die Freizügigkeit bezieht sich im Gegensatz zur EU nur auf Güter, Kapital und Dienstleistungen, nicht aber auf die Niederlassungsfreiheit und die Arbeitsnehmerfreizügigkeit, da Migrationsströme ausgeschlossen werden sollen *(Lösche/Loeffelholz 2004, S. 586f.; Schneider-Sliwa 2005, S. 210f.)*.

Die drei beteiligten Staaten unterscheiden sich hinsichtlich ihrer Lebensbedingungen und ihrer Bedeutung innerhalb der Weltwirtschaft erheblich voneinander. Den USA als die größte und eine der erfolgreichsten Volkswirtschaften der Welt stehen das ökonomisch wesentlich kleinere, aber dennoch hoch entwickelte Kanada sowie das durch große soziale und regionale Disparitäten gekennzeichnete und wenig in den Weltmarkt integrierte Schwellenland Mexiko gegenüber *(Diez 2009)*. Dennoch findet in der NAFTA kein finanzieller Transfer an das rückständigere Mitglied statt wie dies in der EU der Fall wäre.

Aufgrund der unterschiedlichen Ausgangslage hatten die beteiligten Staaten

unterschiedliche **Motive für die Gründung der NAFTA**. Mexiko hat bis in die 1980er Jahre hinein eine Entwicklungsstrategie der importsubstituierenden Industrialisierung verfolgt. Zu diesem Zweck wurden Zölle erhoben, um Importe in das Land zu minimieren und den Aufbau inländischer Industriezweige zu unterstützen. Erst mit dem Beitritt zum GATT im Jahre 1986 wurde eine Öffnung und stärkere Integration in den Weltmarkt angestrebt und durch eine liberale Wirtschaftspolitik unterstützt. Mit dem Beitritt zur NAFTA erhoffte sich **Mexiko** eine weitere Intensivierung der Außenhandelsbeziehungen. Nach dem Zusammenbruch des Ostblocks befürchtete Mexiko Anfang der 1990er Jahre ein Ausbleiben dringend benötigter ausländischer Direktinvestitionen aus Europa und Japan zur Modernisierung der eigenen Wirtschaft. Durch die NAFTA wollte Mexiko für Direktinvestitionen attraktiver werden, da dem lohnkostengünstigen Produktionsstandort Mexiko durch die Freihandelszone direkter Zugang zum großen nordamerikanischen Absatzmarkt verschafft wurde. Durch die

Abb. 6.6: **Jährliche Zuflüsse ausländischer Direktinvestitionen (inward flows) nach Mexiko 1980 – 2008**

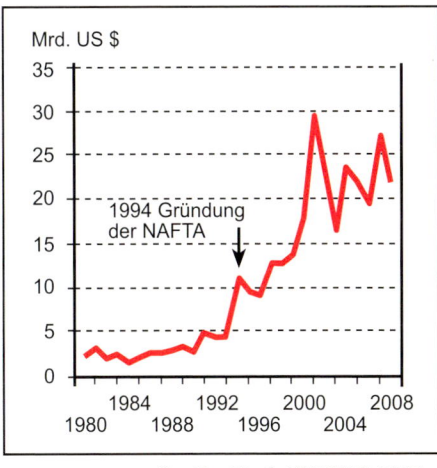

Quelle: Nach UNCTAD 2010a.

Direktinvestitionen sollte der Umgang mit modernen Produktions- und Prozesstechnologien erlernt und der Abbau regionaler Disparitäten vorangetrieben werden *(Diez 1997)*. Die mexikanischen Hoffnungen auf eine dynamische Entwicklung der Direktinvestitionen und des Außenhandels durch die NAFTA haben sich durchaus erfüllt (vgl. Abb. 6.5 und Abb. 6.6). Der mit Abstand wichtigste Handelspartner Mexikos sind die USA. Vor der Gründung der NAFTA gingen rund 60-70% der mexikanischen Exporte dorthin, seit Mitte der 1990er Jahre liegt dieser Anteil deutlich über 80%. Auf der anderen Seite hat der Anteil der Importe aus den USA nach Mexiko von 60-70% Anfang der 1990er Jahre auf nunmehr rund 50% abgenommen. Bezüglich einer technologischen Aufwertung fällt die Beurteilung der Auswirkungen der NAFTA auf Mexiko wesentlich verhaltener aus, da es Mexiko noch nicht gelungen ist, sich stärker von der arbeitsintensiven Produktion (vgl. Kasten 6.2) zu lösen und qualitative Upgrading-Prozesse zu initiieren *(Diez 2009)*.

Für **Kanada** waren durch die NAFTA keine nennenswerten Veränderungen im Hinblick auf den Außenhandel mit den USA verbunden, da bereits 1988 das Canada-US Free Trade Agreement ratifiziert wurde. Auch eine mögliche Verbesserung der Wirtschaftsbeziehungen zu Mexiko ist von nachrangiger Bedeutung gewesen. Für Kanada dürfte somit eine Verbesserung der Verhandlungsposition gegenüber den USA durch eine Zusammenarbeit mit Mexiko in einzelnen Teilfragen das wichtigere Motiv gewesen sein *(Diez 1997)*.

In den **USA** hingegen fand im Vorfeld der NAFTA-Gründung eine intensive Auseinandersetzung der Befürworter und Gegner des Abkommens statt. Insbesondere die Auswirkungen auf den US-amerikanischen Arbeitsmarkt waren heftig umstritten. Die Gegner

befürchteten die massive Verlagerung von Produktionsaktivitäten in das Billiglohnland Mexiko und somit den Verlust von Arbeitsplätzen in den USA. Befürworter der NAFTA sahen in den niedrigen Löhnen in Mexiko, die ca. 12% der durchschnittlichen Industriearbeitslöhne der USA betragen, hingegen Chancen, die kostengünstigen Produktionsbedingungen in Mexiko besser nutzen zu können, um dadurch die Wettbewerbsfähigkeit am Weltmarkt zu steigern. Auch Unternehmen wie der Handelsriese Wal-Mart oder McDonald's standen der NAFTA uneingeschränkt positiv gegenüber, da sie sich entsprechende Wettbewerbsvorteile aus dem bevorzugten und uneingeschränkten Zugang zum mexikanischen Markt gegenüber der ausländischen Konkurrenz versprachen. Als ökonomisches Argument für die NAFTA wurde zudem die Bildung eines Gegengewichts zur EU und Japan herausgestellt. Auch die Erdöl- und Erdgasreserven Mexikos - immerhin die siebtgrößten der Welt - dürften erheblich zur Steigerung der Attraktivität Mexikos als Wirtschaftspartner der USA beigetragen haben. Ein politisches Motiv stellte zudem die Hoffnung dar, dass eine positive Wirtschaftsentwicklung in Mexiko den Zustrom illegaler Einwanderer eindämmen würde *(Liefner/Schmidt 2009; Berndt 2009; Diez 1997; Schneider-Sliwa 2005, S. 210).*

Durch den Ausschluss der Freizügigkeit bezüglich der Arbeitskräfte und der Niederlassungsfreiheit stellt die NAFTA ein Beispiel einer **asymmetrischen Integration** dar *(Berndt 2007, 2009)*. Eine Lockerung der strengen Immigrationspolitik gegenüber mexikanischen Bürgern hat die US-Regierung stets ausdrücklich von der Verbesserung der Lebensverhältnisse in Mexiko abhängig gemacht. Betrachtet man die Entwicklung der Zahlen für Mexikaner mit legalem Aufenthaltsstatus in den USA, so

Kasten 6.2: Die Maquiladora-Industrie im US-amerikanisch-mexikanischen Grenzgebiet

Der Begriff der Maquiladora-Industrie umschreibt die Betriebsstätten der Veredelungsindustrie entlang der nordmexikanischen Grenze. Der Name Maquiladora leitet sich vom spanischen Verb *maquilar* ab, das die Abgabe des Anteils Mehl an den Müller bezeichnet, den dieser für das Mahlen erhält und zum Synonym für die heutige Auftragsarbeit in den Veredlungsbetrieben wurde. In Zweigwerken und Tochterbetrieben von US-amerikanischen, aber auch japanischen und westeuropäischen Transnationalen Unternehmen werden arbeitsintensive Produktionsschritte durchgeführt und die Produkte anschließend zollfrei in die USA geliefert, um dort weiterverarbeitet oder direkt vermarktet zu werden. Die Investoren profitieren dabei nicht nur von den deutlich niedrigeren Arbeitskosten in Mexiko, sondern auch von geringeren Umweltschutzauflagen und Arbeitsbestimmungen.

Die Maquiladora-Industrie geht auf das **Border Industrialization Program** der mexikanischen Regierung aus dem Jahr 1965 zurück. Es verfolgte das Ziel, die nördliche Grenzregion zu den USA zu industrialisieren, um dadurch Arbeitsplätze zu schaffen und Deviseneinkommen zu generieren. Dadurch sollten die ökonomischen und sozialen Probleme der mexikanischen Städte entlang der US-Grenze bekämpft werden.

Zentren der Maquiladora-Industrie befinden sich in den Städten Tijuana, Ciudad Juarez und Matamoros, denen auf der anderen Seite der Grenze die US-amerikanischen Städte San Diego, El Paso und Brownsville unmittelbar gegenüber stehen.

Branchenschwerpunkte bilden die Herstellung von Elektro- und Elektronikartikeln (ca. 60% der Beschäftigten) sowie die Textil- und Bekleidungsindustrie (ca. 30%). Zudem werden Gummi- und Plastikartikel, Möbel, Haushaltsgeräte und Teile für die Automobilindustrie hergestellt *(Schneider-Sliwa 2005, S. 211; Coe et al. 2007, S. 234; Fuchs 2001)*. Während *Coe et al. (2007, S. 234)* von rund 3000 Betrieben und ca. 1 Million Beschäftigten in der Maquiladora-Industrie im Jahr 2005 ausgehen, beziffert *Berndt (2007)* die Zahlen mit rund 700.000 Beschäftigten in ca. 1600 Betrieben deutlich niedriger. Die Gründung der NAFTA hat maßgeblich zum rasanten Wachstum der Maquiladoras beigetragen. So hat sich seit 1994 die Zahl der Beschäftigten mehr als verdoppelt *(Berndt 2007)*.

Viele Maquiladoras werden als so genannte **sweatshops** bezeichnet, also als ein Ausbeuterbetrieb, in denen zumeist junge Frauen für einen halben US-Dollar pro Stunde bis zu zehn Stunden am Tag an sechs Tagen der Woche arbeiten. Nur ein verschwindend geringer Teil der Arbeiter ist gewerkschaftlich organisiert. Dabei sind die Lebenshaltungskosten in den Grenzstädten oftmals um bis zu 30% höher als im Süden Mexikos. Viele der Maquiladora-Frauen leben daher in so genannten shantytowns, also in selbstgebauten Hütten oder einfachen Baracken, die ohne offizielle Genehmigung errichtet wurden *(Coe et al. 2007, S. 234)*.

Fuchs (2001) ist der Frage nachgegangen, ob sich in Nordmexiko transnationale Lernprozesse vollziehen, die dazu beitragen, dass sich die Maquiladora-Betriebe aus ihrer Abhängigkeit lösen und sich ein eigenständiger neuer Knoten im globalen System industriewirtschaftlicher Verflechtungen bildet. Kleine Anzeichen dafür sieht sie in einzelnen Betrieben, die höherwertige Aufgaben übertragen bekommen haben sowie in dem steigenden Anteil an höherqualifiziertem Personal bei Neueinstellungen. Auch würden zunehmend Qualifizierungsmaßnahmen innerhalb der Unternehmen durchgeführt.

zeigt sich, dass der kontinuierliche Anstieg seit dem Zweiten Weltkrieg in der ersten Dekade des 21. Jahrhunderts einen erheblichen Rückgang erfahren hat. Die Vermutung trügt, dass die wirtschaftliche Entwicklung in Mexiko und die zunehmende Integration in die Weltwirtschaft diesen Rückgang mit einer entsprechenden zeitlichen Verzögerung bewirkt haben. Wie vor der Gründung der NAFTA liegen die mexikanischen Industriearbeitslöhne auf dem niedrigen Niveau von ca. 12% der Lohnkosten in den USA. Der entscheidende Grund für den Rückgang der legalen Migration liegt vielmehr in der deutlichen Verschärfung der US-amerikanischen Migrationspolitik nach den Terroranschlägen vom 11. September 2001. So ist die Zahl der nicht-autorisierten, illegalen Migranten aus Mexiko seit Anfang des 21. Jahrhundert stetig weiter angestiegen und umfasst rund 7 Mio. Menschen *(Berndt 2009)*.

6.4 Der ost- und südostasiatische Wirtschaftsraum

Den Kristallisationspunkt zur Bildung des ost- und südostasiatischen Wirtschaftsraums bildete zunächst **Japan**. Das Land entwickelte sich nach dem Zweiten Weltkrieg zu einer der bedeutendsten Exportnationen und zu einem ernsthaften Konkurrenten in Branchen, die zuvor von europäischen und US-amerikanischen Herstellern beherrscht wurden. 1985 dominierte Japan den Weltmarkt bereits in einem breiten Spektrum an Produkten, z. B. Motorräder (Weltmarktanteil: 82,0%), Videorecorder und Tonaufnahmegeräte (80,7%), Fotokopierer (65,9%), Fotokameras und Blitzgeräte (62,2%), Klaviere/Musikinstrumente (51,0%), Farbfernseher (49,5%) oder Radios (48%) *(Porter 1991, S. 407)*. Besonders intensiv diskutiert wurde der Aufstieg der

japanischen Automobilhersteller auf dem Weltmarkt. In den 1980ern verdrängte Japan die USA von der weltweit führenden Position als Hersteller- und Exportnation von Automobilen und tätigte in dieser Zeit umfangreiche Direktinvestitionen zum Aufbau von Tochterwerken in den USA und Europa *(Hayter 1997; Dicken 2007)*. Jedoch führte die langanhaltende Rezession, die durch das Platzen der Spekulationsblase 1990/91 an den japanischen Börsen und Immobilienmärkten verursacht wurde, dazu, dass die Inlandsnachfrage stark zurückging und Japan seine Stellung als weltweit führender Automobilhersteller vorübergehend abgeben musste *(Flüchter/Yamamoto 2002)*. Im Jahr 2008 war Japan mit knapp 12 Millionen hergestellten Einheiten wieder der weltweit größte Automobilhersteller vor China, den USA und Deutschland *(VDA 2009, S. 269)*.

Der wirtschaftliche Aufstieg Japans wird mit drei Aspekten in Verbindung gebracht: Erstens wird dem Staat eine besondere Rolle beigemessen. Insbesondere das mächtige **Ministerium für Industrie und Handel MITI (Ministry of Industry and Trade)** unternahm offensive Bemühungen, die Industrien in großen und wichtigen Branchen zu fördern, indem Kapital und Ressourcen gezielt in diese Bereiche gelenkt wurden. Dabei hatte der japanische Staat auch die Rolle als Signalgeber eingenommen, indem er durch Regierungsberichte, wissenschaftliche und staatliche Ausschüsse, Öffentlichkeitskampagnen und gemeinsame Forschungsprojekte die Aufmerksamkeit auf zukunftsträchtige Technologien lenkte *(Porter 1991)*. Zweitens haben Innovationen bei der Organisation des Produktionssystems und damit verbundene **Managementpraktiken** großen Erfolg gezeigt, die in den Folgejahren in modifizierter Form weltweit übernommen wurden. Zu nennen ist diesbezüglich die schlanke Produktionsweise, die sogenannte **lean production**, die durch eine Verringerung der Fertigungstiefe und der Zahl der Direktzulieferer sowie den Umbau der Zulieferpyramide in Zulieferer ersten, zweiten und dritten Grades gekennzeichnet ist. Durch die fertigungssynchrone Anlieferung der Zulieferteile **Just-in-time** konnten Lagerkosten verringert werden. Die Koordination dieses flexiblen, am Bedarf der Produktion ausgerichteten Zuliefersystems ist unter dem Begriff des **Kanban Systems** in die Managementliteratur eingegangen *(Hayter 1997; Dicken 2007; Bertram/ Schamp 1989; Mossig 2008a; Gaebe 1991, 1993).* Als dritter Aspekt wird auf eine besondere **Wirtschaftsgesinnung** in Japan verwiesen, die den ökonomischen Aufstieg forciert hat. *Pascha (1996)* hat diesbezüglich jedoch Vorsicht angemahnt, denn es ist fraglich, ob eine solche spezifische Wirtschaftsgesinnung eines Landes real existiert oder lediglich ausschmückender Teil einer Erfolgsstory ist, die einer wissenschaftlichen Überprüfung nicht standhalten kann. Dennoch verweist *Pascha (1996)* auf den Aspekt der Gruppenorientierung und daraus resultierende Gruppensynergien als relevanten Einflussfaktor auf wirtschaftlich erfolgreiche Handlungen in Japan.

Bereits in den 1930er Jahren wurde von dem japanischen Ökonomen Akamatsu Kaname das so genannte **Fluggänsemodell** wirtschaftlicher Entwicklungspfade entwickelt *(Korhonen 1999).* Es wurde vor allem nach dem Zweiten Weltkrieg herangezogen, um die Entwicklung des ost- und südostasiatischen Wirtschaftsraums anschaulich zu beschreiben. In der Tat schien es zunächst so, als gäbe Japan als Leitgans einer ost- und südostasiatischen Fluggansformation einen Entwicklungspfad vor, dem nach und nach die anderen asiatischen Schwellenländer folgten. Aufbauend auf Überlegungen zum

Produktlebenszyklus *(vgl. Kulke 2008 S. 94 ff.; Schätzl 2003 S. 194 ff.)* wird davon ausgegangen, dass die von der Leitgans Japan entwickelten neuen Produkte und Technologien im Verlauf des Lebenszyklus von den benachbarten Staaten aufgegriffen werden und dort einen nachfolgenden, aber schneller ablaufenden Entwicklungspfad in Gang setzen. Nach und nach heben somit immer mehr Staaten ab (Take-off) und reihen sich hinter Japan als weitere Fluggänse in die Formation eines einheitlichen Entwicklungspfades ein. Nach dem Modell folgten der Leitgans Japan als erstes die vier asiatischen **Tigerstaaten** Südkorea, Taiwan, Hongkong und Singapur, anschließend Malaysia und Thailand, die wiederum als Vorbild für Vietnam oder Indonesien dienten. Die Vorstellung eines einheitlichen Formationsfluges unter der Führung Japans wird in der Fachliteratur nunmehr weitgehend abgelehnt. Zu unterschiedlich und ungeordnet sind die Flugbahnen der einzelnen Länder verlaufen. Anstelle strukturähnlicher Entwicklungspfade handelt es sich auch in Ost- und Südostasien um eine Vielzahl unterschiedlicher Erscheinungsformen der kapitalistischen Entwicklung. Determinanten einer divergierenden Entwicklung sind unter anderem die Staatsform (autoritär oder demokratisch), die religiöse Prägung (buddhistisch (z. B. Myanmar), katholisch (z. B. Philippinen) oder muslimisch (z. B. Indonesien)) sowie die Kolonial- und jüngere Geschichte (z. B. Postsozialismus in Laos oder Vietnam) *(Korhonen 1999; Pohlmann 2004; Ufen 2004; Flüchter 1996).*

Auch wenn die Länder der Region ganz unterschiedliche Entwicklungspfade eingeschlagen haben, die nicht der Vorstellung des Fluggänsemodells entsprechen, haben verschiedene ost- und südostasiatische Staaten in den letzten Jahren eine rasante wirtschaftliche Entwicklung vollzogen.

Die wirtschaftliche Führungsrolle Japans besteht schon lange nicht mehr. Mehrere Länder in Ost- und Südostasien haben aufgeschlossen. Jedoch existieren zwischen den einzelnen Ländern große Gegensätze bezüglich des Entwicklungsstandes, der Ressourcenausstattung sowie den Kosten für die Produktionsfaktoren (insbesondere Arbeitskosten). Dadurch sind in gegenseitiger Ergänzung enge intraregionale Handelsverflechtungen im Sinne einer De-facto-Blockbildung entstanden. Die blockinterne Zusammenarbeit besteht unter anderem darin, dass lohnintensive und standardisierte Fertigungsschritte aus Japan, aber auch aus den mit steigender Arbeitskostenbelastung kämpfenden Tigerstaaten in die günstigeren

Länder der Region ausgelagert werden, die dann den Unternehmen der weiter entwickelten Länder Komponenten zuliefern. Trotz der gemeinsamen wirtschaftlichen Interessen stand einer tiefer gehenden Zusammenarbeit lange Zeit die starke wirtschaftsstrukturelle, kulturelle und religiöse Heterogenität entgegen. Insbesondere Japan hat bei allem wirtschaftlichen Engagement in der Region keine regionale Blockbildung favorisiert, sondern seine Wirtschaftsaktivitäten global ausgerichtet *(Flüchter 1996).*

Einer de-jure-Blockbildung stand zunächst auch das koloniale Erbe im Wege. Erst nach dem Abzug der Kolonialmächte (1946 auf den Philippinen, 1949 in Indonesien, 1957 in Malaysia und 1959 in Singapur) eröffneten

Tab. 6.3:   Schlüsselindikatoren der Entwicklung der ASEAN-Staaten 2008

	Bevölkerung	BIP nominal	BIP pro Kopf (KKP)*	Lebenserwartung bei Geburt (2006)		Alphabetisierungsrate (2006)	Warenexporte	Warenimporte
	Mio.	Mrd. $	US $	Männer	Frauen	%	Mio. $	Mio. $
Brunei	0,4	14,6	50.234	- -	- -	- -	8.754	3.106
Indonesien	228,5	511,8	3.705	66	70	90	137.020	129.197
Kambodscha	14,7	11,2	1.794	54	61	74	4.249	4.476
Laos	5,7	5,3	2.237	62	65	69	828	1.803
Malaysia	27,9	222,2	13.192	71	76	89	194.496	144.299
Myanmar	58,5	27,2	1.083	- -	- -	- -	6.621	3.795
Philippinen	90,5	168,6	3.421	69	73	93	49.025	56.646
Singapur	4,8	181,9	50.347	78	82	93	241.405	230.760
Thailand	66,5	273,2	7.890	68	74	93	174.967	177.568
Vietnam	86,2	89,8	2.595	68	73	- -	61.778	79.579
ASEAN	583,7	1.505,8	5.007				879.143	831.229

* Bruttoinlandsprodukt pro Kopf in Kaufkraftparitäten.

Quelle: http://www.aseansec.org/19226.htm (24.09.2009), Weltbank 2008, S. 388f.

sich die Möglichkeiten über Formen einer regionalen Zusammenarbeit nachzudenken. Nachdem einige Vorläuferorganisationen weitgehend wirkungslos geblieben sind, wurde am 8. August 1967 die **Association of Southeast Asian Nations (ASEAN)** gegründet. Gründungsmitglieder waren die fünf südostasiatischen Staaten Thailand, Malaysia, Singapur, Indonesien und die Philippinen. Später traten der Gemeinschaft Brunei (1984), Vietnam (1995), Laos, (1997), Myanmar (1997) sowie Kambodscha (1999) bei. Das Bündnis diente angesichts des Vietnamkrieges und einer möglichen Ausweitung kommunistischer Bewegungen zunächst vornehmlich der sicherheitspolitischen Stabilität in der Region. Die anfänglichen Erklärungen zur wirtschaftlichen, kulturellen und sozialen Entwicklung hatten eher deklaratorischen Wert und blieben ohne verbindlichen Charakter. In den Anfangsjahren hatte das ASEAN-Bündnis daher vor allem eine vermittelnde Rolle bei militärischen Konflikten in der Region inne, beispielsweise nach dem Einmarsch Vietnams in Kambodscha in Jahr 1978 und dessen Rückzug 1989. Erst nachdem der Kalte Krieg auch in Südostasien sein Ende fand, brachte das vierte Gipfeltreffen in Singapur 1992 eine Wende, als Beschlüsse zur Errichtung einer Freihandelszone gefasst wurden, um die bis dato versäumte wirtschaftliche Integration nachzuholen. Jedoch warfen die Asienkrise 1997/98 in Thailand, Malaysia und Indonesien die wirtschaftlichen Bemühungen erheblich zurück. Große ökonomische Disparitäten (vgl. Tab. 6.3) aber auch innenpolitische Missstände wie die Massaker in Ost-Timor (1999) oder das Vorgehen der myanmarischen Militärregierung offenbarten die Handlungsunfähigkeit bei wichtigen Problemen *(Ufen 2004)*.

Insgesamt gehört der ost- und südostasiatische Wirtschaftsraum zu den dynamischsten Regionen der Welt. Allein die 10 ASEAN-Staaten mit einer Gesamtbevölkerung von über 580 Millionen Menschen erwirtschafteten 2008 ein BIP von 1,5 Billionen US $ und wiesen ein Handelsvolumen der Exporte und Importe in Höhe von 1,7 Billionen US $ auf. Die Exporte sind zwischen 1998 und 2008 mit einer durchschnittlichen jährlichen Wachstumsrate von 11%, die Importe mit 12% gewachsen. Ausländische Direktinvestitionen in der ASEAN Region beliefen sich im Jahr 2008 auf insgesamt 60 Milliarden US $. Die durchschnittliche jährliche Wachstumsrate lag in den letzten zehn Jahren bei 10%. Das durchschnittliche Wirtschaftswachstum betrug im Jahr 2008 gegenüber dem Vorjahr trotz der sich abzeichnenden Finanz- und Wirtschaftskrise immerhin noch 4,4%, in den letzten 10 Jahren lag es bei durchschnittlich 5,3% *(www. aseansec.org, ASEAN 2008)*.

Neben der oben beschriebenen intraregionalen Zusammenarbeit, die man als externe Wachstumsdeterminante bezeichnen kann, gibt es verschiedene **interne Wachstumsdeterminanten**, die für den Erfolg sorgen. Dazu gehören: ein hohes Arbeitsethos und niedrige Lohnkosten, eine fortgeschrittene materielle und personelle Infrastruktur, der konfuzianische Wirtschaftsgeist, welcher in der ausgeprägten Wachstumsorientierung etlicher chinesischer Groß- und Kleinunternehmen zum Ausdruck kommt, eine Direktinvestitionen fördernde und Exporte stimulierende Wirtschaftspolitik der Staaten der Region sowie bis auf einzelne Ausnahmen vergleichsweise stabile und berechenbare politische Verhältnisse. Außerdem zeichnet sich die Region durch einen raschen Strukturwandel und eine starke extraregionale Verflechtung bzw. weltweite Marktintegration aus *(Haas/Neumair 2006, S. 295-298; Koschatzky 1997; Nuhn 1997, S.141)*.

Weitere Impulse für die zukünftige Entwicklung sind von der neuen Freihandelszone zu erwarten, die mit Beginn des Jahres 2010 offiziell von China und den ASEAN-6 Staaten Brunei, Indonesien, Malaysia, Philippinen, Singapur und Thailand geschaffen wurde. Dieser Zusammenschluss stellt gemessen an der Bevölkerung die größte und gemessen am Handelsvolumen die drittgrößte Freihandelszone der Welt dar. Die rasant wachsende Bedeutung, die China nicht nur für den ost- und südostasiatischen Wirtschaftsraum, sondern für die gesamte globale Wirtschaft besitzt, wird im folgenden Kapitel thematisiert.

6.5 China: Entwicklung eines neuen Gravitationszentrums

China hat sich in den letzten beiden Jahrzehnten in weltwirtschaftlichem Maßstab zu einer beeindruckenden Wirtschaftsmacht entwickelt. Im folgenden Kapitel werden zunächst anhand der wirtschaftlichen Kenn-

Abb. 6.7: **Entwicklung der ausländischen Direktinvestitionsbestände (Stock) in der VR China 1980 – 2008**

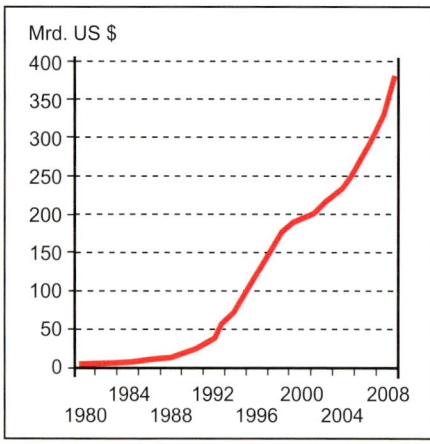

Quelle: Nach UNCTAD 2010a.

Abb. 6.8: **Entwicklung des Bruttoinlandprodukts in China 1989 – 2009**

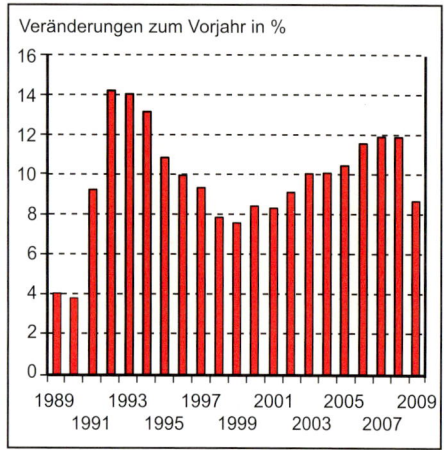

Quelle: Nach National Bureau of Statistics of China (2009).

ziffern das enorme Wachstum dargelegt (Kap. 6.5.1). Anschließend wird anhand der Wirtschaftsgeschichte seit dem Zweiten Weltkrieg erläutert, wie es China gelungen ist, sich innerhalb so kurzer Zeit zu einer der bedeutendsten Wirtschaftsmächte zu entwickeln (vgl. Kap. 6.5.2).

6.5.1 Indikatoren der Wirtschaftsentwicklung Chinas

Die Volksrepublik ist mittlerweile nach den USA und Japan die drittgrößte Volkswirtschaft der Erde und schickt sich an, Japan von Platz zwei der größten Wirtschaftsmächte zu verdrängen. Im Jahr 2009 hat China die Bundesrepublik Deutschland als führende Exportnation überholt *(Schrinner 2010)*. Mit derzeit 2,1 Billionen US $ besitzt China zudem weltweit die größten Devisenreserven *(FAZ 2009d)*.

Ausländische Unternehmen investieren in zunehmendem Umfang in China. Im Jahr 2008 waren es rund 108 Mrd. US $ (vgl. Abb. 6.7). China zählt damit nach den USA (316 Mrd. US $) und Frankreich (118

Mrd. US $) zu den weltweit attraktivsten Zielländern für ausländische Direktinvestitionen und ist derzeit einer der beliebtesten Produktionsstandorte der Welt. Über 7% der globalen Güterproduktion entfallen mittlerweile allein auf China. Kein Land weist in den letzten beiden Jahrzehnten ein derart stetiges und **dynamisches Wirtschaftswachstum** auf. Seit 1991 wächst das Bruttoinlandsprodukt (BIP) der VR China um durchschnittlich 10% pro Jahr. Selbst im Krisenjahr 2009 erreichte China noch eine Wachstumsrate des BIP von 8,7% (vgl. Abb. 6.8)

Im Zuge des rasanten wirtschaftlichen und entwicklungspolitischen Aufschwungs sollte nicht übersehen werden, dass China (ohne Hongkong, Macao) nach Angaben des Internationalen Währungsfonds auf der internationalen Wohlstandsskala mit einem BIP pro Kopf in Höhe von 3.315 US $ im Jahr 2008 lediglich auf Platz 105 unter 180 aufgeführten Ländern rangiert. Zudem hat China mit erheblichen **sozialen Problemen** zu kämpfen, zum Beispiel hohe Arbeitslosigkeit, extrem ungleiche Einkommensverteilung, starke regionale Entwicklungs- und Wachstumsunterschiede sowie Konflikte im Umgang mit ethnischen Minderheiten *(Heberer 2007)*. Die Asiatische Entwicklungsbank schätzt die ländliche Arbeitslosigkeit auf 30% *(FAZ 2009d)*.

Abb. 6.9: Entwicklung des Außenhandels der VR China 1990-2009

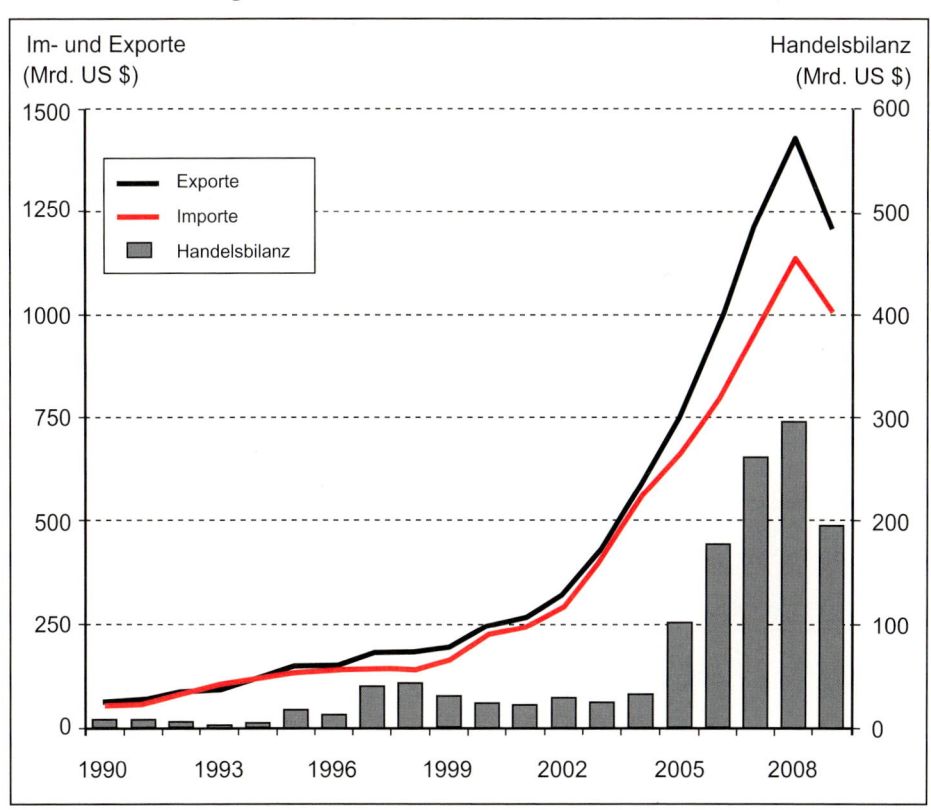

Quelle: Nach National Bureau of Statistics of China 2009.

Abb. 6.10 a: Ausfuhren der VR China 2008 in Mrd. US $

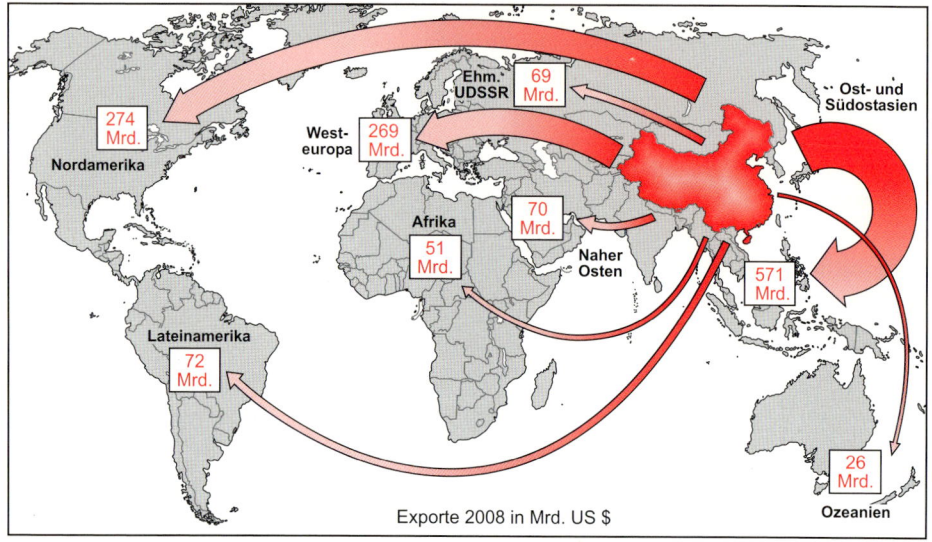

Quelle: Eigene Darstellung nach National Bureau of Statistics of China 2009.

Chinas Volkswirtschaft ist eng mit der Weltwirtschaft verflochten. Dem Außenhandel kommt dabei eine zentrale Rolle zu. Das Außenhandelsvolumen (Summe aus Im- und Exporten) stieg von 474 Mrd. US $ im Jahr 2000 auf 2.563 Mrd. US $ im Jahr 2008. Die chinesischen Exporte ins Ausland stiegen in der entsprechenden Zeit von 249 Mrd. US $

Abb. 6.10 b: Einfuhren der VR China 2008 in Mrd. US $

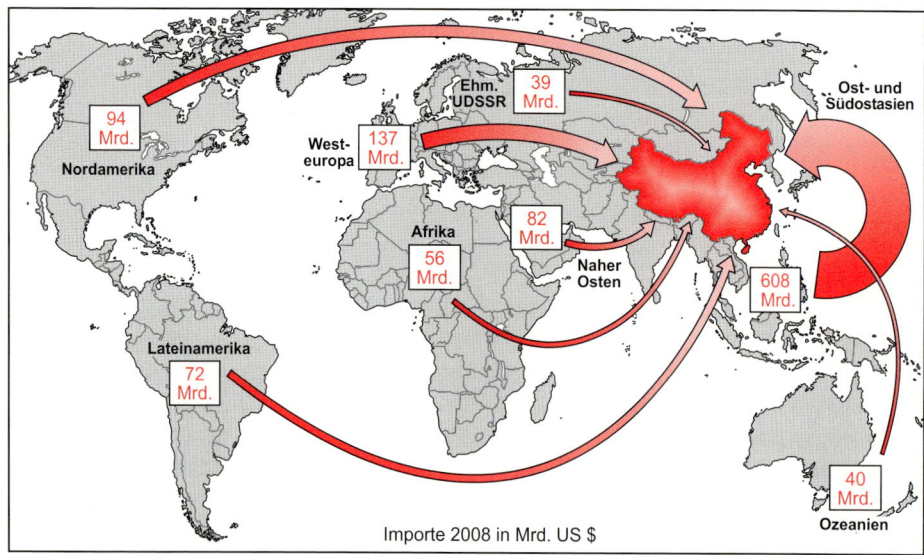

Quelle: Eigene Darstellung nach National Bureau of Statistics of China 2009.

(2000) auf 1.431 Mrd. US $ (2008), der Handelsüberschuss von 24 Mrd. US $ (2000) auf 298 Mrd. US $ (2008) (vgl. Abb. 6.9). Seit Beginn des 21. Jahrhunderts ist China innerhalb weniger Jahre von Platz 6 unter den größten Exportnationen zur weltweit führenden Exportnation aufgerückt. 40% der Exporte gingen im Jahr 2008 in den ost- und südostasiatischen Raum, darunter 13,3% nach Hongkong, 8,1% nach Japan und 5,2% nach Südkorea. 19,2% der Güter wurden nach Nordamerika exportiert (USA 17,6%), 18,8% nach Westeuropa. Ausgeführt wurden vor allem Textilien und Bekleidung, Büromaschinen/EDV, Nachrichten- und Unterhaltungselektronik, Elektrotechnik, Maschinen und chemische Erzeugnisse. Die Importe der VR China betrugen 1.133 Mrd. US $ im Jahr 2008. Davon stammten knapp 54% aus dem ost- und südostasiatischen Raum, insbesondere aus Japan (13,3%), Südkorea (9,9%) und Taiwan (9,1%) (vgl. Abb. 6.10). Ein nicht unwesentlicher Teil der importierten Produkte sind dabei Vorprodukte *(National Bureau of Statistics of China 2009)*.

Aus den Waren- und Güterströmen lässt sich eine enge wirtschaftliche Verflechtung der VR China mit seinen ost- und südostasiatischen Nachbarn ablesen. Diese Aussage wird auch durch die regionale Aufteilung der ausländischen Direktinvestitionen unterstrichen. 67,2% (2007) der Investitionen chinesischer Unternehmen im Ausland wurden in Ländern Ost- und Südostasiens getätigt und 56,3% der in China vorgenommenen Direktinvestitionen stammen aus dieser Region.

6.5.2 Wirtschaftsgeschichte Chinas nach dem Zweiten Weltkrieg

Die Volksrepublik China wurde am 1. Oktober 1949 gegründet. Die Wirtschaftsgeschichte hat seitdem einen sehr wechselhaften Verlauf genommen, der zunächst in zwei große Phasen unterteilt werden kann: in die Phase der zentralen Verwaltungswirtschaft maoistischer Prägung zwischen 1949-1978 und in die Phase der marktwirtschaftlichen Transformation und außenwirtschaftlichen Öffnung des Landes nach 1978. Die zu Beginn des 21. Jahrhunderts vollzogene Integration in den Weltmarkt und der Beitritt zur Welthandelsorganisation WTO markieren den Anfang einer dritten Phase der jüngeren Wirtschaftsgeschichte Chinas (vgl. im Folgenden *Giese/Zeng 1993, 1997; Taubmann 2001, 2007; Liefner 2008; Taube 2007; Klaschka 2007; Heilmann 2005; Haas/ Neumair 2006, Kap. 11; Becker 2007).*

Nach dem Krieg gegen Japan von 1937 bis 1945 und dem anschließenden Bürgerkrieg (1946-1949) bestand das größte Problem der neugegründeten VR China zunächst im Wiederaufbau des zerstörten Landes und der brachliegenden rückständigen Wirtschaft. Die an die Macht gelangte kommunistische Führung beschloss in Anlehnung an das sowjetische Wirtschaftsmodell einen ersten Fünfjahresplan für den Zeitraum von 1953-1957 zur Entwicklung der chinesischen Volkswirtschaft und leitete so den Prozess der **sozialistischen Umgestaltung** des Landes ein. Jedoch traten im Zuge der forcierten Kollektivierung der Landwirtschaft, des Handwerks und des Einzelhandels sowie der Verstaatlichung der Industrie und des Getreidehandels Versorgungsschwierigkeiten auf. Als Vorsitzender der kommunistischen Partei war es *Mao Zedong*, der sich gemäßigteren Kräften in der Partei widersetzte und die „sozialistische Revolution" mit dem **„Großen Sprung nach vorn"** im Jahr 1958 noch radikaler angehen wollte. Das übergeordnete Ziel bestand darin, eine schnelle wirtschaftliche Entwicklung in den ländlichen Gebieten zu erreichen, in denen der Großteil der Bevölkerung lebte. Es mangelte

**Abb. 6.11: Wachstumsraten des Volkseinkommens in der ersten Phase der jüngeren
Wirtschaftsentwicklung der VR China 1952 – 1978**

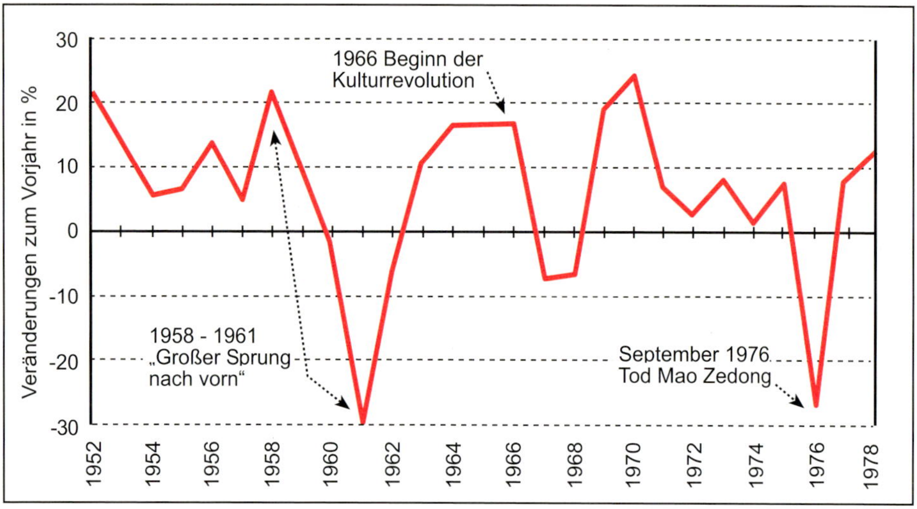

Quelle: Nach Taube 2007, S. 249.

dabei jedoch an Kapital und den technischen Voraussetzungen für großindustrielle Projekte und so wurde fast ausschließlich mit menschlicher Arbeitskraft und oftmals unter unmenschlichen Arbeitsbedingungen das Ziel verfolgt, den Anschluss an die westlichen Industrienationen zu schaffen. Zum Symbol wurde die Inbetriebnahme tausender primitiver Kleinhochöfen zur Herstellung von Stahl und Eisen auf dem Lande.

Der Große Sprung nach vorne erwies sich aber als ein gewaltiger Sprung zurück (vgl. Abb. 6.11) und mündete in einem Desaster. Die Initiative des Einzelnen war durch die Kollektivierungsmaßnahmen gelähmt, blinde Kommandowirtschaft mit überzogenen Planzielen lenkten Ressourcen in die falsche Richtung und gefälschte Produktionsziffern verschleierten die wahre Entwicklung. In diese Zeit der Krise fiel auch der Bruch Chinas mit der Sowjetunion. Die Führung in Moskau war über chinesische Alleingänge wütend, die sich einmal mehr im Zuge des „Großen Sprunges" offenbarten, und stellte

1960 die bislang gewährte technische und wirtschaftliche Unterstützung abrupt ein. Erste Engpässe in der Lebensmittelversorgung traten bereits 1958 auf und verschärften sich durch die Jahrhundert-Dürre und die Missernten in den Jahren 1960-1961. Statt der geplanten 525 Mio. t. Getreide pro Jahr, wurden 1959 lediglich 170 Mio. t. geerntet. 1960 waren es sogar nur noch 144 Mio. t. Es brachen gewaltige Hungersnöte aus, denen rund 20 - 30 Millionen Chinesen zum Opfer fielen. Erst als die Katastrophe dieses gewaltige Ausmaß erreicht hatte, lenkte *Mao Zedong* ein und der „Große Sprung" wurde abgebrochen.

Nach dem Scheitern des „Großen Sprungs" konnte sich *Mao Zedong* mit seinen radikalen gesellschaftspolitischen Vorstellungen nicht mehr in den Führungsgremien der Partei durchsetzen. Es gelang den gemäßigteren Kräften um *Liu Shaoqi* und *Deng Xiaoping*, den Reformen kurzfristig Einhalt zu gebieten und anstelle des gesellschaftlichen Umstrukturierungsprozesses das Hauptaugenmerk auf die wirtschaftliche Entwicklung und Industrialisierung des Landes zu lenken. *Mao Zedong* interpretierte diese Maßnahmen als eine Abkehr vom sozialistischen Weg und Zuwendung zum Kapitalismus.

Um einer „Konterrevolution des Kapitalismus" zuvor zu kommen, entfachte er mit Hilfe der zentralen Armeeführung im Jahr 1966 die **Große Proletarische Kulturrevolution**, welche das Land in bürgerkriegsähnliche Zustände versetzte. Anfeindungen gegen Intellektuelle und Kulturschaffende des Landes bildeten den Auftakt einer umfassenderen Kampagne mit zahlreichen Übergriffen der „Maoisten" auf politische Gegner. Neben dem Militär setzte *Mao Zedong* auf Schüler, Studenten und unzufriedene arbeitslose Jugendliche, die angestachelt wurden, um politische Gegner zu verfolgen und gnadenlos zu schikanieren. Die zehn Jahre der Kulturrevolution können im Hinblick auf die wirtschaftliche Entwicklung der VR China als verlorene Jahre angesehen werden.

Das Jahr 1976 brachte mit dem Tod *Mao Zedongs* und dem nachfolgenden Sturz seiner wichtigsten Gefolgsleute, die man propagandistisch als „Viererbande" titulierte, eine große Zäsur. *Deng Xiaoping*, der als Erbe des Modernisierungskonzepts *Liu Shaoqis* auftrat und als Vertreter eines pragmatischen wirtschaftspolitischen Kurses galt, setzte sich 1978 mit den **Reformen zur sozialistischen Modernisierung Chinas** durch. Er leitete damit die zweite Phase der jüngeren Wirtschaftsgeschichte der VR China ein. *Deng Xiaoping* verfolgte die Strategie, die starre kommunistische Wirtschaftsordnung durch informelle Mechanismen aufzuweichen, ohne dadurch die staatliche Ordnungssystematik außer Kraft zu setzen. Die Reformen begannen mit Teilprivatisierungen in der Landwirtschaft.

Landwirten wurde es genehmigt, ihre Erzeugnisse, die über einen bestimmten an den Staat abzutretenden Ertrag hinaus gingen, auf privaten Märkten zu verkaufen. Ab Mitte der 1980er Jahre wurden die Reformen auf die städtische Wirtschaft ausgedehnt, welche zunehmend durch ein Nebeneinander von Plan und Markt gekennzeichnet war.

Ein wesentlicher Aspekt der Wirtschaftsreformen war die **Öffnung Chinas nach außen**. Das Land war in der Zeit unter *Mao Zedong* vom Ausland weitgehend abgeschottet und sollte nun für den internationalen Handel, internationale Unternehmenskooperationen sowie für ausländische Investitionen geöffnet werden. Dadurch sollte der industrielle Technologie- und Kapitalverkehr angeregt sowie Produkt- und Technikinnovationen induziert werden. Auch erhoffte man sich eine Einführung moderner Management- und Verwaltungsmethoden, um die veraltete Industrie zu erneuern und umzugestalten. Die chinesische Führung ging damals davon aus, dass in den westlichen Industrienationen auch weiterhin die Betriebskosten steigen und die Unternehmen zukünftig vermehrt ihre Produktionsstandorte in Entwicklungsländer verlagern würden, um insbesondere Lohnkosten zu sparen. Nach dem Vorbild des wirtschaftlichen Aufstiegs der vier „Tiger-Staaten" Hongkong, Taiwan, Singapur und Südkorea in den 1970er Jahren wurde von chinesischer Seite im Sinne der Öffnungsstrategie auf den Import ausländischen Kapitals und eine Ausweitung des Exportsektors gesetzt.

Um den Gegensatz zu bewältigen, der zwischen der sozialistischen Planwirtschaft Chinas und der marktwirtschaftlich ausgerichteten Öffnungspolitik bestand, wurden in der VR China **Wirtschaftliche Sonderzonen** eingerichtet, in denen ausländische Investoren zu Vorzugsbedingungen investieren und produzieren konnten. Die ersten wirtschaftlichen Sonderzonen wurden im August 1980 in der Küstenregion im Osten des Landes eingerichtet. Des weiteren wurden 1984 insgesamt 14 bedeutende Hafenstädte entlang der Ostküste einschließlich Shanghai und Tanjin für die Außenwirtschaft geöffnet. Anschließend erfolgte in den Jahren 1985 - 1987 die Öffnung für außenwirtschaftliche Beziehungen von weiteren sechs Küstengebieten. Um sich anbahnende Konflikte aufgrund der anwachsenden wirtschaftlichen Disparitäten zwischen den Provinzen an der Küste und dem Binnenland zu vermeiden, wurden 1992 dann zudem 19 Provinzhauptstädte im Binnenland sowie 5 Binnenhafenstädte entlang des Yangtze-Flusses und 13 Grenzstädte für ausländisches Kapitel geöffnet (vgl. Abb. 6.12).

Die Öffnung für ausländische Unternehmen und der ermöglichte Anschluss an die allgemeine Entwicklung der Weltwirtschaft haben dazu geführt, dass sich die Wirtschaft des einst hermetisch abgeschlossenen Landes mit beeindruckender Geschwindigkeit entwickelt hat. Im Gegensatz zu den Transformationsprozessen in anderen ehemals sozialistischen Staaten fand in China keine Reform in einem einzigen schnellen Schritt statt. Stattdessen nutzte die chinesische Politik die Instrumente der Planwirtschaft, um Ressourcen an Haushalte umzuleiten und in der wichtigen Anfangsphase gesamtwirtschaftliche Spannungen abzufangen. Die erfolgreich bewältige Stabilisierungsphase der ersten Reformetappe markiert einen wichtigen Unterschied zwischen den chinesischen und den osteuropäischen Trans-

Abb. 6.12: Geöffnete Gebiete und Städte in der VR China 1992

Quelle: Eigene Darstellung nach Giese/Zeng 1997, S. 175.

Abb. 6.13:   Wachstumsraten des Bruttoinlandsprodukts (real) der VR China 1978 - 2009

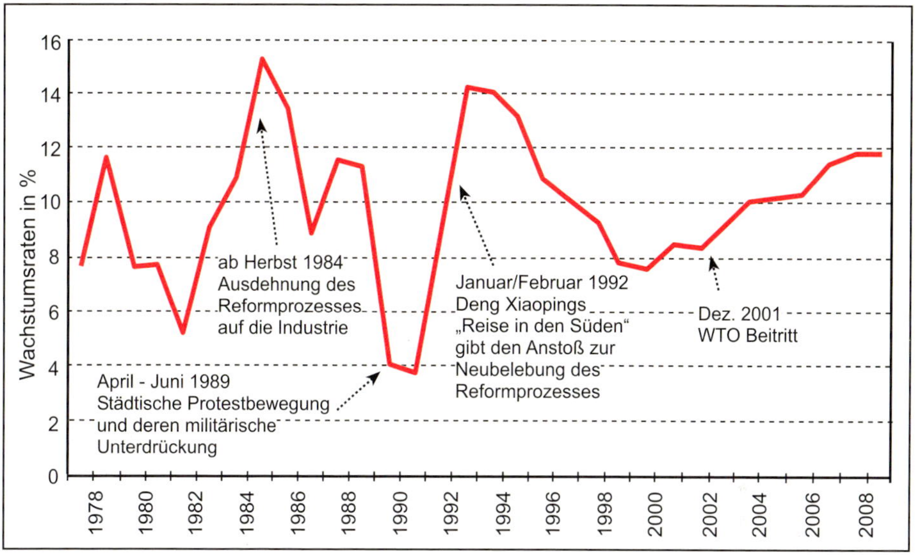

Quelle: Nach Taube 2007, S. 256 und National Bureau of Statistics of China 2009.

formationserfahrungen. Nach Beginn der Reformen entwickelte sich ein typisches Politikmuster: Fortschrittliche Reformmaßnahmen wurden erst dann eingeleitet, wenn die Stabilisierungsbemühungen einen gewissen Erfolg gebracht hatten.

Innerhalb von nur zwei Jahrzehnten verfünffachte sich das Bruttoinlandsprodukt. Das jährliche Wachstum liegt seit den ersten Wirtschaftsreformen 1978/79 bei durchschnittlich 9 bis 10% (vgl. Abb. 6.13). Selbst die wirtschaftlichen Sanktionen westlicher Staaten nach dem Tian´anmen-Massaker im Juni 1989 haben das enorme Wachstum nur kurzzeitig gebremst. Auch die Importe nahmen zwischen 1982 und 2000 durchschnittlich um 14% pro Jahr zu. Mit einer gewissen zeitlichen Verzögerung zogen durch die zunehmenden Produktionsmengen auch die Exporte nach. Chinas Exportquote, das heißt der Anteil des Exports am Bruttosozialprodukt, ist innerhalb von zwei Jahrzehnten (1982 bis 2002) von 8,9%

auf 29,5% gestiegen. Weitere Meilensteine im Zuge der chinesischen Öffnungspolitik waren die Stabilisierung der Landeswährung durch die Koppelung an den US-Dollar sowie der Beitritt zur Welthandelsorganisation WTO im Jahre 2001.

Seit sich in den 1990er Jahren Chinas wirtschaftliche Modernisierung beschleunigte und die Bevölkerung eine immer größere Kaufkraft erlangte, wurde das Land von den westlichen Unternehmen nunmehr auch als attraktiver Markt entdeckt. Zudem motivierten die Verfügbarkeit von billigen Arbeitskräften und die schrittweise Liberalisierung der Handels- und Investitionsbestimmungen global operierende Unternehmen immer mehr dazu, vom Produktionsstandort China aus Märkte weltweit mit Konsumgütern und Zulieferteilen zu versorgen. Das Land wurde zur „globalen Werkstätte", obwohl damit für die ausländischen Unternehmen hohe Risiken verbunden waren: Ein Schutz für geistiges

Eigentum ist bisher kaum vorhanden und die Behördenwillkür ist unberechenbar.

Derzeitiges Ziel Chinas ist es, das Defizit im Bereich der kapital- und technologieintensiven Produkte abzubauen. Die chinesische Wertschöpfung stößt immer schneller in technologisch anspruchsvolle Produktsegmente vor. Es gibt deutliche Hinweise dafür, dass chinesische Unternehmen in der näheren Zukunft immer stärker in die Forschung investieren und das Zeitalter der Plagiate bald der Vergangenheit angehören wird. Dies lässt es durchaus als realistisch erscheinen, dass das Land die derzeitige Weltwirtschaftsordnung verändern könnte.

China hat aber auch mit einigen **Schattenseiten des Wirtschaftswachstums** zu kämpfen. Dazu gehört die Verstärkung regionaler Disparitäten: Es gibt ein auffälliges Ost-West-Entwicklungsgefälle. Die Küstenprovinzen Chinas weisen einen weit höheren Entwicklungsstand als der Rest des Landes auf. Zudem wird die Wirtschaftsentwicklung Chinas seit vielen Jahren durch eine ungenügende Energieversorgung behindert. Die Stromversorgung bricht immer häufiger zusammen und weist derzeit eine Lücke in der Größenordnung der australischen Jahresproduktion auf. Hinzu kommt Chinas enormer Rohstoffbedarf. Im Jahr 2004 verbrauchte das Land ca. ein Viertel der globalen Produktion der wichtigsten Industriemetalle, wozu die eigenen Vorkommen seit längerem nicht mehr ausreichen. Ähnlich ist die Situation beim Erdöl. 2004 musste ca. ein Drittel der von China benötigten Menge eingeführt werden.

Mit dieser Rohstoffknappheit lässt sich auch **Chinas wachsendes Interesse an Afrika** begründen. So hat im November 2009 der chinesische Ministerpräsident im Rahmen des China-Afrika-Gipfels im ägyptischen Scharm-el-Scheik günstige Kredite im Umfang von 10 Milliarden US $ zugesagt und einen Schuldenerlass für die ärmsten Länder angekündigt. Im Gegenzug dazu sollen die Importe von Erzen, Agrargütern und Öl aus Afrika gesichert werden.

Aus dem enormen Wachstum resultieren zudem zunehmende Umweltbelastungen, wie die Smogbildung in den Millionenstädten oder die Vergiftung von Böden im Umfeld von Schwerindustriezentren. Das dynamische Wachstum Chinas birgt des Weiteren die Gefahr einer konjunkturellen Überhitzung in sich. Es drohen der Aufbau von Überkapazitäten und das Entstehen einer Spekulationsblase mit gefährlichen Auswirkungen auf die gesamte Volkswirtschaft. Auf Auswirkungen der aktuellen Finanz- und Wirtschaftskrise auf China wird in Kap. 14.1.3 eingegangen.

Weiterführende und ergänzende Literatur zum Kapitel 6:

Hahn, B. (2007): Europäische Union und andere regionale Integrationen im Vergleich In: Geographische Rundschau 59 (3), S. 4-11.
Geographische Rundschau (2009): NAFTA – Freihandel in Nordamerika. 61. Jg. (Heft 6).
Ufen, A. (2004): Neuer Regionalismus in Südostasien – das Beispiel der ASEAN. In: Nord-Süd aktuell 1/2004, S. 88-97.
Fischer, D. / Lackner, M. (2007): Länderbericht China. 3. Auflage, Bonn.
Giese, E. / Zeng, G. (1993): Regionale Aspekte der Öffnungspolitik der VR China. In: Geographische Zeitschrift, 81. Jg., S. 176-195.
Geographische Rundschau (2008): Wirtschaftsmacht China. 60. Jg. (Heft 5).

7 Auswirkungen der Globalisierung auf Entwicklungsländer

Manila   Foto: Tobias Tkaczick.

Der in Kapitel 5 dargelegte empirische Befund über die überragenden Anteile der führenden Wirtschaftsnationen am internationalen Wirtschaftsgeschehen lassen darauf schließen, dass die so genannten Entwicklungsländer mit Ausnahme einiger süd- und südostasiatischer Länder kaum vom Wachstum der Weltwirtschaft profitieren konnten *(Haas/Neumair 2006, S. 28)*. Sie sind weitgehend vom globalen Warenhandel und Kapitalverkehr ausgeschlossen. Sogar die Wirtschaftserfolge von einigen wenigen Entwicklungsländern wie China gehen eher zulasten der restlichen Entwicklungsländer, als dass die Industrieländer bedeutsame Einbußen hinnehmen müssten. Dies wird am Beispiel der Textil- und Bekleidungsindustrie deutlich, für die Anfang 2005 die Importquoten abgeschafft wurden und China

seitdem zum führenden Hersteller aufsteigen ließen *(FAZ 2006)*.

Die regionale Polarisierung der Handels- und Investitionsströme auf die Triade sowie einige südost- und ostasiatische Schwellen- und Entwicklungsländer ist also eng verbunden mit Abkopplungseffekten der meisten Länder der restlichen Welt. Dieser Befund steht im Widerspruch zu dem nach dem Zweiten Weltkrieg propagierten Entwicklungsparadigma einer **nachholenden Entwicklung**, das noch bis heute das Alltagsgeschäft der Entwicklungspolitik bestimmt. Darin wird die Auffassung vertreten, dass Globalisierung zu einem weltweiten Anstieg des Wohlstands sowie zu einer Verringerung der Armut, insbesondere auch in den Ländern des so genannten globalen „Südens" führt. Globalisierung eröffne vielfältige Möglichkeiten zur Überwindung der bestehenden wirtschaftlichen Rückständigkeit, zum Abbau der gesellschaftlichen Probleme und zur Verbesserung der sozialen und technischen Infrastruktur *(Scholz 2002; 2004, S. 215, 253 f.)*.

Diese Annahmen basieren auf der **neoklassischen regionalen Wachstumstheorie**, deren Grundhypothese besagt, dass interregionale Unterschiede der Faktorentgelte (z. B. Lohnkosten) durch Faktorwanderungen (z. B. der räumlichen Mobilität von Arbeitskräften und Kapital) ausgeglichen werden. Der Marktmechanismus tendiere demnach zu einem Ausgleich regionaler Unterschiede des Pro-Kopf-Einkommens (vgl. Kap. 2.1 und Kasten 2.2) *(Maier et al. 2006, Kap. 4; Schätzl 2003, S. 136)*. Da sich dieser durch die weltweite Liberalisierung des Güter- und Kapitalverkehrs frei entfalten könne, trüge die Globalisierung der Wirtschaft zu einer konvergenten räumlichen Entwicklung bei. Allerdings müssten dafür die Rahmenbedingungen in den jeweiligen Ländern stimmen. Es müssten beispielsweise die notwendige politische Stabilität vorhanden und Eigentumsrechte geschützt sein *(Hemmer et al. 2001, S. 1)*.

Eine dazu konträre Position, die vor allem in der Soziologie und Politologie vertreten wird, nimmt an, dass der niedrigere Entwicklungsstand mancher Länder keine Vorstufe einer wirtschaftlichen Wachstumsphase, sondern von Dauer ist. Die räumlichen Disparitäten werden dabei mit Hilfe von **dependenztheoretischen Ansätzen erklärt** *(Sunkel 1972; Senghaas 1974; 1979)*. Diese nehmen an, dass strukturelle Abhängigkeitsverhältnisse bestehen, bei denen die interregionalen Interaktionen einseitig die wirtschaftlich stärkeren Länder begünstigen und die wirtschaftlich schwächeren benachteiligen. Globalisierung soll danach zu einer weltweiten Zunahme von Massenarmut,

einer Verschärfung des Wohlstandsgefälles sowohl auf nationaler als auch auf internationaler Ebene und zu einer allerorts präsenten materiellen und sozialen Ausgrenzung von immer mehr Menschen führen. Außerdem bewirkt sie eine ökonomische Abkopplung des „Südens", die sich in einem alarmierendem Anstieg von Armut, Beschäftigungslosigkeit und Analphabetismus in den vergangenen zwei Jahrzehnten äußert *(Scholz 2004, S. 215 f.)*.

Der Annahme einer nachholenden Entwicklung wird deshalb die These einer „fragmentierenden Entwicklung" *(Scholz 2000; 2002; 2004)* entgegen gestellt.

7.1 Modell der Fragmentierung

Unter **Fragmentierung** wird eine bruchhafte, sozio-ökonomische bzw. kulturell-politische Sonderung/Trennung von Individuen oder Akteursgruppen in räumlicher Dimension verstanden. Der Ausdruck „bruchhaft" bezieht sich darauf, dass diese Abtrennung in Zeiten der Globalisierung durch den Wettbewerb und das Erfolgsstreben der ökonomischen Akteure bestimmt ist, und somit konsensfrei sowie solidaritätsentbunden ist.

Die Fragmentierung äußert sich räumlich einerseits in regionaler Vernetzung und Integration sowie andererseits in regionaler Trennung, Ausgrenzung, Abkopplung, Marginalisierung und Desintegration. Dabei existieren verschiedene räumliche Maßstabsebenen. Die globale Fragmentierung setzt sich auf der regionalen und lokalen Ebene fort.

Das Modell der Fragmentierung von *Scholz (2000; 2002; 2004)* geht von Überlegungen *Sunkels* zur **nationalen Desintegration** aus dem Jahre 1972 aus. Das geltende kapitalistische System setzt sich demzufolge aus entwickelten und unterentwickelten Ländern zusammen. Ungeachtet seines Entwicklungsstandes weist jedes Land einen bestimmten Grad an Heterogenität hinsichtlich des Entwicklungsniveaus, der Modernisierung, des Fortschritts und der Höhe der Einkommen auf. Daher sind in allen Ländern sowohl Sektoren vorhanden, die auf nationaler bzw. internationaler Ebene in das kapitalistische System integriert bzw. internationalisiert sind, als auch Sektoren, die nicht integriert bzw. nicht internationalisiert sind (vgl. Abb. 7.1).

Es besteht also ein **doppelter Zentrum-Peripherie-Gegensatz**, nämlich zum einen zwischen Industrieländern und

Abb. 7.1: Nationale Desintegration und doppelter Zentrum-Peripherie-Gegensatz

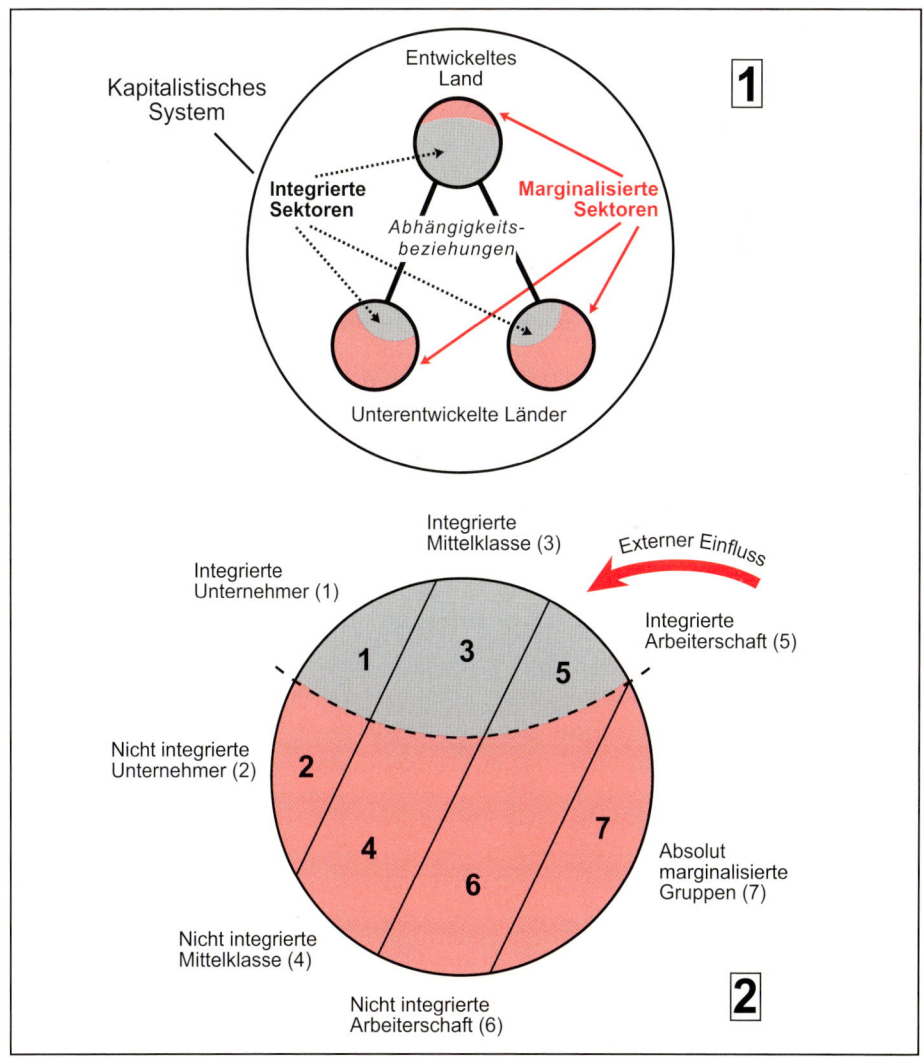

Quelle: Scholz 2000, S. 9 nach Sunkel 1972, S. 280 f.

Abb. 7.2: Modell globaler Fragmentierung

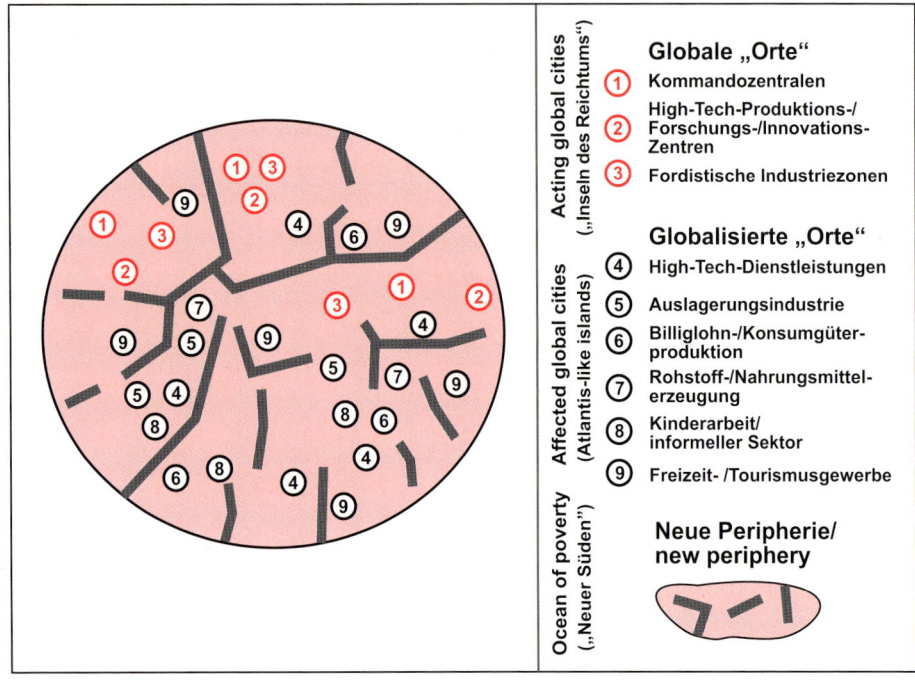

Quelle: Scholz 2004, S. 223.

Entwicklungsländern und zum anderen innerhalb der einzelnen Länder, z. B. zwischen Verdichtungsräumen und ländlichen Regionen.

Die Entwicklungsdynamik hängt dabei von dem Einfluss ab, den die führenden Länder auf die internationalisierten bzw. integrierten Sektoren ausüben. Dieser Einfluss äußert sich bei der Produktionsstruktur durch das Eindringen transnationaler Konzerne sowie ihrer Filialen und Niederlassungen. Auf technologischer Ebene gelangt Technik mit hoher Kapitalintensität in die integrierten Sektoren. Auf kultureller und ideologischer Ebene kommt es zu einer systematischen Durchsetzung der Weltordnung der Überflussgesellschaft. Auf der Ebene der Politik macht er sich schließlich durch den Druck bemerkbar, den die nationale und internationale Öffentlichkeit sowie die

Privatinteressen zu Gunsten der Produktion von Konsumgütern und Dienstleistungen ausüben, die für Personen mit hohem Einkommen bestimmt sind. Damit verbunden ist auch ein sozialer Desintegrationsprozess auf jeweils nationaler Ebene, der sich in integrierten gesellschaftlichen Gruppen und in ausgegrenzten Gruppen äußert (vgl. Teil 2 in Abb. 7.1).

Sunkel geht bei seinen Überlegungen noch vom Nationalstaat als Handlungsträger aus. Dieser hat aber im Zuge der Internationalisierung und Entgrenzung einige seiner Kompetenzen eingebüßt. Das **Modell der globalen Fragmentierung** von *Scholz (2000; 2002; 2004)* (vgl. Abb. 7.2) sieht die Schaltstellen des weltwirtschaftlichen Geschehens daher nicht mehr im Nationalstaat, sondern in den so genannten **globalen Orten bzw. acting global cities** verortet. Dazu zählt Scholz die Kommandozentralen der als global player agierenden transnationalen Unternehmen und Finanzinstitutionen, die High-Tech-Produktions- und Forschungs- bzw. Innovationszentren sowie fordistische Industriezonen für Güter höchster Qualität, die zurzeit noch Produktionsüberlegenheit besitzen. Am bedeutendsten sind dabei die Kommandozentralen der Transnationalen Unternehmen in den Global Cities (vgl. Kap. 8).

Eng verbunden mit den globalen Orten als dominierende Schaltstellen, aber hierarchisch nachgeordnet, sind die so genannten **globalisierten Orte bzw. affected global cities**. Dabei handelt es sich um Orte, die von den Entscheidungen beeinflusst werden, die in den acting global cities getroffen werden, aber selbst nur geringe Entscheidungsmacht besitzen. Deshalb ist ihre Einbindung in die Weltwirtschaft auch oft nur vorübergehend und von kurzer Dauer. Zu den globalisierten Orten werden Regionen der Hightech-Dienstleistungen (z. B. wissensbasierte regionale Cluster), der Auslagerungsindustrie (z. B. Exportproduktionszonen), der Billiglohn- und Massenkonsumgüterindustrie, der montanen und agraren Rohstoffgewinnung, der Erzeugung hochwertiger Nahrungsmittel, des Freizeit- und Tourismusgewerbes sowie offshore-banking-Zonen gezählt (vgl. Kasten 7.1). Ebenso bezieht *Scholz* aber auch Orte der Kinderarbeit und des global funktionalisierten informellen Sektors ein.

Von den globalen und globalisierten Orten bruchhaft gesondert befindet sich die **neue Peripherie**, die auch als marginalisierter Zwischenraum, „ocean of poverty" oder neuer Süden beschrieben wird. Hier lebt die vom internationalen Wirtschaftsgeschehen ausgegrenzte Mehrheit der Weltbevölkerung.

Kasten 7.1: Begriffsbestimmung „Exportorientierte Produktionszonen" und „Offshore Bankzentren"

Exportorientierte Produktionszonen: Zonen in Niedriglohnländern, meist außerhalb der großen Städte, in denen Unternehmen aus den hoch entwickelten Ländern Fabriken zur Verarbeitung oder Montage von Produktkomponenten errichten können, die aus den Industrieländern eingeführt werden, um danach als Zwischen- und Fertigprodukte wieder reexportiert zu werden. Bezweckt wird damit, den Unternehmen für die arbeitsintensiven Stadien ihrer Fertigungsprozesse billige Arbeitskräfte zur Verfügung zu stellen. Steuerfreiheit und milde Arbeitsschutzvorschriften sind weitere Anreize *(Sassen 1997, S. 37-39).*

Offshore-Bankzentren: Sie sind in erster Linie als Steueroasen zu verstehen und entstanden als Reaktion des Privatsektors auf staatliche Regulierungsmaßnahmen. Hier lassen sich Banken und Unternehmen nieder und tätigen Kapitalgeschäfte, um die nationalen Beschränkungen zu unterlaufen. Im Gegensatz zu den großen internationalen Finanzplätzen bieten die Offshore-Bankzentren eine gewisse zusätzliche Flexibilität: Sie gewährleisten Geheimhaltung, stehen „heißem Geld" offen und ermöglichen den Konzernen, Steuern zu sparen. „Offshore" bedeutet dabei nicht immer „im Ausland", sondern im Grunde nur, dass der Markt weniger reguliert, der rechtliche Rahmen also lockerer ist als „onshore". Die bekanntesten Offshore-Bankzentren sind Luxemburg, Hongkong, Singapur, Bahamas, Cayman Islands, Bahrain und Panama *(Diercke Wörterbuch Allgemeine Geographie 2001; Sassen 1997, S. 43-47).*

Beispielsweise zählt der gesamte afrikanische Kontinent mit Ausnahme Südafrikas, einiger Zentren am Golf von Guinea und an der Mittelmeerküste dazu. Generell kann man alle traditionellen Armutsregionen der Erde hinzurechnen, deren Situation durch die Globalisierung keine Verbesserung erfahren hat und mehrheitlich auch nicht erfahren wird. Ihnen bieten sich kaum Teilhabemöglichkeiten am globalen Wettbewerb, da der Bildungsstand der Bevölkerung meist so gering ist, dass die Regionen selbst als Billiglohnanbieter uninteressant und damit für jegliche Form von Outsourcing bedeutungslos sind.

Die Karte in Abbildung 7.3 versucht, einen groben Überblick über die Einteilung der Welt in Globale Regionen, Globalisierte Regionen und Neue Peripherie gemäß dem Modell der globalen Fragmentierung von *Scholz* zu geben.

Die räumliche Fragmentierung bleibt aber nicht auf den globalen Raum beschränkt, sie setzt sich bis auf die lokale Ebene fort. Innerhalb eines globalisierten Ortes und selbst innerhalb globaler Orte gibt es Bevölkerungsgruppen, die in die globalisierte Wirtschaft eingebunden sind, und andere, die davon ausgeschlossen bleiben. Abbildung 7.4 zeigt das Modell **lokaler Fragmentierung** am Beispiel eines globalisierten Ortes. Von den Entscheidungen im Zuge des zunehmend entgrenzten Wettbewerbs sind nur jene Teile innerhalb des globalisierten Ortes erfasst, in

Abb. 7.3:   Einteilung der Welt in Globale und Globalisierte Regionen sowie in die Neue Peripherie

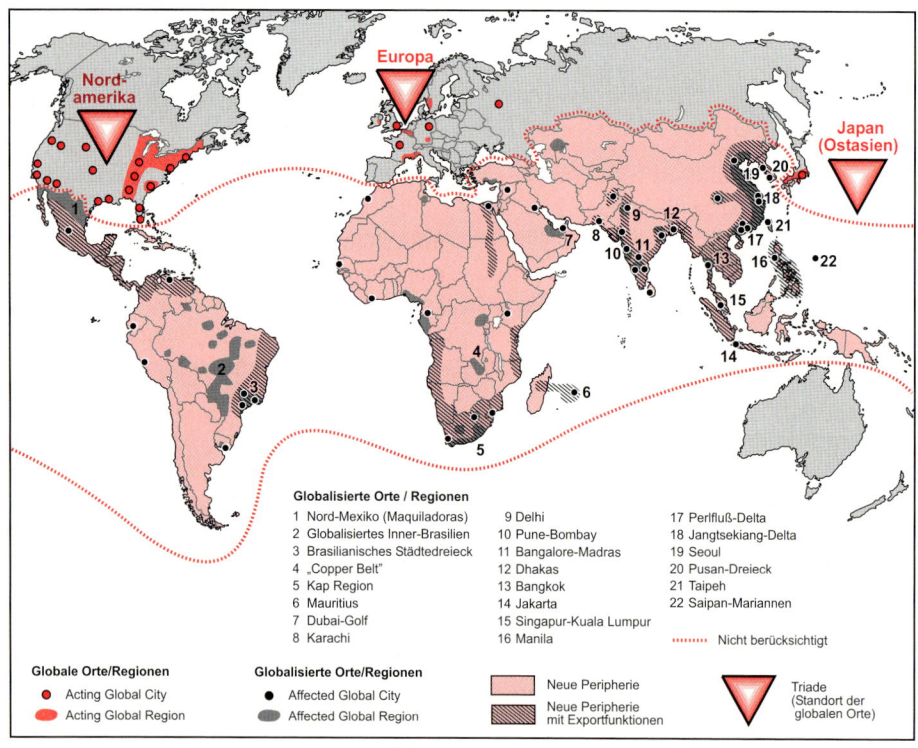

Globalisierte Orte / Regionen

1 Nord-Mexiko (Maquiladoras)	9 Delhi	17 Perlfluß-Delta
2 Globalisiertes Inner-Brasilien	10 Pune-Bombay	18 Jangtsekiang-Delta
3 Brasilianisches Städtedreieck	11 Bangalore-Madras	19 Seoul
4 „Copper Belt"	12 Dhakas	20 Pusan-Dreieck
5 Kap Region	13 Bangkok	21 Taipeh
6 Mauritius	14 Jakarta	22 Saipan-Mariannen
7 Dubai-Golf	15 Singapur-Kuala Lumpur	
8 Karachi	16 Manila	.... Nicht berücksichtigt

Globale Orte/Regionen	Globalisierte Orte/Regionen		
● Acting Global City	● Affected Global City	▨ Neue Peripherie	▽ Triade (Standort der globalen Orte)
Acting Global Region	Affected Global Region	▨ Neue Peripherie mit Exportfunktionen	

Quelle: Scholz 2006, S. 15.

Abb. 7.4: Modell lokaler Fragmentierung

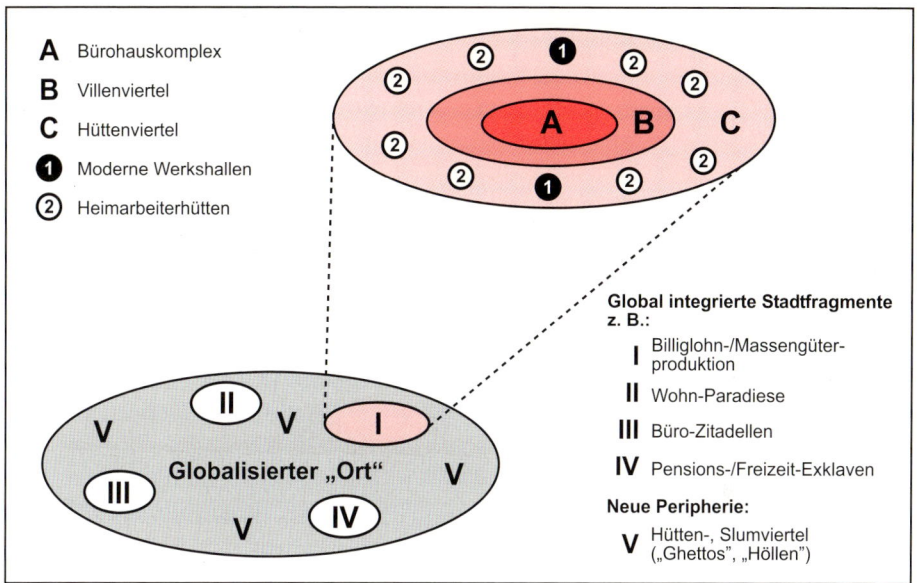

Quelle: Scholz 2004, S. 225.

denen sich die Billiglohn- und Massenkonsumgüterproduktion mit den dazugehörigen Organisationen und Organisationsstrukturen konzentrieren.

Diese global integrierten Stadtfragmente bestehen zum einen aus Bürokomplexen, in denen die Kommandozentralen untergebracht sind, von denen Produktionsaufträge an formale, lokale Unternehmen gegeben oder über Joint-Venture-Kooperationen abgewickelt werden. Häufig lagern die formalen, lokalen Unternehmen wiederum aus Kosten- und Zeitgründen Teile der Produktion zu informellen lokalen Kleinstunternehmen und Heimarbeitern aus, die das letzte Glied im Global-Sourcing-Prozess darstellen. Auf diese Weise wird versucht, das Massenangebot billigster Arbeitskräfte für den globalen Markt auszuschöpfen.

An die zentralen Schaltstellen schließen sich räumlich meist direkt die parkartigen Villenviertel der zugehörigen Akteure, also der ausländischen Repräsentanten und ihrer lokalen Agenten an. Dies geschieht aus eigentlich ganz profanen, in einer virtuellen Welt kaum als zeitgemäß geltenden Gründen: Verkehrsdichte, Zeitdistanz, Sicherheit. Meist unmittelbar daran grenzen ausgedehnte Quartiere aus Hütten, Not- und Massenunterkünften sowie trostlosen Wohnsilos an. Hier befinden sich in der Regel auch die Produktionszonen, bei denen es sich sowohl um hochmoderne, nach außen oft abgeschottete Werkshallen als auch um ausgedehnte Viertel hüttengleicher Werkstätten und Heimarbeiterstätten handeln kann.

Diese Viertel sind infrastrukturell unzureichend und nur punkthaft erschlossen sowie hoffnungslos überbevölkert. Hier lebt das Heer der billigen Arbeitskräfte. Für sie fallen keine Ausbildungs-, Kranken- oder Urlaubskosten an. Wegen des großen Angebots und des geringen Qualifikationsanspruchs sind sie beliebig ersetzbar und werden nur nach auftragsbedingter

Bedarfslage beschäftigt. Sie sind daher ohne jegliche existenzielle Absicherung. Zwar partizipieren sie als Anbieter billigster Lohnarbeit am globalen Marktgeschehen, doch sind sie dadurch keineswegs nachhaltig in das Netz neuer globaler Arbeitsteilung eingebunden. Sie kann man als Scheingewinner der Globalisierung bezeichnen, denn sie sind besonders der Armut ausgesetzt und bilden das letzte, beliebig austauschbare Glied der globalen Wertschöpfungskette.

Aber erst jenseits dieser global integrierten Stadt-Fragmente und der Scheingewinner öffnet sich in der neuen Periphere auf lokaler Ebene die wahre soziale Kluft. Die hier lebenden Bevölkerungsgruppen sind dreifach ausgegrenzt: sie werden weder auf dem Arbeitsmarkt benötigt, noch besitzen sie als Konsumenten eine nennenswerte Bedeutung, noch werden ihre hergestellten Produkte benötigt. Ihre Hüttenlager, Slumquartiere und Ghettos nehmen in der Mehrzahl der Städte des Südens die größten Flächenanteile ein. Sie sind aber auch in wachsendem Maße in den entwickelten Volkswirtschaften anzutreffen.

Ein **Beispiel für einen fragmentierten, globalisierten Ort ist Dhaka in Bangladesh** (vgl. Abb. 7.5). Hier lassen sich mehrere global integrierte Fragmente beobachten, die sich funktional voneinander unterscheiden.

Im Detail betrachtet wird im Folgenden der relativ neue Stadtteil Banani. Das räumliche Zentrum Bananis wird von einem Hochhauskomplex gebildet, in dem sich sowohl die Zentralen und Büros transnationaler Unternehmen und ihrer zahlreichen lokalen Partner als auch internationale Schulen, weiterführende Ausbildungsstätten, Telekommunikationseinrichtungen, Softwarefirmen und einige Nicht-Regierungsorganisationen befinden. Randlich, und damit in das umgebene Villen- und sozial gehobene Apartmentviertel sowie in die Wohnsiloareale der Mittelschicht übergehend, konzentrieren sich zahlreiche exklusive Restaurants, Ausstellungsräume ausländischer Unternehmen oder Clubs.

Unvermittelt an die Außenmauern dieses Wohnviertels lagern sich die ausgedehnten Hüttenviertel an. Hier lebt eine extrem arme Bevölkerung ohne Strom- und Wasserversorgung dicht beisammen. Neben und zwischen den Hütten erheben sich moderne Werkshallen oder lagern flache Werkshütten und Heimarbeiterunterkünfte, in denen die einheimische Bevölkerung im Billiglohnsektor Arbeit bei lokalen Firmen findet, die zusammen mit internationalen Partnern für den Export produzieren. Dabei sind die lokalen Firmen über einheimische Vermittler (broker) mit den ausländischen Interessenten vernetzt.

Die Hüttenlager sind über die meist im Umfeld der Produktionsstätten lebenden Heimarbeiter global eingebunden. Dennoch finden von den ca. 10-12 Millionen Einwohnern Dhakas nur etwa 5% der Erwerbspersonen in diesen global eingebundenen Betrieben Beschäftigung. Meist sind sie auch nur episodisch und vorübergehend tätig, verrichten Überstunden, arbeiten zwischen 10 und 14 Stunden an sechs bis sieben Tagen der Woche und sind dabei stets unterbezahlt *(Scholz 2004, S. 215-264; Scholz 2002, S. 6-11)*.

7.2 Ursachen der fortdauernden Unterentwicklung aus dependenztheoretischer Sicht

Zusammenfassend lässt sich festhalten, dass ungeachtet der Beteuerungen supranationaler Organisationen, der Politik und Transnationaler Unternehmen die Entwicklungsproblematik in den meisten Ländern des globalen „Südens" bestehen bleibt oder

Abb. 7.5:　Modell des globalisierten Stadtfragments Banani in Dhaka

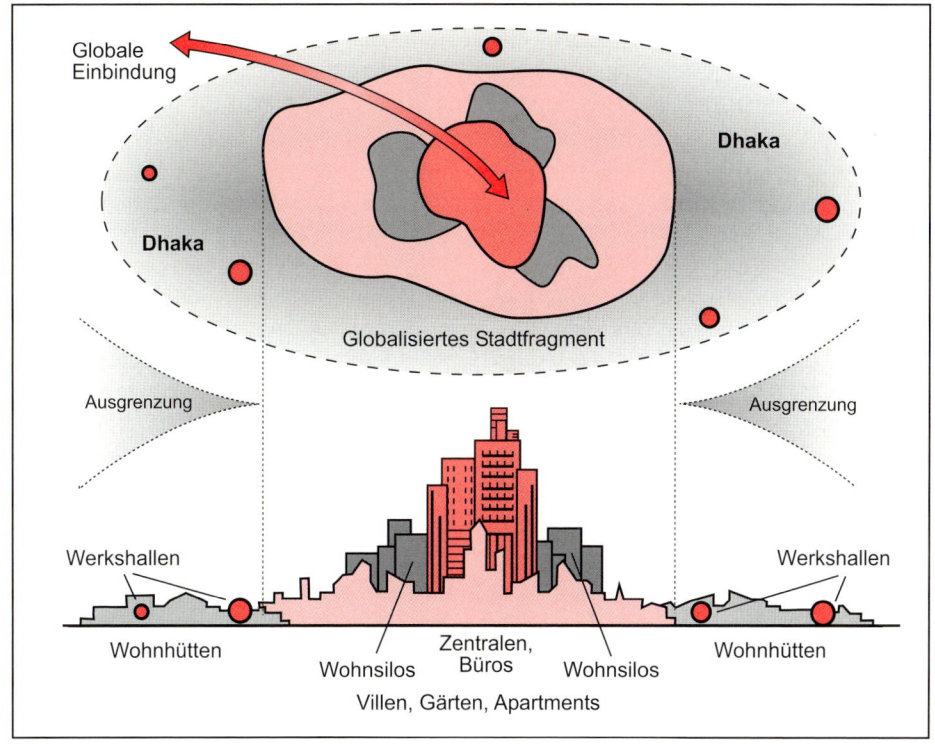

Quelle: Scholz 2004, S. 237.

sich sogar verschärft. Mehrere Zeichen sprechen dafür, dass dem nicht entschieden entgegen gesteuert wird und dass die Unterentwicklung des „Südens" fortdauern wird *(Scholz 2000, S. 16 f.)*:

Im Zuge der Globalisierung können alle global angebotenen und lokal vorhandenen Kostenvorteile von Unternehmen genutzt werden, z. B. indem sie ihre Produktion oder einzelne Produktionsschritte entlang des Lohngradienten verlagern. Dies ermöglicht Unternehmen, das Ziel der Maximierung des Shareholder Value („Aktionärswert") zu erreichen und damit ihren Versprechungen und Verpflichtungen gegenüber den Aktionären nachzukommen.

Der so entstandene **entgrenzte Wettbewerb** führt jedoch zu einem Rückzug der Wirtschaft aus der nationalen und sozialen Verantwortung sowie zu einer Übertragung der lokalen Folgekosten ihres Handelns auf andere Akteure. Aus dem so entstandenen **Primat der Wirtschaft** resultiert die **Hilflosigkeit der nationalen Politik**. Sie wird angesichts der Herausforderungen der globalen Standortkonkurrenz, der Arbeitsplatzsicherung im eigenen Land und der fiskalischen Enge zunehmend erpressbar. Damit einher gehen z. B. eine Einschränkung bisheriger sozialer Leistungen oder eine Kommerzialisierung bzw. Beschränkung der Entwicklungsförderung. Verstärkt werden die Probleme des „Südens" durch die Regierungsunfähigkeit **(bad governance)** vieler Entwicklungsländer. Die dortige Politik ist häufig durch Vetternwirtschaft,

Klientelismus, Patronage, Nepotismus, Clanstrukturen und Bereicherungspraktiken der Eliten gekennzeichnet. Die Ursachen liegen unter anderem in sozialer, ethnischer und religiöser Heterogenität in vielen Ländern sowie in der externen Stützung der internen Eliten durch westliche Länder, die dadurch ihre eigenen entwicklungspolitischen und wirtschaftlichen Interessen sichern. Dadurch fehlt es den Eliten in Entwicklungsländern häufig an Anreizen und Verpflichtungen zu verantwortlichem politischen Handeln. Auch **supranationalen politischen Organisationen** gelingt es nicht, entscheidenden Einfluss auf bestehende Missstände zu nehmen. Die führenden Staaten halten an ihren Eigeninteressen fest, woraus ein faktischer Konsenszwang und dadurch eine **Entscheidungs- und Handlungsohnmacht** resultieren.

7.3 Die Entwicklungsproblematik des „Südens" aus Sicht moderner Wachstumstheoretiker

Moderne Wachstumstheoretiker (vgl. *Frenkel/Hemmer 1999; Hemmer 2002; Hemmer/Lorenz 2004*) erkennen die Problematik vieler Entwicklungsländer, verweisen aber darauf, dass die empirische Überprüfung ergeben hat, dass sich erfolgreich dem Weltmarkt öffnende Länder, vor allem in Lateinamerika, Süd- und Südostasien, nicht nur ihr Wirtschaftswachstum beschleunigen, sondern auch das Ausmaß ihrer absoluten Armut z. T. deutlich verringern konnten. Die „erfolgreichen" Länder zeichnen sich dadurch aus, dass sie sich aktiv, d. h. als Produzenten in die Weltwirtschaft einbringen. Die armen Bevölkerungsgruppen haben demnach durchaus eine Chance, an den durch die Globalisierung erzielten Fortschritten teilzuhaben. Voraussetzung dafür ist aber, dass die **internen politischen**

Rahmenbedingungen so beschaffen sind, dass Wachstumsgewinne auch an solche Gesellschaftsgruppen weitergegeben werden.

Es wird aber auch wahrgenommen, dass die derzeitige Globalisierung weitgehend an den am geringsten entwickelten Entwicklungsländern vorbeigeht, wie es vor allem im Mittleren Osten und in Afrika der Fall ist. Die entsprechenden Länder wurden nur passiv in die Globalisierung eingebunden, d. h. sie schließen sich zwar den weltweiten Konsumtrends an, partizipieren aber nicht auf der Produktionsseite, so dass sie zur Finanzierung ihrer Importe entweder auf die nur relativ wenig entwicklungsfördernden Rohstoffexporte oder aber auf externe Hilfe angewiesen sind. Um diese Länder stärker aktiv in die Globalisierung einzubeziehen, müssen staatliche Akteure nach Meinung moderner Wachstumstheoretiker die Rahmenbedingungen für global produzierende Unternehmen und ausländische Akteure verbessern und auch die Gestaltung der Rechtsverhältnisse und der Infrastruktur (öffentliche Verwaltung, Verkehr, Kommunikation, Wohnen, Bildung, Gesundheit) darauf ausrichten. Häufig bedeutet dies eine die gesamte Volkswirtschaft erfassende **Reform der institutionellen Rahmenbedingungen** bzw. der Wirtschaftsordnung. Die Frage ist hierbei, ob die politisch Verantwortlichen dazu bereit sind, da die Veränderungen in der Regel zu Machteinbußen führen.

Beachtet werden muss aber, dass unabhängig von der nationalen Politik nicht jedes Land in die globalisierte Wirtschaft einbezogen werden kann. Ob dies möglich ist, hängt vor allem von der ökonomischen Größe eines Landes ab: Ein Land muss eine **Mindestmarktgröße** aufweisen, um die zur internationalen Wettbewerbsfähigkeit benötigten internen Lernprozesse durchlaufen zu können. Gerade die modernen industriellen Produktionsprozesse erfordern eine nicht unbeträchtliche Mindestmarktgröße. Deshalb sind für Globalisierungsentscheidungen die internen Absatzpotenziale des Binnenmarktes sowie die Größe bzw. Qualifikation des Arbeitsmarktes bedeutsam. Viele der Least Developed Countries (LDC) sind nicht nur aufgrund des geringen Pro-Kopf-Einkommens, sondern auch wegen ihrer niedrigen Bevölkerungszahl zu klein, um als ernsthafte Konkurrenten um ausländische Direktinvestitionen auftreten zu können, denn oft fehlt ein Mindestvolumen einheimischen Humankapitals. Außerdem sind sie oft mit der Bereitstellung von ergänzenden Investitionen, die für das Gewinnen von Direktinvestitionen notwendig sind, überfordert. Deshalb wird die einzige Chance für sie darin gesehen, zu versuchen, Teil eines größeren Wirtschaftsraumes zu werden.

Ein wichtiger **Kritikpunkt** von Seiten der modernen Wachstumstheoretiker richtet sich gegen die weltwirtschaftlichen Rahmenbedingungen, in die die Entwicklungsländer eingebunden sind. Es gibt zwar Regeln, wie z. B. die Offenheit der Märkte, nach denen der internationale Wettbewerb ablaufen soll. Diese sind aber insofern unzuverlässig, als ihre Befolgung vor allem von der Außenhandelspolitik der großen Welthandelsnationen bzw. Welthandelsblöcke abhängt. Sowohl Japan als auch die USA und die EU haben in der Vergangenheit mehrfach gegen GATT-Regeln verstoßen, was die Glaubwürdigkeit einer Ordnung erschüttert, die den Entwicklungsländern eigentlich Chancen eröffnen sollte. Deren Entwicklungsmöglichkeiten hängen deshalb in bedeutendem Maße von der Regelkonformität der Außenwirtschaftspolitik großer Welthandelsländer bzw. -blöcke ab *(Hemmer 2000, S. 1-8)*.

Der immer noch erhebliche **Protektionismus der Industrieländer**, vor allem im Agrarbereich, leistet einen wesentlichen Beitrag zur Abkopplung unterentwickelter Länder von der Weltwirtschaft. Beispielsweise entsprachen die im Jahr 2000 von den USA gezahlten Subventionen für einheimische Baumwollproduzenten ungefähr dem Vierfachen des Betrages, den die USA als Entwicklungshilfe für ganz Afrika zur Verfügung stellte (500 Mio. US $). Auch die EU zahlt erhebliche Subventionen für die Baumwollproduzenten in Spanien, Italien und Griechenland, im Jahr 2000 waren es ca. 900 Mio. Euro. Durch diese massiven Subventionen wurde der Weltmarktpreis auf einen Wert gedrückt (0,45 Euro pro Pfund im Jahr 2005), zu dem die afrikanischen Produzenten nicht liefern konnten, obwohl ihr Erzeugerpreis (0,65 Euro pro Pfund) eigentlich nur halb so hoch ist wie der nicht subventionierte Erzeugerpreis der USA *(Scholz 2006, S. 171)*.

Weiterführende und ergänzende Literatur zum Kapitel 7:

Scholz, F. (2004): Geographische Entwicklungsländerforschung. Berlin.
Scholz, F. (2006): Entwicklungsländer: Entwicklungspolitische Grundlagen und regionale Beispiele. Braunschweig.
Scholz, F. (2010): Globalisierung: Genese – Strukturen – Effekte. Braunschweig.
Hemmer, H.-R. (2002): Wirtschaftsprobleme der Entwicklungsländer. 3. Auflage. München.
Hemmer, H.-R. / Bubl, K. / Krüger, R. / Marienburg, H. (2001): Die Entwicklungsländer im Globalisierungsprozess - Opfer oder Nutznießer? Sankt Augustin.

8 Global Cities: Die neuen Zentralen Orte einer globalisierten Wirtschaft?

Shanghai   *Quelle: Wikimedia Commons.*

Im vorangegangenen Kapitel wurden die großräumigen Strukturen der Weltwirtschaft sowie deren Veränderungen im Zuge der Globalisierung erläutert. Wirtschaftliche Unterschiede lassen sich jedoch nicht nur zwischen Nationalstaaten bzw. zwischen verschiedenen Wirtschaftsblöcken, sondern auch zwischen Regionen und Städten feststellen. Vor dem Hintergrund veränderter globaler politischer und wirtschaftlicher Machtstrukturen findet eine zunehmende Verlagerung von Kontroll- und Entscheidungskompetenzen von den Nationalstaaten in Richtung internationaler oder supranationaler Organisationen sowie in die Konzernzentralen der Transnationalen Unternehmen statt. An den Hauptsitzen der Transnationalen Konzerne sowie an den Standorten der internationalen Organisationen werden die wesentlichen strategischen Entscheidungen

einer globalisierten Wirtschaft getroffen. Diese politischen und ökonomischen Entscheidungen haben dann nicht nur regionale oder nationale, sondern weltweite Reichweite. Entsprechend werden die Standorte mit einer Vielzahl an Konzernzentralen und internationalen Organisationen als **Global Cities** bezeichnet (zur Global City Forschung vgl. z. B. *Sassen 1997; Beaverstock et al. 1999; Gaebe 2004, S. 34; Gerhard 2004; Heineberg 2006, S.337ff.; Fassmann 2004b, S. 189 ff.* sowie das Wissenschaftsnetzwerk *Globalization and World Cities (GaWC), www.lboro.ac.uk/gawc/*).

8.1 Standorte der führenden Transnationalen Unternehmen

In Abbildung 8.1 sind die Standorte der Hauptquartiere der 500 weltweit umsatz-

Abb. 8.1:   Standorte der Zentralen der 500 umsatzstärksten Unternehmen weltweit 2008

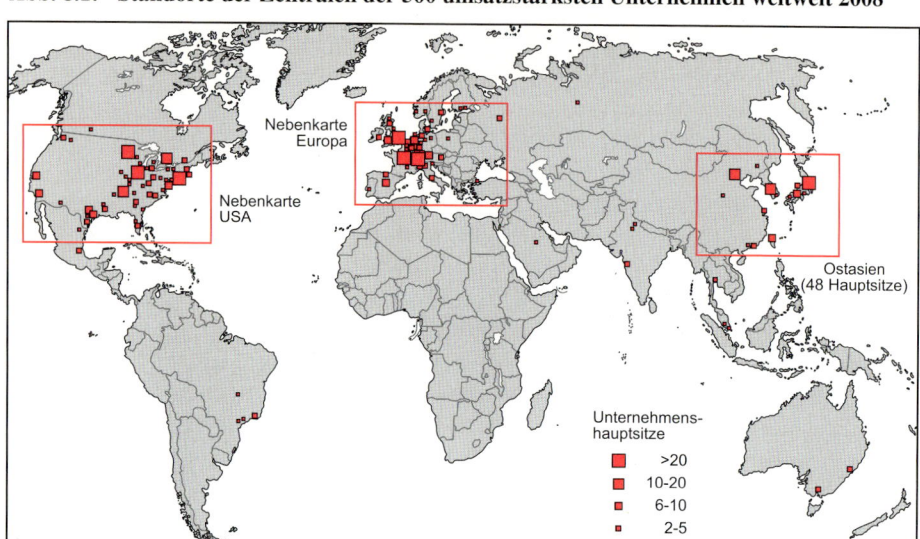

Quelle: Eigene Darstellung nach Fortune TOP 500 (http://money.cnn.com).

stärksten Unternehmen dargestellt, die das Wirtschaftsmagazin „Fortune" für das Jahr 2008 publiziert hat *(http://money.cnn.com).* Es fällt die enorme **Konzentration der Unternehmenszentralen** in den Kernräumen der führenden Wirtschaftsblöcke auf. In Europa befinden sich 190 Hauptsitze der 500 umsatzstärksten Unternehmen, in Nordamerika 167 und in Ost- und Südostasien 117. Zugleich wird anhand dieser Darstellung erneut deutlich, dass einige Teile der Erde vom Prozess der wirtschaftlichen Globalisierung abgekoppelt sind. Im Jahr 2008 lag kein einziges Hauptquartier der globalen TOP 500 Unternehmen in Afrika. Ebenso erscheinen der gesamte vorwiegend islamisch geprägte Raum des Nahen Ostens sowie Zentralasien als weiße Flecken auf der Landkarte. Obwohl in Südamerika der Verstädterungsgrad ausgesprochen hoch ist und ein überdurchschnittlich großer Anteil der Bevölkerung in städtischen Agglomerationen mit mehr als 1 Millionen Einwohner lebt *(Bähr 2004, S. 69; Heineberg 2006),*

befinden sich auf dem gesamten Subkontinent lediglich in Brasilien 5 Konzernzentralen der 500 umsatzstärksten Unternehmen.

Betrachtet man die einzelnen Wirtschaftsblöcke, so zeigen sich differenzierte räumliche Verteilungsmuster. Im **ost- und südostasiatischen Wirtschaftsraum** sind von insgesamt 117 Unternehmenszentralen (ohne die 7 Hauptsitze in Indien) über die Hälfte in Japan (64 Hauptsitze) lokalisiert. Allein im Agglomerationsraum von Tokio befinden sich 48 Hauptquartiere. Tokio ist damit mit deutlichem Abstand die führende Global City in diesem Wirtschaftsraum.

Von den 167 Konzernzentralen in **Nordamerika** befinden sich 153 in den USA und 14 in Kanada (vgl. Abb. 8.2). Innerhalb der USA lässt sich bezüglich des räumlichen Verteilungsmusters eine Teilung zwischen der Westküste und den US-Staaten im Osten feststellen. An der Westküste befinden sich drei Zentren, die San Francisco Bay Area mit 9 Hauptsitzen, Los Angeles mit 6 sowie Seattle mit 4 Zentralen. Weite Teile des Westens und des mittleren Westens ohne Konzernzentralen trennen die östliche Landeshälfte der USA mit einem deutlich weiter gestreuten Verteilungsmuster, das sich zur Ostküste hin verdichtet und in New York und den Neuenglandstaaten die höchste Konzentration aufweist. Allein in Manhattan sind 19 Hauptsitze lokalisiert, so dass nach diesem Kriterium New York die bedeutendste Global City in Nordamerika ist (vgl. dazu auch *Hahn 2004b*).

In **Europa** (Abb. 8.3) entfielen im Jahr 2008 von den insgesamt 190 Hauptsitzen der 500 umsatzstärksten Unternehmen weltweit fast 60% auf die drei Länder Frankreich (39 Hauptsitze), Deutschland (37) und Großbritannien (35). Es folgen die Schweiz (14 Hauptsitze), die Niederlande (13), Spanien (11) und Italien (10). In Frankreich sind bis auf 2 Unternehmen alle Konzernzentralen im Großraum Paris konzentriert. Ebenso

hebt sich der erweiterte Großraum Londons als dominante Standortregion innerhalb Großbritanniens deutlich vom Rest des Landes ab. Entsprechend können diese beiden Städte als die bedeutendsten Global Cities in Europa angesehen werden. In Deutschland hingegen hat sich keine einzelne, dominante Global City herausgebildet. Die meisten der 37 Konzernzentralen befinden sich in München (7 Hauptsitze), gefolgt von Frankfurt, Düsseldorf und Essen mit jeweils 4 Hauptsitzen. In Deutschland umfasst die Liste der Städte, die einen Hauptsitz eines der 500 größten Unternehmen beherbergen, insgesamt 17 Standorte. *Häußermann et al. (2007, S. 167ff.)* erklären diesen Gegensatz zwischen der zentralen Stellung der deutschen Wirtschaft innerhalb der globalen Ökonomie und der Zweit- oder Drittrangigkeit der deutschen Städte im weltweiten Städtesystem der Global Cities

Abb. 8.2: **Standorte der Konzernzentralen der 500 umsatzstärksten Unternehmen weltweit 2008 in Nordamerika**

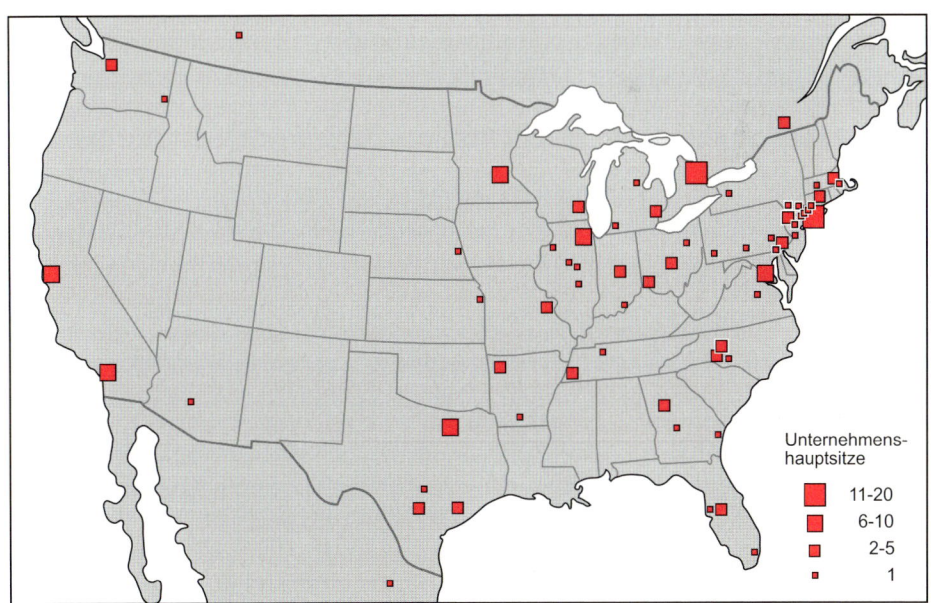

Quelle: Eigene Darstellung nach Fortune TOP 500 (http://money.cnn.com).

Abb. 8.3: Standorten der Konzernzentralen der 500 umsatzstärksten Unternehmen weltweit in Europa 2008

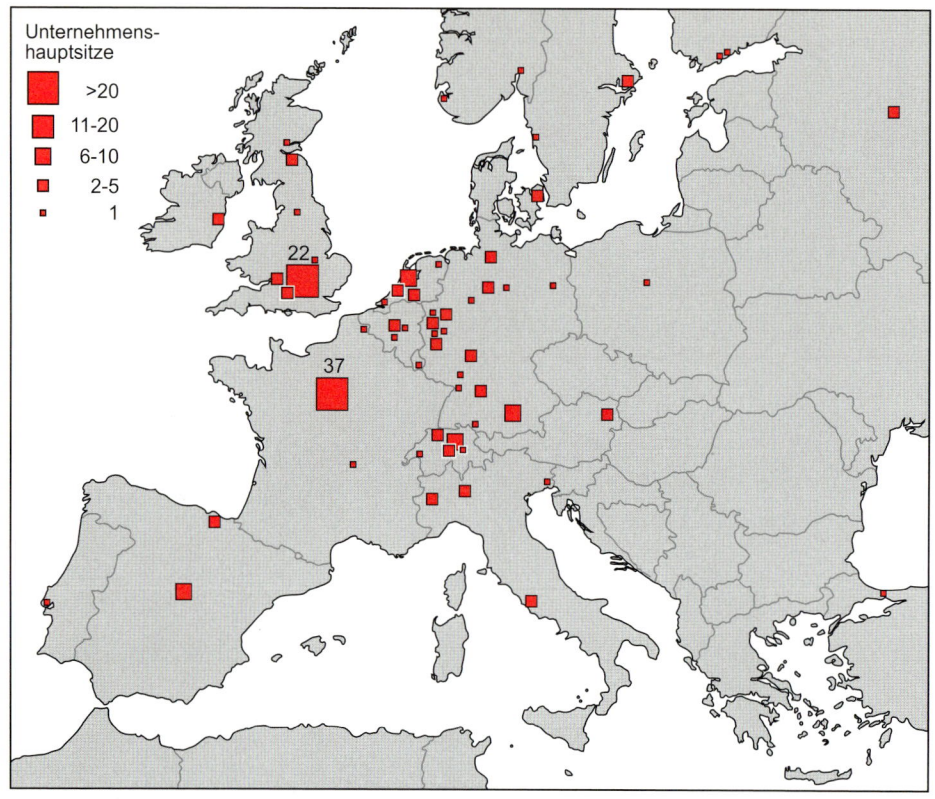

Quelle: Eigene Darstellung nach Fortune TOP 500 (http://money.cnn.com).

mit sogenannten **Varieties of Capitalism.** Demnach haben unterschiedliche historische Bedingungen verschiedene Modelle und Ausprägungsformen des Kapitalismus hervorgebracht, mit einer jeweils national spezifischen Wirtschafts- und Sozialordnung. In Deutschland haben die föderalistischen Strukturen ein entsprechend disperses Urbanisierungsmuster erzeugt. Die spezifischen Funktionen einer Global City werden in Deutschland von einem Netz aus **Metropolregionen** übernommen, in dem sich die einzelnen Metropolregionen zunehmend auf bestimmte Bereiche spezialisieren. Das deutsche Metropolsystem könnte somit eine

zukunftsfähige Alternative zu dem stark zentralisierten Modell der Global Cities darstellen *(Häußermann et al. 2007, S. 168; Blotevogel 2002; Kujath 2005; Krätke 2007)*.

8.2 Merkmale der Global Cities

Die besondere Bedeutung der Global Cities wird damit begründet, dass globale Märkte und global übergreifende Wirtschaftsabläufe neue zentrale Orte erfordern, an denen die globalen Vernetzungen zusammenlaufen und koordiniert werden. Entsprechend spielen weniger die Stadt-Umland-Beziehungen im herkömmlichen Sinne eine Rolle, sondern vielmehr die Vernetzungen und Interaktionsbeziehungen zwischen den Global Cities. Aufgrund der Konzentration der Entscheidungsmacht zeichnen sich Global Cities durch die so genannte **Command- and Controlfunktion** aus. Für den Aufstieg in den Rang einer Global City sind folglich die Standortentscheidungen bei der Lokalisation der zentralen Funktionen eines Transnationalen Unternehmens entscheidend. Bevorzugt werden Städte mit einer leistungsstarken Infrastruktur, herausragende Knotenpunkte in den weltweiten Kommunikations- und Logistiknetzen, Finanzplätze zur Abwicklung der globalen Kapitaltransfers sowie Konzentrationen von Wissen, Kompetenzen und hochspezialisierten unternehmensorientierten Dienstleistungen *(Gaebe 2004; Bel/Fageda 2008)*. Entsprechend wird in der Literatur neben der Command- und Controlfunktion auf zwei weitere Merkmale einer Global City hingewiesen.

Zum einen sind Global Cities in der Regel ein **bedeutender Finanzplatz**. Mit der Globalisierung erfolgte eine zunehmende Öffnung der Finanzmärkte. Die Orte, an denen Kapitalgeschäfte abgewickelt werden, haben entsprechend eine besondere Stellung innerhalb einer globalisierten Wirtschaft inne. So sind allein an den Wertpapierbörsen in Deutschland im Jahr 2006 rund 5 Billionen Euro umgesetzt worden *(www.finanznachrichten.de)*. Im Vergleich dazu umfasste im selben Jahr der Haushalt der Bundesrepublik Deutschland Ausgaben in Höhe von 261,6 Milliarden Euro *(www.bundesfinanzministerium.de)*, also lediglich 5,2% der Summe, die an den Börsen in Deutschland umgesetzt wurde.

Zweitens sind Global Cities ein bedeutender **Standort von höherwertigen unternehmensorientierten Dienstleistungen** (z. B. Unternehmensberatung, Rechtsberatung oder auch Werbeagenturen). Diese werden von den Unternehmenszentralen zur Organisation der strategischen Unternehmensplanung benötigt und entsprechend nachgefragt, denn Innovationen, neue globale Strategien, Produkte und Kampagnen werden durch diese Dienstleistungsunternehmen vorbereitet und begleitend durchgeführt.

Für die beiden Bereiche der Finanzwirtschaft und die höherwertigen unternehmensorientierten Dienstleistungen sind Informationen über Märkte, Produktentwicklungen

---

Kasten 8.1: Global Cities vs. Megacities

Global Cities werden anhand funktionaler Kriterien definiert. Sie besitzen eine Control- und Command-Funktion, sind Standort höherwertiger unternehmensorientierter Dienstleistungen und ein bedeutender Finanzplatz.

Demgegenüber erlangen **Megacities** ihren Status durch ihre Einwohnerzahl und Einwohnerdichte. Je nach Autor *(Bronger 2000; Gaebe 2004, S. 23f.; Heineberg 2006, S. 29)* besitzt eine Megacity eine Mindestgröße von 5 - 10 Millionen Einwohnern (vgl. zu Megacities auch *Kraas 2007, 2009; Kraas/Nitschke 2008; Borsdorf/Coy 2009*).

Nur einige Megacities sind gleichzeitig auch Global Cities. Insbesondere in den Entwicklungsländern verfügen viele Megacities nicht über die geforderten Merkmale einer Global City. Ebenso haben einige Global Cities trotz ihrer hohen funktionalen Bedeutung weit weniger Einwohner als für eine Megastadt gefordert.

und Firmenstrategien aus erster Hand unerlässlich, um erfolgreich Investitionen zu tätigen. Dazu sind face-to-face Kontakte zwischen Entscheidungsträgern der Wirtschaft oder zur Politik und den Vertretern der internationalen Organisationen unerlässlich, so dass sich die hohe Konzentration dieser unterstützenden Branchen in den Global Cities ergibt *(Fassmann 2004b)*.

Es widerspricht allerdings der empirischen Realität, dass alle Konzernzentralen in einer Global City lokalisiert sind. Einige Standortentscheidungen der weltweit größten Unternehmen reichen weit in die Vergangenheit zurück und haben seitdem Bestand. Die Entwicklung der jeweiligen Stadt ist oftmals sehr eng an den Aufstieg des betreffenden Unternehmens gekoppelt, das häufig sogar die gesamte Standortregion dominiert. Beispiele dafür sind die Konzernzentrale von BASF in Ludwigshafen, Volkswagen in Wolfsburg oder die Konzernzentralen der US-amerikanischen Automobilhersteller in Detroit. Diese Standorte weichen vom generellen räumlichen Muster der hohen Konzentration der wichtigsten Unternehmenszentralen auf einige wenige Global Cities ab.

Aber nicht nur die Standortentscheidungen der Transnationalen Unternehmen sondern auch politische Maßgaben haben die Herausbildung führender Global Cities bewirkt. Dies betrifft insbesondere den ost- und südostasiatischen Wirtschaftsraum. So spielte in Japan das mächtige Ministry of International Trade and Industry (MITI), das 2001 umbenannt wurde in Ministry for Economy, Trade and Industry (METI), eine wichtige Rolle bezüglich der Bildung großer, international wettbewerbsfähiger Industriekonzerne in ausgewählten Branchen *(Dicken 2007, S. 214 f.)*. In Südkorea hatte eine autoritäre Staatsführung die Macht, Großunternehmen, die sogenannten Chaebol, zu gründen sowie deren Entwicklung zu lenken und weiter zu fördern, wobei der starke Entwicklungsstaat als einer der entscheidenden Faktoren hinter dem rasanten wirtschaftlichen Aufstieg Südkoreas angesehen wird, der die räumlichen Strukturen wesentlich mitgeprägt hat *(Hassink 2002)*. Ebenso lässt sich die hohe Konzentration der Hauptsitze der chinesischen Großunternehmen in Peking nur unter Berücksichtigung der besonderen Bedeutung der Politik erklären.

8.3 Global Cities als neue Zentrale Orte?

Global Cities werden häufig als **Zentrale Orte einer globalisierten Wirtschaft** bezeichnet *(Sassen 1997; Fassmann 2004b)*, denn sie nehmen ähnlich wie die Zentralen Orte nach *Christaller (1933)* eine bestimmte Versorgungsfunktion ein. Diese bezieht sich jedoch auf die Versorgung der Unternehmen mit höherwertigen unternehmensorientierten Dienstleistungen und nicht wie bei *Christaller* auf die Versorgung der Bevölkerung mit tertiären Gütern. Auch beschränkt sich die Versorgungsfunktion der Global Cities nicht nur auf das unmittelbare Umland, wie dies bei den Zentralen Orten nach *Christaller* der Fall ist. Bei den Global Cities handelt es sich folglich um eine unternehmensorientierte (statt konsumentenorientierte) Standorttheorie des höherwertigen Dienstleistungsbereichs.

Innerhalb des Netzes aus Global Cities sind ähnlich wie in *Christallers* Konzept der Zentralen Orte verschiedene Hierarchiestufen identifiziert worden. Diese werden jedoch nicht als Ober-, Mittel- und Grundzentrum eingestuft, sondern beispielsweise in Alpha-, Beta- und Gamma-Standorte *(vgl. Beaverstock et al. 1999)*. Prinzipiell werden zwei Wege beschritten, um eine Einteilung in Hierarchiestufen vorzunehmen: erstens nach der **Katalogmethode** oder zweitens durch die **Messung von Verbindungen**. Die zuvor dargestellte Analyse der Hauptsitze der 500 umsatzstärksten Unternehmen weltweit ist ein Beispiel für eine Identifizierung und Einteilung der Global Cities nach der Katalogmethode. Häufiger wird jedoch der Besatz mit hochwertigen wissensintensiven Dienstleistungsunternehmen zugrunde gelegt. Insbesondere die Arbeit von *Beaverstock et al. (1999)* hat diesbezüglich Beachtung gefunden *(Mackinnon/Cumbers 2007, S. 182; Gerhard 2004; Fassmann 2004b)*. Für die vier ausgewählten Dienstleistungsbereiche Wirtschaftsprüfung, Werbung, Banken- und Finanzdienstleistungen sowie Rechtswesen und Rechtsberatung wurden die Unternehmenseinheiten der weltweit führenden Unternehmen analysiert. Je nach dem, wie viele Unternehmenseinheiten in den jeweiligen Städten vertreten waren, wurden für jeden der vier Dienstleistungsbereiche bis zu 3 Punkte vergeben, so dass eine Stadt maximal 12 Punkte erreichen konnte. Auf dieser Grundlage entstand die folgende, häufig zitierte Hierarchieeinteilung mit London, New York, Paris und Tokio als weltweit bedeutendste Knoten im globalen Netz *(Beaverstock et al. 1999)*:

- **Alpha World Cities:**
  - 12 Punkte: London, New York, Paris, Tokio
  - 10 Punkte: Chicago, Frankfurt, Hong Kong, Los Angeles, Mailand, Singapur

- **Beta World Cities:**
  - 9 Punkte: San Francisco, Sydney, Toronto, Zürich
  - 8 Punkte: Brüssel, Madrid, Mexico City, Sao Paulo
  - 7 Punkte: Moskau, Seoul

- **Gamma World Cities:**
  - 6 Punkte: u. a. Düsseldorf
  - 4 Punkte: u. a. Berlin, Hamburg, München

Das zweite Verfahren zur Bestimmung der jeweiligen Bedeutung eines Standorts innerhalb des gesamten Netzwerks der Global Cities besteht in der Messung der Verbindungen die an einem Standort zusammenlaufen. Der Grad der Einbindung einer Stadt in das Gesamtnetzwerk der Global Cites ist der Indikator für die Bedeutung der jeweiligen Stadt *(Burger et al. 2008)*. Entsprechend ist zu erwarten, dass die Intensität der Verbindungen proportional zum Rang der jeweiligen Global City steht. Die Festlegung auf entsprechende Indikatoren ist jedoch sehr schwierig, denn jeder Indikator kann die unterstellten Standortverbindungen letztlich nur sehr schemenhaft abbilden. Als gängiger Indikator werden vor allem Fluggastzahlen herangezogen *(Taylor et al. 2007; Bel/Fageda 2008)*. Mit diesem Indikator wird neben dem Aspekt der globalen Vernetzung zwischen den Orten höchster Hierarchiestufe zudem die Bedeutung eines Knotenpunktes des internationalen Flugverkehrs für die Standortwahl der Zentrale eines global operierenden Unternehmens unterstrichen. Generell existiert ein statistischer Zusammenhang, dass ein internationaler Flughafen mit vielen internationalen non-stop-Flugverbindungen eine wichtige Determinante hinsichtlich der Standortwahl der Hauptsitze von Transnationalen Unternehmen darstellt *(Bel/Fageda 2008)*. Ein Problem besteht jedoch darin, dass in solchen Statistiken Geschäftsleute nicht getrennt von anderen Flugreisenden (z. B. Touristen) analysiert werden können und so z. B. touristisch interessante Destinationen weit intensivere Verbindungen aufweisen, als es ihrem nach der Katalogmethode gemessenen Rang als Global City entspricht. Eine entsprechende Residuenanalyse weist Orte wie Las Vegas oder Honolulu als überproportional häufig besucht aus (over-visited). Demgegenüber haben Tokio oder Jakarta gemessen an ihrem Besatz an Unternehmenseinheiten von wissensintensiven Dienstleistungsunternehmen zu geringe Fluggastzahlen (over-serviced) *(Taylor et al. 2007)*.

Die **Kritik am Global City-Konzept** *(Gerhard 2004)* bezieht sich erstens auf die zu enge Fokussierung auf den Dienstleistungsbereich und die Vernachlässigung des Produzierenden Gewerbes oder der urbanen Cluster der sogenannten Kulturökonomie *(Mossig 2005)*, die ebenfalls in einem engen Zusammenhang von Globalisierung und Stadtentwicklung gesehen werden müssen. *Krätke/Taylor (2004)* konnten am Beispiel der führenden Medienstädte für die weltweit vernetzte Kulturökonomie ein globales Standortmuster aufzeigen, das sich vom räumlichen Muster der Global Cities deutlich unterscheidet. Zum Zweiten wird Kritik an den Methoden zur Bestimmung der Hierarchiestufen laut, da die verwendeten Indikatoren nur unvollständig die geforderten Merkmale und die damit verbundenen theoretischen Erkenntniszusammenhänge abbilden können. Drittens haben einige Transnationale Konzerne ihre Unternehmenszentrale außerhalb der Global Cities und stellen von dort ebenfalls erfolgreich globale Verbindungen her. Viertens kann hinterfragt werden, ob die Stadtstrukturen tatsächlich in dem postulierten Maße vom Globalisierungsprozess beeinflusst werden. Möglicherweise werden die Einbindung in das nationale Städtesystem sowie die Stadt-Umlandbeziehungen im Konzept der Global Cities zu sehr vernachlässigt.

Weiterführende und ergänzende Literatur zum Kapitel 8:

Sassen, S. (1997): Metropolen des Weltmarkts. Die neue Rolle der Global Cities. 2. Auflage, Frankfurt, New York.

Beaverstock, J. V. / Smith, R. G. / Taylor, P. J. (1999): A roster of world cities. In: Cities, Vol. 16 (6), S. 445 - 458.

Bel, G. / Fageda, X. (2008): Getting there fast: globalization, intercontinental flights and location of headquarters. In: Journal of Economic Geography, Vol. 8 (4); S. 471 - 495.

Taylor, P. J. / Derudder, B. / Witlox, F. (2007): Comparing Airline Passenger Destinations With Global Service Connectivities: A Worldwide Empirical Study of 214 Cities. In: Urban Geography, Vol. 28 (3), S. 232 - 248.

Empfehlenswert sind auch die aktuellen Publikationen und Informationen des Wissenschaftsnetzwerk *Globalization and World Cities,* die abrufbar sind unter: http://www.lboro.ac.uk/gawc/.

9 Räumliche Organisation globaler Produktions- und Vertriebsnetzwerke

Auftragsproduktion für Nike in Thailand Foto: *Dominik Schmid.*

Die konventionelle Analyseeinheit der globalen Wirtschaft stellt der Nationalstaat dar. So geht die klassische Theorie zur weltwirtschaftlichen Arbeitsteilung davon aus, dass jedes Land diejenigen Güter herstellt, für deren Produktion es über komparative Kostenvorteile verfügt, und dass es diese Güter dann über Außenhandelsbeziehungen mit anderen Ländern austauscht (vgl. Kap. 2.1). Auch die Kapitel 6 und 7 dieses Buches orientieren sich an der klassischen nationalstaatlichen Betrachtungsweise, indem die räumlichen Implikationen der Globalisierung für ganze Ländergruppen erläutert werden. In den 1970er Jahren gewann die Debatte über internationale Austauschbeziehungen jedoch eine neue Dimension, als von *Fröbel, Heinrichs und Kreye (1977)* der Begriff der Neuen Internationalen Arbeitsteilung geprägt wurde. Darunter wird vor

allem die Auslagerung arbeitsintensiver Produktionsschritte aus unternehmensinternen Wertschöpfungsprozessen verstanden. Zum ersten Mal wurde diskutiert, dass durch den Einsatz neuer Informations- und Produktionstechnologien sowie neuer Organisationsformen einzelne Schritte des Wertschöpfungsprozesses an unterschiedlichen Standorten in verschiedenen Nationen durchgeführt werden können, um dadurch komparative Kostenvorteile zu erzielen *(Bertram 2005)*.

Da sich Produktionsprozesse im Zuge der Globalisierung über Staatsgrenzen hinweg ausgedehnt haben und zudem auch innerhalb der einzelnen Länder räumlich unterschiedlich verteilt sind, ist eine Betrachtung von Globalisierungsprozessen allein auf nationalstaatlicher Ebene nicht ausreichend. Eine alternative Möglichkeit besteht darin,

Warenketten bzw. Produktionsnetzwerke zu analysieren, die alle räumlichen Maßstabsebenen durchschneiden *(Dicken 2007, S. 13)*.

9.1 Globale Warenketten

Viele Unternehmen spalten ihre Wertschöpfungsketten in Teilprozesse auf, die sie getrennt bewerten und jeweils an dem Standort mit den günstigsten Bedingungen weltweit durchführen oder durchführen lassen. Meist bleibt dabei die Hauptverwaltung der Unternehmen in den großen städtischen Zentren der Industrieländer, wohingegen die unteren Organisationsebenen an kostengünstigere Standorte verlagert werden. Dadurch entstehen verschiedene Formen von grenzüberschreitenden Vernetzungen, die über die Unternehmensgrenzen hinausgehen *(Dicken 2007, S. 141-150; Nuhn 1997)*. Diese können mit Hilfe des Ansatzes globaler Warenketten (Global Commodity Chains) nach *Gereffi et al. (1994)* analysiert werden.

9.1.1 Theoriegrundlagen des Konzepts der Globalen Warenketten

Globale Warenketten sind grenzüberschreitende Netzwerke von Arbeits- und Produktionsprozessen, deren Endergebnis fertige Waren sind. Dabei werden Haushalte, Unternehmen und Staaten innerhalb der Weltwirtschaft miteinander verbunden. Es handelt sich um vertikale Netzwerke, also um Abnehmer-Zulieferer-Beziehungen, die sich zwischen großen und kleinen Unternehmen sowie zwischen Industrie-, Schwellen- und Entwicklungsländern bzw. deren Regionen spannen *(Gereffi et al. 1994; Schamp 2000, S. 99; Christensen 2000)*. Von globalen Warenketten sind **strategische Allianzen** zu unterscheiden, die in der Regel eine horizontale Kooperation zwischen großen Unternehmen der Industrieländer darstellen,

d.h. eine Zusammenarbeit zwischen Unternehmen der gleichen Produktions- oder Handelsstufe. Es handelt sich dabei meist um eine zeitlich begrenzte Kooperation, die sich nur auf bestimmte Geschäftsfelder der beteiligten Unternehmen beschränkt. Diese bleiben dabei selbstständige Unternehmen *(Kulke 2008, S. 53; Schamp 2000, S. 99)*.

Die Ursache der Entstehung globaler Warenketten liegt vor allem in den Bestrebungen von Unternehmen in einer globalisierten Wirtschaft, aus bestehenden nationalen Differenzen Vorteile zu ziehen. Die Nachfrage der Konsumenten ist derzeit vor allem bei Standardprodukten durch die Orientierung auf niedrige Preise gekennzeichnet. Daher besteht für die Hersteller ein starker Preisdruck, auf den sie oftmals nur durch Verlagerung der Produktion an (lohn-) kostengünstigere Standorte im Ausland reagieren können *(Kulke 2004)*. Weitere Gründe sind die Suche nach organisatorischer Flexibilität, die Reduktion des unternehmerischen Risikos sowie die Überwindung protektionistischer Barrieren (vgl. Kap. 3.3; *Gereffi et.al. 1994; Dicken/Lloyd 1999, S. 268; Christensen 2000*).

Globale Warenketten weisen drei grundlegende Eigenschaften auf: Erstens besitzen sie materielle **Input-Output-Beziehungen**, die in einer Sequenz wertsteigernder ökonomischer Aktivitäten miteinander verbunden sind. Dies bedeutet, dass mehrere Unternehmen arbeitsteilig an einem bestimmten Produktionsprozess beteiligt sind und dabei über Lieferbeziehungen von Rohstoffen, Teilkomponenten und Endprodukten miteinander verbunden sind. Dabei wird bei jedem Produktionsschritt die Wertschöpfung erhöht, also die Differenz zwischen dem Wert der gesamten Produktionsleistung und der Vorleistungen. Zweitens weisen Globale Warenketten bestimmte Raumstrukturen (die sogenannte **Territorialität**) auf, sie können entweder räumlich konzentriert oder dispers auftreten. Drittens sind sie durch ungleiche Machtbeziehungen der verschiedenen Akteure gekennzeichnet, d.h. sie besitzen **Governance-Strukturen** *(Gereffi 1994; Kulke 2008, S. 133 f.)*.

Eine Globale Warenkette wird auf zwei Ebenen koordiniert und reguliert. Erstens stellen die Nationalstaaten Regelsysteme auf, innerhalb derer die Unternehmen arbeiten müssen. Die zweite Ebene ist die der Unternehmen, wobei besonders die Transnationalen Unternehmen von Bedeutung sind (vgl. Kap. 1.2; *Dicken 2007, S. 106, S.173*). Ein Unternehmen muss dabei nicht zwangsläufig alle Produktionsstätten im Ausland besitzen, um die Koordination und Kontrolle über eine Warenkette ausüben zu können. Die möglichen Koordinationsweisen bewegen sich zwischen zwei Extremen: Auf der einen Seite können alle Transaktionen über den Markt geregelt werden, sie sind dann komplett aus einem Unternehmen ausgelagert (externalisiert). Auf der anderen Seite steht ein vertikal integriertes System, bei dem alle Aktionen innerhalb einer Firma ausgeführt werden und hierarchisch organisiert sind *(Dicken 2007, S. 16 f.)*.

Früher entsprachen die Governance-Strukturen meist der Unternehmenshierarchie. Mit der Externalisierung von Aufgaben und der Globalisierung der Warenketten hat sich dies aber geändert *(Gereffi et al. 1994)*. Unter den vielen miteinander vernetzten Unternehmen haben Einzelne innerhalb der Warenkette die Macht, zu bestimmen, wie andere Firmen in der Kette handeln müssen *(Bertram 2005)*. Dabei kann zwischen zwei Basisformen von Governance-Strukturen in Globalen Warenketten unterschieden werden, die herstellergesteuerten und die käufergesteuerten Warenketten. Herstellergesteuerte Warenketten liegen vor allem in kapital- und technologieintensiven Industrien vor, wie z. B. in der Herstellung von Automobilen, Flugzeugen und elektrischen Maschinen. Käufergesteuerte Warenketten sind dagegen für arbeitsintensive Konsumgüterindustrien typisch, beispielsweise für die Herstellung von Bekleidung, Schuhen, Spielzeug und elektronischen Haushaltswaren *(Gereffi 1994)*.

Herstellergesteuerte Warenketten bzw. producer-driven commodity chains (vgl. Abb. 9.1) werden von transnationalen, meist oligopolistischen Unternehmen auf der Stufe der Produktion gesteuert (d.h. wenigen großen Unternehmen steht eine Vielzahl von Nachfragern gegenüber). Diese Unternehmen sind selbst noch in der Produktion von hauptsächlich hoch entwickelten Gütern tätig, konzentrieren sich aber vor allem auf die Entwicklung von Produkten und behalten nur eine bestimmte Kernproduktion sowie die Endmontage bei. Sie haben die Fähigkeit, Kontrolle über Rückwärtsverbindungen (Lieferanten von Rohmaterial und Komponenten) und Vorwärtsverbindungen (Einzelhandel) auszuüben, da sie über die Technologien, das Kapital und Fachwissen verfügen, welches für den Produktionsprozess erforderlich ist *(Schamp 2000, S. 95; Gereffi 1994; Gereffi 1999; Bertram 2005)*.

Seit den 70er Jahren verlagern sie vor allem diejenigen Produktionsschritte in Niedriglohnländer, die arbeitsintensiv sind, in denen keine Economies of Scale (vgl. Kap. 3.2.1) in der Produktion erzielt werden können oder in denen es nur geringe nationale Unterschiede in der Arbeitsproduktivität gibt, d.h. ausländische Betriebe einen Arbeitsschritt genauso effizient ausführen können wie das eigene Unternehmen.

Dabei werden meistens Direktinvestitionen in Zweigwerke oder die so genannte **passive Lohnveredelung** durchgeführt. Passive Lohnveredelung bedeutet, dass die

Transnationalen Unternehmen teilgefertigte Produkte exportieren, um arbeitsintensive Bearbeitungsschritte im Ausland durchführen zu lassen. Anschließend werden die Produkte dann wieder importiert und gegebenenfalls noch abschließend bearbeitet *(Schamp 2000, S. 95 f.)*. Diese Form der Arbeitsteilung beruht auf Subkontraktbeziehungen. Dabei vergibt der Auftraggeber bestimmte Aufgaben der Produktion an ein anderes, unabhängiges Unternehmen (Subunternehmer), das sich nach seinen Spezifikationen oder Plänen richtet. Der Unterschied zwischen Subunternehmertum und reinem Marktbezug besteht darin, dass mit dem Subunternehmer ein Vertrag abgeschlossen wird, in dem der spezielle Auftrag festgelegt wird *(Dicken/Lloyd 1999, S. 268)*. In der Vergangenheit beruhten Subkontraktbeziehungen auf enger räumlicher Nähe zwischen Hersteller und Zulieferer. Mittlerweile ist aber ihre geographische

Ausdehnung gewachsen, sie reichen auch über nationale Grenzen hinweg *(Dicken 2007, S. 154)*.

Käufergesteuerte Warenketten bzw. buyer-driven commodity chains (vgl. Abb. 9.2) sind eine neuere und komplexere Form der internationalen Zusammenarbeit, die seit den 1980er Jahren auftritt. Diese Form von Warenketten wird auf der Stufe des Konsums gesteuert. Unter dem Begriff der Käufer werden dabei nicht die Endkonsumenten verstanden, sondern große Einzelhandelsketten (z. B. Wal-Mart oder Aldi) und Markenfabrikanten (z. B. Nike) aus den Industrieländern (Leitunternehmen). Sie produzieren in der Regel nicht mehr selbst, sondern entwerfen und vermarkten nur noch ihre Produkte. Deshalb sind sie also keine Hersteller („Produzenten ohne Fabriken"), sondern erstens Käufer der von ihnen entworfenen Produkte und zweitens Händler. Durch ihre Kompetenz beim

Abb. 9.1:   Herstellergesteuerte Warenketten

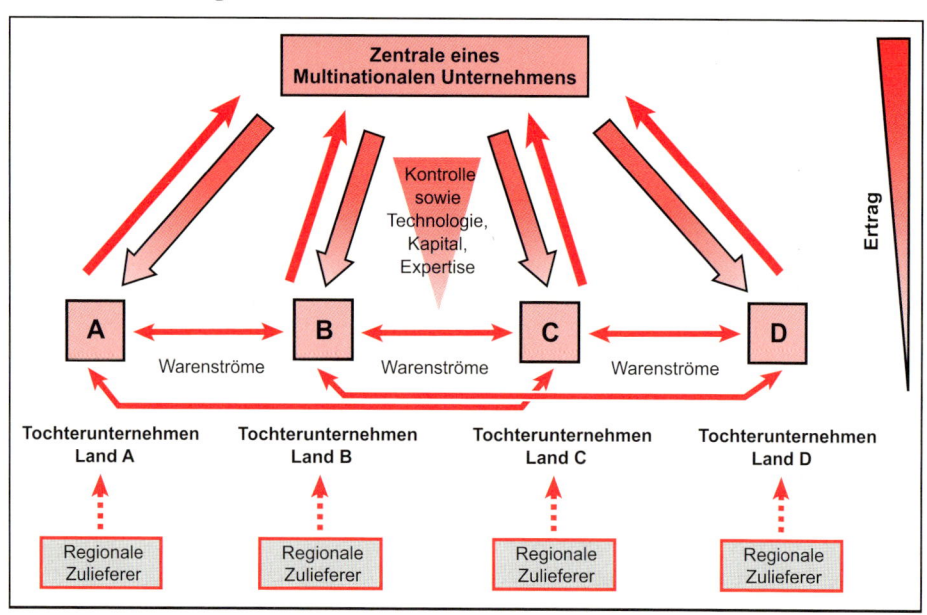

Quelle: Eigene Darstellung nach Halder 2005, S. 13.

Abb. 9.2: Käufergesteuerte Warenketten

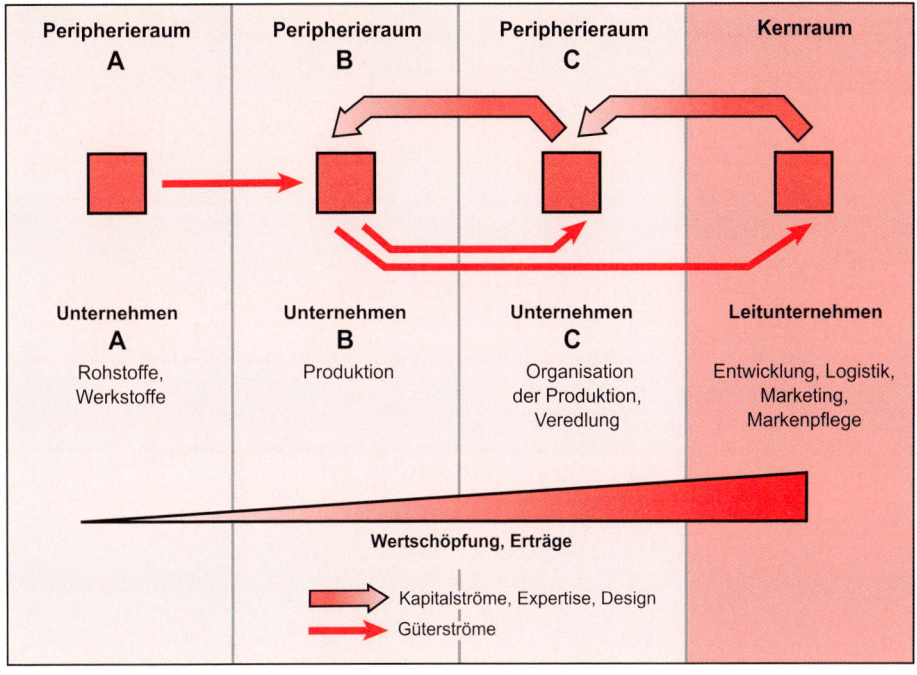

Quelle: Eigene Darstellung nach Halder (2005), S. 14.

Design der Produkte sowie der Kontrolle des Marktzugangs spielen sie die entscheidende Rolle bei der Errichtung von dezentralisierten Produktionsnetzwerken. Ihre Hauptaufgabe ist es, die Produktionsnetzwerke zu managen und die einzelnen Teilprozesse zu einem integrierten Ganzen zusammen zu bringen. Produziert wird größtenteils in einem komplex geschichteten Netzwerk aus rechtlich selbständigen Subunternehmern in Entwicklungs- und Schwellenländern *(Gereffi 1994; Halder 2005; Schamp 2000, S. 96 f.; Bertram 2005).*

Viele ursprünglich herstellergesteuerte Warenketten verändern sich in Richtung käufergesteuerter Warenketten. Vorangetrieben wird die Ausbildung von käufergesteuerten Warenketten durch den Konzentrationsprozess im Handel. Wenigen großen Handelsunternehmen stehen viele, meist kleine Produzenten gegenüber. Dadurch wachsen die Marktmacht, der Wert der Markennamen und die Kontrolle des Zugangs zu den Märkten durch Leitunternehmen, die als Filter wirken und ihre Produkt- und Preisvorstellungen durchsetzen können *(Schamp 2000, S. 140 f.; Halder 2005; Kulke 2004).*

In den folgenden zwei Kapiteln 9.1.2 und 9.1.3 sollen anhand von zwei Fallbeispielen die Merkmale und Funktionsweisen globaler Warenketten sowie die Unterschiede zwischen den beiden Governance-Formen verdeutlicht werden. Die Produktion chirurgischer Instrumente in Tuttlingen und Sialkot/Pakistan dient dabei der Erläuterung herstellergesteuerter Warenketten, die Sportschuhherstellung der Firma Nike stellt ein Beispiel für eine käufergesteuerte Warenkette dar.

9.1.2 Das Beispiel der chirurgischen Instrumente aus Tuttlingen und Sialkot/Pakistan

Das weltweit führende Cluster (vgl. Kap. 10) der Medizintechnik befindet sich seit vielen Jahrzehnten im baden-württembergischen Tuttlingen (vgl. im Folgenden *Halder 2005, 2006*). Es ist durch vorwiegend kleine Unternehmen mit einer stark differenzierten Produktpalette gekennzeichnet. Sie stellen etwa 20.000 unterschiedliche chirurgische Instrumente her. Die Attraktivität des Standorts Tuttlingen liegt bis heute in seiner Innovationsfähigkeit, der hohen Qualität seiner Produkte sowie der Fähigkeit, auch kleine Produktionsmengen zu bedienen, also in der flexiblen Spezialisierung der Hersteller.

Ursprünglich wurde der komplette Herstellungsprozess der chirurgischen Instrumente in Tuttlingen vollzogen. Der Vertrieb erfolgte bei den wenigen größeren Herstellern entweder über den Fachhandel oder im Direktvertrieb, die Abnehmer der klein- und mittelständigen Unternehmen (KMU) waren entweder die Großbetriebe der Region oder Aufkäufer. Letztere waren überwiegend große amerikanische Hersteller medizintechnischer Produkte, die in Tuttlingen chirurgische Instrumente einkauften, um ihr Angebot zu vervollständigen (vgl. Abb. 9.3a).

Die Globalisierung der Wirtschaft hat jedoch insbesondere aufgrund niedrigerer Lohnkosten in den Entwicklungs- und Schwellenländern zu einer neuen Konkurrenzsituation für die Tuttlinger Unternehmen sowie zu einer damit verbundenen Umstrukturierung des Produktionsprozesses geführt. Der Tuttlinger Marktführer reagierte im Jahr 1973 mit der Gründung eines Tochterunternehmens in der malaysischen Freihandelszone Penang. Der zweitgrößte Hersteller ging ein Joint Venture mit einer Firma im pakistanischen Cluster Sialkot

ein. Mittlerweile gibt es etwa zwei Dutzend Joint-Venture-Vereinbarungen mit Betrieben in Sialkot.

Durch den Aufbau von Produktionskapazitäten im Ausland veränderte sich auch die Arbeitsteilung im Tuttlinger Cluster. So wurden die lokalen Lieferbeziehungen zwischen großen und kleinen Unternehmen aus Tuttlingen allmählich reduziert. Durch die relativ große Abhängigkeit der KMU von den Großunternehmen entstand kurzfristig eine Lücke im Vertriebsnetz der produktspezialisierten kleinen Hersteller. Diese konnte aber rasch durch eine neue Vertriebsart geschlossen werden: Seit den 1980er Jahren wurden in Tuttlingen verstärkt Handelsunternehmen gegründet. Es handelt sich dabei vielfach um Ausgründungen von Vertriebsspezialisten der großen Unternehmen, die Wettbewerbsvorteile aus ihrer Flexibilität, ihrer Kenntnis der Auslandsmärkte, persönlichen Kontakten zum Fachhandel in den einzelnen Ländern sowie ihrem Wissen über die Angebotsseite in Tuttlingen und an anderen Standorten erlangen konnten.

Die beiden Standorte der Auslandsinvestitionen der Tuttlinger Unternehmen, Penang und Sialkot, unterscheiden sich durch ihre Erfahrung in der Herstellung chirurgischer Instrumente. In Penang wurden vor der Investition aus Deutschland noch keine medizintechnischen Produkte hergestellt, was ein wesentlicher Grund dafür ist, dass in Penang keine weiteren Tochterunternehmen gegründet wurden. Die Kompensation des fehlenden Know-how vor Ort erfordert den Einsatz hoher finanzieller Mittel, über die insbesondere kleine und mittlere Unternehmen selten verfügen.

Im pakistanischen Sialkot besteht dagegen das nach Tuttlingen zweitgrößte Cluster für chirurgische Instrumente weltweit. Es umfasst etwa 2200 meist kleine Produktionsstätten mit 30.000 Beschäftigten, von denen

Abb. 9.3: **Warenkette der chirurgischen Instrumente vor ihrer Globalisierung (a) und in den 1990er Jahren (b)**

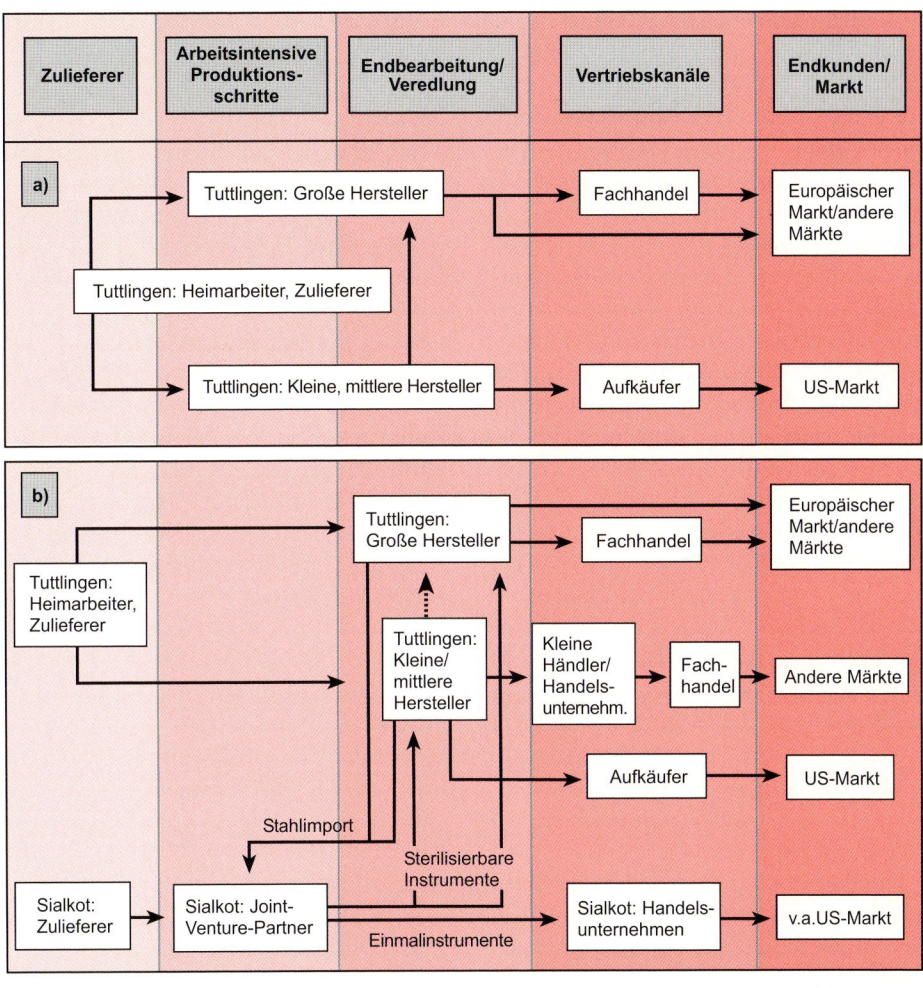

Quelle: Eigene Darstellung nach Halder 2005, 2006.

viele Zulieferbetriebe sind. Ausgangspunkt war eine lange handwerkliche Tradition im Schmieden von Dolchen. Nachdem dann Reparaturarbeiten für ein örtliches Missionskrankenhaus übernommen wurden, wurde sukzessive ein eigenständiger Produktionssektor für chirurgische Instrumente aufgebaut, die weitgehend für den Export bestimmt sind. Die hergestellten Produkte umfassen etwa 2000 Typen und lassen sich in sterilisierbare, d.h. wieder verwertbare chirurgische Instrumente, und in Einmalinstrumente untergliedern. Zwar gelang es den Unternehmen in Sialkot, in die Massenproduktion von chirurgischen Einmalinstrumenten einzusteigen, die Qualität der wieder verwertbaren, sterilisierbaren Instrumente erfüllte dagegen nicht die Anforderungen des Weltmarktes. Die US-amerikanische Gesundheitsbehörde beanstandete 1993/94 deren Qualität und verhängte einen rigiden Importstopp.

Diese Situation bewirkte die Etablierung einer Arbeitsteilung zwischen Tuttlingen und Sialkot in Form von Lohnveredelung (vgl. Abb. 9.3b): Da der korrosionsanfällige pakistanische Stahl für sterilisierbare chirurgische Instrumente ungeeignet war, importierten die Joint-Venture-Partner in Sialkot geschmiedeten Stahl („Schlagware") aus Tuttlingen. Sie führten dann die arbeitsintensiven Produktionsschritte aus und exportierten die Instrumente im Anschluss zur Endbearbeitung und Veredelung zurück nach Tuttlingen. Diese Verflechtungen spiegeln die materiellen grenzüberschreitenden Input-Output-Strukturen der Warenkette chirurgischer Instrumente wider.

Von dem Dreieckshandel profitierten kurzfristig alle: Die Integration Sialkots in den Tuttlinger Produktionsprozess verhinderte einen zu starken Anstieg der Kosten für die Kunden, so dass das Tuttlinger Cluster weiter am Markt konkurrieren konnte. Umgekehrt sicherte die Beteiligung Tuttlinger Unternehmen die Qualität der Produkte, so dass Sialkot eine Atempause verschafft werden konnte, um die Qualität aus eigenen Kräften zu verbessern.

Die Partnerschaften zwischen den deutschen und pakistanischen Unternehmen sind aus Tuttlinger Sicht allerdings in mehrfacher Art problematisch. Von Seiten der Tuttlinger Manager werden die mangelnde Zuverlässigkeit der pakistanischen Partner, das Denken in sozialen Hierarchien sowie die fehlende Kreativität und Eigeninitiative der Mitarbeiter in der Fertigung kritisiert. In den Joint Ventures sind die Art und Weise der Geschäftsführung sowie die Verteilung der Gewinne häufig strittig. Allerdings können ausländische Direktinvestitionen in Pakistan nur in Form von Joint Ventures vorgenommen werden, da die dortige Gesetzgebung ausländischen Unternehmen lediglich Minderheitsbeteiligungen an inländischen Firmen erlaubt. Alternativ könnten nur Lieferverträge abgeschlossen werden.

Die Unternehmen in Sialkot bleiben dadurch rechtlich selbstständig, was die Machtposition und Steuerungsfähigkeit der Warenkette durch die Tuttlinger Unternehmer einschränkt. Zwar sichern die Verträge den Tuttlinger Herstellern sowohl einen exklusiven Zugriff auf die Produkte aus Sialkot als auch die Kontrolle über die Qualität der Schlagware, woraus sich ihr strategischer Einfluss ergibt.

Im Gegenzug erfolgt aber ein Transfer von Know-how und Maschinen nach Pakistan, um die Partner an die erforderliche Produktqualität heranzuführen. Dies ermöglicht den Unternehmen in Sialkot prinzipiell den Ausstieg aus der Zusammenarbeit unter Mitnahme des erlernten technologischen Wissens. Mehrere Kooperationen sind bereits gescheitert. Auf diese Unsicherheiten reagieren viele Unternehmen aus Tuttlingen mit einer Strategie des kurzfristigen Profits. Sie setzen dabei den Firmen in Sialkot so enge Preisvorgaben, dass dies zu Lasten der Qualität geht, woraus wiederum zusätzliche Kosten für Veredelung und Qualitätssicherung in Tuttlingen entstehen.

Trotz aller geschilderten Probleme und Einschränkungen liegt der größere Teil der Steuerungsmacht der Warenkette noch in Händen der Tuttlinger Unternehmen. Dadurch, dass sie bisher noch zur Qualitätssicherung benötigt werden, ist es ihnen möglich, die Inhalte der Verträge mit den Unternehmen aus Sialkot zu bestimmen und ihre Preisvorstellungen durchzusetzen. Da die Unternehmen aus Tuttlingen selbst noch im Herstellungsprozess beteiligt sind, handelt es sich bei der geschilderten Produktionsorganisation um eine herstellergesteuerte Warenkette.

Die bestehenden Machtverhältnisse sind jedoch keinesfalls unveränderbar. Die pakistanischen Unternehmen konnten im Laufe der Zusammenarbeit ihre Fertigungskompetenz steigern, so dass seit Ende der 1990er Jahre die Lohnveredelung mit Tuttlingen zurückgegangen ist. Mehrere große Unternehmen in Sialkot befinden sich gegenwärtig im Übergang zur OEM-Herstellung (**Original Equipment Manufacturer**). Sie beschränken sich also nicht mehr nur auf die einfache Montage oder Weiterverarbeitung importierter Komponenten und halbfertiger Waren, sondern organisieren die komplette Herstellung selbst. Dies führt dazu, dass diese Betriebe zunehmend auch als direkte Lieferanten für Handelsunternehmen attraktiv werden. Begünstigt wurde die direkte Abnahme von sterilisierbaren Instrumenten aus Sialkot durch den geopolitischen Bedeutungsgewinn Pakistans nach den Terroranschlägen vom 11. September 2001. Die amerikanische Gesundheitsbehörde zeigt seitdem eine deutlich großzügigere Genehmigungspraxis gegenüber Importen von pakistanischen Produkten, was im Kontrast zur vergleichsweise restriktiven Handhabe von Exportware aus Tuttlingen steht. Ermöglicht wurde die Weiterentwicklung mancher pakistanischer Betriebe hin zu rentableren und technologisch höher entwickelten Wirtschaftsbereichen (**Upgrading**) aber dennoch erst durch die Einbindung Sialkots in das globale Produktionsnetzwerk. Dies ermöglichte verschiedene organisatorische und technologische Lernprozesse und die Herstellung von Kontakten zu vor- und nachgelagerten Stufen der Produktionskette (*Gereffi 1999*).

Durch weitere Upgrading-Prozesse können OEM-Hersteller den Übergang zur noch wertschöpfungsintensiveren OBM-Produktion (**Original Brand Manufacturer**) erreichen, bei der Produkte unter eigenem Markennamen hergestellt und vermarktet werden. Da sich viele kleine pakistanische Hersteller in der Hoffnung auf stabile Absatzbeziehungen an externe Partner binden, häufig an die Großunternehmen in Tuttlingen, bleibt das Tätigkeitsspektrum der Betriebe innerhalb der Warenkette jedoch auch bei einer Positionierung als OEM-Hersteller sehr beschränkt. Eine Übernahme höherwertiger Funktionen wie z. B. Entwicklung, Marketing und Logistik ist daher sehr unwahrscheinlich, da es sich hierbei um strategische Geschäftsfelder der Leitunternehmen handelt. Ein weiterer Erfolg der bisherigen Strategie des Tuttlinger Clusters, sich als Drehscheibe im internationalen Handel zu positionieren, ist dennoch fragwürdig. Um ihre Position zu halten, wird die Entwicklung neuer Produkte forciert. Zwar erschwert die immer stärker werdende Differenzierung des Produkt- und Tätigkeitsspektrums den pakistanischen Firmen die Teilhabe an höherwertigen Funktionen innerhalb der Kette, jedoch bleibt die Entwicklung neuer Produkte aufgrund des hohen erforderlichen Kapitaleinsatzes auch in Tuttlingen weitgehend den großen Unternehmen vorbehalten (*Halder 2005, 2006*).

9.1.3 Das Beispiel der Sportschuhherstellung der Firma Nike

Die Firma Nike wurde 1962 in Beaverton (Oregon) zunächst als die Blue Ribbon Sports Company (BRS) gegründet und firmierte 1970 in die Nike Corporation um. Zuerst importierte und vertrieb sie Sportschuhe der japanischen Marke „Tiger", die von der Firma Onitsuka hergestellt wurden. Parallel dazu wurden verschiedene Designs für eigene Schuhe entwickelt. Als Ende der 60er Jahre die Spannungen in der Partnerschaft mit Onitsuka wuchsen, ging BRS eine Partnerschaft mit der japanischen Handelsfirma Nissho Iwai ein. Diese nahm

Abb. 9.4:   Kostenanteile an einem Sportschuh

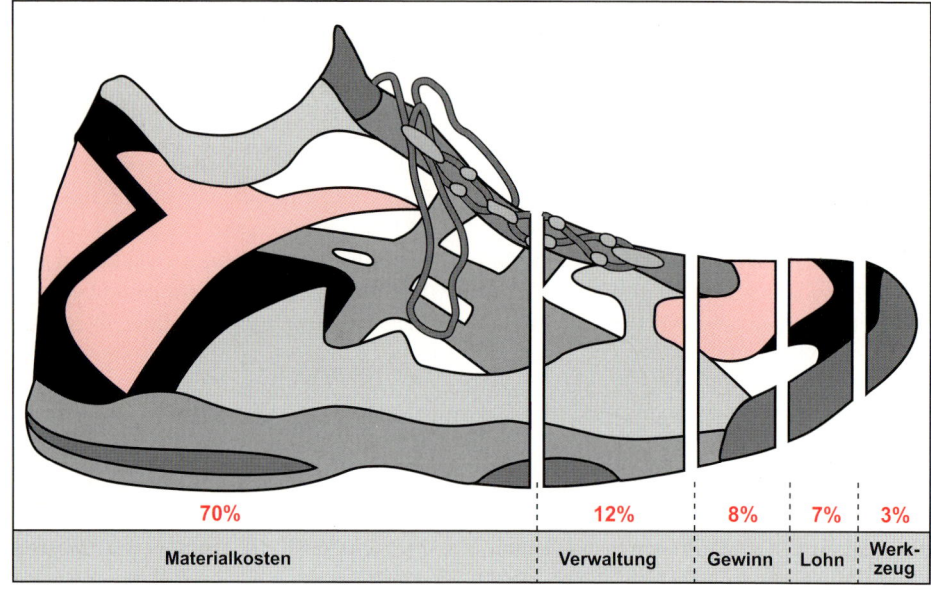

70%	12%	8%	7%	3%
Materialkosten	Verwaltung	Gewinn	Lohn	Werk-zeug

Quelle: Eigene Darstellung nach Goldman/Papson 1998, S. 11.

zwei unabhängige japanische Schuhprodu-
zenten unter Vertrag, die für BRS ab 1971
Schuhe mit dem „Swoosh"-Logo unter dem
Markennamen Nike herstellten. Nissho Iwai
übernahm die Verschiffung der Schuhe und
gewährte finanzielle Unterstützung *(Do-
naghu/Barff 1990; Korzeniewicz 1994)*.

Im Laufe der Zeit weitete Nike sowohl
seine Produktpalette als auch sein Produktionsnetzwerk und dessen territoriale Ausdehnung aus. In der Sportschuhherstellung
unterhält Nike nach wie vor keine eigenen
Produktionsstätten, sondern vergibt Aufträge
an selbständige Subunternehmer. Eine Ausnahme stellten lediglich einige Jahre in den
1970ern dar, als in New Hampshire in den
USA, einem Gebiet mit langer Tradition in
der Schuhproduktion, eine eigene Fertigung
aufgenommen wurde. Es wurde das Ziel verfolgt, die Kontrolle über die Produktqualität
und den Preis zu erhöhen sowie mehr über
den gesamten Produktionsprozess zu lernen.
Die hier erworbene Erfahrung wurde dann

auch genutzt, um neue Partner außerhalb Japans zu unterstützen. Ende der 1970er Jahre
wurden die meisten Fertigungsaktivitäten
aufgrund der gestiegenen Produktionskosten
in Japan zunächst nach Taiwan und Südkorea verlagert. Während die Schuhindustrie
in Taiwan vor allem durch kleine, flexible
Firmen geprägt ist, dominieren in Südkorea Großunternehmen. Diese spielten eine
wichtige Rolle bei der Bewältigung des
enormen Nachfrageanstiegs in den 1970er
Jahren, da sie zur Massenproduktion von
Sportschuhen in der Lage waren. Die notwendigen Materialien wurden zu dieser
Zeit noch aus Japan bezogen *(Korzeniewicz
1994; Donaghu/Barff 1990; Gereffi/Korze-
niewicz 1990)*.

Die Raumstruktur der Produktion veränderte sich in den Folgejahren kontinuierlich
und wurde vor allem durch die Suche von
Nike nach Kostenvorteilen, insbesondere bezüglich der Lohnkosten, bestimmt
(Donaghu/Barff 1990). 1980 erfolgte fast

90% der Schuhproduktion in Südkorea und Taiwan. Im Jahr 1987 verdiente z. B. ein Arbeiter in der Schuhindustrie in Taiwan pro Stunde durchschnittlich 1,20 US $ und 0,90 US $ in Südkorea, im Gegensatz zu etwa 8 US $ in den USA *(Gereffi/Korzeniewicz 1990)*. Zu dieser Zeit ließ Nike noch 68% seiner Sportschuhe in Südkorea herstellen, auf China, Indonesien und Thailand entfielen 10%. Nur vier Jahre später hatte sich die Situation aber bereits erheblich geändert. Nun wurden aufgrund geringerer Lohnkosten 44% der Schuhe in China, Indonesien und Thailand gefertigt und nur noch 42% in Südkorea und Taiwan zusammen. Ein Schuh mittleren Preises, der in Südkorea hergestellt wurde, kostete Nike 1980 20 US $. Bei der Fertigung in Indonesien oder China fielen dagegen nur 15 US $ an. Ende der 1990er Jahre entfielen lediglich etwa 7% der Kosten eines durchschnittlichen Sportschuhs auf die Arbeitskosten (vgl. Abb. 9.4; *Goldman/ Papson 1998, S. 11)*. Probleme entstanden bei der Produktionsverlagerung entlang des Lohngradienten allerdings teilweise aus höheren Fehlerquoten in der Herstellung sowie aus einer längeren Dauer der Entwicklung eines neuen Schuhmodells

Abb. 9.5: Nike-Produzenten nach Ländern 2008

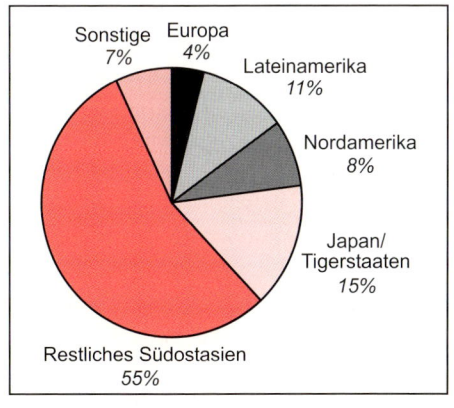

Quelle: Nach Nike 2008.

von der technischen Spezifizierung bis zur Produktion *(Korzeniewicz 1994)*. Derzeit werden Nike-Produkte in 47 verschiedenen Ländern hergestellt, wobei sich über die Hälfte der Fabriken in süd- und südostasiatischen Entwicklungsländern befindet. Auf China entfallen 20% der Produzenten (vgl. Abb. 9.5; *Nike 2008)*.

In Abb. 9.6 wird die Warenkette der Sportschuhproduktion von Nike Ende der 1980er Jahre dargestellt. Die direkten Vertragspartner von Nike, die erstrangigen Partner, untergliedern sich in drei Arten von Herstellern: Die **„Developed Partners"** stellen die neuesten und teuersten Produkte her. Da der Preis für diese Produkte weniger wichtig ist, befinden sich die Fabriken hauptsächlich in Taiwan und Südkorea. Sie sind in die Produktentwicklung mit eingebunden und arbeiten exklusiv für Nike. Pro Tag werden zwischen 10.000 und 25.000 Paar Schuhe hergestellt.

Die **„Volume Producers"** stellen pro Tag zwischen 70.000 und 85.000 Paar weitgehend standardisierte Schuhe her. Sie fertigen nicht exklusiv für Nike, sondern haben oft zehn oder mehr verschiedene Käufer. „Volume Producers" werden eingesetzt, wenn z. B. die Nachfrage plötzlich ansteigt und die anderen Hersteller bereits ausgelastet sind. Die monatlichen Aufträge variieren deshalb um 50% und mehr. Meist sind diese Fabriken vertikal integrierter als die „Developed Partners".

Der dritte Herstellertyp, die **„Developing Sources"**, ist wegen seiner besonders niedrigen Lohnkosten attraktiv. Fast alle dieser Unternehmen produzieren exklusiv für Nike. Sie sind durch Joint Ventures mit den „Developed Partners" verbunden, welche die Standortverlagerungen der Produktion in die Peripherie managen und vermitteln. Durch diese Verbindung erlernen die „Developing Sources" relativ schnell die erforderlichen

Abb. 9.6:   Globale Warenkette der Sportschuhherstellung von Nike Ende der 1980er Jahre

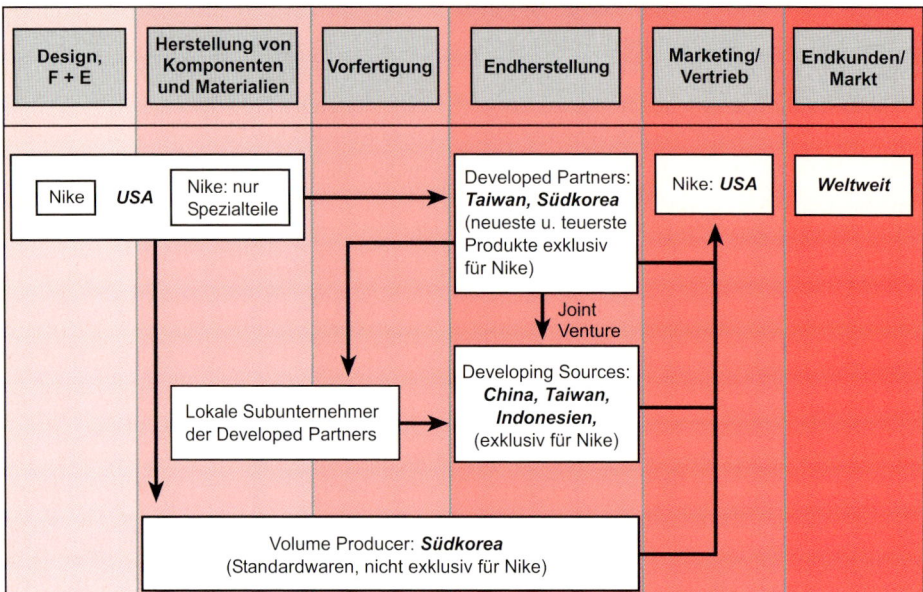

Quelle: Nach Donaghu/Barff 1990; Schamp 2000, S. 97).

Fähigkeiten, um qualitativ und technologisch hochwertige Produkte herzustellen. Da die Zuständigkeit der erstrangigen Partner mit Ausnahme der „Volume Producer" nur für die Endherstellung der Produkte besteht, sind diesen noch die zweitrangigen Partner vorgelagert, die für die Herstellung von Materialien und Komponenten sowie die Vorfertigung zuständig sind. Es handelt sich dabei vor allem um lokale Subunternehmer der „Developed Partners", mit denen Nike in der Regeln keine direkten Vertragsbeziehungen unterhält.

Nike übernimmt in der Warenkette die Aufgaben des Designs, der Entwicklung sowie des Marketings und des Vertriebs. Zudem stellt das Unternehmen auch einige hochwertige Spezialkomponenten wie z. B. die Airbags im Nike Airsole® Kissensystem her *(Donaghu/Barff 1990)*. Die Koordination und Steuerung des Produktionsnetzwerkes erfolgt ebenso durch Nike. Durch seinen wertvollen Markennamen gelingt es dem Unternehmen, den Zugang zu den Märkten zu kontrollieren und Kostenvorteile in der Produktion durchzusetzen, obwohl Nike selbst über so gut wie keine eigenen Produktionskapazitäten verfügt. Es handelt sich folglich um eine käufergesteuerte Warenkette *(Schamp 2000, S. 96 f.)*.

9.2 Weiterentwicklung des Globalen Warenketten-Ansatzes

Der Ansatz der Globalen Warenketten hat dazu beigetragen, dass sich die Debatte in der Wirtschaftsgeographie von einer clusterzentrierten Analyse sozialer, industrieller und institutioneller Entwicklung hin zur Vorstellung eines globalen Netzwerkes aus einer Vielzahl von regionalen Clustern (vgl. auch Kap. 10) entwickelt hat *(Sturgeon et al. 2008)*. Durch die Betrachtung aller in einem Wertschöpfungsprozess beteiligten

Unternehmen, ihrer Kapazitäten sowie der Art ihrer wechselseitigen Beziehungen können Analysen über globale Warenketten deutlich machen, dass die Kapazitäten, ökonomischen Wert zu schaffen, asymmetrisch verteilt sind *(Henderson et al. 2002)*. Allerdings werden im Ansatz der Globalen Warenketten Produktions- und Distributionstätigkeiten hauptsächlich als vertikaler und linearer Prozess konzeptionalisiert, in dem auf jeder Stufe ein Mehrwert geschaffen wird. Tatsächlich handelt es sich jedoch um komplexe Netzwerkstrukturen, in denen Verbindungen in alle Richtungen vorhanden sind. So werden z. B. Qualitätsstandards nicht nur in der Produktentwicklung festgelegt, sondern können durch Rückkopplung mit Einzelhändlern und Konsumenten entstehen *(Coe et al. 2007; Henderson et al. 2002)*. Der Fokus lag bislang üblicherweise auf den Leitunternehmen und deren unmittelbaren Zulieferern. Zulieferfirmen, die mehr als eine Stufe von den Leitunternehmen entfernt sind, werden häufig vernachlässigt *(Henderson et al. 2002)*. Gleiches gilt für weitere Akteure aus dem institutionellen Umfeld wie z. B. Nationalstaaten, zivilgesellschaftliche Organisationen und Konsumenten, obwohl diese ebenfalls Einfluss auf die ökonomischen Prozesse nehmen *(Coe et al. 2008b; Coe et al. 2007, S. 104 f.; Henderson et al. 2002)*. Kritisch betrachtet wird zudem die stark vereinfachende Unterscheidung von zwei Governance-Formen (producer- und buyer-driven Global Commodity Chains). Auch erscheint es problematisch, eine idealtypische Organisationsstruktur einer bestimmten Industriebranche zuzuordnen *(Hassler 2006)*.

Aufbauend auf dieser Kritik sind verschiedene Erweiterungen des Global-Commodity-Chain-Ansatzes entwickelt worden. Zu nennen ist erstens der von *Gereffi et al. (2005)* reformulierte **Global Value Chain-Ansatz** (GVC, Globale Wertketten), dessen Fokus insbesondere auf der Betrachtung variierender **Governance-Strukturen** sowohl innerhalb als auch zwischen verschiedenen Wirtschaftssektoren liegt. In diesem Rahmen entstand eine erweiterte Typisierung der Governance-Strukturen globaler Warenketten, die in Kap. 9.2.1 dargelegt wird. Bestehen bleiben jedoch die Fokussierung auf unternehmerische Akteure sowie die Konzeptionalisierung der Produktionsprozesse als weitgehend linearer Vorgang. Ein umfassenderes Analysemodell entwickelten *Henderson et al. (2002)* mit dem Ansatz der **Global Production Networks** (Globale Produktionsnetzwerke), der Erkenntnisse der Global Commodity Chain- und Global Value Chain-Analyse mit Ideen aus der Actor-Network-Theory kombiniert *(Coe et al. 2008a; b)*. Dieser wird in Kapitel 9.2.2 vorgestellt. Mit Hilfe des Ansatzes Globaler Produktionsnetzwerke kann auch der Einfluss kollektiver Akteure und Standards auf die globale Produktionsorganisation untersucht werden, worauf in Kap. 9.2.3 eingegangen wird.

9.2.1 Erweiterte Typisierung unternehmerischer Governance-Strukturen

Mit der Differenzierung in fünf mögliche Steuerungsformen von Beziehungen zwischen Unternehmen haben *Gereffi et al. (2005)* die stark vereinfachende Unterscheidung zwischen den zwei Governance-Formen buyer-driven und producer-driven erweitert (vgl. Abb. 9.7). Die Steuerungsformen unterscheiden sich im Grad der Machtasymmetrie und der expliziten Koordination der Wertkette. Zwischen den beiden Extremen der rein marktvermittelten Beziehungen und der hierarchischen Organisation in vertikal integrierten Unternehmen liegen die durch zunehmende Koordination und asymmetrische Machtverhältnisse gekennzeichneten modularen, relationalen und kaptiven (gebundene) Wertschöpfungsbeziehungen. Welche dieser fünf Governance-Formen letztlich in einer globalen Wertkette vorherrscht, hängt ab von der Komplexität der Transaktionen, der Möglichkeit, Informationen an Schnittstellen zu kodifizieren sowie den Kompetenzen von Zulieferern, beispielsweise im Hinblick auf technologisches Know-how, Mitarbeiterqualifikation und die Erbringung von Forschungs- und Entwicklungsleistungen (*Zademach et al. 2006*).

Kaptive bzw. gebundene Wertschöpfungsbeziehungen sind durch asymmetrische Machtverhältnisse gekennzeichnet. Sie werden durch eine Leitfirma dominiert, der viele kleine Zulieferer gegenüberstehen, die stark kodifizierte Anweisungen von ihren Abnehmern erhalten. Die Zulieferer sind auf weitgehend standardisierte, arbeitsintensive Produktionsprozesse spezialisiert und können sich meist nur über den Preiswettbewerb am Markt halten. In Bereichen wie Design, Logistik und Marketing verfügen sie in der Regel nicht über ausreichendes eigenes Know-how, so dass sie auf die ergänzenden Aktivitäten und Anweisungen der Leitfirma angewiesen sind. Diese kann dadurch alle wesentlichen Bestandteile des Netzwerkes kontrollieren, obwohl sie viele Tätigkeiten aus dem eigenen Unternehmen ausgelagert hat.

Aus Sicht der Leitfirma sind die Zulieferer rasch und einfach ersetzbar, umgekehrt finden die Zulieferer in der Regel nur schwer neue Abnehmer für ihre Produkte, woraus sich der Begriff der „gefangenen" Wertschöpfungsbeziehung ergibt (*Braun/ Dietsche 2008; Dicken 2007, S. 158*). Die kaptiven Wertschöpfungsbeziehungen entsprechen weitgehend den käufergesteuerten Warenketten des Global Commodity Chain-

Ansatzes (*Schamp 2008*).

Im Gegensatz zu den kaptiven Wertschöpfungsbeziehungen sind **relationale Produktionsnetzwerke** durch verhältnismäßig ausgeglichene Machtverhältnisse und eine wechselseitige Abhängigkeit der beteiligten Unternehmen gekennzeichnet. Durch die geringe Kodifizierbarkeit von Informationen an den Schnittstellen des Produktionsprozesses ist eine enge und häufige Interaktion der Unternehmen erforderlich. Die Beziehungen zwischen den Akteuren basieren weitgehend auf Vertrauen und Reputation, deren Entstehen durch räumliche Nähe und ein gemeinsames institutionelles Umfeld begünstigt wird. Ein Vorteil dieser Koordinationsform liegt in der relativ großen Flexibilität, da die am Wertschöpfungsprozess beteiligten Unternehmen aufgrund ihrer persönlichen und familiären Beziehungen meist rasch in der Lage sind, Antworten auf sich ändernde Marktbedingungen zu finden. Beispiele für relationale Produktionsnetzwerke finden sich z. B. in wissensintensiven Wirtschaftszweigen wie der Softwareentwicklung oder Biotechnologie (*Dicken 2007, S. 160 f.; Bertram 2005*), aber auch in wenig technologieintensiven Bereichen wie z. B. den von *Dörry (2008)* und *Barham et al. (2007)* untersuchten Pauschalrundreisen in Nischentourismusmärkten wie Jordanien.

Während in relationalen Produktionsnetzwerken Informationen größtenteils nicht kodifizierbar sind, gibt es in **modularen Wertschöpfungsketten** einige natürliche Schnittstellen (sogenannte „Value Chain Break Points"), an denen sich auch komplexe Transaktionen standardisieren lassen und die Abhängigkeit von tacit knowledge (vgl. Kasten 9.1) sinkt. Dadurch lassen sich die Wertketten in einzelne Teilketten bzw. Module untergliedern, die von jeweils unterschiedlichen Akteuren gesteuert werden. Zwar verbleiben Produktentwicklung, Marketing und Vertrieb analog zu kapitven Wertschöpfungsprozessen bei den Endherstellern. Die von ihnen ausgelagerten Tätigkeiten werden im Gegensatz dazu jedoch von sogenannten „Turnkey Suppliern" übernommen, die über hohe Fähigkeiten und Kompetenzen verfügen und nicht auf genaue Anweisungen und Aufträge einer Leitfirma angewiesen sind. Meist handelt es sich hierbei um relativ große Unternehmen. Durch die Entwicklung von nicht produktspezifischen Basisprozessen, -komponenten und -diensten, die vielfältige Produktvariationen erlauben, können die Zulieferer ihre Produkte und Dienstleistungen an verschiedenste Kunden verkaufen, woraus eine geringe wechselseitige Abhängigkeit resultiert. Es kommt nur dann zum Vertragsabschluss, wenn beide Partner mit den Konditionen zufrieden sind. Ein Wechsel der Netzwerkpartner ist mit vergleichsweise geringem Aufwand möglich. Die einzelnen Teilketten können räumlich und zeitlich unabhängig voneinander existieren. Ein typisches Beispiel für ein modulares Produktionsnetzwerk ist die US-amerikanische Elektronikindustrie (*Dicken*

Abb. 9.7: Steuerungsformen von globalen Wertschöpfungsketten

Koordinations-mechanismus	Komplexität der Transaktionen	Fähigkeit, Transaktionen zu kodifizieren	Fähigkeit potentieller Zulieferer	Grad der expliziten Koordination und Machtasymmetrie
Hierachie Vertikale Integration in einer Firma; Steuerung der Tochterunternehmen durch Managementkontrolle des Hauptsitzes	↑	↓	↓	↑ (hoch)
Kaptiv Abhängigkeit der Transaktionen kleiner Zulieferer von großen Käufern; hohe Umstellungskosten bei den Zulieferern	↑	↑	↓	
Relational Häufig gegenseitige Abhängigkeit und hohe Spezifizität der Anlagen durch komplexe Interaktionen zwischen Käufern und Verkäufern	↑	↓	↑	
Modular Produktion entsprechend den Spezifikationen des Abnehmers	↑	↑	↑	
Markt Kann wiederholte Transaktionen beinhalten, aber geringe Umstellungskosten für beide Parteien	↓	↑	↑	↓ (gering)

Quelle: Nach Dicken 2007, S. 158; Gereffi et al. 2005.

Kasten 9.1: Daten, Informationen, Wissen, Kompetenzen, Kreativität

Der Produktionsfaktor Wissen stellt die Basis für Innovationsprozesse dar, welche treibende Kräfte für den ökonomischen Wettbewerb und die wirtschaftliche Entwicklung sind *(Cooke et al. 2007; Cooke/Piccaluga 2006; Howells 2002; Lo/Schamp 2003; Stehr 2001; Strambach 2004)*. Begrifflich ist **Wissen** von **Daten** und **Informationen** zu unterscheiden. Daten stellen unstrukturierte Fakten dar. Werden diese zielgerichtet aufbereitet entstehen Informationen. Wissen entsteht dagegen erst durch die zweckorientierte Vernetzung von Informationen und ist somit zusätzlich mit Erfahrungen, Erkenntnissen und Urteilsvermögen der Wissensträger beladen. Es stellt also die kognitive Kapazität von Individuen dar, Daten und Informationen zu interpretieren, zu bewerten und zu verarbeiten sowie Probleme zu lösen *(Strambach 2004; Malecki 2000)*.

Es bestehen mehrere Möglichkeiten zur Abgrenzung verschiedener Wissenstypen. Eine frühe und grundlegende Unterscheidung wurde von *Polanyi (1966)* vorgenommen, der zwischen explizitem und implizitem Wissen differenzierte. **Explizites bzw. kodifiziertes Wissen** lässt sich in einer formalen, systematischen Sprache ausdrücken und lässt sich dadurch auf Medien (z. B. Bücher, Internet) speichern sowie von dort wieder abrufen. **Implizites bzw. stilles Wissen (tacit knowledge)** entzieht sich dagegen einer solchen Darstellung in Worten und Bildern und ist daher nicht kodifiziert. Dies liegt erstens darin begründet, dass sich Wissensträger nie über ihr gesamtes Wissen bewusst sind, sondern Teile davon im Hintergrund gespeichert und somit nicht klar artikulierbar sind. Implizites Wissen besteht aus Informationen, die untrennbar mit den Erfahrungen, Erkenntnissen, dem Urteilsvermögen, der Intuition und den kulturellen Werten des Wissensträgers verknüpft sind. Zweitens können Kommunikationsschwierigkeiten und Unzulänglichkeiten der Sprache bestehen, welche die Artikulation des Wissens verhindern *(Gertler 2003; Howells 2002; Strambach 2004; Cooke et al. 2007; Cowan et al. 2000; Malecki 2000; Mossig 2006)*.

Während Informationen und explizites Wissen leicht zu vermitteln sind und mit Hilfe der modernen Kommunikationstechnologien schnell verbreitet werden können, lässt sich Tacit Knowledge viel schwerer und meist nur durch direkte Interaktion zwischen Wissensträger und -empfänger übertragen (z. B. durch Demonstration korrekter Praktiken, Imitation, Korrektur und Übung). Tacit Knowledge ist dadurch nicht ubiquitär vorhanden und stellt somit die entscheidende Ressource für die Erstellung einzigartiger Produkte bzw. Dienstleistungen und folglich für die Wettbewerbsfähigkeit von Unternehmen dar. Gleichzeitig stellt die schwierige Übertragbarkeit von implizitem Wissen Unternehmen aber auch vor Herausforderungen, wenn bestimmte Wertschöpfungsstufen nicht im eigenen Unternehmen bzw. in Unternehmensteilen an entfernten Standorten abgewickelt werden. Entweder müssen Organisationsformen gefunden werden, die eine enge Interaktion der beteiligten Personen erlauben, oder es sind Wege zu finden, um implizites Wissen zu dekontextualisieren und somit in explizites Wissen zu verwandeln *(Maskell/Malmberg 1999; Gertler 2003; Nonaka/Takeuchi 1995)*.

Der Begriff **Kompetenzen** bezeichnet die Art und Weise der Verwendung von Wissen in konkreten Situationen. **Kernkompetenzen** sind Fähigkeiten eines Akteurs, mit denen er sich positiv gegenüber der Mehrheit der Wettbewerber abhebt. **Dynamische Kompetenzen** dienen der Erneuerung, Anpassung und Sicherung dieser Wettbewerbsvorteile über die Zeit *(Lawson/Lorenz 1999; Mossig 2006)*. Die Fähigkeit einzelner Personen oder Personengruppen, Daten, Informationen und Wissen in neuartiger Weise zu rekombinieren und weiterzuentwickeln wird als **Kreativität** bezeichnet.

2007, S. 162; Bertram 2005; Zademach et al. 2006; Schamp 2008, S. 8).

9.2.2 Globale Produktionsnetzwerke

Unter einem Produktionsnetzwerk verstehen *Henderson et al. (2002)* miteinander verknüpfte Funktionen und Operationen, durch die spezifische Produkte und Dienstleistungen produziert, verteilt und konsumiert werden. Diese Funktionen und Operationen dehnen sich räumlich über nationale Grenzen aus. Diese Definition unterscheidet sich zunächst nicht wesentlich von der einer Globalen Warenkette, jedoch soll die Wahl des Begriffs „Network" anstelle von „Chain" verdeutlichen, dass der Fluss von Materialien, halbfertigen Produkten, Designs, Endprodukten, Finanzen, Informationen und Marketing-Diensten nicht nur linear bzw. vertikal erfolgt.

Zwar wird auch in globalen Produktionsnetzwerken durch Transformation von materiellen und nicht materiellen Inputs in nachgefragte Outputs Wert geschaffen. Dennoch ist jede Stufe des Produktionsprozesses in ein breiteres Set an nicht-linearen Verbindungen und Beziehungen in alle Richtungen eingebettet, die ein komplexes multidimensionales Netzwerk formen. Das Zusammenspiel der verschiedenen Bestandteile eines globalen Produktionsnetzwerkes wird in Abb. 9.8 dargestellt. Im Gegensatz zum Ansatz globaler Warenketten schließen Globale Produktionsnetzwerke nicht nur die Beziehungen zwischen Unternehmen, sondern auch zu allen sonstigen relevanten Akteuren in die Analyse ein. Unternehmen sind nicht nur in globale Produktionsnetze, sondern darüber hinaus auch in breitere Strukturen und Institutionen der Wirtschaft und Gesellschaft eingebunden, welche die Organisation ökonomischer Prozesse in einem Globalen Produktionsnetzwerk neben den Unternehmensstrategien beeinflussen

(Coe et al. 2008b; Henderson et al. 2002). Der **institutionelle Rahmen** stellt daher neben den aus dem Ansatz der Globalen Warenketten bereits bekannten Eigenschaften Input-Output-Struktur, Territorialität und Governance die **vierte Analysedimension** im Global Production Networks-Ansatz dar *(Coe et al. 2007, S. 97).*

Basiseinheit des institutionellen Rahmens ist trotz internationaler Abkommen und Regelungen (vgl. Kap. 2.2) der Nationalstaat *(Zademach et al. 2006; Coe et al. 2008b; Henderson et al. 2002).* Ein Großteil der Gesetze, die das rechtliche Fundament für ökonomische Aktivitäten bilden, wird auf dieser Ebene erlassen *(Schamp 2008).* Zudem sind auch die meisten anderen formalen Institutionen, die Einfluss auf wirtschaftliche Vorgänge nehmen, nationale Einrichtungen. Beispiele sind Regierungsstellen, Behörden, Bildungseinrichtungen, Arbeitgeberverbände oder Gewerkschaften. Die **Ausübung institutioneller Macht durch den Nationalstaat** kann zentralen Einfluss auf die Fähigkeit von Wirtschaftsstandorten nehmen, aus ihrer Einbindung in globale Produktionsnetzwerke nachhaltige ökonomische und soziale Entwicklungsmöglichkeiten zu generieren *(Henderson et al. 2002).*

Ein Beispiel für eine gelungene staatliche Beeinflussung globaler Produktionsnetzwerke zugunsten der einheimischen Wirtschaft stellt die chinesische Automobilindustrie dar. Der chinesische Staat verfügt über eine starke Verhandlungsposition gegenüber ausländischen Investoren, da er den Zugang zu einem enorm großen, wachsenden Markt kontrolliert. Local Content-Vorschriften und Joint-Venture-Regelungen führten dazu, dass ausländische Automobilhersteller bei einem Engagement in China gezwungen waren, mit lokalen Unternehmen zusammenzuarbeiten und Zuliefernetzwerke vor Ort aufzubauen.

Abb. 9.8:   **Analyserahmen des Global Production Networks-Ansatzes**

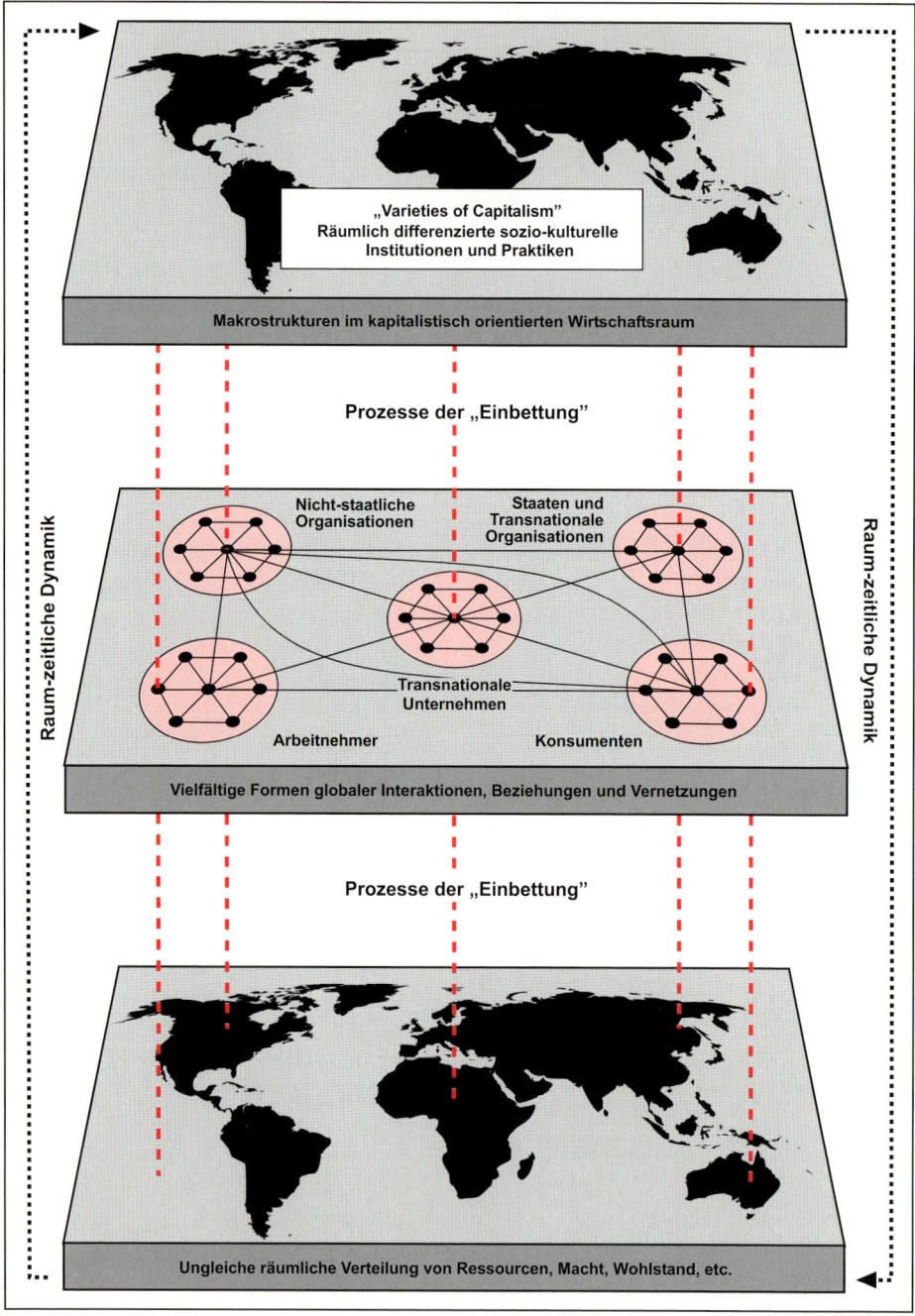

Quelle: Eigene Darstellung nach Coe et al. 2008b; Dicken 2004.

Über diese Zusammenarbeit konnten Kapital und Know-how in lokale industrielle Strukturen eingebunden sowie Lernprozesse bei chinesischen Automobilherstellern initiiert werden, so dass mittlerweile einige in der Lage sind, auch ohne ausländische Partner moderne PKW herzustellen. Ohne die Einflussnahme des chinesischen Staates auf die globalen Produktionsnetzwerke ausländischer Hersteller wären derartige Upgrading-Prozesse erschwert worden oder ganz ausgeblieben *(Depner 2007b; Depner/ Bathelt 2006; Depner/Dewald 2005)*.

Zu ähnlichen Ergebnissen bezüglich der Bedeutung eines sogenannten **„enabling state"** kommen auch *Barham et al. (2007)*, die Upgrading-Prozesse im Tourismus-Sektor Jordaniens untersucht haben. *Rutherford* und *Holmes (2008)* stellen jedoch fest, dass Nationalstaaten durch ihre Einflussnahme tendenziell eher größere und transnationale Unternehmen unterstützen. Dies begründet sich einerseits durch deren größeren Kapazitäten für Lobbyarbeit, zum anderen aber auch durch die Abhängigkeit der staatlichen Einkünfte von der Kapitalakkumulation großer Unternehmen.

Der institutionelle Rahmen, innerhalb dessen die Akteure eines globalen Produktionsnetzwerkes agieren, besteht allerdings nicht nur aus formalen Institutionen. Vielmehr werden die beteiligten Akteure auch durch **informelle Institutionen** bzw. den sozialen und kulturellen Kontext ihres Heimatlandes geprägt, so dass sich Strategien, Werte, Prioritäten, Erwartungen und Verhaltensweisen von Unternehmern, Arbeitern, Regierungen und anderen Akteuren stark unterscheiden können. Dies hat ebenso Auswirkungen auf die Ausgestaltung eines globalen Produktionsnetzwerkes *(Henderson et al. 2002; Coe et al. 2008b)*, was wiederum am **Beispiel der Automobilindustrie** verdeutlicht werden kann.

Die Automobilindustrie ist durch eine starke Zerlegung des Produktionsprozesses und einen hohen Anteil an Zulieferungen (geringe Fertigungstiefe im Autowerk) gekennzeichnet. Der japanische Automobilhersteller Toyota hatte Ende der 1970er Jahre als erstes ein Produktionskonzept angewendet, welches Kostenersparnisse durch Standardisierung und Massenproduktion (vgl. Kap. 3.2.1) mit der Möglichkeit kombinierte, viele Varianten eines Modells herzustellen (**economies of scope**). Vorteile der Massenproduktion bleiben z. B. durch die Entwicklung gemeinsamer Bodengruppen für unterschiedliche Automodelle erhalten. Den zunehmend differenzierten Kundenwünschen kann dadurch entsprochen werden, dass in der Endmontage der Autos Standardteile mit unterschiedlichen Modulen verbaut werden und somit eine hohe Vielfalt an Produkten erreicht wird *(Schamp 2000, S. 86 f.; Bertram/Schamp 1989)*. Trotz dieser modularen Bauweise wird die Ausbildung echter modularer Produktionsnetzwerke (vgl. Kap. 9.2.1) durch einen Mangel an robusten, industrieweiten Standards und eine geringe Kodifizierbarkeit von Informationen verhindert. Dies hat seine Ursache zum einen in der steigenden Komplexität der Fahrzeuge, zum anderen in den bestehenden Machtasymmetrien zwischen Herstellern und Zulieferern. Einer hohen Anzahl von Zulieferern stehen sehr wenige große und kapitalstarke Automobilhersteller gegenüber, welche die Zulieferer zwingen können, ihre eigenen spezifischen Standards, Informationssysteme und Geschäftsprozesse zu übernehmen. Dies verhindert häufig, dass Zulieferer ihre Produkte an mehrere Kunden verkaufen können. Die hohe Komplexität der Transaktionen und die geringe Kodifizierbarkeit der benötigten Informationen verhindern aber auch reine Marktbeziehungen zwischen Herstellern und Zulieferern. Da den Zulieferern im Laufe der Zeit immer mehr Verantwortung im Design, in der Produktion sowie bei Auslandsinvestitionen übertragen wurde, ging die Kompetenz des Designs komplexer Teile von den Herstellern auf die Zulieferer über. Dementsprechend wären auch kaptive Produktionsnetzwerke schwierig aufrecht zu erhalten. Durch die Erfordernis eines engen Austauschs zwischen den Leitfirmen und ihren unmittelbaren Zulieferern können sich daher relationale Koordinationsformen ausbilden *(Sturgeon et al. 2008)*.

Bei amerikanischen Automobilherstellern ist es jedoch üblich, dass diese relationalen Beziehungen zu ihren Zulieferern nach der notwendigen Zusammenarbeit in der Konstruktion gebrochen werden. Die von den Zulieferern entwickelten Teile werden wieder ausgeschrieben und von anderen Firmen kostengünstiger sowie über reine Marktbeziehungen hergestellt. Damit kann zwar die Macht der Zulieferer in Grenzen gehalten werden, gleichzeitig geht das für Transaktionen in einem relationalen Pro-duktionsnetzwerk notwendige Vertrauen verloren *(Sturgeon et al. 2008; Rutherford/ Holmes 2008)*. Im Gegensatz dazu nehmen japanische Automobilhersteller nach der Konstruktionsphase keinen Zulieferer-wechsel vor, sondern unterhalten dauerhafte vertrauensbasierte Beziehungen zu ihren Zulieferern aufrecht. Da die japanischen Automobilhersteller im Vergleich zu ihren US-amerikanischen Wettbewerbern im Bereich des Co-Designs einen geringeren Eigenanteil von ihren Zulieferern verlangen, kann deren Macht in den Geschäftsbezie-hungen in Grenzen gehalten werden.

Japanische Hersteller erhielten ihren re-lationalen Ansatz in den Zulieferbezieh-ungen auch aufrecht, als sie die Produktion in den USA aufnahmen. Dies zeigt zum einen, dass die Unterschiede im Geschäftsgebaren offensichtlich nicht in verschiedenartigen Markterfordernissen oder Wettbewerbsbe-dingungen liegen, sondern in der Prägung des Unternehmens durch unterschiedliche sozio-kulturelle Umfelder. Zum anderen wird deutlich, dass die Einbettung in ortsge-bundene Institutionen auch bei zunehmen-der globaler Integration bestehen bleibt, zumindest solange wie diese Institutionen nicht als Beschränkung wahrgenommen werden *(Sturgeon et al. 2008)*.

Trotzdem passen sich Firmen bei der Aufnahme von Auslands-Aktivitäten auch an andere institutionelle Umfelder an. Unterschieden werden können territoriale Einbettung, Netzwerkeinbettung und soziale bzw. kulturelle Einbettung am Offshore-Standort. Eine **territoriale Einbettung** liegt vor, wenn umfangreiche geschäftliche Verbindungen zu lokal ansässigen Firmen bestehen. Die **Netzwerkeinbettung** bezieht sich auf den Grad der Verbundenheit und die Stabilität der Beziehungen zwischen den Akteuren eines Produktionsnetzwerkes und kann als Ergebnis eines Prozesses der Vertrauensbildung angesehen werden. Eng damit verbunden ist die **soziale bzw. kulturelle Einbettung**, die vorliegt, wenn die Akteure denselben gesellschaftlichen Hintergrund teilen, der mit seinen Regeln, Normen und Konventionen ihr Handeln beeinflusst. Ein Mangel sozialer bzw. kul-tureller Einbettung kann auch die territo-riale Einbettung von Firmen im Ausland einschränken, da diese zu einem gewissen Grad auf persönlichen, vertrauensvollen Beziehungen beruhen *(Depner 2007b; Henderson et al. 2002)*.

Das Beispiel der Automobilbranche verdeutlicht, dass der Multi-Akteursansatz sowie die Einbeziehung des institutionellen Rahmens in das Konzept der Globalen Produktionsnetzwerke von großer Bedeu-tung für das Verständnis der Organisation globaler Wirtschaftsaktivitäten und einer nuancierteren Betrachtung von Machtbeziehungen sind. Zudem können auf diese Weise subnationale regionalwirtschaftliche Entwicklungen besser verstanden werden.

9.3 Einfluss kollektiver Akteure und Standards auf die Organisation Globaler Produktionsnetzwerke

Im vorangegangenen Kapitel wurde dargelegt, wie Analysen mit Hilfe des Global Production Network-Ansatzes zur Erklärung globaler Wirtschaftsaktivitäten und –verflechtungen beitragen können. Darüber hinaus ermöglicht das sorgfältige „Mapping" globaler Produktionsnetzwerke auch die Identifikation potenzieller Interventionspunkte, an denen in die Funktionsweise des Netzwerkes eingegriffen werden kann *(Coe et al. 2007, S. 115; Coe et al. 2008b)*. Dies kann einerseits über die bereits geschilderte Ausübung institutioneller Macht geschehen, wenn z. B. der Nationalstaat durch bestimmte Regulierungen den Anteil der Wertschöpfung innerhalb seiner Grenzen zu erhöhen und Upgrading-Prozesse zu initiieren vermag. Eine weitere Möglichkeit der Einflussnahme in globalen Produktionsnetzwerken bietet die **Ausübung kollektiver Macht**. Damit sind Handlungen von kollektiven Akteuren wie Gewerkschaften, Arbeitgeberverbänden, Nichtregierungsorganisationen (NGOs) oder Konsumentengruppen gemeint, die versuchen, Unternehmen oder Regierungen entsprechend ihrer Interessen zu beeinflussen *(Henderson et al. 2002)*.

Inwiefern gemeinsame **Initiativen von Arbeitnehmern** in der Lage sind, grenzüberschreitende ökonomische Beziehungen zu formen, ist bislang wenig untersucht worden. Grundsätzlich wird jedoch aufgrund räumlicher Asymmetrien zwischen

standortgebundener, wenig mobiler Arbeit und polyzentrischen globalen Produktionsnetzwerken, die über hochmobiles Kapital verfügen, nur ein bedingtes Potential der Einflussnahme gesehen. In den vergangenen Jahren ist der Einfluss von Gewerkschaften global zurückgegangen und der Anteil des Einkommens, der auf Arbeiter entfällt, gesunken, obwohl sich die Zahl der Arbeitskräfte vervielfacht hat *(Coe et al. 2008b)*.

Ein größeres Potential der Einflussnahme auf Organisationsformen und Geschäftspraktiken in globalen Produktionsnetzwerken wird dagegen **Konsum-Politiken** zugebilligt. Hierbei handelt es sich um Interventionen, die von Konsumentengruppen organisiert werden und das Ziel verfolgen, ethisch bedenkliche Bedingungen an verschiedenen Stellen der Wertschöpfungskette zu verbessern. Die einfachste Form von derartigen Interventionen ist der Boykott bestimmter Produkte oder Dienstleistungen. Eine weitere, häufig sehr wirkungsvolle Form stellen Unternehmenskampagnen dar. Hierbei wird versucht, Unternehmen, die stark in der Öffentlichkeit sichtbar sind, durch mediale Verbreitung von Informationen über Verstöße gegen Arbeits- und Menschenrechte oder über die Verschmutzung der Umwelt zu treffen, und diese dadurch zu Verbesserungen zu bewegen *(Coe et al. 2007, S. 107 f.)*.

Als eines von vielen Beispielen kann die bereits in Kap. 9.1.3 vorgestellte Sportartikelmarke Nike dienen *(Werner/Weiss 2001, S. 19ff.; Nadvi 2008):* Sie geriet in den 1990er Jahren mehrfach wegen schlechter Arbeitsbedingungen in den Fabriken ihrer ausländischen Subunternehmer in die Schlagzeilen. So filmten z. B. US-Medien pakistanische Kinder in den so genannten Sweatshops (Hinterhof-Nähfabriken), wie sie den „Swoosh", das Nike-Logo, auf Fußbälle nähten. Westliche Konsumentengruppen, Gewerkschaften und NGOs forderten einen Boykott der Fußbälle, die im pakistanischen Sialkot gefertigt wurden *(Nadvi 2008)*. Die Sportartikelindustrie ist neben der Herstellung chirurgischer Instrumente (vgl. Kap. 9.1.2) ein weiterer wirtschaftlicher Schwerpunkt in Sialkot, der sich ebenfalls aus der langen handwerklichen Tradition der Region entwickelte und vor etwa 150 Jahren mit der Herstellung von Tennisschlägern entstand *(Zimmermann 1993)*.

Die zunehmende Aufmerksamkeit, die die amerikanische Öffentlichkeit diesen Nachrichten schenkte, und nicht zuletzt Demonstrationen von Kindern und Jugendlichen, also der Hauptzielgruppe des Unternehmens, bewirkten, dass Nike seine Markenreputation ernsthaft gefährdet sah und Missstände in den pakistanischen Partnerfirmen eingestand. Betroffen waren neben Nike auch andere westliche Sportmarken, die in Sialkot Sportartikel produzieren ließen. Sie reagierten mit der Einführung von **Verhaltenskodizes und Arbeitsmonitoring-Mechanismen**, um die Missstände zu beseitigen und ihre Markenintegrität wieder herzustellen.

So wurde im Februar 1997 das Atlanta Agreement von Vertretern Pakistans und Sialkots, der International Labour Organization (ILO), dem Kinderhilfswerk Unicef, dem Fußballweltverband FIFA sowie Repräsentanten der Markenunternehmen unterzeichnet. Diese Multi-Stakeholder Public-Private-Partnership-Initiative enthielt zum einen ein Präventionsprogramm gegen Kinderarbeit, dass vom Internationalen Programm für die Elimination von Kinderarbeit (IPEC) der ILO überwacht wurde. Zum anderen wurde ein soziales Schutzprogramm durch UNICEF, dem britischen Save the Children Fund sowie der pakistanischen Regierung und verschiedenen NGOs betrieben. Zusätzlich ließen führende Markenkäufer

wie Nike firmeneigene Verhaltenskodizes unterschreiben und führten ein direktes Monitoring bei ihren Zulieferern durch. Neben der Unterlassung von Kinderarbeit wurden die Zulieferer damit auch zur Erfüllung anderer Arbeits-, Umwelt-, Sicherheits- und Gesundheitsvorschriften verpflichtet.

Der Druck der Markenkäufer auf ihre Zulieferer führte zu Veränderungen in der Organisationsstruktur des Produktionsnetzwerkes. Die in Sialkot stark verbreitete Heimarbeit, in der das Problem der Kinderarbeit am häufigsten auftrat, wurde verstärkt durch die Produktion in Nähzentren und kleineren Fabriken ersetzt. Einige große Subunternehmer errichteten zentral gelegene Fabriken, zu denen Arbeiter aus entfernten Dörfern transportiert wurden, um das Monitoring der Qualitätsstandards und Arbeitsnormen zu verbessern. Teilweise wurden Tätigkeiten, die zuvor von Heimarbeitern übernommen wurden, auch internalisiert.

Trotz dieser umfassenden Versuche, Arbeitsbedingungen in allen Bereichen der Wertschöpfungskette zu verbessern, beendete Nike im November 2006 kurzzeitig den Bezug von Fußbällen aus dem Sialkoter Sportartikelcluster, da erneut der Einsatz von Kinderarbeitern bei Subunternehmern aufgedeckt worden war. Offensichtlich hatte das Atlanta-Agreement zumindest nicht dauerhaft die gewünschte Wirkung erzielen können.

Als ein Grund kann die Übertragung der Monitoring-Aktivitäten vom IPEC auf eine lokale non-profit-Agentur angesehen werden, die größtenteils durch die einheimische Industrie und Gebühren für ihre Monitoring-Dienstleistung finanziert wurde. Durch den Rückzug einiger wichtiger internationaler Akteure nahmen die Finanzkraft und das Personal, das für Monitoring-Aufgaben zur Verfügung stand, stark ab. Gerade die aktive

Partizipation von internationalen Akteuren einschließlich der globalen Käuferunternehmen galt aber als ein Schlüsselelement der Effektivität der Initiative.

Zusätzlich war eine fehlende Akzeptanz der eingeführten Standards und Arbeitsnormen auf Seiten der lokalen Produzenten festzustellen. Mehrkosten, die durch die Einhaltung und Überwachung der Verhaltenskodizes entstehen, müssen meist von den Zulieferern getragen werden. Der grundsätzliche Kostendruck, den Markenkäufer ausüben, sowie die Herausforderungen schneller Lieferzeiten und der Übernahme größerer Risiken bleiben jedoch bestehen. Daher ist der Nutzen der Standards für lokale Arbeiter und Produzenten oft nicht klar erkennbar. Der Standard wird häufig nur als notwendiges externes Übel angesehen, der ihm implizite Wert wird dagegen nicht wahrgenommen. Zudem bleibt das Kernproblem der niedrigen Löhne bestehen. Selbst wenn der gesetzliche Mindestlohn gezahlt wird, liegt dieser oftmals unter dem Existenzminimum. So sehen viele Familien keine Alternativen als ihre Kinder als zusätzliche Arbeitskräfte einzusetzen.

Die Entwicklung verschiedener Arten von Benchmarks, Verhaltenskodizes und Standards wie im Beispiel der Sportartikelkette ist dennoch ein zunehmend wichtiger Teil der Regulation globaler Produktionsnetzwerke (*Coe et al. 2007, S. 108*). **Standards** übermitteln Kunden oder Endnutzern Informationen über das Produkt, z. B. bezüglich technischer Spezifikationen, Gesundheits- und Sicherheitskriterien oder den Prozessen der Produktion und Beschaffung. Damit bieten sie eine Grundlage, Versprechungen von Herstellern Glauben schenken zu können *(Nadvi 2008)*. Auf dem Gebiet der Umwelt- und Arbeitsstandards sind eine große Vielfalt und nur wenige firmenübergreifende Regelungen entstanden. Eine größere Konvergenz gibt es hingegen im Bereich der Qualitätssicherung, wo die ISO 9000-Serie dominiert. Diese technischen Produkt- und Prozessstandards verbessern die Kodifizierbarkeit von Informationen und bergen dadurch das Potenzial, die Struktur von Produktionsnetzwerken neu zu ordnen. Durch kodifizierte Informationen können sich beispielsweise hierarchische Wertschöpfungsbeziehungen zu stärker modularen oder marktbasierten Interaktionen wandeln, da weniger Koordination durch die Leitfirmen erforderlich ist *(Nadvi 2008)*.

Weiterführende und ergänzende Literatur zum Kapitel 9:

Gereffi, G. / Korzeniewicz, M. (1994): Commodity Chains and Global Capitalism. Westport, Connecticut.

Halder, G. (2006): Strukturwandel in Clustern am Beispiel der Medizintechnik in Tuttlingen. – Wirtschaftsgeographie 32. Berlin.

Henderson, J. / Dicken, P. / Hess, M. / Coe, M. N. / Yeung, H. W.-C. (2002): Global Production Networks and the Analysis of Economic Development. Review of International Political Economy 9 (3), S. 436-464.

Themenheft des *Journal of Economic Geography (2008)*. 8. Jahrgang (Heft 3).

Gereffi, G. / Humphrey, J. / Sturgeon, T. (2005): The Governance of Global Value Chains. In: Review of International Political Economy 12 (1), S. 78-104.

Empfehlenswert sind auch die aktuellen *Working-Paper* zum Thema *Global Production Networks* unter: http://www.sed.manchester.ac.uk/geography/research/gpn.

10 Lokale Produktionskomplexe in globalen Netzwerken

Hollywood - das weltweit führende Zentrum der Filmindustrie   Quelle: *Wikimedia Commons.*

Seit den 1990er Jahren ist innerhalb der Geographie eine lebhafte Fachdebatte bezüglich der These entflammt, die ein **„Verschwinden der Ferne"** im Zuge fortschreitender Globalisierungsprozesse postuliert *(O'Brian 1992; Martin 1999; Werlen 2000; Dohse et al. 2005).* Insbesondere der provokante Untertitel des Buches von *O'Brian (1992)* „Global Financial Integration: The End of Geography" hat zu entsprechenden Reaktionen geführt *(Martin 1999).* O'Brian hat seine Argumentation lediglich auf den Finanzsektor bezogen. Dennoch wurde dadurch die generelle Debatte angestoßen, ob eine Auflösung der Raumbindungen wirtschaftlicher und sozialer Aktivitäten die dominante Entwicklungstendenz darstellt, die im Zuge der Globalisierung und durch

die rasante Ausbreitung neuer Informations- und Kommunikationstechnologien stattfindet *(Krätke 2001).*

Mit den Veränderungen im globalen Finanzsystem haben sich neue räumliche Muster innerhalb der Finanzwirtschaft gebildet. Teile der Macht haben sich von den Nationalstaaten zu den führenden Finanzinstitutionen verlagert, die sich an den wichtigsten Finanzzentren der Welt in London, New York, Tokio oder in Frankfurt konzentrieren. *Lo (2001)* hat am Beispiel Frankfurts festgestellt, dass die Leistungserstellung der Dienstleistungsunternehmen im Finanzsektor aus einer komplexen Kombination von regionalen Beziehungen und globalem Austausch besteht sowie einem Zusammenspiel aus räumlicher und

Abb. 10.1: Nationale Wettbewerbsvorteile durch Cluster: Der Porter-Diamant

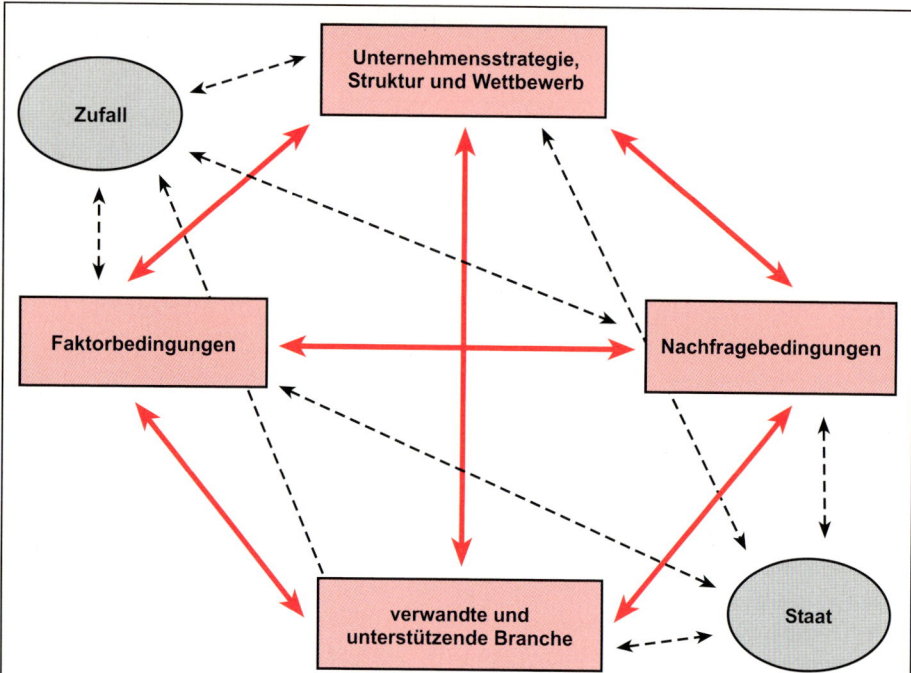

Quelle: Eigene Darstellung nach Porter 1991, S. 95; Kulke 2008, S. 129.

virtueller Nähe unterliegt. Nach wie vor verteilen sich die globalen Kapitalströme und die davon tangierten Regionen ausgesprochen ungleich. Demnach ist auch ein zunehmend globalisierter Finanzsektor durch regionale Disparitäten und räumliche Ordnungsprinzipien gekennzeichnet, so dass Globalisierungsprozesse räumliche Differenzierungen nicht ersetzen, sondern zu Verschiebungen der wirtschaftsgeographischen Strukturen führen *(Martin 1999; Werlen 2000)*.

Doch nicht nur die hohe räumliche Konzentration des Finanzsektors zeigt, dass durch den Prozess der Globalisierung die Einbindung in regionale Zusammenhänge vor Ort nicht obsolet wird. Auch das Beispiel der räumlichen Konzentration der Hersteller von Informations- und Kommu-nikationstechnologien (z. B. die Internetökonomie, vgl. *Zook 2005; Kickner 2006; Sternberg 2004)* verdeutlicht, dass auch in den Branchen, die mit ihren technologischen Entwicklungen den Globalisierungsprozess vorantreiben, ein Auflösen von Raumbindungen im Zuge der Globalisierung per se nicht stattfindet.

Im Gegenteil, räumliche Konzentrationen bestimmter Branchen existieren gerade weil sie aus der regionalen Vernetzung vor Ort ihre internationale Wettbewerbsfähigkeit generieren. In diesem Kapitel steht daher die zentrale Frage im Vordergrund, weshalb in einer zunehmend globalisierten Wirtschaft lokale Zentren existieren, an denen die ökonomischen Aktivitäten bestimmter Branchen räumlich konzentriert sind.

10.1 Nationale Wettbewerbsvorteile durch Cluster

Unter einem **Cluster** wird die räumliche Konzentration von Unternehmen derselben Branche verstanden bzw. die räumliche Konzentration von Unternehmen, die innerhalb einer Wertschöpfungskette über Zulieferbeziehungen oder als spezialisierte Dienstleister miteinander verbunden sind. Die Unternehmen in einem Cluster sind eng miteinander vernetzt. Ein dichtes institutionelles Umfeld sowie unterstützende Einrichtungen und intermediäre Akteure (Interessenverbände, Kammern, Wirtschaftsförderungseinrichtungen, Universitäten, spezialisierte Ausbildungseinrichtungen, etc.) zählen zu den weiteren Merkmalen eines funktionierenden Clusters *(Mossig 2008c; Rehfeld 1999; Sternberg et al. 2004).*

Durch das qualitative Merkmal der Vernetzungsbeziehungen unterscheidet sich ein Cluster von einer räumlichen Anhäufung von Unternehmen, die zufällig oder historisch bedingt entstanden sein kann. Aus den **Verflechtungsbeziehungen** werden in neueren Erklärungsansätzen besondere Vorteile eines Clusters für die dort lokalisierten Unternehmen abgeleitet. Entsprechend ist jedes Cluster durch eine räumliche Konzentration von Unternehmen gekennzeichnet, aber nicht jede Unternehmenskonzentration ist ein Cluster.

Der Clusterbegriff wurde durch *Porter (1991)* in die wissenschaftliche Diskussion eingebracht. Er gelangte zu der Feststellung, dass einzelne Nationalstaaten „durch Branchenanhäufungen oder Cluster" **internationale Wettbewerbsfähigkeit** erlangen.

Nach *Porter (1991)* resultieren die mit einem Cluster verbundenen Wettbewerbsvorteile aus vier Bestimmungsfaktoren (vgl. Abb. 10.1 sowie *Kulke 2008, S. 129f.)*:

1. **Faktorbedingungen**, d. h. die Ausstattung der betreffenden Region mit den Produktionsfaktoren, die für die betrachtete Branche oder Wertschöpfungskette erforderlich sind. Dazu zählen materielle Ressourcen, Humankapital, Wissensressourcen, Kapitalressourcen und Infrastruktur.

2. **Nachfragebedingungen**, die durch die Art und den Umfang der Inlandsnachfrage nach Produkten oder Dienstleistungen der betreffenden Branche charakterisiert sind. Nicht nur die Quantität der Nachfrage, sondern auch qualitativ anspruchsvolle oder sehr spezielle Käufer und Nachfrager sind dabei von besonderer Bedeutung. Sie fordern die Unternehmen heraus, durch stetige Innovationen wettbewerbsfähige Strukturen entstehen zu lassen, die sich auch über die eigenen Staatsgrenzen hinaus bewähren.

3. **Verwandte und unterstützende Branchen** in Form von spezialisierten Zulieferbetrieben sowie speziell auf die Bedürfnisse der Branche ausgerichtete Dienstleistungsunternehmen, die für sich selbst international wettbewerbsfähig sind. Diese tragen ebenfalls zur Leistungsfähigkeit eines Clusters bei.

4. **Unternehmensstrategie, Struktur, Konkurrenz** betreffen die Bedingungen in einem Land, die bestimmen, wie Unternehmen entstehen, organisiert sind und geführt werden sowie die Art und Intensität der inländischen Konkurrenz.

Diese vier Faktorenbündel stehen in enger Wechselbeziehung zueinander. Sie werden überlagert durch den Einfluss **zufälliger Ereignisse,** die bei hinreichender Intensität alle vier Bestimmungsfaktoren überprägen können. Auch der **Staat** kann über die politische Festlegung der Rahmenbedingungen sowie als Nachfrager oder Subventionsgeber einwirken.

10.2 Clusterbildung als dynamisch-evolutionärer Prozess

Ausgehend von diesen grundsätzlichen Überlegungen stellt sich die Frage nach den **Ursprüngen eines Clusters**. Erst darauf aufbauend können die weiteren Wachstumsfaktoren eines Clusters betrachtet werden, denn die ursprüngliche Entstehung eines Clusters basiert auf einem anderen prozessualen Gefüge als die weitere Verfestigung und das weitere Wachstum eines bereits bestehenden Clusters. Entsprechend ist es sehr wichtig, diese beiden Prozesse getrennt voneinander zu beleuchten *(Bathelt 1991)*. Häufig werden die Vorteile eines Clusters herausgestellt, um die Existenz eines Clusters zu begründen. Clustervorteile können jedoch nicht die Ursache eines Clusters sein, denn die Vorteile entstehen erst, wenn sich eine gewisse Clustergröße gebildet hat *(Mossig 2002; 2008c)*. Ein geeigneter Zugang zur Betrachtung der Entstehung eines Clusters bietet das **dynamisch-evolutionäre Konzept der industriellen Entwicklungspfade** nach *Storper/Walker (1989)*. In diesem Ansatz werden vier grundlegende Phasen der Entwicklung einer neuer Wachstumsbranche unterschieden, in denen jeweils unterschiedliche raumdifferenzierende Prozesse stattfinden, die das räumliche Verteilungsmuster der Branche prägen (vgl. Abb. 10.2):

1. **Lokalisationsphase,**
2. **Selektive Clusterungsphase,**
3. **Dispersionsphase** und
4. **Verlagerungsprozesse.**

Für die Betrachtung der Entstehung und des Wachstums eines Clusters sind insbesondere die ersten beiden Phasen relevant. Globalisierungsprozesse und möglicherweise damit einhergehende Auflösungs-

tendenzen bestehender Cluster (vgl. Kap. 11) werden hingegen idealtypisch in den Phasen drei und vier beschrieben.

• **Lokalisationsphase:**

Ausgangspunkt der Betrachtung sind innovative Unternehmen in neuen Wachstumsbranchen. Diese ersten Pionierbetriebe benötigen in den frühen Phasen ihrer Entwicklung spezifische Ressourcen und spezielle Input-Output-Verflechtungen, die in der Regel derart neuartig sind, dass es noch keinen Standort gibt, der den neuen Anforderungen bereits entspricht. Beispielsweise benötigen in einem neuen Wirtschaftszweig auch die Arbeitskräfte und Zulieferbetriebe neues Wissen sowie neuartige Kenntnisse, Fähigkeiten und Erfahrungen. In der frühen Phase der Entwicklung einer Branche verfügt noch niemand über diese Qualifikationen. Erst durch die Zusammenarbeit mit einem der ersten Pionierunternehmen werden diese spezifischen Kenntnisse und Fähigkeiten entwickelt und erlernt.

Die Unternehmen neuer Wachstumsbranchen tragen damit selbst erheblich zur Erschaffung eines unterstützenden Umfelds bei. Jedoch wird von den Arbeitskräften und den Zulieferern eine besondere Lernbereitschaft, Flexibilität und Anpassungsfähigkeit an die neuen Abläufe und Prozesse gefordert. Dies lässt sich oftmals besser an Standorten außerhalb der altindustrialisierten Wirtschaftsschwerpunkte mit ihren etablierten und zum Teil sogar verkrusteten Strukturen *(Grabher 1993)* realisieren.

Insgesamt hat keine Region spezifische Standortvorteile zu bieten, aus der sich die räumliche Verortung der ersten Pionierbetriebe zwingend ableiten lässt. Die Folge ist, dass innovative Unternehmen in der ersten Phase der Entwicklung einer neuen Wachstumsbranche eine relativ große Freiheit bezüglich ihrer Standortwahl haben.

Abb. 10.2: Schematische Darstellung raumwirksamer Prozesse industrieller Entwicklungspfade

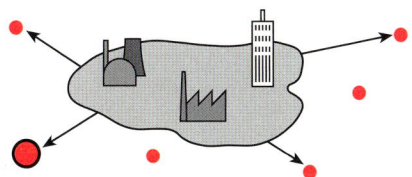

1.) Lokalisationsphase

Pionierbetriebe einer neuen Wachstumsbranche entstehen an verschiedenen Standorten oftmals außerhalb der bestehenden altindustrialisierten Schwerpunktregionen. Die Standortwahl ist durch eine gewisse räumliche Wahlfreiheit gekennzeichnet („Windows of Locational Opportunity") und durch Zufälligkeiten, historische Ereignisse und persönliche Präferenzen der ersten Gründer gekennzeichnet.

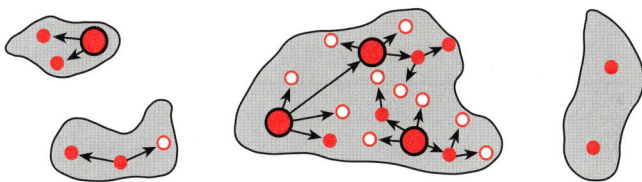

2.) Selektive Clusterungsphase

Aufgrund unterschiedlich verlaufender regionaler Entwicklungspfade entstehen nur an einigen Standorten der ersten Pionierunternehmen Cluster. Insbesondere Spin-off-Gründungen tragen zur Vermehrung des lokalen Unternehmensbestands in der betreffenden Branche bei.

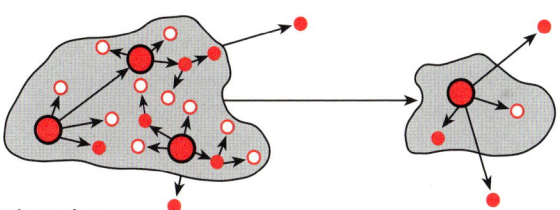

3.) Dispersionsphase

Die räumliche Diffusion durch unternehmensinterne Netzwerke in Wachstumsperipherien dient der Erschließung neuer Wachstumsmärkte oder günstiger Produktionsstandorte.

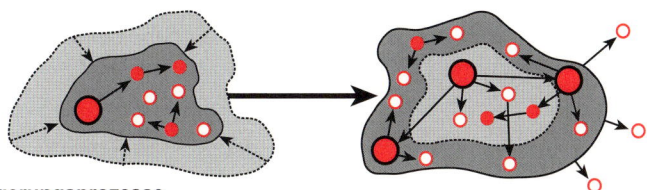

4.) Verlagerungsprozesse

Durch radikale Umstrukturierungsprozesse sowie grundlegende technologische Erneuerungsprozesse kann es jedoch zur Verlagerung des angestammten Ballungszentrums kommen. Im Extremfall bildet sich der führende Cluster an einem anderen Standort weit weg vom bisher führenden Zentrum der betreffenden Branche.

Quelle: Eigene Darstellung nach Storper/Walker 1989.

Sie können ihre wirtschaftliche Tätigkeit dort aufnehmen, wo sie sich gerade zufällig befinden oder wo sie sich aufgrund persönlicher Präferenzen aufhalten möchten.

Solche Momente der **Standortwahlfreiheit** werden als **Windows of Locational Opportunity** bezeichnet. Bezüglich der räumlichen Wahlfreiheit bestehen jedoch Grenzen. Eine Entwicklung an völlig peripheren Standorten ist unwahrscheinlich, da gewisse Ressourcen und Infrastrukturausstattungen sowie ein generelles Ausbildungsniveau der Arbeitskräfte erforderlich bleiben, damit ein unterstützendes Umfeld entstehen kann. Eine solche Basisausstattung mit flexiblen und lernfähigen Unternehmen und Arbeitskräften ist nicht überall gegeben und kann auch nicht immer zeitnah und grenzenlos an andere Orte transferiert werden.

Insgesamt bestimmen im starken Maße Zufälligkeiten, individuelle Entscheidungen der ersten Unternehmerpersönlichkeiten sowie historische Ereignisse die Lokalisation der ersten Pionierbetriebe *(Storper/ Walker 1989, S. 72-75; Bathelt 1991)*. Diese Standorte als mögliche Kandidaten für spätere Clusterungsprozesse sind vorab nicht bestimmbar, sondern lassen sich erst im Nachhinein aus der Analyse der einzelnen Gründungs- und Entwicklungspfade der Unternehmen nachvollziehen *(Mossig 2000)*.

• **Selektive Clusterungsphase:**

Während in der Lokalisationsphase an den Standorten möglicher Cluster die technischen Grundlagen und das spezielle Know-how durch die ersten Pionierbetriebe angelegt wurden, kommt es im Zuge der selektiven Clusterungsphase zu regional ungleich verlaufenden Wachstumsprozessen. Bereits existierende Firmen durchlaufen an den verschiedenen Standorten einen unterschiedlichen Entwicklungspfad und

wachsen unterschiedlich schnell. Neben dem Preis und der Qualität der hergestellten Produkte oder Dienstleistungen entscheiden unternehmensspezifische Routinen wie ureigene Unternehmensphilosophien, Managementfähigkeiten, Arbeitsorganisation, Regeln, Konventionen sowie Produkt- und Herstellungstechniken über den Erfolg der Unternehmensleistung und damit über die Wachstumsgeschwindigkeit des Unternehmens. Erfolgreich organisierte Pionierunternehmen nehmen in der Folge eine Führungsrolle ein und dehnen ihre Produktionskapazitäten aus. Auf diese Weise entwickelt sich durch die erfolgreichen Pionierunternehmen einer Branche eine Vorherrschaft einiger Standorte, während Standorte mit weniger erfolgreichen Pionierunternehmen in ihrer Entwicklung stagnieren *(Boschma/Frenken 2006; Dorenkamp/Mossig 2006; Dorenkamp 2008)*.

Ferner entstehen **neue Unternehmen** an den Schwerpunktstandorten vor allem durch **Spin-off-Gründungen.** Bei diesen setzen die Gründerpersonen im Zuge ihrer Unternehmensgründung Wissen ein (z. B. technisches Wissen, Fertigkeiten, aber auch Kundenkontakte oder Marktkenntnisse), das sie während ihrer vorangegangen Beschäftigung erworben haben. Die Konsequenz ist, dass die neuen Unternehmen in der Regel die gleiche Ausrichtung auf den Wirtschaftszweig des Inkubatorunternehmens haben, aus dem sie hervorgegangen sind. Spin-offs tragen zur Clusterbildung bei, weil sich die Gründerpersonen meist für einen Standort in unmittelbarer Nähe zum vorherigen Arbeitgeber entscheiden. Mit jeder Spin-off-Gründung erhöht sich die potenzielle Basis für nachfolgende Spin-offs, indem einige Unternehmen im Verlauf ihres individuellen Entwicklungspfades selbst zu Inkubatoren werden. Um sich vom Inkubatorunternehmen abzusetzen, erfolgt mit jedem neugegründeten Unternehmen eine Ausdifferenzierung des Tätigkeitsspektrums. Nischen werden so konsequent erschlossen und es entsteht vor Ort ein kumulativer Prozess *(Mossig 2000)*. Dieser erfährt eine zusätzliche Beschleunigung, da gerade die erfolgreich organisierten Pionierunternehmen ihren Spin-offs ein besonders durchsetzungsfähiges Paket an Erfahrungen, Kenntnissen und unternehmensspezifischen Routinen vererben können *(Boschma/Frenken 2006; Dorenkamp/ Mossig 2006)*. Empirische Studien haben entsprechend gezeigt, dass Spin-offs aus erfolgreichen Unternehmen eine höhere Überlebenswahrscheinlichkeit besitzen *(Klepper 2002; Boschma/Wenting 2004)*.

Im Zuge dieser selektiven Clusterungsprozesse kommt es an den erfolgreichen Standorten zur **Ausbildung von dauerhaften Agglomerationsvorteilen**, die eine Anziehungskraft auf das qualifizierte Humankapital sowie auf weitere Unternehmen von außerhalb ausüben. Ab einer kritischen Schwelle erreichen diese von den Unternehmen geschaffenen Agglomerationsvorteile eine solche Bedeutung, dass es zu einer erheblichen Einschränkung der räumlichen Wahlfreiheit kommt. Die Windows of Locational Opportunity schließen sich. Aufgrund von Pfadabhängigkeiten entstehen Vormachtstellungen bestimmter Regionen über längere Zeit *(Schamp 2000, S. 18ff.)*.

• **Dispersionsphase:**

Die räumliche Verlagerung von Unternehmensaktivitäten in entfernte Gebiete außerhalb des Clusters im weiteren Verlauf des Entwicklungspfades der Branche wird als Erschließungsmaßnahme von Wachstumsperipherien interpretiert. Eine Schwächung der Kerne geht davon nicht aus, da in den Schwerpunktregionen die zentralen Unternehmensfunktionen (z. B. Headquarter,

FuE) erhalten bleiben. Zudem werden in der Regel zunächst die standardisierten Teile der Produktion und des Vertriebs zum Vordringen in neue Märkte oder aus Gründen der Kostenersparnis verlagert.

• **Verlagerungsprozesse**

Eine Verschiebung der Standortschwerpunkte, die mit einem massiven Schrumpfen oder der Auflösung der etablierten Cluster verbunden ist, kann im Zuge von ausgeprägten Verlagerungsprozessen stattfinden. Die neuen führenden Gravitationszentren können durch industrielle Erneuerungsprozesse entstehen, beispielsweise durch grundlegende technologische Innovationen sowie durch Umstrukturierungsmaßnahmen innerhalb der Betriebe als Reaktion auf Krisen. Diese können wieder an unvorhersehbaren Standorten entwickelt werden. Aber auch massive Kostenunterschiede und damit verbundene Verlagerungen an vormals periphere Standorte können dazu führen, dass die ursprünglichen Schwerpunkte im Zuge der generellen Globalisierungsprozesse durch neue Cluster an anderen Standorten abgelöst werden (vgl. Kap. 11).

10.3 Weitere Determinanten des Clusterwachstums

Die theoretisch-konzeptionellen Ausführungen zur Lokalisations- und zur selektiven Clusterungsphase erklären die Ursprünge räumlicher Konzentrationen bestimmter Branchen. Mit dem Erreichen einer gewissen Größe eines Clusters können zusätzliche Wettbewerbsvorteile entstehen, welche die in einem Cluster lokalisierten Unternehmen begünstigen und dazu beitragen, dass sich die räumliche Konzentration der betreffenden Branche weiter verfestigt. *Krugman (1991, S. 35 ff.)* hat drei wesentliche Aspekte benannt, die das **Wachstum eines Clusters** begünstigen:

- spezialisiertes Arbeitskräftepotenzial,
- spezialisierte Zuliefer- und Dienstleistungsunternehmen sowie
- technologische Spill-over Effekte.

In verschiedenen empirischen Studien wurde anhand von multiplen Regressionsanalysen und Unternehmensbefragungen nach Belegen für die Wirksamkeit der drei vorgenannten Clustervorteile geforscht *(Feldman/Audretsch 1996; Keilbach 2002; Krugman 1991; Mossig 2000; Mossig/ Klein 2003).* Einigkeit besteht insbesondere bezüglich der Vorteile der vor Ort verfügbaren, **spezialisierten Arbeitskräfte**. Das Argument der vorteilhaften **Zuliefersituation** und der vor Ort verfügbaren spezialisierten Dienstleistungsunternehmen wird hingegen nicht in allen Studien bestätigt (z. B. *Schricke 2007)* und muss etwas vorsichtiger verwendet werden. Eine etwas ausführlichere Begründung verdient das Argument der technologischen **Spillover-Effekte** als Clustervorteil. In einem Cluster gelegene Unternehmen erfahren schneller von neuem Wissen und technologischen Neuerungen und erlangen so einen Informationsvorsprung, der ihnen einen Wettbewerbsvorteil verschafft. Der wesentliche Grund besteht darin, dass neues Wissen nur in sehr seltenen Fällen der zufälligen Inspiration eines Genies entstammt, sondern im Normalfall das Ergebnis von Lern-, Austausch- und Suchprozessen ist *(Siebert 2000, S. 420ff.).* Ein Cluster stellt diesbezüglich aufgrund der vielen Unternehmen, die in einem ähnlichen Bereich tätig sind und die stetig daran arbeiten, ihre Wettbewerbsfähigkeit zu verbessern, eine räumliche Konzentration spezialisierten Wissens dar. Um von diesem lokalisierten Wissensfundus besser profitieren zu können,

ist es hilfreich, vor Ort präsent zu sein, denn die Weitergabe und das Erlernen von neuem und sehr komplexem Wissen erfordern intensive Interaktionsbeziehungen zwischen dem Wissensgeber und dem Wissensempfänger. **Face-to-Face-Kontakte** sind die effektivste und effizienteste Form des Informations- und Wissensaustausches, denn dabei werden neben dem gesprochenen Wort durch die Mimik und unterstützende Gesten weitere Informationen transportiert, die zum einfacheren Verständnis der formulierten Inhalte beitragen. Auch Ironie oder Betonungen auf besonders relevante Aspekte sind in Gesprächen von Angesicht zu Angesicht für den Empfänger der Botschaft leichter zu erkennen als in einem Telefonat oder in einer geschriebenen E-Mail *(Storper/ Venables 2004).* Durch die räumliche Nähe zueinander lassen sich in einem Cluster Face-to-Face-Kontake leichter realisieren. Ebenso unterstützt der gemeinsame soziokulturelle Kontext in einem Cluster sowie ähnliche Werte und Normen die Weitergabe und Aufnahme neuen Wissens.

Jedoch unterscheiden sich verschiedene Wirtschaftszweige bezüglich der Bedeutung der räumlichen Nähe. Einige Branchen profitieren in höherem Maße von Clustervorteilen und sind entsprechend stärker räumlich konzentriert als andere. Diesbezüglich sind nach *Scott (2006)* insbesondere der Grad und die **Organisation der zwischenbetrieblichen Arbeitsteilung** relevant. Arbeitsteilige Organisationsstrukturen haben sich in nahezu allen Bereichen durchgesetzt, da einzelne, an Personen gebundene Fähigkeiten wie der individuelle Wissensstand, die Gedächtnisleistung, die subjektiven Erfahrungen und Bewertungen sowie die eigene Kreativität nicht ausreichen, um ein komplexes Produkt zu erzeugen und erfolgreich zu vermarkten. In einer zunehmend komplexen Wissensgesellschaft mit einem rasant ansteigenden Wissensbestand werden schnell die intellektuellen Kapazitäten eines einzelnen Menschen überschritten. Arbeitsteilige Strukturen ermöglichen die parallele Aufnahme neuer Informationen über mehrere Informationskanäle und damit eine enorme Vergrößerung der möglichen Kontakte für neue Anregungen und Ideen. Auch die Informationsverarbeitung erfolgt in arbeitsteiligen Strukturen wesentlich schneller, als dies eine Einzelperson leisten könnte. Durch die Koordination des Handelns vieler Einzelpersonen können folglich mehr Wissen und mehrere Informationen zugleich verarbeitet und effektiv genutzt werden als durch eine gleich große Anzahl unkoordinierter Einzelakteure *(Meusburger 2007)*.

Die Koordination arbeitsteiliger Prozesse ist jedoch nicht kostenfrei. Je nach Häufigkeit und Spezifität der damit verbundenen Transaktionen fallen unterschiedlich hohe Transaktionskosten an *(Williamson 1990;* vgl. Kap. 3.2.2). Verschiedene Interaktionen lassen sich hinsichtlich der räumlichen Dimension differenzieren. Räumliche Nähe ist für einige Interaktionsbeziehungen wesentlich wichtiger als für andere und entsprechend fallen unterschiedlich hohe **räumliche Transaktionskosten** an. Dadurch lässt sich erklären, weshalb sich manche Branchen aufgrund höherer räumlicher Transaktionskosten an einem Standort konzentrieren und Cluster bilden, während es in anderen Bereichen durch geringere räumliche Transaktionskosten zu einem dispersen räumlichen Verteilungsmuster kommt *(Scott 2006)*. Insbesondere in wissensintensiven Wachstumsbranchen sind die räumlichen Transaktionskosten durch den hohen Bedarf an persönlicher Kommunikation vergleichsweise hoch, um das benötigte Wissen und die relevanten Insiderinformationen zu erlangen.

Als Zwischenfazit kann festgehalten werden, dass Globalisierungsprozesse keineswegs zu einer Auflösung regionalökonomischer Zusammenhänge führen. Gerade aus der regionalen Spezialisierung und den regionalen Vernetzungen innerhalb eines Clusters sowie den damit verbundenen Wissensflüssen können aus dem regionalen Kontext heraus Wettbewerbsvorteile entstehen, die sich als besonders durchsetzungsfähig auf den weltweiten Märkten einer zunehmend globalisierten Wirtschaft erweisen.

10.4 Vernetzungen über die Clustergrenzen hinaus

Die Betrachtung der inneren Strukturen eines Clusters reicht nicht aus, um deren Rolle als Knotenpunkt einer Branche innerhalb der globalen Netzwerke zu erfassen *(Bathelt et al. 2004)*. Starke Verbindungen über die eigenen Clustergrenzen hinaus sind aus mehreren Gründen wichtig. Erstens droht bei fehlenden externen Verflechtungen die Gefahr, dass Innovationen und Marktentwicklungen an anderen Standorten nicht rechtzeitig erkannt und verpasst werden. Auch institutionelle Blockierungen und verkrustete Strukturen innerhalb eines Clusters können durch fehlende Außenkontakte schneller ihre negativen Wirkungen entfalten. Ein Cluster kann so leicht seine regenerativen Kräfte verlieren *(Grabher 1993; Schamp 2000, S. 139ff.)*. Zweitens sind starke Vernetzungen über die Clustergrenzen hinaus bezüglich der Vertriebsstrukturen zu den externen Märkten essentiell notwendig, da diese die ökonomische Existenz der Unternehmen in einem Cluster sicherstellen. Letztlich kann ein Cluster nur durch einen weit überdurchschnittlichen Erfolg bezüglich des Vertriebs seiner Produkte und Dienstleistungen existieren *(Mossig 2008b)*

(vgl. Kapitel 10.5). Um diesen Vertriebs-
erfolg zu erreichen, benötigen die Cluster
die entsprechenden Informationen über die
Präferenzen und Konsumgewohnheiten auf
den einzelnen Teilmärkten.

Die Interaktionsbeziehungen zur Herstellung der externen Verbindungen unterscheiden sich erheblich von den lokalen Vernetzungen innerhalb eines Clusters. Schnittstellen zur Überbrückung der räumlichen
und kulturellen Distanzen müssen erarbeitet
werden, um den Impetus von außen aufzu-
spüren und in den Cluster einzubringen.
Auch die wichtigen Face-to-Face-Kontakte
kommen seltener und schwieriger zustande
als in einem Cluster. Internationale Messen
können die Rolle eines **temporären Clusters** übernehmen und ermöglichen dadurch
zeitlich befristet ein dichtes Zusammenkom-
men und einen intensiven Informationsaustausch der räumlich verstreut lokalisierten
Akteure einer Branche *(Bathelt/Zakrzewski
2007; Mossig 2008c)*. Der Aufbau und die
Pflege der externen Verbindungen ist mit
erheblichen Kosten verbunden. Dafür haben
diejenigen Unternehmen, die über starke
globale Verbindungen verfügen sowie einzelne Akteure, die innerhalb eines Clusters
die Rolle übernehmen, den Marktzugang
zu koordinieren, eine herausgehobene
Stellung in ihrem Wettbewerbsumfeld. In
einem Verlagssystem *(Rehle 1996)* übernimmt der Verleger diese zentrale Rolle des
Informations-Brokers zwischen dem Cluster
und den externen Absatzmärkten und den
Entwicklungen dort. In der Textilwirtschaft
von Prato im ‚Dritten Italien' ist dies zum
Beispiel der so genannte ‚impannatore'
(Sabel 1994, S. 112; Becattini 1991). Mit der
Organisation des Marktzuganges übernimmt
dieser Akteur eine besondere Verantwortung
für den Erfolg. Er hofft dabei auf besondere
Gewinne und trägt dafür in der Regel ein
erhöhtes Risiko.

10.5 Fallbeispiel: Vertriebsmacht und Clusterentwicklung der Filmindustrie in Hollywood

Wenige Branchen sind weltweit räumlich
so stark konzentriert wie die Filmindustrie
in Los Angeles/Hollywood. Die weltweit
einmalige Stellung des Filmclusters in
Los Angeles/Hollywood lässt sich an den
Produktionskosten der Filme ablesen, die
den dort lokalisierten Filmproduzenten zur
Verfügung stehen. Weltweit wurden im Jahr
2003 rund 22,46 Mrd. US $ für die Herstel-
lung von Kinofilmen aufgewendet, davon
allein 65% (14,6 Mrd. US $) für Filmpro-
duktionen aus den USA (vgl. Tab. 10.1).

Diese Summe steht fast ausschließlich
Produzenten in Los Angeles/Hollywood
zur Verfügung, denn die sieben weltweit
dominanten Major Studios und die meisten
der US-amerikanischen Independents haben dort ihren Standort. Allein die sieben
Major Studios Warner Bros., Walt Disney,
Paramount, 20th Century Fox, Columbia/
Sony, Metro-Goldwyn-Mayer und Univer-
sal verwalten über die Hälfte (55%) der
gesamten Produktionskosten weltweit. Im
Vergleich dazu fallen die Summen und
relativen Anteile in den anderen Ländern
äußerst bescheiden aus.

Das Fallbeispiel der Filmindustrie zeigt,
wie wichtig ein globales Distributions-
system für die Entwicklung und den Fort-
bestand eines Clusters ist. Die weltweite
Vormachtstellung des Filmclusters in Los
Angeles/Hollywood ist an einen mächtigen
Kreislauf gekoppelt, der auf einer überragen-
den internationalen Vertriebsmacht basiert.
Die Einnahmen aus der weltweit erfolg-
reichen Vermarktung der Filme bilden die
Grundlage dafür, dass den Produzenten in
Hollywood besonders große Budgets pro
Film zur Verfügung stehen (vgl. Tab. 10.1).
Die viel größeren Budgets erlauben es, die

Tab. 10.1: Filme und Produktionskosten nach Ländern 2003

Land	Zahl der Filme	Produktionskosten insgesamt in Mrd. US $	Durchschnittliche Produktionskosten (Mio. US $)
USA - Majors	194	12,38	63,8
USA - Independents	399	2,21	5,5
USA insgesamt	593	14,59	24,6
Großbritannien	175	1,90	10,83
Japan	287	1,34	4,66
Frankreich	212	1,30	6,15
Deutschland	107	0,85	7,96
Welt	4087	22,46	5,50

Quelle: Mossig 2006, S. 161.

weltweit beliebtesten und erfolgreichsten Akteure vor und hinter der Kamera (Schauspieler, Regisseure, Kameraleute, Autoren, Produzenten) zu engagieren, wodurch sich die Wahrscheinlichkeit eines international erfolgreichen Vertriebs enorm erhöht. So entsteht durch die höheren Budgets eine besondere Filmware, die eine weltweite Nachfrage erzeugt und entsprechende Erlöse zum Erhalt der Vertriebsmacht erzielt. Selbst einzelne Flops oder ausländische Einzelerfolge können diesen mächtigen Kreislauf nicht durchbrechen.

Die Dominanz der Filmindustrie aus Los Angeles/Hollywood auf den umsatzstarken Märkten der westlichen Industrienationen lässt sich am Beispiel des Kinomarktes in Deutschland exemplarisch aufarbeiten. Aus Tabelle 10.2 geht hervor, in welchem Umfang die Filme aus Los Angeles/Hollywood den Kinomarkt in Deutschland im Beobachtungszeitraum vom 01.07.2003 - 30.06.2004 durchdrungen haben. Insgesamt hatten während dieser einjährigen Periode 136 Filme in deutschen Kinos Premiere und gehörten zumindest eine Woche zu den zehn meist gesehenen Filmen. Von der Anzahl der Filme und der erzielten Einnahmen dominieren Produktionen aus den USA den Kinomarkt in Deutschland. 84,6% der Einnahmen an den deutschen Kinokassen wurden von US-amerikanischen Filmen erzielt und nur 11,7% von Filmen aus Deutschland. Allein die sieben Major Studios aus Los Angeles/Hollywood schöpfen rund zwei Drittel des Marktes in Deutschland ab.

Doch nicht nur das deutsche Kinopublikum trägt damit zur Refinanzierung der hohen Produktions- und Marketingkosten der Hollywoodfilme bei. In den anderen umsatzstarken Kinomärkten der westlichen Industrienationen verhält es sich ähnlich. Das Kinopublikum sieht bevorzugt die aufwendig produzierten, mit internationalen Stars besetzten und umfangreich beworbenen Blockbuster-Filme der sieben Major Studios aus Los Angeles/Hollywood oder die einheimischen Produktionen. In den einzelnen Ländern variiert jedoch der Marktanteil, den die einheimischen Filme erreichen. Vergleichsweise hoch lag zwischen 1998-2002 der inländische Anteil in

Tab. 10.2:   Kennzahlen der Filme mit Premiere auf dem Kinomarkt in Deutschland vom 01.07.2003 - 30.06.2004

Herkunft	Zahl der Filme	Kinoeinnahmen (in Mio. US $)	Einnahmen je Film (in Mio. US $)
Deutschland	26 (19,1%)	102,4 (11,7%)	3,9
USA	97 (71,4%)	754,5 (86,7%)	7,8
Ausländische Filme	13 (9,5%)	14,1 (1,6%)	1,1
Deutscher Kinomarkt	136 (100%)	871,0 (100%)	6,4

Quelle: Mossig 2008b

Frankreich (32,8%) und in Japan (32,6%). In Großbritannien betrug er hingegen lediglich 17,1% *(Mossig 2006, S. 162)*.

Insgesamt kann so belegt werden, wie die internationale Vertriebsmacht dauerhaft dazu beiträgt, die Existenz des Filmclusters in Los Angeles/Hollywood zu unterstützen, indem auf den internationalen Märkten die immensen finanziellen Mittel eingenommen werden, die es den Filmproduzenten in Los Angeles/Hollywood erlauben, die besondere Filmware herzustellen, welche sich global besonders gut vermarkten lässt.

Daneben stärken weitere externe Verbindungen den Cluster der Filmindustrie in Hollywood/Los Angeles. Dies betrifft zum einen die Anziehungskraft der besonderen Verdienst- und Produktionsmöglichkeiten in Hollywood, denen das internationale Talent folgt. Zum anderen fließen in erheblichem Umfang direkte Kapitalinvestitionen internationaler Anleger in die Filmindustrie in Hollywood. Experten schätzen den Betrag, den allein Kapitalinvestoren aus Deutschland dort investieren, auf 1,5 Mrd. US $ pro Jahr. Wenn man bedenkt, dass für deutsche Filmproduktionen jährlich weniger als 900 Mio. US $ ausgegeben werden, wird das Ausmaß des Kapitalabflusses und die Anziehungskraft des Standorts in Los Angeles/Hollywood deutlich *(Mossig 2006, S. 181f.)*.

Weiterführende und ergänzende Literatur zum Kapitel 10:

Kiese, M. / Schätzl, L. (2008): Cluster und Regionalentwicklung: Theorie, Beratung und praktische Umsetzung. Dortmund.

Bathelt, H. / Malmberg, A. / Maskell, P. (2004): Clusters and knowledge: local buzz, global pipelines and the process of knowledge creation. In: Progress in Human Geography 28 (1), S. 31-56.

Mossig, I. (2002): Konzeptioneller Überblick zur Erklärung der Existenz geographischer Cluster. Evolution, Institutionen und die Bedeutung des Faktors Wissen. In: Jahrbuch für Regionalwissenschaft, 22. Jg. (2), S. 143-161.

Schamp, E. W. (2005): Cluster und Netzwerke als Werkzeuge der regionalen Entwicklungspolitik. Eine Kritik am Beispiel der Rhein-Main-Region. In: Cernavin, O. et al. (Hrsg.): Cluster und Wettbewerbsfähigkeit von Regionen. Berlin, S. 91-110.

11 Auflösung und Standortverlagerung industrieller Produktionskomplexe am Beispiel der Schiffbauindustrie

Erfolgreich im Schiffbau trotz globaler Konkurrenz: Die Meyer-Werft in Papenburg

Quelle: Meyer-Werft.

Eine neue Form der Produktionsorganisation, die im Zuge des Globalisierungsprozesses entstanden ist, beinhaltet die Aufspaltung von Wertschöpfungsketten in Teilprozesse sowie deren Durchführung an unterschiedlichen Standorten weltweit. Dabei bleiben höherwertige Unternehmensfunktionen häufig an den alten Standorten in den Industrieländern bestehen, wohingegen arbeitsintensive Produktionsschritte vornehmlich in Schwellen- und Entwicklungsländer verlagert werden. Diese sogenannten Globalen Warenketten bzw. Globalen Produktionsnetzwerke wurden in Kapitel 9 behandelt.

Eine weitere Folge der Internationalisierung und Liberalisierung der Güter- und Finanzmärkte, auf die in diesem Kapitel eingegangen werden soll, sind **grenzüberschreitende Standortverlagerungen** ganzer Produktionskomplexe. Sie führen dazu, dass sich alte Produktionskomplexe in den Industrieländern auflösen und sich neue Produktionskomplexe der entsprechenden Branchen an anderer Stelle der Welt, vornehmlich in Entwicklungs- und Schwellenländern, bilden.

In Kapitel 10 ist bereits die Frage erörtert worden, in welchem Umfang und unter welchen Prämissen lokale Produktionscluster angesichts der Internationalisierung der Wirtschaft wettbewerbsfähig sind. Dabei ist auch die Frage der Auflösung und Verlagerung lokaler Produktionscluster angeschnitten worden. Im Folgenden soll anhand des konkreten Beispiels der Schiffbauindustrie eingehender auf Prozesse dieser Art eingegangen werden.

Die Schifffahrt stellt für den Welthandel und die Globalisierung der Wirtschaft eine wichtige Voraussetzung und Triebfeder dar. Rund 95% aller Güter des Welthandels werden über den Seeweg abgewickelt. 70% entfallen dabei auf Massengüter wie Kohle und Erze, 30% auf Stückgüter wie Maschinen oder PKW *(Borla 1995, S. 15f.)*. Im Zuge der Ausweitung des Welthandels hat sich der Bau von Transportschiffen weiterentwickelt. Neben immer größeren Tankern und Massengutschiffen für den Rohstofftransport erlangten Containerschiffe für den Stückgutverkehr eine zunehmende Bedeutung. Nachrangig hat sich die Produktion von Passagier- und Kreuzfahrtschiffen, Marineschiffen, Yachten und anderen Spezialschiffen entwickelt.

Die Schiffbauindustrie entstand im 19. Jahrhundert im Zuge der Industrialisierung zunächst in Europa. Noch Anfang der 1950er Jahre entfielen über 80% der Weltproduktion von Seeschiffen auf europäische Länder. Marktführer war Großbritannien mit 26,6% der weltweit ausgelieferten Tonnage, gefolgt von der Bundesrepublik Deutschland mit 19,6% (1955) *(Nuhn 1990, S. 345)*. Heute (2008) findet die Herstellung neuer Seeschiffe dagegen zu über 87% in Südkorea, Japan und China statt *(VSM 2008, S. 72)*. Seit den 1960er Jahren hat eine nahezu vollständige Verlagerung der Produktion von Seeschiffen, speziell von großen Transportschiffen, von Europa nach Ostasien stattgefunden. Der größte Teil der Seeschiffwerften in Europa hat dem internationalen Wettbewerb nicht standhalten können *(Nuhn 1998, S. 318)*.

Im nächsten Abschnitt soll zunächst die Entwicklung der deutschen Schiffbauindustrie nach dem Zweiten Weltkrieg dargestellt werden. Im Anschluss werden die Ursachen der sukzessiven Auflösung der Produktionskomplexe der Schiffbauindustrie an der deutschen Nord- und Ostseeküste erörtert und dargelegt, in welcher Weise der Auflösungsprozess mit der Globalisierung der Wirtschaft in Zusammenhang steht.

11.1 Entwicklung der deutschen Schiffbauindustrie nach dem Zweiten Weltkrieg

Nach dem Zweiten Weltkrieg hatte sich die Schiffbauindustrie in Deutschland rasch zu einem bedeutenden Wirtschaftszweig entwickelt. Bei Kriegsende war zwar ein erheblicher Teil (ca. 40%) der deutschen Werften zerstört und von Demontage betroffen. Ebenso verhinderte das Potsdamer Abkommen der alliierten Siegermächte von 1945 den Bau neuer Schiffe. Dieses Neubauverbot wurde jedoch bald gelockert und nach dem Ausbruch des Korea-Krieges im Oktober 1950 ebenso aufgehoben wie zuvor erlassene Exportbeschränkungen.

Unterstützt durch Steuervergünstigungen und zinsgünstige Darlehen nahm der Schiffbau an der nord- und ostdeutschen Küste der Bundesrepublik Deutschland nach 1950 einen raschen Aufschwung. Er wurde zudem durch die gestiegene Nachfrage nach Tankern und Massengutfrachtern gefördert, die durch die Schließung des Suez-Kanals im Jahre 1956/57 ausgelöst wurde.

Bereits 1953 wurden 774.000 Bruttoregistertonnen (BRT) Schiffsraum erstellt. 1955 wurde die 1 Millionen-Grenze bei einer Exportquote von 51% überschritten. 1958, auf dem Höhepunkt des Aufschwungs nach dem Kriege, wurden 1,2 Millionen BRT Schiffsraum ausgeliefert. Die Beschäftigtenzahl stieg in dieser Zeit von 70.000 (1953) auf 113.000 (1958) an (vgl. Abb. 11.1), einschließlich der Schiffbauzulieferindustrie sogar auf über 200.000 *(Nuhn 1990, S. 347 f.)*.

**Abb. 11.1: Entwicklung der Beschäftigtenzahlen in der westdeutschen Schiffbauindustrie
1953-2009**

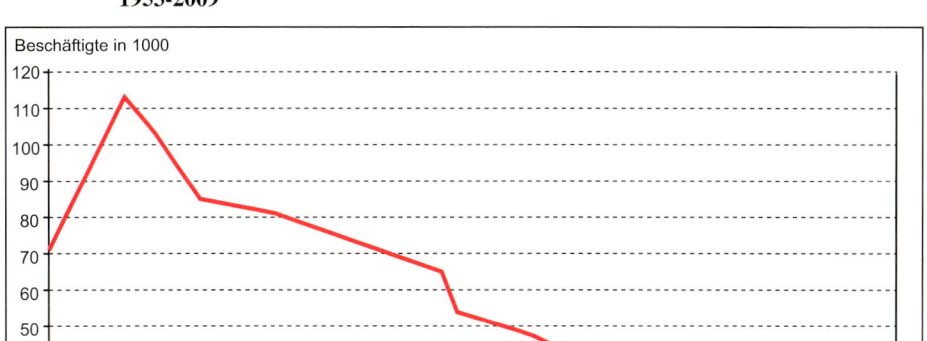

Quelle: Nuhn 1998, S. 321, ergänzt nach VSM, Jahresberichte.

Die Deutsche Werft AG in Hamburg und die Howaldtswerke in Kiel entwickelten sich nach der abgelieferten Tonnage bei Handelsschiffen zu den größten Schiffbauproduzenten weltweit. Der westdeutsche Weltmarktanteil im Handelsschiffneubau erreichte im Jahr 1956 mit 17% seinen Höchststand. Die Bundesrepublik Deutschland war damals drittgrößte Schiffbaunation hinter Japan und Großbritannien.

Die **Standortstruktur der Werften** war durch eine starke regionale Konzentration vor allem an der Unterweser zwischen Bremen und Bremerhaven sowie an der Elbe um Hamburg gekennzeichnet (vgl. Abb. 11.2). Hamburg nahm mit acht Großwerften und 34.000 Beschäftigten (1960) eine dominierende Stellung ein *(Nuhn 1998, S. 320).* Weitere Werftkonzentrationen traten in den Städten Kiel, Lübeck, Flensburg und Emden auf. Hier hatten sich an traditionellen Standorten der Schiffbauindustrie im Umfeld großer Seehäfen Großwerften entwickelt und ähnlich wie in Hamburg

und Bremen räumliche Unternehmenscluster der Schiffbauindustrie mit vielfältigen Verflechtungen zur Zulieferindustrie, zu Forschungseinrichtungen, Kreditinstituten und spezialisierten Dienstleistungseinrichtungen verschiedener Art gebildet *(Kramm 1980; Nuhn 1990).*

Nach 1958, dem Höhepunkt des Booms, verschlechterte sich die Auftragslage der deutschen Schiffbauindustrie. In der Folge sank die Beschäftigtenzahl in relativ kurzer Zeit von 113.000 (1958) auf 85.000 (1963). Der westdeutsche Weltmarktanteil im Schiffneubau ging von 15,8% (1958) auf 11,6% zurück *(Nuhn 1990, S. 348).* Nach 1963 belebte sich zwar die Auftragslage in der deutschen Schiffbauindustrie, unter anderem auch durch die zweite Suez-Krise von 1963, in deren Folge sich die Neubauaufträge erhöhten. Dennoch trat keine grundlegende Verbesserung der Situation ein, obwohl mit den Containerschiffen mittlerweile eine neue Generation von Transportschiffen produziert wurde.

Abb. 11.2: Standorte der westdeutschen Schiffbauindustrie 1960

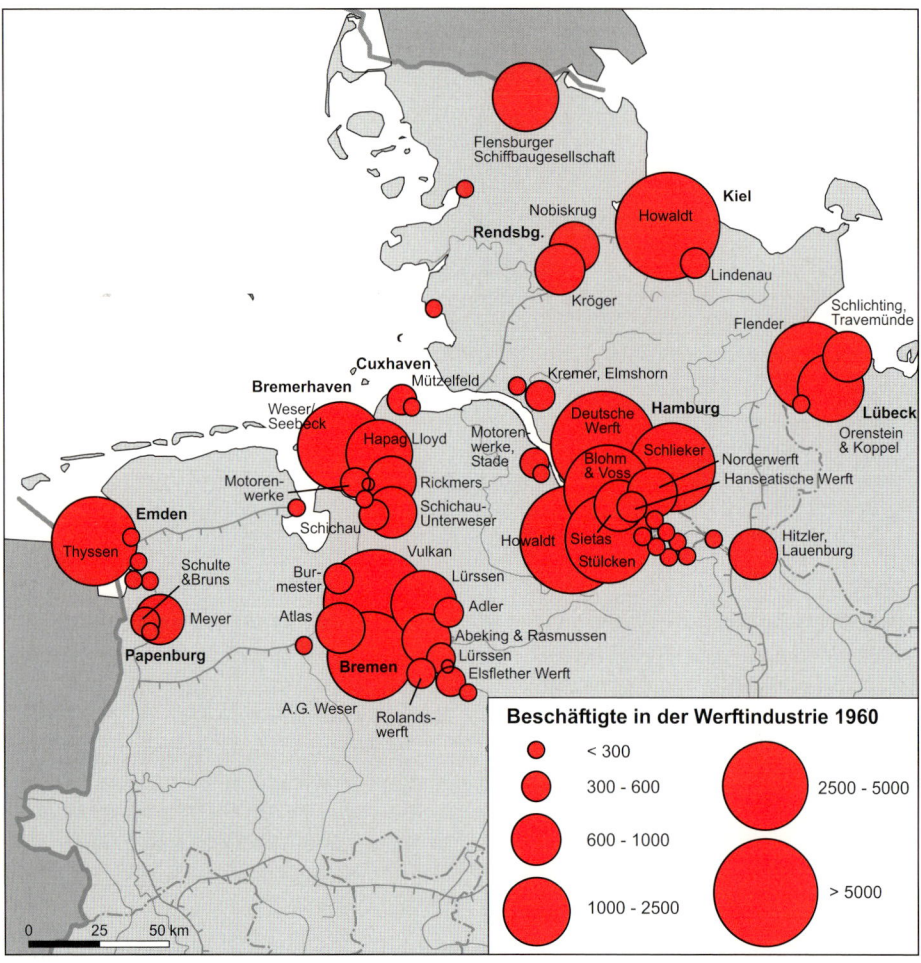

Quelle: Eigene Darstellung; Datenbasis: Kramm 1980, S. 100-108 sowie Anlage 34.

Werfthilfeprogramme der Bundesregierung konnten nicht verhindern, dass eine erste kleinere Welle von Konkursen und Fusionen kleinerer und mittelgroßer Werften in der zweiten Hälfte der 1960er Jahre (bis ca. 1972) in Gang gesetzt wurde.

Im Jahr 1978 entfielen nur noch 2,1% der weltweiten Neubauaufträge auf deutsche Werften. Ungeachtet erheblicher Beihilfen von Bund und Ländern betrug die Auslastung der Kapazitäten im Handelsschiffbau

im Jahr 1979 nur noch 59% *(Nuhn 1990, S. 350)*. Es setzte eine zweite, nun aber einschneidendere Welle von Konkursen und Fusionen westdeutscher Werften ein. Dies hatte einen deutlichen Abbau von Arbeitsplätzen zur Folge. Die Beschäftigtenzahl in der westdeutschen Schiffbauindustrie sank von 81.000 (1968) auf unter 65.000 im Jahr 1979 (vgl. Abb. 11.1).

Mitte der 1980er Jahre erreichte die Krise mit dem Konkurs bedeutender Großwerften

Abb. 11.3:   Standorte der westdeutschen Schiffbauindustrie 2005

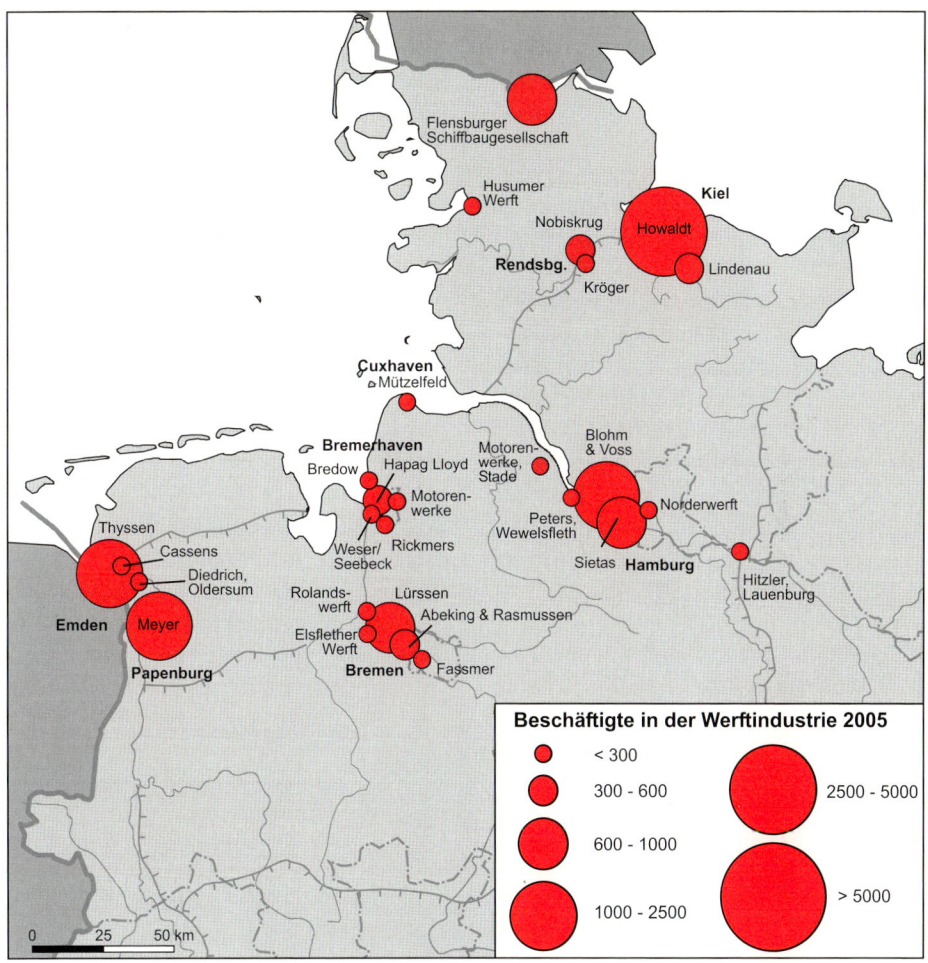

Quelle: Eigene Darstellung; Datenbasis: Tholen/Ludwig 2005, S. 49 f.

in Bremen (AG Weser; 1983), Bremerhaven (Rickmers-Werft; 1986) und Hamburg (HDW; 1985) ihren Höhepunkt. Von der Krise waren nicht nur Großwerften betroffen, die sich gezwungen sahen, ihre Aktivitäten auf Schiffsreparaturen und Instandsetzungen einzuschränken, sondern vor allem kleine und mittelgroße Unternehmen. Sie waren nicht in der Lage, die erforderlichen Rationalisierungsmaßnahmen in ausreichendem Maße zu bewältigen. Die Zahl der

mittelständischen Werften schrumpfte von ursprünglich 37 auf 25 *(Eich-Born 2005a, S. 127, VSM 1989).* Insgesamt sank die Zahl der Werften in Norddeutschland von 48 (1970) auf 37 (1990) und der Anteil der Bundesrepublik Deutschland an der weltweiten Schiffproduktion auf unter 2%.

Ende der 1980er Jahre waren nur noch knapp 37.000 Personen in der westdeutschen Schiffbauindustrie beschäftigt (vgl. Abb. 11.1). Der Abbau von Arbeitsplätzen war allerdings nicht allein auf Werftschließungen und Kapazitätsreduzierungen zurückzuführen, sondern zu einem nicht unwesentlichen Teil auch dadurch bedingt, dass in massiver Weise Outsourcing betrieben wurde *(Tholen/Ludwig 2005)*.

Mit dem Personalabbau einher ging die Umstellung der Produktion auf hochwertige Spezialschiffe wie Passagier- und Kreuzfahrtschiffe, Containerschiffe, Gas- und Chemikalientanker. Im Gegensatz zu ihrer japanischen und koreanischen Konkurrenz wurden Massenfrachter und Öltanker in europäischen Werften kaum mehr gebaut (2003: 1% und 4%) *(Eich-Born 2005a, S. 125)*. Zusätzlich wurden verstärkt Marineschiffe, Forschungsschiffe und Patrouillenboote gefertigt oder man begnügte sich mit Reparatur- und Umbauarbeiten. Im Handelsschiffbau der BRD waren 1989 nur noch 45% der Werftbeschäftigten tätig. Reparaturen und Umbauten wurden mit 15%, Neubauten und Reparaturen für die

Marine mit 20% Umsatzanteil verbucht *(VSM 1989, S. 8)*.

Die Schrumpfungsprozesse in der deutschen Schiffbauindustrie setzten sich auch in den 1990er und 2000er Jahren fort. Von den 64 Seeschiffwerften (1960) an der Nord- und Ostseeküste der Bundesrepublik Deutschland (alt) (vgl. Abb. 11.2; *Kramm 1980, S. 100-108*) sind nur noch 29 (2005) übrig geblieben (vgl. Abb. 11.3; *Tholen/Ludwig 2005, S. 49 f.*). Weitere große, traditionsreiche Werften wie die Bremer Vulkan in Bremen, die in den 1970er Jahren noch über fünftausend Beschäftigten hatte, mussten in den 1990er Jahren aufgeben, ebenso viele kleine und mittelständige Schiffbauunternehmen. Die Zahl der Beschäftigten in der Schiffbauindustrie sank auf unter 20.000 im Jahr 2008, d. h. auf nur noch 17% der ursprünglichen Belegschaft (vgl. Abb. 11.1).

Infolge dieser Entwicklung sind die Produktionskomplexe der Schiffbauindustrie an der deutschen Nord- und Ostseeküste

Tab. 11.1: **Entwicklung der Beschäftigtenzahlen in der Schiffbauindustrie in den Küstenstädten Westdeutschlands 1970-2005**

Stadt	1970	1990	2005	Veränderung 1970-2005 (abs.)	Anteil der Beschäftigten 2005 gegenüber 1970 in %
Hamburg	17.367	6.889	2.787	-14.580	16,0
Bremen	10.401	4.619	1.133	-9.268	10,9
Bremerhaven	9.778	4.359	1.051	-8.727	10,7
Emden	5.826	2.376	1.552	-4.274	26,6
Kiel	10.684	4.985	3.032	-7.652	28,4
Lübeck	4.106	1.765	35	-4.071	0,9
Rendsburg	1.940	843	646	-1.294	33,3
Flensburg	1.754	599	714	-1.040	40,7
Papenburg	1.427	2.133	2.217	+790	155,4
Westdeutschland (gesamt)	68.041	30.989	14.122	-53.919	20,8

Quelle: Nach Nuhn 1998, S. 318 f. und Tholen/Ludwig 2005, S. 49.

stark geschrumpft und kämpfen um ihr Überleben *(Förster 2009, S. 3)*. Die meisten von ihnen stehen vor ihrer Auflösung. Wie sich die Entwicklung der Schiffbauindustrie auf die einzelnen Produktionsstandorte an der westdeutschen Nord- und Ostseeküste ausgewirkt hat, lässt sich der Tabelle 11.1 entnehmen.

11.2 Ursachen des Niedergangs der westdeutschen Schiffbauindustrie

Die ersten Schrumpfungstendenzen in der Schiffbauindustrie Anfang der 1960er Jahre lassen sich im Wesentlichen auf drei Ursachen zurückführen. Die Verschlechterung der Auftragslage wurde erstens durch einen **Anstieg der Lohn- und Materialkosten** in Form gestiegener Stahlpreise sowie zweitens durch eine **Aufwertung der DM** hervorgerufen. Drittens ist die sich rasch entwickelnde **japanische Konkurrenz** zu nennen, die zwischen 1952 und 1963 ihren Anteil am internationalen Schiffbaumarkt von 12,2% auf 25,1% erhöhen konnte (vgl. Abb. 11.4). In Japan wurde durch ein umfassendes Rationalisierungs- und Modernisierungsprogramm der Schiffbau als strategische Branche ausgebaut. Er wurde dabei vom Staat durch Steuererleichterungen bei Investitionen, Exportkredite sowie Baukostenzuschüsse für Modernisierungs- und Rationalisierungsmaßnahmen tatkräftig unterstützt *(Eich-Born 2005a, S. 105)*. Die Bundesregierung gewährte dem bedrohten Wirtschaftszweig ihrerseits seit 1961 Unterstützung durch Marineaufträge und Finanzhilfen für den Exportschiffbau *(Nuhn 1990)*.

Trotz verbesserter Auftragslage nach 1963 veränderte sich die Situation nicht grundlegend. Bei den hohen **Material- und Lohnkosten** waren die westeuropäischen Länder nur bedingt wettbewerbsfähig, denn der Schiffbau gehört zu den arbeitsintensiven Industriebranchen. 20-30% der Bausumme entfallen im Schiffbau auf Arbeitskosten *(Nuhn 1990)*. Die Arbeitskosten lagen in Deutschland deutlich höher als in Japan oder Südkorea. Hinzu kam eine erneute Aufwertung der DM, welche die Produkte der deutschen Schiffbauer auf dem Weltmarkt für die Kunden zusätzlich verteuerte. Die Werfthilfsprogramme der Bundesregierung wurden daher verlängert.

Der Beginn des dauerhaften Niedergangs der deutschen Schiffbauindustrie wurde durch eine drastische Erhöhung des Ölpreises durch die Organisation Erdölexportierender Länder (OPEC) Ende 1973 begleitet. Die Folge war, dass die Nachfrage nach Rohöltransportern sank und die Frachtraten verfielen. Neubauaufträge für Tanker, die einigen deutschen Großschiffwerften zuvor noch ein hohes Auftragsvolumen eingebracht hatten, wurden storniert oder entfielen ganz. Hinzu kam, dass weltweit im Handelsschiffbau (Tanker- und Container-Großschiffbau) erhebliche Überkapazitäten entstanden waren *(Nuhn 1990, S. 349)*.

Zur Sicherung der Existenz der verbleibenden Unternehmen waren Strukturanpassungen an die veränderte Markt- und Wettbewerbssituation notwendig. Diese sollten durch Kapazitätsreduzierungen, Innovationsprogramme zur Modernisierung und Auftragssubventionen bewerkstelligt werden. 1986 wurden erneut Finanzhilfen im Umfang von 300 Mio. DM von der Bundesregierung bewilligt. Dabei hatten die vielfältigen staatlichen Interventionen die längst notwendige Restrukturierung der Schiffbauindustrie und die Anpassung an die veränderte Markt- und Wettbewerbslage bisher eher verschleppt *(Nuhn 1998, S. 322)*.

Massive Hilfen und Eingriffe des Staates haben dazu beigetragen, dass zu lange an

Abb. 11.4: Entwicklung der Weltmarktanteile im Schiffbau zwischen EU, Japan, Südkorea und China 1950-2008

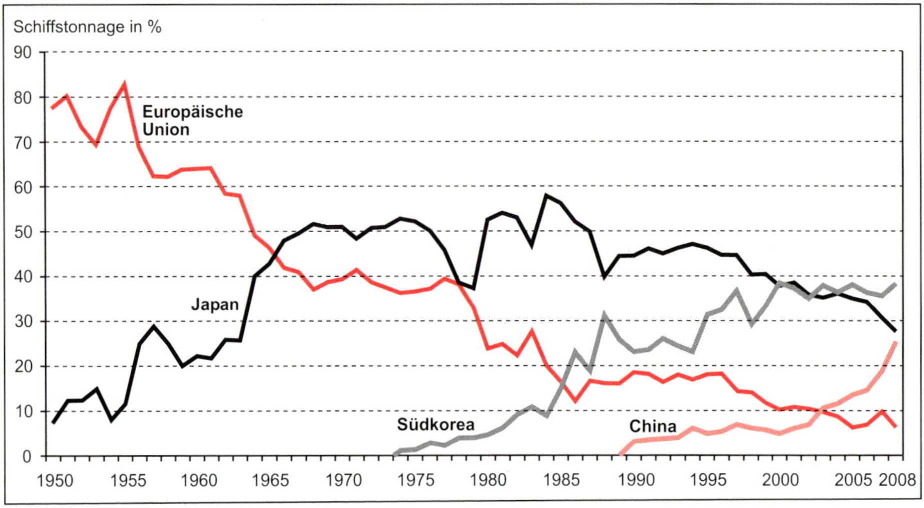

Quelle: Eich-Born 2005b, S. 55; ergänzt nach VSM, Jahresberichte.

alten tradierten Produktionsausrichtungen festgehalten und ein rechtzeitiges Umlenken auf neue, hochwertige Spezialprodukte verhindert wurde. Die Folge der staatlichen Einflussnahme war eine Verfestigung der Produktions- und Netzwerkstrukturen mit dem Effekt eines „**Lock-ins**" *(vgl. Grabher 1993, S. 750; Kern/Schumann 1990, S. 305 ff.).*

Unternehmen sind in Beziehungsgeflechte auf verschiedenen räumlichen Maßstabsebenen eingebunden. Diese sind die Grundlage zur Bildung von Vertrauen in die Leistungsfähigkeit und Zuverlässigkeit anderer Akteure. Vertrauensbeziehungen können zum Erhalt der Wettbewerbsfähigkeit beitragen, wenn dadurch Lernprozesse und Innovationen gefördert werden. Sie können jedoch auch nachteilige Effekte erzeugen, wenn sich Bindungen zu stark verfestigen, notwendige Anpassungsprozesse an sich verändernde wirtschaftliche Rahmenbedingungen nicht wahrgenommen werden und dadurch ein „Lock-in" bewirkt wird *(Grabher 1993, S.*

750). Konsensstrukturen in einem Netzwerk und ein Übermaß an Vertrauen können sich daher auch hemmend auf Innovations- und Lernprozesse auswirken. Vertrauensseligkeit bewirkt, dass man sich zu sehr auf netzwerkinterne Partner verlässt und netzwerkexternes Wissen vernachlässigt. Die Offenheit von Unternehmensnetzwerken für neue Ideen wird begrenzt und die interne Meinungsvielfalt eingeschränkt *(Boschma 2004; Bathelt 2005; Bathelt/Glückler 2003, S. 165 ff.).* Das Netzwerk dient nun nur noch der Erhaltung gegebener Macht- und Ressourcenverteilung und verhindert den erforderlichen Wandel *(Schamp 2000, S. 69).*

Die sich in den 1980er Jahren in der deutschen Schiffbauindustrie weiter ausbreitende Krise stand in einem engen Zusammenhang mit dem rasanten **Wachstum der koreanischen Schiffbauindustrie** seit Ende der 1970er Jahre (vgl. Abb. 11.4). In der Zeit von 1975 bis 1990 stieg der Anteil Südkoreas an der weltweiten Schiffproduktion von 1,2%

auf 21,8% *(Ludwig/Tholen 2004, S. 29)*. Der Aufbau der koreanischen Schiffbauindustrie trug erheblich zur Herausbildung der **globalen Überkapazitäten** bei. Dadurch sanken die Preise für Schiffneubauten so stark, dass die Konkurrenzfähigkeit westeuropäischer Schiffbauunternehmen weiter abnahm.

Die Schiffbauindustrie entwickelte sich in Südkorea nicht auf gewachsenen Strukturen wie in Europa, sondern wurde auf der „Grünen Wiese" geplant. Vor 1972 gab es in Südkorea nahezu keinen Handelsschiffbau. Die Grundlage zur Entwicklung der Schiffbauindustrie wurde in Südkorea im 3. Fünfjahresplan (1972-1977) gelegt, als die damalige Militärregierung Südkoreas unter General Park Chung-Hee den Schiffbau zu einer staatlich geförderten Schlüsselbranche erklärte. Über die Schiffbauindustrie sollten Devisen beschafft werden, um die Industrialisierung des Landes voranzutreiben. Der Bau neuer Schiffe sollte allein dem Export dienen, er war nicht wie in Japan zunächst für die Sicherung des Transports eigener Güter vorgesehen.

Zunächst wurde in den Bau von Tankern, Massenguttransportern und Containerschiffen investiert. Das notwendige Kapital wurde vom koreanischen Staat zur Verfügung gestellt, das Know-how von ausländischen Unternehmen eingekauft, die über langjährige Erfahrung in der Branche verfügten. Zudem hatten europäische und japanische Unternehmen mit ihren Produktionsstätten entsprechendes Wissen ins Land getragen. Weitere Unterstützung erfuhr die Schiffbauindustrie durch staatliche Subventionen, die auf den Ausbau der Infrastruktur gerichtet waren, und durch staatliche Garantieleistungen *(Hassink 2006, S. 64)*.

Die staatlichen Subventionen für den Schiffbau wurden in Südkorea auch nach der Demokratisierung des Landes im Jahr 1987 beibehalten. Es wurden weiterhin günstige Kredite mit niedrigen Zinsen gewährt. Ebenso wurden Investitionen bei FuE-Aktivitäten durch Steuererleichterungen unterstützt. Neben staatlichen Finanzhilfen und dem Import benötigter Technologien waren für den Erfolg der koreanischen Schiffbauindustrie zwei weitere Faktoren wesentlich: niedrige Löhne, die ungeachtet von Lohnsteigerungen immer noch etwa 60% niedriger lagen als in der EU *(Witte 1995, S. 22)*, und günstige Wechselkursrelationen *(Eich-Born 2005a, S. 110 f. und S. 138 ff.)*.

Wechselkursrelationen können einen erheblichen Einfluss auf die Preisbildung und damit auf die Auftragsvergabe haben. Die Unterbewertung einer Währung oder der Wechselkursprotektionismus bewirken eine Stimulierung des Exportsektors, eine Zurückdrängung der Importe und damit eine Expansion der im eigenen Lande produzierten Importsubstitute *(vgl. Siebert 1987, S. 480)*. Das Land kann auf diese Weise Exportüberschüsse erzielen. Schiffbauaufträge werden in der Regel in US-Dollar abgewickelt. Für die Preiskalkulation der Reeder sind die Kurse der einheimischen Währung sowie der konkurrierenden Länder gegenüber dem US-Dollar von erheblicher Bedeutung *(Eich-Born 2005a, S. 138)*. Wird die Währung eines Schiffbaulandes wie Südkorea oder China gegenüber dem US-Dollar stärker abgewertet als die eigene Währung oder bewusst (zu) niedrig gehalten, wie es Südkorea und China vorgeworfen wird, ergeben sich für die Schiffbauunternehmen dieser Länder bei der Kostenkalkulation und Auftragsvergabe Wettbewerbsvorteile.

In Abb. 11.5 ist die Entwicklung von Euro bzw. DM, sowie von Yen, Won und Yuan zum US-Dollar von 1970 bis 2009 dargestellt. Aus den Kurvenverläufen lässt sich ablesen, für welche Länder und Zeiträume sich durch die Abwertung der Währung Preisvorteile ergeben haben.

Für den europäischen und mithin deutschen Schiffbau erwies sich z. B. die Asienkrise Ende der 1990er Jahre von erheblicher Bedeutung. Der koreanische Won verlor vom 2. Quartal 1995 bis zum 1. Quartal 1998 52,5% seines Wertes. Japan war von der Asienkrise nicht ganz so stark wie Südkorea betroffen, doch auch der Yen wurde vom 2. Quartal 1995 bis zum 3. Quartal 1998 um 39,7% abgewertet. Zwischen Japan und Südkorea entwickelte sich ein ruinöser Preiswettbewerb, der im Jahr 2000 dazu führte, dass Südkorea Japan von Platz 1 der Schiffbaunationen ablöste. Auch die DM erfuhr in dieser Zeit eine Abwertung (-20,8%),

aber in deutlich geringerem Maße, so dass sich die internationale Wettbewerbsposition für die deutsche Schiffbau- und Schiffbauzulieferindustrie weithin verschlechterte.

Die koreanische und auch chinesische Regierung greifen immer wieder mit **interventionistischen Maßnahmen** in das Währungsgeschehen ein, um die geforderte Aufwertung des Won und Yuan zu verhindern und währungsbedingte Exportvorteile zu sichern *(Eich-Born 2005a, S. 139)*. Seit Anfang 2008 erfolgt wiederum eine starke Abwertung des Won (vgl. Abb. 11.5). Auch diese hat sich bereits zu Gunsten des

Abb. 11.5: Entwicklung von DM/Euro sowie Yen, Won und Yuan zum US-Dollar 1970-2009

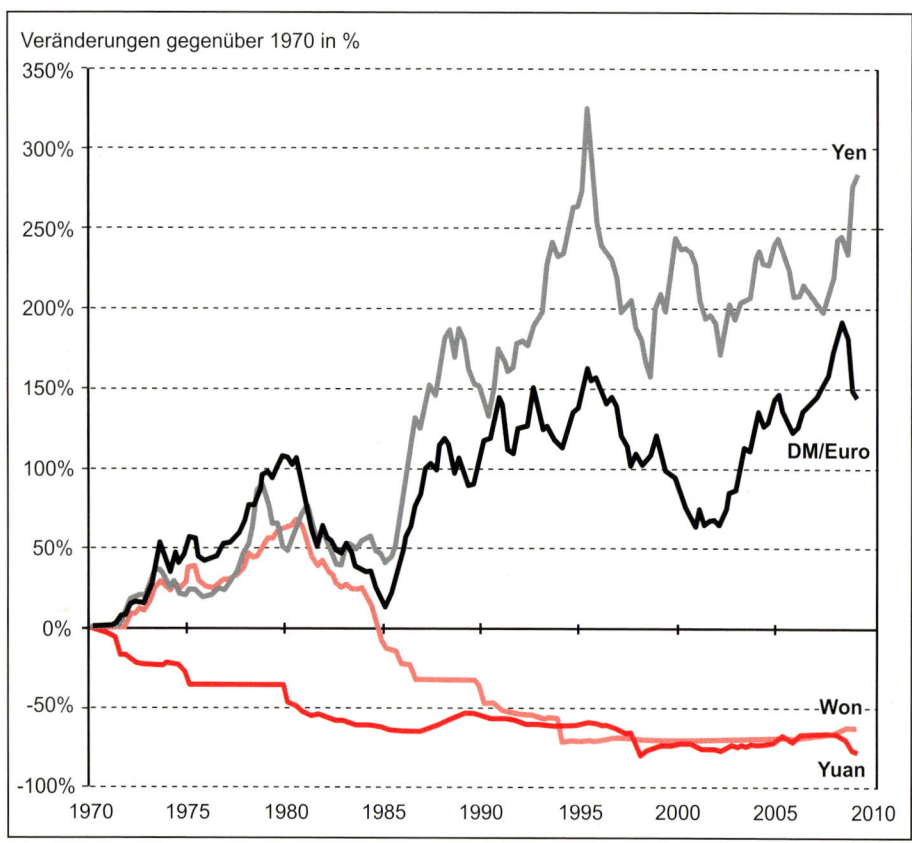

Quelle: Nach Deutsche Bundesbank 2010b.

exportorientierten koreanischen Schiffbaus ausgewirkt (vgl. Abb. 11.4).

Von europäischer Seite wird der koreanischen Schiffbauindustrie der Vorwurf der Dumpingpreispolitik und unfairer Wettbewerbspraktiken wie Schuldenerlass und Finanzierungshilfen von staatlicher Seite vorgeworfen. Eine Klage der EU vor der WTO ist aber gescheitert.

Für den Erfolg der koreanischen Schiffbauindustrie sind neben kostengünstigen Produktionsbedingungen, staatlichen Finanzhilfen und Subventionen noch weitere Faktoren bedeutsam. Nach *Hassink (2006, S. 63)* spielen die **Vorteile eines innovativen Produktionsclusters** eine besondere Rolle. Innerhalb der Regionen mit Werftstandorten – es handelt sich vor allem um die vier großen Standorte Ulsan, Busan, Geoje und Jinhae – haben sich im Laufe der Zeit enge Verflechtungen der Schiffbauindustrie mit Zulieferern aus der Umgebung, FuE-Einrichtungen und Universitäten entwickelt. Erfolgreiche Weiterentwicklungen erfolgten auf den Gebieten der Robotproduktion, Automatisierung sowie der Schweiß- und Anstrichtechnik. Hinzu kam, dass ungeachtet auch der unter koreanischen Werften bestehenden Konkurrenz eine gemeinsame Problembewältigung durch zweimal jährlich stattfindende Ingenieurtreffen der Werften angestrebt wurde *(Hassink 2006, S. 64)*. Auf bestehende Wettbewerbsvorteile haben ebenso eine hochqualifizierte und kostengünstige Zulieferindustrie, die Arbeitsorganisation mit längeren und flexibleren Arbeitszeiten als in Westeuropa, die Größe der Werften (Skaleneffekte) und die besondere Problembewältigungsstrategie (mit dem Ziel: „gemeinsam handeln", „Konkurrenz ausschalten") eingewirkt.

Der Verdrängungsprozess der westeuropäischen Schiffbauindustrie durch ostasiatische Länder lief auch in den 1990er Jahren und darüber hinaus weiter, nicht zuletzt dadurch bedingt, dass neben Japan und Südkorea mit **China ein weiterer Konkurrent auf den Weltschiffbaumarkt** erschien, der ähnlich aggressiv und zielorientiert mit staatlicher Unterstützung und einer Niedrigpreispolitik operierte. Mit der Öffnung der chinesischen Wirtschaft ab 1979 setzte ein beispielloses Wirtschaftswachstum ein (vgl. Kap. 6.5), das mit einer starken Ausweitung des Exports verbunden war. Dieser wiederum löste in China eine gewaltige Expansion des Schiffbaus und der Schifffahrt aus. Der Schiffbau wurde in den 1990er Jahren nach japanischem und koreanischem Vorbild zum Gegenstand einer **Politik des „industrial targeting"** *(Eich-Born 2005a, S. 117)*, wobei es sich um eine protektionistische Exportstrategie über Wechselkurseffekte handelt *(vgl. Krugman 1986, Siebert 1987)*.

China baute seinen Anteil am weltweiten Schiffbaumarkt innerhalb kurzer Zeit von 4,7% im Jahr 2000 auf 20,4% im Jahr 2008 aus. Derweil sank der Marktanteil der westeuropäischen Schiffbauindustrie von 12,4% auf unter 7%, der von Japan von 38,2% auf 27,8%, der von Südkorea blieb bei 38,9% (vgl. Abb. 11.4). Der Verdrängungswettbewerb, der in den 1950er und Anfang der 1960er Jahre von den Japanern in Gang gesetzt und von den Koreanern seit den 1980er Jahren fortgeführt wurde, hat durch China eine weitere Verschärfung erfahren.

Während der 2. Bericht der EU-Kommission über die Lage auf dem Weltschiffbaumarkt *(2000)* noch zu dem Schluss kam, dass die chinesische Schiffbauindustrie aufgrund von niedriger Produktivität, Qualitätsmängeln, ineffizienter Planung (Überschreiten von Ablieferdaten), schlechten Managements und Korruption noch keine Wettbewerbsgefahr für den europäischen Schiffbau darstelle, wurde die Situation bereits wenige Jahre danach als bedrohlich eingeschätzt. Dies lässt sich aus den Verschiebungen in der Produktpalette ablesen. Machte die Produktion technologisch einfacher Schiffstypen (Bulk) 1995 noch fast 73% aller Ablieferungen aus, ist dieses Marktsegment acht Jahre später auf 16% zugunsten von Containerschiffen (von 6% auf 22%) und Tankern (von 18% auf 44%) geschrumpft *(Eich-Born 2005a, S. 119)*. China scheint es gelungen zu sein, sowohl in die europäischen als auch asiatischen Schiffbaudomänen einzudringen.

Insgesamt lässt sich festhalten, dass der globale Wettbewerb in der Schiffbauindustrie von den ostasiatischen Teilnehmern vor allem über eine **Niedrigpreisstrategie** geführt wird. Diese basiert zum einen auf einem niedrigen Lohn- und Gehaltsniveau. Der Zusammenhang lässt sich gut aus den in Abb. 11.4 dargestellten Kapazitätsverlagerungen in der weltweiten Schiffbauindustrie seit 1950 ablesen, die dem Lohngradienten von Europa zunächst nach Japan, dann nach Südkorea und in jüngster Zeit nach China folgten. Zum anderen werden die Preisangebote in erheblichem Maße durch die staatliche **Interventionspolitik** beeinflusst, die in zweifacher Hinsicht wirksam ist: erstens durch staatliche Finanzhilfen, Subventionen, Steuererleichterungen und Bürgschaften und zweitens durch währungspolitische Maßnahmen, um über einen niedrig gehaltenen Kurs der Währung währungsbedingte Exportvorteile zu erzielen.

Eine **Folge des globalen Verdrängungswettbewerbs** besteht darin, dass große westeuropäische Schiffbaunationen wie Großbritannien oder Schweden heute keinen Schiffbau mehr betreiben. In Deutschland hat sich der Schrumpfungsprozess mit Werftschließungen und vor allem mit Kapazitätsreduzierungen fortgesetzt. Die asiatische Konkurrenz hat die westeuro-

päische Schiffbauindustrie nicht nur zu Rationalisierungsmaßnahmen gezwungen, sondern auch zur **Umstellung der Produktpalette** auf hochwertige und ausrüstungsintensive Hightech-Schiffstypen. So hat sich in Deutschland der Containerschiffanteil am Wert der Auslieferungen des Jahres 2008 von 42% auf ca. 16% des Auftragsbestandes reduziert. Dagegen machen in Deutschland Kreuzfahrt- und Fährschiffe, Yachten sowie Spezialschiffe für die Offshore-Technik mittlerweile zwei Drittel der laufenden Produktion aus *(VSM 2008, S. 20)*.

Die deutsche Schiffbauindustrie versucht, dem internationalen Wettbewerbsdruck durch flexible Spezialisierung und Hochwertigkeit der Produkte zu begegnen. Die Meyer-Werft in Papenburg (vgl. Tab. 11.1) ist ein gutes Beispiel dafür, wie ein mittelständisches Unternehmen mit rund 2000 Beschäftigten durch Spezialisierung auf ein hochwertiges Spezialprodukt (Kreuzfahrtschiffe, Yachten) bestehen und sich entwickeln kann.

Aktuell steht die Schiffbauindustrie durch die im Jahr 2008 ausgebrochene Finanz- und Wirtschaftskrise (vgl. Kap. 12) erneut vor großen Herausforderungen. Die Krise hat zum einen dazu geführt, dass es weniger Güter zu transportieren gibt. Da in ein paar Jahren ohnehin weltweit mit einer Überkapazität an Schiffsraum gerechnet wird, geben Reeder keine neuen Schiffe mehr in Auftrag. Zudem sahen sich Reeder gezwungen, Bauaufträge zu stornieren. In Deutschland wurden von den 172 in Auftrag gegebenen Schiffen seit Januar 2008 bis Ende März 2009 bereits 40 Schiffe storniert. Auch ist für eine ganze Reihe fest bestellter Schiffe (29 Aufträge) die Endfinanzierung noch nicht gesichert *(VSM 2009, S. 3)*.

Erschwerend kommt hinzu, dass die Banken angesichts der prekären Marktsituation und der nicht absehbaren Entwicklung derzeit nicht bereit sind, das Risiko einer Finanzierung auf sich zu nehmen. Zum Teil sind sie auch gar nicht in der Lage, eine solche Finanzierung zu übernehmen, da sie selbst um das Überleben kämpfen, wie z. B. die HSH Nordbank, der größte Schiffsfinanzierer der Welt. Die HSH Nordbank weist auf Grund hoher Ausfälle im Kreditgeschäft und Wertpapierberichtigungen im Jahr 2008 einen Verlust von 2,8 Milliarden Euro aus, für die nächsten zwei Jahre werden weitere Verluste erwartet *(FAZ 2009f;g)*. Banken wie die HSH Nordbank haben in der Schiffsfinanzierung das Neubaugeschäft praktisch eingestellt.

Die Finanzierung von Schiffsneubauten stellt für Werften ein besonderes Problem dar, da sie den Bau neuer Schiffe fast vollständig vorfinanzieren müssen und von der Kreditvergabe der Banken besonders abhängig sind. So musste in den ThyssenKrupp-Werften in Kiel und Emden Anfang März 2009 der bereits begonnene Bau von vier Containerschiffen gestoppt werden, weil Banken nicht mehr in der Lage waren, die weitere Finanzierung zu tragen. Auf Grund ausbleibender Aufträge und zuvor entstandener Verluste beim Bau von Schiffen meldeten im ersten Halbjahr 2009 bereits sechs deutsche Werften Insolvenz an:

- die SSW-Werft in Bremerhaven,
- die Cassens-Werft in Emden,
- Lindenau in Kiel,
- die SMG-Werft in Rostock und die
- Wadan-Werften in Wismar u. Rostock / Warnemünde mit 2.700 Mitarbeitern

Ende März 2009 lag der Auftragsbestand in Deutschland noch bei 139 Schiffen. Sie verteilen sich aber auf wenige Werften. Beim Rest ist nach Aussagen des Verbandes für Schiffbau und Meerestechnik (VSM) mit flächendeckender Kurzarbeit, weiterem Arbeitsplatzabbau und Schließungen von Werften zu rechnen *(FAZ 2009f, S. 11)*.

Japan, Südkorea und China sind noch stärker als Deutschland von der Auftragsflaute betroffen, da sie durch noch größere Überkapazitäten belastet sind. Die logische Folge wird sein, dass sich der Verdrängungswettbewerb nochmals verschärft. Man geht davon aus, dass rund 40 % der weltweiten Schiffbaukapazitäten vom Markt verschwinden werden *(FAZ 2009e)*. Der Auflösungsprozess der räumlichen Produktionscluster der Schiffbauindustrie an der deutschen Nord- und Ostseeküste läuft somit ungebremst weiter und wird durch die weltweite Finanz- und Bankenkrise zusätzlich beschleunigt.

Weiterführende und ergänzende Literatur zum Kapitel 11:

Eich-Born, M. (2005a): Transformation der ostdeutschen Schiffbauindustrie. Anpassungsprozesse in einem global-lokalen Institutionengefüge. – Reihe Wirtschaftsgeographie 26, Münster.

Hassink, R. (2006): Der Erfolg des südkoreanischen Schiffbaus und seine Gründe. In: Geographische Rundschau 58 (9), S. 62-67.

Nuhn, H. (1998): Maritime Wirtschaft in Norddeutschland. In: Kulke, E. (Hrsg.): Wirtschaftsgeographie Deutschlands. Gotha, Stuttgart, S. 309-343.

Nuhn, H. (1990): Schiffbau in Norddeutschland – Krise und Strukturwandel eines traditionellen Industriezweigs an der Küste. In: Mitteilungen der Geographischen Gesellschaft in Hamburg, Band 80, S. 341-366.

VSM, Jahresberichte.

TEIL 3: DIE GLOBALE FINANZ- UND WIRTSCHAFTSKRISE

12 Ursachen der globalen Finanz- und Wirtschaftskrise

Quelle: Wikimedia Commons.

Die langfristige ökonomische Entwicklung von Volkswirtschaften ist nicht durch ein stetiges Wachstum gekennzeichnet, sondern unterliegt regelmäßigen Konjunkturschwankungen. Diese stellen normale Begleiterscheinungen des Strukturwandels dar. Allerdings kann es auch Entwicklungen geben, die weit dramatischer sind als konjunkturelle Schieflagen. Aus einer einfachen Rezession kann unter bestimmten Bedingungen eine Depression werden, also eine Phase langanhaltender rückläufiger Wirtschaftsaktivitäten mit einem sich selbst beschleunigenden Mechanismus *(Grömling et al. 2009, S. 19 f.)*. Wirtschaftskrisen haben ihren Ursprung häufig in Finanzkrisen, die sich auf die Realwirtschaft übertragen. Die letzten 30 Jahre waren in besonderem Maße durch eine Serie finanzieller Boom- und Krisenzyklen geprägt *(Crotty 2009, S. 563)*. Beispiele dafür stellen die Schuldenkrise der Entwicklungsländer in den frühen 1980er Jahren, der globale Börsencrash von 1987, die Sparkassenkrise in den USA Ende der

1980er Jahre oder die Krisen in Asien, Russland und Argentinien in den späten 1990er Jahren dar *(French et al. 2009, S. 288)*.

Im Jahr 2000 platzte die sogenannte **„Dotcom"-Blase,** eine Spekulationsblase, die insbesondere Unternehmen betraf, die Dienstleistungen im Zusammenhang mit dem Internet anbieten. Diese Ereignisse sowie die Anschläge vom 11. September 2001 lösten eine kurze weltwirtschaftliche Flaute aus. Danach begann jedoch wieder eine Boom-Phase der Weltwirtschaft. Mit Wachstumsraten des Welt-Bruttoinlandsproduktes von etwa 5% im Jahr entwickelte sich die Weltwirtschaft in den Jahren 2004 bis 2007 ausgesprochen positiv *(Sinn 2009, S. 18; Mundell 2009, S. 493)*. Diese Wachstumsphase endete jäh mit dem Ausbruch der Finanzkrise 2007/08, welche die ernsthafteste

globale ökonomische Krise seit der Großen Depression der 1930er Jahre darstellt *(Demary 2009, S. 1)*. Auch wenn die Finanz- und Wirtschaftskrise ihren Ursprung in den USA hatte, führten die intensiven Verflechtungen der Waren- und Finanzströme in der heutigen globalisierten Wirtschaft dazu, dass sich die Krise rasch auf der ganzen Welt ausbreiten konnte. Die enorme Wirkmächtigkeit des Globalisierungsprozesses ist dadurch in besonderer Weise deutlich geworden.

Während das weltwirtschaftliche Wachstum 2008 noch knapp 3% betrug, wird für das Jahr 2009 eine Schrumpfung um 1,1% erwartet *(IMF 2009c; vgl. Abb. 12.1)*. Dies stellt den niedrigsten Wert der Nachkriegszeit dar. Auch die Geschwindigkeit des ökonomischen Absturzes übersteigt alle historischen Dimensionen. Der bisher stärkste

Abb. 12.1: Entwicklung des Welt-Bruttoinlandsprodukts 1951-2010*

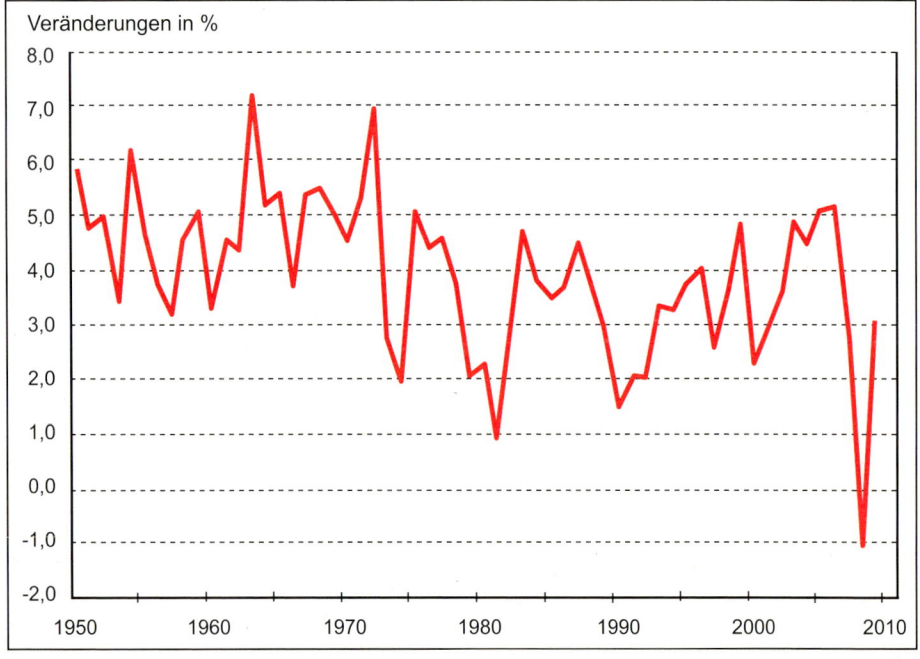

* 2010 Prognose auf der Basis von Kaufkraftparitäten

Quelle: Nach Sinn 2009, S. 19; IMF 2009c.

Wachstumsrückgang in der Weltwirtschaft fand zwischen 1973 und 1975 statt, als das Bruttoinlandsprodukt der Welt innerhalb von zwei Jahren um 5% sank. In der jetzigen Krise beträgt der Rückgang von 2007 bis 2009 sogar 6,9% *(Sinn 2009, S. 19)*. Für die industrielle Produktion wird während der gegenwärtigen Krise ein Rückgang um 6,2% erwartet *(IMF 2009b, S. 14)*.

Auch andere Indikatoren spiegeln das enorme Ausmaß der Krise wider. So schätzt der ehemalige Vorsitzende der US-Notenbank Federal Reserve, Alan Greenspan, dass sich die weltweiten Verluste im Finanzsektor und in Unternehmen der Realwirtschaft sowie Verluste im Eigenkapital von privaten Haushalten auf mehr als 40 Billionen US $ summieren, was etwa zwei Dritteln des globalen Bruttoinlandsproduktes des Jahres 2008 entspricht. Die International Labour Organization geht davon aus, dass die weltweite Arbeitslosigkeit zwischen 2007 und 2009 um mindestens 30 Millionen, wahrscheinlich aber eher um 50 Millionen Menschen ansteigen wird. Sie erwartet außerdem, dass mehr als 200 Millionen Menschen in die Armut abrutschen werden *(Blankenburg/Palma 2009)*.

Im folgenden Kapitel sollen die Ursachen für das Entstehen der Finanz- und Wirtschaftskrise erläutert werden. Dazu vermittelt Abb. 12.2 vorab einen Überblick. In der Literatur zur Finanz- und Wirtschaftskrise werden weitgehend ähnliche Ursachenbündel genannt. Dabei bestehen jedoch sehr unterschiedliche Meinungen über die relative Bedeutung der einzelnen Faktoren und ihre mögliche Anordnung entlang einer Kausalkette *(Carmassi et al. 2009, S. 977)*. Im Folgenden werden zunächst Ursachen behandelt, die in den Praktiken und Konstellationen des Finanzmarktes liegen. Im Anschluss werden politisch-regulatorische sowie volkswirtschaftliche

Aspekte beleuchtet, die zur Entstehung der Finanz- und Wirtschaftskrise beigetragen haben. Ein besonderer Fokus liegt dabei auf den USA, da hier die Krise ihren Ursprung nahm.

12.1 Finanzwirtschaftliche Aspekte

In der Wirtschaftsgeographie wurde das Finanzwesen bislang wenig betrachtet (Ausnahmen stellen z. B. die Arbeiten von *Klagge 2009, Clark 2005, Zademach 2009, Grote 2003* dar). Die gegenwärtige Krise zeigt jedoch, dass die Rolle der Finanzmärkte unbedingt berücksichtigt werden muss, um die Prozesse in einer globalisierten Wirtschaft zu verstehen.

Einen wichtigen Beitrag zur Entstehung der derzeitigen Krise haben **Innovationen der Finanzwirtschaft** geleistet. Dies betrifft insbesondere den Handel von Risiken und diesen speziell im Hypothekenbereich. Bis vor einigen Jahrzehnten waren die meisten Hypothekengeber in den USA lokale oder regionale Institutionen. Ihre vergebenen Kredite beruhten auf den bei der Bank angelegten Ersparnissen von Kunden aus dem gleichen geographischen Markt. Die Hypotheken wurden zudem dauerhaft durch die Banken gehalten, die sie vergeben hatten. Die Ausrichtung auf lokale Märkte wurde jedoch als Problem angesehen, da z. B. in manchen Regionen mehr Kredite benötigt wurden als Ersparnisse vorhanden waren *(Aalbers 2009, S. 35)*. Außerdem gibt es Regionen, die durch Arbeitslosigkeit, Abwanderung der Bevölkerung, sinkende Hauspreise und dadurch bedingt höhere Ausfälle bei Hypotheken geprägt sind. Da die dort angesiedelten Banken nur im lokalen Markt tätig waren und die teils ausfallbedrohten Kredite selbst hielten, konnten sie in ernsthafte Schwierigkeiten geraten *(Congleton 2009, S. 290)*.

Eine Lösung für diese Problematik war die Verbindung lokaler Märkte, wodurch Risiken gestreut wurden. Zudem wurde argumentiert, dass Hypothekenmärkte noch effizienter sein könnten, wenn Banken Kredite nicht nur aus den Ersparnissen ihrer Kunden, sondern über einen breiteren Kreditmarkt finanzieren könnten. Dort wäre es für Hypothekengeber relativ einfach, Geld zu erhalten, da Hypotheken als vergleichsweise risikoarme Investitionen angesehen werden. Dadurch würden gleichzeitig die Zinsraten für Hypotheken fallen *(Aalbers 2009, S. 35)*. So entwickelte sich die so genannte **Verbriefung von Krediten** zu einer gängigen Methode. Dabei kaufen Investmentbanken oder andere Finanzinstitutionen Kredite, die Hypothekenbanken an ihre Kunden vergeben haben, strukturieren diese neu und bündeln sie zu neuen Anlageinstrumenten. Anschließend werden Wertpapiere emittiert, die als **Mortgage Backed Securities** (MBS) bezeichnet werden *(Bloss et al. 2009, S. 17)*.

Der Markt für Mortgage Backed Securities wurde bereits Anfang der 1970er Jahre durch die Federal National Mortgage Association **(Fannie Mae)** und die Federal Home Loan Mortgage Corporation **(Freddie Mac)** aufgebaut. Hierbei handelt es sich um zwei vom amerikanischen Kongress gegründete und 1968 bzw. 1989 privatisierte Hypothekenbanken, die den Sonderstatus eines **„Government-Sponsored Enterprise" (GSE)** besitzen. GSE sind private Unternehmen, welche Geschäfte betreiben, die im öffentlichen Interesse liegen. Daher sind sie z. B. von der Zahlung von staatlichen und lokalen Steuern sowie von bestimmten Registrierungserfordernissen ausgenommen. Ziel ihrer Gründung war die Steigerung von Hausverkäufen in den USA sowie die Reduktion von Bankkonkursen. Zu diesem Zweck werden auch Hypotheken versichert

und damit den kreditgebenden Banken die Risiken von Hypothekenausfällen abgenommen. Zudem wird über die Vergabe von Garantien für die emittierten Mortgage Backed Securities das mit dem Erwerb dieser Wertpapiere verbundene Risiko für Investoren reduziert *(Congleton 2009, S. 290; Koppell 2001, S. 468 f. Aalbers 2009, S. 35;)*.

Laut der „Mortgage Bankers Association" wurden im Jahr 2006 76% der neu vergebenen Hypothekenkredite in Mortgage Backed Securities verbrieft *(Bloss et al. 2009, S. 17)*. Zudem ist eine noch komplexere Art der Hypothekenverbriefung entstanden, die **Collateralised Mortgage Obligations (CMO).** Dabei werden die Geldflüsse vom Hypothekenpool getrennt und in verschiedene Anleihen mit unterschiedlichen Endfälligkeiten sowie unterschiedlichen Risiko- und Renditemerkmalen verbrieft. Es entstehen Wertpapiere verschiedener Klassen, die sogenannten Tranchen. Investoren, die Senior Tranchen halten, werden vorrangig behandelt, indem alle Tilgungen der Kredite zuerst an sie verteilt werden. Erst wenn die Seniortranchen zurückgezahlt werden, erhalten die Investoren der nachrangigen Tranchen Zahlungen. Als Kompensation für die höhere Ausfallwahrscheinlichkeit erhalten sie eine höhere Rendite *(Bloss et al. 2009, S. 18)*.

Bei der Verbriefung von Krediten geht es vor allem darum, innerhalb von kurzer Zeit durch den Kauf und Verkauf eines Titels Gewinne zu erzielen. Dies wird auch als intermediatisierte Geldanlage oder als „originate to distribute"-Modell bezeichnet. Ab dem Jahr 2003 wuchs die **Finanzintermediation** viel schneller als der zugrunde liegende Kredit für die Wirtschaft, so dass die Banken in einem zunehmend komplexen Netzwerk miteinander verbunden waren *(Carmassi et al. 2009, S. 980; Franke/Krahnen 2009, S. 354)*.

Abb. 12.2: Ursachen der Finanz- und Wirtschaftskrise

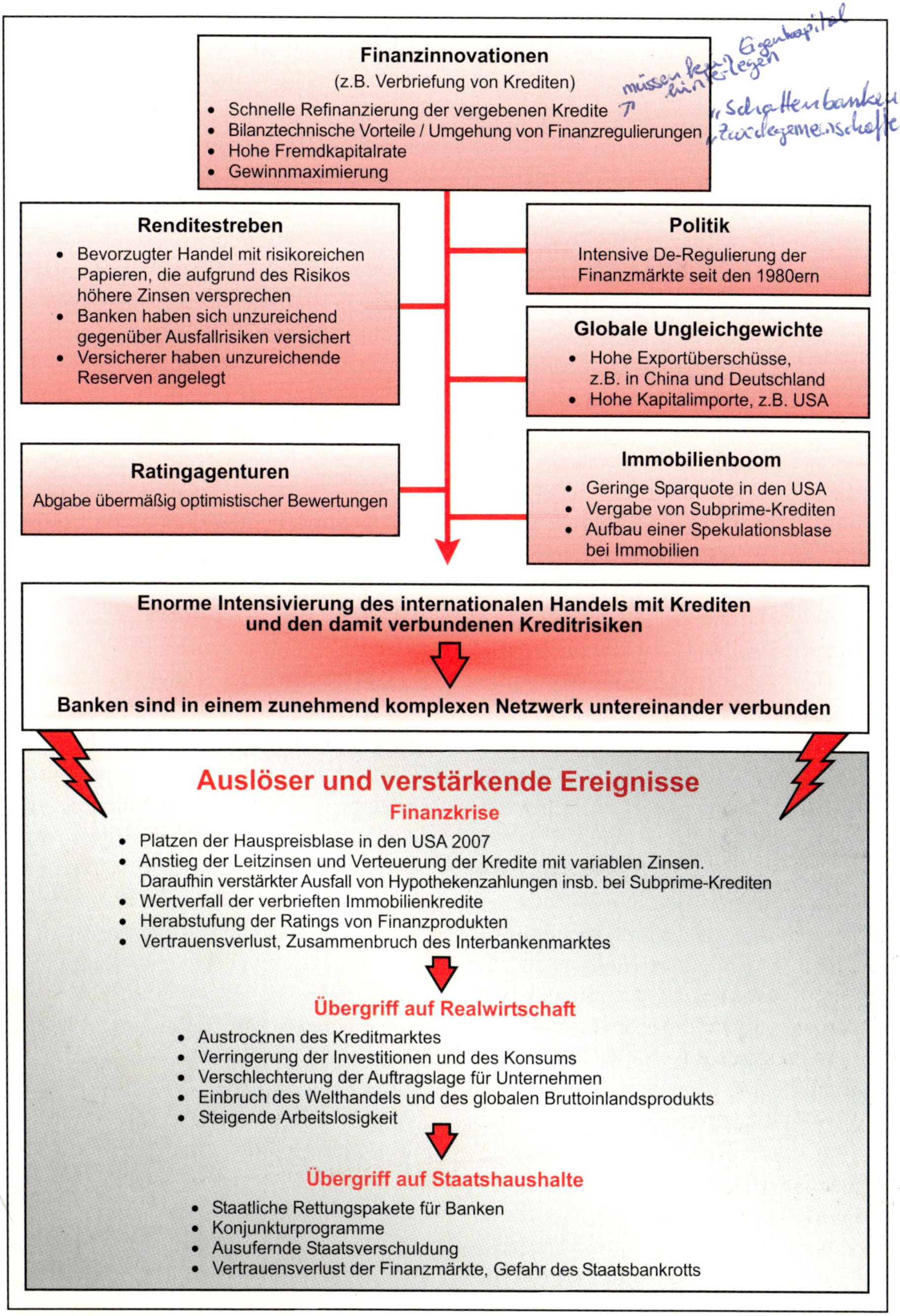

Finanzinnovationen
(z.B. Verbriefung von Krediten)
- Schnelle Refinanzierung der vergebenen Kredite
- Bilanztechnische Vorteile / Umgehung von Finanzregulierungen
- Hohe Fremdkapitalrate
- Gewinnmaximierung

[handschriftliche Notizen: müssen keine Eigenkapital einlegen; „Schattenbanken"; Zweckgemeinschaften]

Renditestreben
- Bevorzugter Handel mit risikoreichen Papieren, die aufgrund des Risikos höhere Zinsen versprechen
- Banken haben sich unzureichend gegenüber Ausfallrisiken versichert
- Versicherer haben unzureichende Reserven angelegt

Politik
Intensive De-Regulierung der Finanzmärkte seit den 1980ern

Globale Ungleichgewichte
- Hohe Exportüberschüsse, z.B. in China und Deutschland
- Hohe Kapitalimporte, z.B. USA

Ratingagenturen
Abgabe übermäßig optimistischer Bewertungen

Immobilienboom
- Geringe Sparquote in den USA
- Vergabe von Subprime-Krediten
- Aufbau einer Spekulationsblase bei Immobilien

Enorme Intensivierung des internationalen Handels mit Krediten und den damit verbundenen Kreditrisiken

Banken sind in einem zunehmend komplexen Netzwerk untereinander verbunden

Auslöser und verstärkende Ereignisse
Finanzkrise
- Platzen der Hauspreisblase in den USA 2007
- Anstieg der Leitzinsen und Verteuerung der Kredite mit variablen Zinsen. Daraufhin verstärkter Ausfall von Hypothekenzahlungen insb. bei Subprime-Krediten
- Wertverfall der verbrieften Immobilienkredite
- Herabstufung der Ratings von Finanzprodukten
- Vertrauensverlust, Zusammenbruch des Interbankenmarktes

Übergriff auf Realwirtschaft
- Austrocknen des Kreditmarktes
- Verringerung der Investitionen und des Konsums
- Verschlechterung der Auftragslage für Unternehmen
- Einbruch des Welthandels und des globalen Bruttoinlandsprodukts
- Steigende Arbeitslosigkeit

Übergriff auf Staatshaushalte
- Staatliche Rettungspakete für Banken
- Konjunkturprogramme
- Ausufernde Staatsverschuldung
- Vertrauensverlust der Finanzmärkte, Gefahr des Staatsbankrotts

Quelle: Eigene Darstellung.

Für die Banken bietet die Verbriefung von Hypotheken mehrere **Vorteile.** Zum einen werden Kredite, die eigentlich illiquide Buchforderungen darstellen, durch Verbriefung in handelsfähige Wertpapiere umgewandelt, die am Kapitalmarkt platziert werden können und den Unternehmen daher eine Möglichkeit der Refinanzierung bieten *(Gabler Wirtschaftslexikon 2010).* Normalerweise müsste eine Bank bei Vergabe einer Hypothek ca. 30 Jahre warten, bis sie ihr Geld vollständig zurück bekommt. Verkauft sie die Forderungen, erhält sie einen Großteil des Betrags schon früher zurück und kann diesen entsprechend wieder als Kredit vergeben *(Demary 2009, S. 3 f.).* Zum anderen kann die Verbriefung den Banken ermöglichen, ihre Hypothekenforderungen aus ihren Bilanzen auszugliedern. Hypothekenforderungen zählen normalerweise zum risikobewerteten Vermögen, das Banken nach den von über 100 Ländern anerkannten Basler Eigenkapitalvorschriften zur Sicherung mit 8% Kernkapital oder erstklassigem Kapital unterlegen müssen *(Crotty 2009, S. 566).* Im Zuge der Verbriefung gründen Banken jedoch typischerweise **Zweckgesellschaften (Special Purpose Vehicle, SPV),** denen sie ihre Hypothekenforderungen übertragen. Die Hypothekenforderungen müssen dadurch nicht mehr in der Bilanz ausgewiesen werden, so dass die Banken für deren Risiken kein Eigenkapital hinterlegen müssen *(Bloss et al. 2009, S. 17, 53).* Eine Bank kann so bei unverändertem Eigenkapital ihr Kreditvolumen erhöhen *(Franke/Krahnen 2009, S. 345).*

Davon wurde auch sehr intensiv Gebrauch gemacht. Die **Fremdkapitalrate,** d. h. das Verhältnis von Schulden zu Eigenkapital (Leverage) erhöhte sich stark *(Carmassi et al. 2009, S. 981). Crotty (2009, S. 39)* spricht in diesem Zusammenhang von einer Fremdkapitalisierungsekstase. Während des

langen Aufschwungs wurde die Einbehaltung eines Puffers an Kapital über die Minimalerfordernisse hinaus als eine Ressourcenverschwendung angesehen *(Carmassi et al. 2009, S. 988).* Während die Schulden des Finanzsektors im Jahr 1991 noch 22% des Bruttoinlandsproduktes der USA betrugen, waren es im Jahr 2008 117% *(Crotty 2009, S. 39).* Ein Grund für den verstärkten Einsatz von Schuldtiteln (also von Dokumenten, welche die Verpflichtungen eines Schuldners gegenüber einem Gläubiger nachweisen) mag in ihrem ausgeprägten rechtlichen Vorrang gegenüber Beteiligungstiteln (z. B. Aktien) liegen. Während Schuldtitel dem Geldgeber Zahlungsansprüche verschaffen, die notfalls durch Zwangsvollstreckung von Kreditsicherheiten oder Beantragung der Insolvenz des Schuldners durchgesetzt werden können, erhalten Inhaber von Beteiligungstiteln Zahlungen erst nach Erfüllung schuldrechtlicher Ansprüche. Banken stellen sich daher untereinander typischerweise Geld in Form von Schuldtiteln zur Verfügung *(Franke/Krahnen 2009 S. 347 f.).* Da ein hoher Verschuldungsgrad bedeutet, dass Finanzinstitutionen einem höheren Ausfallrisiko unterliegen, sollte die Eigenkapitalrendite, d. h. das Verhältnis zwischen Gewinn und Eigenkapital, steigen. Dies ist in „normalen" Zeiten relativ leicht zu erreichen. Hohe Eigenkapitalrenditen sind für Banken vorteilhaft, da sie unabhängig von den damit zusammenhängenden höheren Risiken in der Regel mit hohen Aktienkursen honoriert werden *(Franke/ Krahnen 2009, S. 347 f.).*

Im Zuge der Finanzkrise haben sich sowohl die Verbriefung von Krediten als auch die übermäßige Fremdkapitalisierung als wichtige Krisenursache bzw. als Krisenverstärker erwiesen. Lange Zeit bestand im Finanzwesen ein weitgehender Konsens darin, dass die Verbriefung von

Krediten einen positiven Wohlfahrtseffekt habe, da die Risiken von Kreditausfällen breit gestreut werden, insbesondere auch an Investoren außerhalb des Finanzsystems *(Franke/Krahnen 2009, S. 337 f.)*. Auch wenn bei einer Verbriefung prinzipiell das Risiko eines Forderungsausfalls von den Investoren getragen wird, fangen die verbriefenden Banken in der Realität jedoch meist ein Teilrisiko durch Garantien auf, um die Papiere für Investoren interessanter zu machen *(Gabler Wirtschaftslexikon 2010)*.

Allgemein wurde angenommen, dass die verbriefenden Banken lediglich die Erstverlusttranche der zugrunde liegenden Kredite einbehalten. Dabei tragen sie Kreditausfälle nur bis zu einer bestimmten Höhe selbst und transferieren das Risiko von Großschäden in Form von Senior Tranchen. Da die Solvenz von Banken vor allem durch Großschäden gefährdet wird, stärkt ein solcher Transfer die Stabilität der Banken. Diese Annahmen haben sich jedoch als falsch herausgestellt, denn es wurde zunehmend als normal angesehen, die **Erstverlusttranchen** zu veräußern und die **Senior Tranchen** einzubehalten *(Franke/Krahnen 2009, S. 337-340)*. Ein Grund dafür bestand darin, dass Senior Tranchen häufig schwer zu verkaufen waren, weil ihre Renditen vergleichsweise niedrig waren *(Crotty 2009, S. 568)*. Diese Vorgehensweise kann jedoch gravierende Auswirkungen haben. Zum einen können durch das Entfallen der Haftung einer Bank für Erstverluste und die grundsätzlich als niedrig eingestufte Wahrscheinlichkeit von Großschäden auch die Anreize von Banken zur sorgfältigen Kreditvergabe, –überwachung und –betreuung schwinden. Zum anderen können in einer alle Banken erfassenden Krise im Banksystem verbliebene Großschäden bedrohlich für das ganze System werden, so dass dieses nur durch eine Übernahme der Schäden durch den Staat zu retten ist *(Franke/Krahnen 2009, S. 337-340)*.

Auch die verbreitete Annahme, dass die Banken jedes verbleibende Risiko durch sogenannte **Credit Default Swaps (CDS)** versicherten, war nicht richtig. Credit Default Swaps sind Kreditderivate, die es einer Partei erlauben, sich gegen Verluste von Kreditausfällen abzusichern, indem sie Versicherungsgebühren an eine andere Partei zahlen. Umfragen zufolge haben jedoch weniger als 30% der Banken Credit Default Swaps tatsächlich für das Kreditrisikomanagement verwendet, denn die Versicherung kostet Geld und schmälert dadurch die Erträge. Für die Mehrheit haben sich die Credit Default Swaps zu einem Spekulationsobjekt entwickelt. Der Wert von Credit Default Swaps betrug im Dezember 2007 62 Billionen US $, während der denkbare Maximalwert an Schulden, der abzusichern war, 5 Billionen US $ betrug *(Crotty 2009, S. 568 f.; S. 573)*. Der Markt für Kreditversicherungen hat sich folglich zu einem Schattenbanksystem entwickelt, über das nur lückenhaftes Wissen bestand *(Franke/Krahnen 2009, S. 336)*.

Ein wesentlicher Auslöser der Finanzkrise war der plötzliche Wertverfall von Mortgage-Backed Securities *(Franke/Krahnen 2009, S. 345)*. Dies war hauptsächlich ein Resultat des **Platzens der Hauspreisblase** im Jahr 2007, die sich in den USA etwa seit 1998 aufgebaut hatte *(vgl. Abb. 12.3; Demary 2009, S. 8 f.)*. Bei Vermögenspreisen kann es vorkommen, dass ihr Marktwert temporär nicht den „wahren" Wert, den sogenannten Fundamentalwert, widerspiegelt, sondern diesen aufgrund von Spekulationen übersteigt. Man spricht dann von einer **Spekulationsblase.** Diese platzt stets nach einiger Zeit durch einen raschen Verfall der Vermögenspreise *(Franke/ Krahnen 2009, S. 353; Demary 2009, S. 1*

Abb. 12.3: Preisentwicklung für Einfamilienhäuser in den USA 1988-2009 nach dem Case-Shiller National Home Price Index

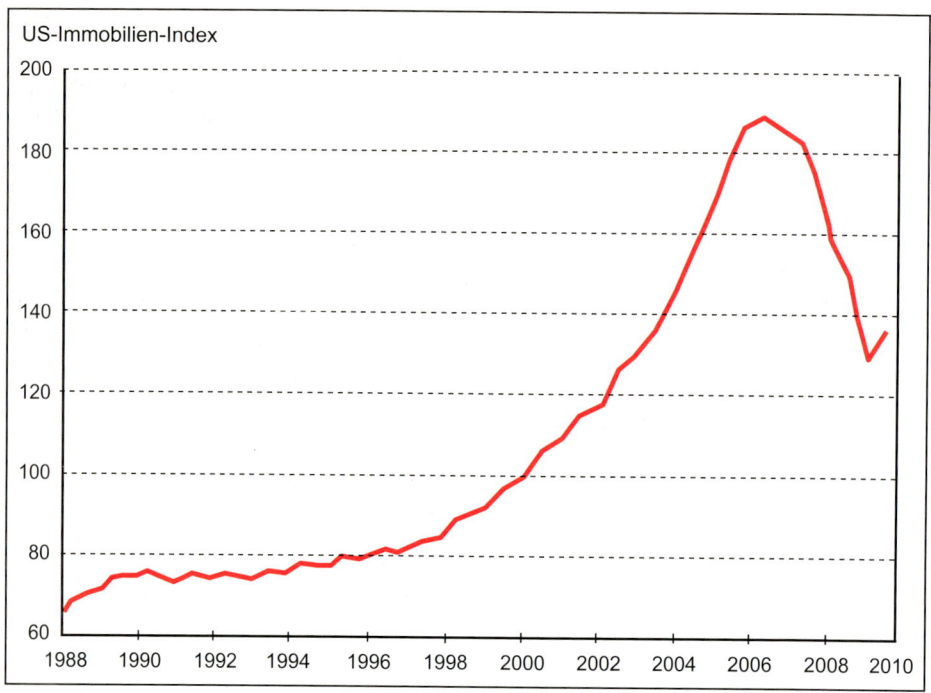

Quelle: Nach Standard & Poor 2010.

f.). Die Entstehung von Spekulationsblasen wird durch mehrere Faktoren begünstigt. Zum einen ist das Vorhandensein hoher Liquidität in den Weltkapitalmärkten eine Voraussetzung. Diese entsteht vor allem aufgrund einer entsprechenden Geldpolitik der Zentralbanken und bildet den Nährboden für Übertreibungen, da sich die Akteure günstig verschulden können. Daraus ergibt sich, dass spekulative Blasen durch einen Kreditboom begleitet werden, der zu einer übermäßigen Fremdkapitalisierung führt. Zum anderen bestehen innovative Finanzprodukte, mit denen Regulierungen umgangen und Gewinne erhöht werden können, indem ein höheres Risiko eingegangen wird. Ein weiteres Kernmerkmal spekulativer Blasen sind positive wirtschaftliche Erwartungen bzw. eine **anormale Konvergenz der Erwartungen**

von Finanzakteuren, dass die Preise nur nach oben gehen können *(Carmassi et al. 2009, S. 978-980; Bloss et al. 2009, S. 218; Demary 2009, S. 3).*

Auch wenn sich manch ein Investor der Fehlbewertung bewusst sein mag, bestehen aufgrund von **Payoff-Externalitäten** und Informationskaskaden Anreize, weiter auf steigende Preise zu setzen und damit die Spekulationsblase zu verstärken. Payoff-Externalität bedeutet, dass das Verhalten der anderen Akteure zu höheren Gewinnen für den Einzelnen führt. Setzt die Mehrheit der Marktteilnehmer auf steigende Preise, so führt die Imitation dieses Verhaltens zu einem höheren Gewinn. Eine **Informationskaskade** besteht, wenn das Verhalten anderer Akteure für den Einzelnen informativer ist als die eigenen Informationen. Setzt die

Mehrheit des Marktes auf steigende Preise und löst damit einen Preisdruck aus, ist es rational, diese Information höher zu gewichten als die eigene Information, z. B. über den Fundamentalpreis *(Demary 2009, S. 1 f.)*.

In den USA stiegen die Hauspreise in den letzten zehn Jahren um fast 85% *(Bloss et al. 2009, S. 16)*. Allein zwischen 2004 und Mitte 2007 betrug die Steigerung der mittleren Realhauspreise 50%. Nach dem Platzen der Spekulationsblase fielen die Hauspreise innerhalb von zwei Jahren um knapp 20% *(Congleton 2009, S. 288, S. 299; vgl.* Abb. 12.3*)*. Als Auslöser wird die schrittweise Erhöhung des Leitzinses durch die amerikanische Notenbank angesehen *(Demary 2009, S. 5)*. Die Federal Reserve hatte als Reaktion auf sinkende Aktienkurse nach dem Platzen der New Economy-Blase im Jahr 2000 den Leitzins zunächst stetig gesenkt, bis er im Sommer 2003 einen Tiefstand von 1% erreicht hatte *(Bloss et al. 2009, S. 219)*. **Leitzinsen** geben an, unter welchen Bedingungen sich Kreditinstitute bei Noten- und Zentralbanken Geld leihen können. Im Europäischen System der Zentralbanken (ESZB) ist der Zinssatz für Hauptrefinanzierungsgeschäfte der zentrale Leitzins. Dabei handelt es sich um regelmäßig stattfindende, Liquidität zuführende, befristete Transaktionen in Form von Wertpapierpensionsgeschäften im wöchentlichen Abstand und mit einer Laufzeit von einer Woche. Wird der Leitzins gesenkt, verbilligt dies Kredite, so dass die Finanzierung von Investitionen für Unternehmen und Haushalte günstiger und die Wirtschaft angekurbelt wird. Ab dem Jahr 2004 wurden die US-Leitzinsen jedoch wieder stetig erhöht und überstiegen im Sommer 2006 die 5%-Marke (vgl. Abb. 12.4). Leitzinsen werden von der Notenbank erhöht, um Inflationsgefahren einzudämmen. Dies hat zur Folge, dass die Kosten für Kreditinstitute

steigen und diese Mehrkosten an ihre Kunden weitergegeben werden. Die Zinsen für Kreditnehmer steigen daher *(Baßeler et al. 2010, S. 556 f.)*.

Sofern Hypotheken festverzinslich sind, können die steigenden Kosten bei Leitzinserhöhungen von den Banken nicht an Kunden bestehender Kreditverträge weitergegeben werden. Jedoch existieren auch variabel verzinsliche Hypotheken, bei denen sich die Zinszahlungen während der Laufzeit des Kredits regelmäßig verändern. Zudem bestehen Mischstrukturen, bei denen zur Kundenanwerbung für die ersten zwei bis drei Jahre niedrige feste Zinssätze angeboten werden und anschließend ein Wechsel zu variablen Zinssätzen erfolgt. Derartige variabel verzinsliche Hypotheken oder Mischstrukturen sind vor allem bei Subprime-Krediten üblich, bei denen ihr Anteil im Jahr 2006 bei 91% lag *(Bloss et al. 2009, S. 21 f.)*.

Subprime-Kredite werden häufig definiert als Kredite an Schuldner mit geringer Kreditwürdigkeit aufgrund eines geringen Einkommens und Vermögens, einer inkonsistenten Kredithistorie oder ähnlichen Risikofaktoren (z. B. *Bloss et al. 2009, S. 19 f.)*. *Aalbers (2009, S. 36)* weist jedoch darauf hin, dass es sich bei Subprime-Krediten um Kredite zu höheren Zinsen und Gebühren als üblich handelt, egal ob der Schuldner eine gute oder schlechte Bonität besitzt. Schätzungen gehen davon aus, dass mehr als die Hälfte der Subprime-Kredite an Kreditnehmer mit erstklassiger Bonität ging *(Aalbers 2009, S. 36)*. Dabei waren sie ursprünglich tatsächlich dazu gedacht, Bevölkerungsgruppen mit niedrigem Einkommen in ärmeren Gegenden zu einem Eigenheim zu verhelfen. Das US Department of Housing and Urban Development (HUD) etablierte ab 1992 für die staatlich geförderten Unternehmen Fannie Mae und

Abb. 12.4: Entwicklung des US-Leitzins 2000-2008

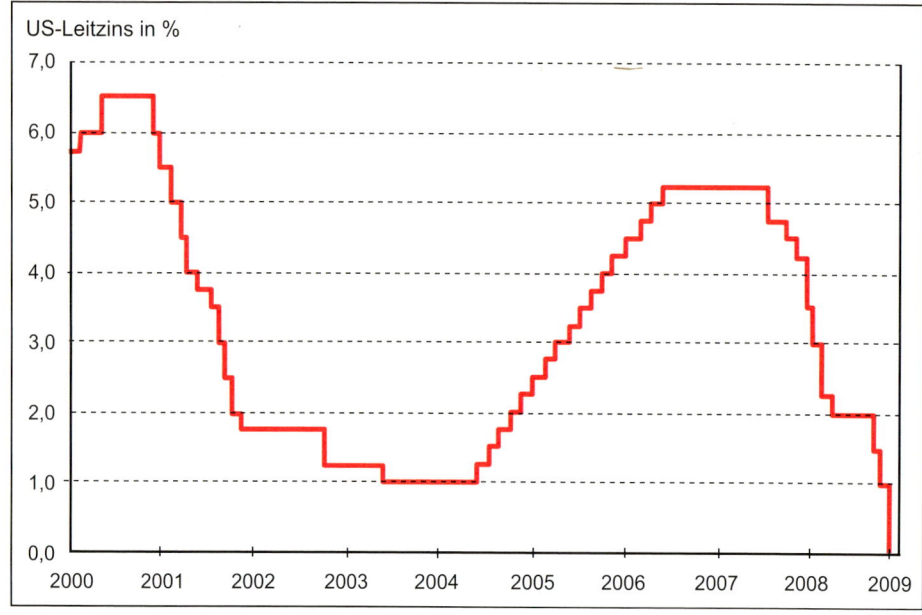

Quelle: http://www.leitzinsen.info/usa.htm (03.02.2010).

Freddie Mac jährliche Ziele für die Bereitstellung von derartigen Krediten, die zuletzt einen Anteil von 55% (2008) erreichten *(Congleton 2009, S. 291 f.)*. Nach einer ersten Subprime-Hypothekenkrise 1997/98 zielten die Subprime-Kredite jedoch nicht mehr exklusiv auf Kreditnehmer mit niedriger Bonität ab, sondern wurden zunehmend an die Mittelschicht verkauft, insbesondere in den schnell wachsenden Städten und Regionen der USA, z. B. im so genannten Sunbelt.

Insgesamt steigerte sich die Vergabe von Subprime-Hypotheken von 35 Mrd. US $ (5% aller Hypotheken) im Jahr 1994 auf 600 Mrd. US $ (20%) in 2006 *(Aalbers 2009, S. 36)*. Die Vergabe von Subprime-Krediten galt bei Banken als relativ risikoarm, da die durch die Hypothek belastete Immobilie nach dem amerikanischen Rechtssystem bei einer Zwangsvollstreckung direkt an die Bank übergeht und aufgrund der

langjährigen positiven Entwicklung von weiterhin steigenden Immobilienpreisen ausgegangen wurde. Sinken die Immobilienpreise dagegen, bedeutet der Ausfall von Hypotheken Verluste für die Banken *(Demary 2009, S. 4)*. Genau diese Situation trat nach dem Platzen der Immobilienpreisblase 2007 ein.

Aufgrund der Leitzinserhöhungen der US-Notenbank verteuerten sich die Zinszahlungen für variabel verzinste Hypotheken, so dass die Zahl der Kreditausfälle stark anstieg *(Demary 2009, S. 5)*. Insbesondere bei Hypotheken mit Mischstrukturen, die 2003/04 zur Zeit eines sehr geringen Leitzinses ausgestellt wurden und zunächst zwei bis drei Jahren feste Zinssätze hatten, wurden die Kreditnehmer bei Beginn der variablen Verzinsung mit sehr hohen Kostensteigerungen konfrontiert. Verglichen mit Hypotheken zu festen Raten haben Hypotheken mit anpassbaren Zinsen ein mehr als zweimal so hohes Ausfallrisiko. Da variable Verzinsung vor allem bei Subprime-Krediten Anwendung findet, waren diese von den Ausfällen besonders stark betroffen. Etwa 60% der Zwangsversteigerungen entfielen im Jahr 2006 auf Subprime-Kredite, obwohl diese nur ein Fünftel aller Hypotheken ausmachten *(Aalbers 2009, S. 36 f.)*. Ende 2008 war fast ein Viertel aller Subprime-Hypotheken 90 Tage im Verzug oder bereits in der Zwangsvollstreckung *(Congleton 2009, S. 300)*.

Die zunehmende Zahl der Zwangsvollstreckungen führte zu einem steigenden Angebot an Häusern bei gleichbleibender oder - aufgrund hoher Hypothekenzinsen - sinkender Nachfrage, was Preissenkungen zur Folge hatte. Daraufhin fingen Investoren an, ihre Immobilien zu verkaufen, um weitere Wertverluste zu vermeiden. Daraus resultierten weitere Preissenkungen, was schließlich zum Platzen der Hauspreisblase führte *(Demary 2009, S. 5)*. In vielen Fällen waren die Werte der beliehenen Häuser weniger Wert als die ausstehenden Hypotheken *(Congleton 2009, S. 300)*.

Subprime-Hypotheken wurden aber genauso wie andere Kredite verbrieft. Der Anteil der Subprime-Kredite innerhalb der Mortgage-Backed Securities hat sich in den vergangenen Jahren stark erhöht, von 8,6% im Jahr 2001 auf etwa 20% in 2005. Daher erlitten auch diese Finanzprodukte erhebliche Wertverluste *(Congleton 2009, S. 292; Bloss et al. 2009, S. 17)*.

Da etwa die Hälfte aller Hypotheken und der Mortgage-Backed Securities bei Kreditversicherern versichert war, hielt sich der Schaden zunächst noch in Grenzen. Als jedoch die Versicherungsforderungen mit zunehmenden Kreditausfällen zu steigen begannen und der Wiederverkauf der Häuser durch die Banken länger dauerte sowie Verluste einbrachte, stellte sich heraus, dass

die Versicherer über unzureichende Reserven verfügten. Sie hatten offensichtlich angenommen, dass der positive nationale Trend der letzten Jahre die neue Marktnorm war. Der Marktwert der Versicherer sank rapide, so dass sie durch den Verkauf von Aktien nicht ausreichend Geld aufnehmen konnten, um den Forderungen der Versicherten nachzukommen. Verschiedene große Versicherer stellten 2007 einen Insolvenzantrag oder kamen der Insolvenz nahe. Dazu zählten unter anderem die Government Sponsored Enterprises (GSE) Fannie Mae und Freddie Mac sowie der weltgrößte Kreditversicherer AIG (American International Group) *(Congleton 2009, S. 30 f.)*. Allein bei AIG wären bei einem Konkurs weltweit bis zu 562 Mrd. US $ Abschreibungen auf ausgefallene Kreditansprüche in den Bankbilanzen vorzunehmen gewesen. Dies hätte eine kaum noch beherrschbare Konkurslawine ausgelöst, so dass die AIG verstaatlicht wurde *(Sinn 2009, S. 74)*. Auch Fannie Mae und Freddie Mac mussten die amerikanischen Steuerzahler zur Hilfe kommen *(Congleton 2009, S. 291)*.

Mit dem Risiko des Ausfalls von Versicherungsunternehmen wuchs auch das Risiko, das mit Mortgage-Backed Securities verbunden war *(Congleton 2009, S. 301)*. Die Risiken von Wertpapieren werden durch private Unternehmen geschätzt, die **Ratingagenturen.** Diese sehen sich mittlerweile starker Kritik ausgesetzt, da ihre Risikoabschätzungen vor dem Ausbruch der Finanzkrise offensichtlich übermäßig optimistisch waren. Fast jede Kombination neuer Finanzanlagen konnte mit der besten Bewertung AAA ausgezeichnet werden, sofern in dem Mix ein kleiner Anteil Versicherungen enthalten war. Diese Versicherungen wurde jedoch oft durch andere komplexe Wertpapiere arrangiert und waren daher auch nicht risikofrei *(Congleton 2009, S. 294 f.)*. Eine mögliche Ursache für die Unterschätzung der Risiken durch Ratingagenturen könnte in ihrer mangelnden Unabhängigkeit liegen. Seit den 1970er Jahren generieren die Ratingagenturen ihren Umsatz aus Zahlungen von Investmentbanken, deren Wertpapiere sie bewerten. Da die Investmentbanken ihre Aufträge an die Ratingagenturen vergeben, die ihnen das höchste Rating geben, macht es für diese Sinn, übermäßig optimistische Ratings abzugeben *(Bloss et al. 2009, S. 89; Crotty 2009, S. 566).*

Im Juli 2007 musste die Ratingagentur Moody´s aufgrund der vorangegangenen Ereignisse eingestehen, dass knapp 400 Verbriefungstranchen zu positiv bewertet worden waren und stufte sie herunter. Weitere Agenturen folgten. Dies führte zu einem **Vertrauensverlust der Investoren in die Ratings** *(Franke/Krahnen 2009, S. 344).* Ein Großteil der Investoren kann die finanzielle Leistungsfähigkeit von Unternehmen und das Risiko von Anlagen nicht selbst beurteilen und muss sich daher auf das Urteil von Fachleuten verlassen. Solange deren Glaubwürdigkeit vorhanden ist, nehmen die uninformierten Anleger bedenkenlos am Intermediationsprozess teil. Bei Ratingagenturen wurde vor der Krise grundsätzlich davon ausgegangen, dass fehlerhafte Bewertungen zu einer Beeinträchtigung ihrer Reputation führen und sie daher motiviert sein müssen, Prüfungen der Anlagequalität sorgfältig vorzunehmen. In einem Finanzsystem, das zumindest zum Teil auf marktbasierten Transaktionen beruht, sind **Ratings die tragende Säule der Informationsarchitektur**. Durch diese Schlüsselfunktion stellen sie jedoch auch ein systemisches Risiko dar, so dass Zweifel an der Qualität von Ratings die Funktionsweise des gesamten Finanzsystems beeinträchtigen können *(Franke/Krahnen 2009, S. 341-344).*

Dies ist im Zuge der Finanzkrise auf dem Verbriefungsmarkt geschehen. Durch den Vertrauensverlust in die Ratings von Verbriefungstranchen haben sich die Anbieter von Liquidität zurückgezogen, so dass die Marktpreise der Wertpapiere einbrachen *(Franke/Krahnen 2009, S. 344, S. 352).* Als die Nachfrage kollabierte, hielten die Banken noch große Beträge an Hypotheken und Mortgage-Backed Securities, für die sie kaum noch Abnehmer finden konnten. Die herabgestuften Ratings für diese Wertpapiere führten dazu, dass die Höhe der gesetzlichen Eigenkapitalanforderungen teilweise stark anstieg *(Crotty 2009, S. 568, S. 575).* Da die Banken jedoch während der Boomjahre ihr Eigenkapital reduziert hatten und eine übermäßig hohe Fremdkapitalrate aufwiesen, sahen sie sich nun gezwungen, die Risiken ihrer Portfolios zu reduzieren *(Congleton 2009, S. 303).* Zudem mussten Banken verbriefte Hypothekenforderungen, die bilanzneutral in Zweckgesellschaften gehalten worden waren, wieder in ihre Bilanzen aufnehmen, als für die beschädigten Anlagen keine Finanzierung mehr zu finden war, denn die Banken hatten ihre Zweckgesellschaften mit Garantien ausgestattet, um hohe Ratings für die Wertpapiere zu erhalten. Die Dimensionen waren teilweise enorm. Z. B. hielten sowohl JP Morgan Chase & Co. als auch die Citigroup jeweils fast 1 Billion US $ in derartigen bilanzneutralen Zweckgesellschaften. Für die Citigroup repräsentierte dies die Hälfte ihrer gesamten Vermögenswerte *(Crotty 2009, S. 570).* Mit der Wiederaufnahme der risikoreichen Vermögenswerte in die Bilanzen mussten diese rasch mit Eigenkapital unterlegt werden.

Hinzu kam, dass die **internationalen Rechnungslegungsvorschriften** (International Financial Reporting Standards, IFRS) eine Bewertung von Vermögenswerten nach ihrem Marktwert vorsehen (**Fair-Value-Prinzip**). Da sich die Marktwerte von Vermögenswerten im Zuge der Finanzkrise jedoch teilweise drastisch reduziert hatten, schrumpfte die Eigenkapitaldecke weiter. All diese Faktoren führten dazu, dass Finanzinstitute ihre Schulden sofort reduzieren und ihr Vermögen erhöhen mussten, um nicht in den Bankrott zu geraten (*Congleton 2009, S. 303*). Banken sahen sich folglich zu Notverkäufen von risikoreichen Verbriefungstranchen gezwungen, wodurch die Marktpreise weiter nach unten getrieben wurden. Der Zusammenbruch des Verbriefungsmarktes wird auch als **Reverse Run** bezeichnet (*Franke/Krahnen 2009, S. 352, S. 344*). Es wird geschätzt, dass sich der Marktwert von Mortgage-Backed Securities um 60 bis 80% reduziert hat. Demnach ist allein aus diesem Markt ein Wert von 5 Billionen US $ verschwunden (*Congleton 2009, S. 302*).

Die Ungewissheiten im Verbriefungsmarkt schlugen in der Folge auch auf die Finanzinstitutionen durch. Es gab weder öffentliche noch nicht-öffentliche Daten zur Tranchenallokation. Durch das wiederholte Durchhandeln von Risiken über mehrere Banken hinweg war kaum noch feststellbar, welche Risiken die einzelnen Finanzinstitutionen hielten (*Franke/Krahnen 2009, S. 340, S. 352*). Als dann mit **Lehman Brothers** die größte Investmentbank der Welt keine Rettung von der amerikanischen Regierung erhielt und im September 2008 zusammenbrach, verbreitete sich Panik. Die Banken mussten befürchten, dass sie die Gelder, die sie anderen Finanzinstituten leihen, nicht mehr zurückbekommen (*Sinn 2009, S. 70*). In einem eng integrierten globalen Kapitalmarkt bestanden viele Kanäle einer möglichen „Ansteckung" (*Crotty 2009, S. 574*). Ähnlich wie der Verbriefungsmarkt ist daher auch der welt-

weite **Interbankenmarkt** als Folge der Unsicherheit über vormals akzeptierte Einschätzungen des Bankenrisikos zusammengebrochen. Mit dem Vertrauensverlust kam es auch hier zu einem Reverse Run, der Markt trocknete schlagartig aus (*Franke/ Krahnen 2009, S. 344*).

Jedoch ist der Interbankenhandel für die Finanzinstitute von existenzieller Bedeutung. Gerade in den USA sind die meisten Banken entweder darauf spezialisiert, das Geld bei den Sparern einzusammeln oder es an Firmen zu verleihen. Der Kredittransfer zwischen den Banken sorgt dafür, dass beide Funktionen zusammenpassen. Dieser kam jedoch genauso zum Erliegen wie die Fristentransformation, bei der sich Banken kurzfristig Geld zu niedrigen Zinsen leihen, um es längerfristig zu hohen Zinsen zu verleihen. Damit wird im Normalfall sichergestellt, dass langfristige Sachinvestitionen auch dann durchgeführt werden können, wenn die Sparer ihr Geld nur kurzfristig verleihen wollen. Der Kreditkreislauf geriet ins Stocken und die Banken horteten entweder ihr Geld oder saßen „auf dem Trockenen". Die Zentralbanken versuchten dem entgegenzusteuern, indem sie Hunderte von Milliarden Dollar zusätzlicher Liquidität bereitstellten (*Sinn 2009, S. 70-72*). Im August 2008 fügten die Zentralbanken, vor allem die europäische und die US-amerikanische, innerhalb von nur zwei Tagen eine Gesamtsumme von etwa 250 Milliarden US $ zum Geldbestand hinzu (*Mundell 2009, S. 494*).

Dennoch normalisierte sich der Interbankenhandel nicht, da das Vertrauen noch nicht wieder hergestellt war. Das Geld, das Banken kurzfristig übrig haben und bis zum nächsten Geschäftstag normalerweise bei einer anderen Bank anlegen, die gerade Geld benötigt, wurde lieber bei der Zentralbank angelegt. Die Banken, die Geld zum

Verleihen benötigten, holten sich dieses wiederum bei der Zentralbank. Der Kreditverkehr wurde quasi durch die Zentralbank hindurch geschleust, wodurch die vergebenen Kredite mit einer Art Rückzahlungsgarantie ausgestattet wurden. Im Normalfall sind diese sogenannten Überschussreserven der Banken bei der Zentralbank niedrig, da die Zinssätze dafür sehr niedrig liegen *(Sinn 2009, S. 70-72)*.

Im Verlauf des Jahres 2008 sind 52 amerikanische und 12 britische Finanzinstitute aus dem Markt ausgeschieden oder ganz bzw. teilweise verstaatlicht worden *(Sinn 2009, S. 15)*. Bis in die erste Hälfte des Jahres 2009 beliefen sich die Abschreibungen auf Kredite und Verbriefungen weltweit auf 1,3 Billionen US $. Weitere 1,5 Billionen US $ werden noch bis Ende 2010 erwartet. Dabei entfallen 60% der erwarteten Gesamtabschreibungen auf US-Banken und der größte Rest auf Banken aus Großbritannien sowie der Eurozone. Etwa zwei Drittel der Abschreibungen entstehen durch Kreditverluste. Für US-Banken ist der Immobiliensektor die Hauptquelle für Kreditverluste, in Großbritannien und der Eurozone leisten dagegen ausländische Kredite einen großen Beitrag *(IMF 2009a, S. 9 f.)*.

Die Finanzkrise führte jedoch nicht nur zum Zusammenbruch des Kredittransfers zwischen Finanzinstitutionen, sondern auch zu einer deutlichen **Reduktion der Kreditvergabe an Unternehmen und Haushalte.** Insbesondere nicht börsennotierte Unternehmen benötigen Kredite, um Investitionen zu tätigen und so zum ökonomischen Wachstum beitragen zu können *(Crotty 2009, S. 570, S. 575)*. Eine **Übertragung der Finanzkrise auf die Realwirtschaft** entstand zudem dadurch, dass der Hauspreisverfall und die zunehmenden Zwangsversteigerungen den Wohlstand von Privathaushalten und sonstigen Immobilienbesitzern reduzierten,

die daraufhin ihre Konsumausgaben und Investitionen verringerten. Dies führte wiederum zu einer schlechteren Auftragslage in verschiedensten Wirtschaftsbereichen, angefangen bei der Bauindustrie und deren Zulieferern bis hin zu diversen Konsumgüterbranchen. Die Konsequenz daraus war eine steigende Arbeitslosigkeit, die zu einer weiteren Ausgabenbeschränkung bei den betroffenen Personen führte und entsprechende Rückwirkungen auf die Wirtschaft hatte. Davon waren sowohl heimische Produkte als auch Importe betroffen, so dass ein negativer Multiplikatorprozess entstand, der sich erst auf die amerikanische Wirtschaft und dann sukzessive auf die ganze Welt ausweitete *(Congleton 2009, S. 302 f.; Bloss et al. 2009, S. 27 f.; Sinn 2009, S. 50 f.)*.

12.2 Politisch-regulatorische Aspekte

Zu den unerwünschten Konsequenzen der Finanzkrise zählt, dass diejenigen, die für das Versagen großer Finanzinstitute verantwortlich sind, keine volle Verantwortung tragen *(Schneider/Kirchgässner 2009, S. 325)*. Das Rechtsinstitut der **Haftungsbeschränkung** (z. B. Kapitalgesellschaften mit beschränkter Haftung) macht es möglich, aus bloßem Risiko Gewinn zu machen, da es die Erträge privatisiert und die Verluste sozialisiert *(Sinn 2009, S. 84)*. In diesem Zusammenhang steht auch die in Medien und Politik geführte Diskussion um überhöhte Bonuszahlungen. Je größer die Risiken sind, die Banker eingehen, desto höher können die Gewinne ausfallen. Hohe Unternehmensgewinne bedeuten gleichzeitig hohe Bonuszahlungen für die Mitarbeiter. Beispielsweise belief sich der Bonus-Pool bei Goldman Sachs im Jahr 2006 auf 16 Mrd. US $, was einem durchschnittlichen Bonus von 650.000 US $ entspricht. Dieser war auf die etwa 25.000 Angestellten sehr ungleich verteilt. Die Tophändler der Wallstreet erhielten Bonuszahlungen von bis zu 50 Millionen US $ in einem Jahr. Diese Zahlungen müssen nicht zurückgegeben werden, wenn die riskanten Geschäfte zu einem späteren Zeitpunkt zusammenbrechen und zu Verlusten führen *(Crotty 2009, S. 565)*. Zudem können sich große Finanzinstitutionen ziemlich sicher sein, dass der Staat sie vor einem Bankrott rettet, denn sie sind „too big to fail". Ihre Pleite würde derart große ökonomische und soziale Probleme nach sich ziehen, dass Staatsinterventionen notwendig sind. Dementsprechend besteht zumindest für die Manager kaum Gefahr, dass sie ihren Arbeitsplatz verlieren *(Schneider/Kirchgässner 2009, S. 325)*. Trotz der enormen Verluste im Zuge der Finanzkrise, die eine Stützung durch den Staat erforderlich machten, betrug der durchschnittliche Bonus pro Mitarbeiter bei Goldman Sachs im Jahr 2009 schon wieder 570.000 US $. Dementsprechend bestehen große Anreize und wenig Gefahr für den Einzelnen, extreme Risiken einzugehen, selbst wenn realisiert wird, dass die Entscheidungen in mittelfristiger Zukunft zu einem Crash führen könnten. Man spricht hierbei auch von einem **Moral Hazard Problem** *(Crotty 2009, S. 565, S. 569)*.

Dass Regierungen Unternehmen in Krisen mit Rettungsmaßnahmen unterstützen müssen, ist nicht das erste Mal. Die Ursachen, warum innovative Produkte und Geschäftspraktiken auf dem Finanzmarkt überhaupt zu solch tief greifenden Krisen führen können, sind auch in der Politik selbst zu suchen, für die eine **Deregulierung der Finanzmärkte** seit langer Zeit ein wesentliches Ziel ist. Nach der Weltwirtschaftskrise der 1930er Jahre wurde noch fast universell daran geglaubt, dass unregulierte Finanzmärkte von Natur aus

instabil sind und dem Betrug oder der Manipulation durch Insider unterliegen, die in der Lage sind, tiefe ökonomische Krisen auszulösen. Nach dem Zweiten Weltkrieg wurde daher in den westlichen Ländern ein relativ striktes Regulationssystem für das Finanzwesen geschaffen, dessen Hauptaufgabe es war, Individuen gegen Risiken zu schützen. Der Wandel zu freieren Märkten erfolgte nach einer Dekade ökonomischer und finanzieller Turbulenzen in den 1970er und frühen 1980er Jahren unter dem amerikanischen Präsidenten Ronald Reagan und der britischen Premierministerin Margaret Thatcher *(Wade 2009, S. 540; Crotty 2009, S. 563 f.)*. Zugrunde lagen Modelle der neoklassischen Finanzökonomie, die mit Hilfe restriktiver Bedingungen und teils unrealistischer Annahmen zu dem Schluss kommen, dass Märkte von Natur aus stabil sind und nur temporär von dieser Stabilität abweichen. Demnach würden freie Finanzmärkte die Möglichkeit von Krisen im Vergleich zu einem stark regulierten Finanzmarkt reduzieren *(Schneider/Krichgässner 2009, S. 322; Crotty 2009, S. 564)*.

Deregulierungsmaßnahmen haben in verschiedensten Bereichen des Finanzwesens stattgefunden. Ein wichtiger Aspekt im Hinblick auf die Entstehung der Finanzkrise ist, dass die Evaluation von Risiken weitgehend außerhalb der Kontrolle von Regulationsbehörden vollzogen wird. Ein wesentlicher Teil der Risikobewertung wird Ratingagenturen überlassen. Zusätzlich wurde es Banken erlaubt, ihr eigenes Risiko selbst zu messen und darauf aufbauend ihre Kapitalerfordernisse selbst zu setzen. Dazu verwendete Modelle der Risikoabschätzung waren jedoch mit einigen Mängeln behaftet. Z. B. berücksichtigen sie nicht das Risiko bilanzneutral gehaltener Vermögenswerte. Die Ausgliederung von Vermögenswerten aus der Bilanz wurde ebenso wie die übermäßig hohen Fremdkapitalraten erst durch eine Lockerung der Regulierung ermöglicht *(Crotty 2009, S. 570-574)*. Beispielsweise erlaubte die US Securities and Exchange Commission (SEC) 2004 den fünf größten Investmentbanken der USA, ihre Kapitalreserven zu reduzieren, obwohl diese sowieso schon zu den am geringsten regulierten Finanzinstituten zählten. Auch die bereits erwähnten Rechnungslegungsvorschriften zur marktnahen Bewertung führten dazu, dass die Kapitalbasis einer Firma in Zeiten steigender Vermögenspreise wächst und als Sicherheit für neue Kredite verwendet werden kann *(Congleton 2009, S. 294)*. Zudem definieren die Basler Eigenkapitalregeln das zur Sicherung von Risikovermögen verwendbare Eigenkapital sehr breit, wodurch es Mittel einschließt, deren Nützlichkeit im Falle der Illiquidität oder Insolvenz unklar ist *(Carmassi et al. 2009, S. 989)*.

Weiterhin schuf die amerikanische Politik die gesetzlichen Grundlagen für die Vergabe von Subprime-Krediten, beispielsweise indem sie 1980 Zinsobergrenzen abschaffte oder zwei Jahre später verschiedene Ausgestaltungsmerkmale von Hypotheken wie variable Zinssätze erlaubte *(Bloss et al. 2009, S. 23)*. Weitere Kritik richtet sich häufig gegen die Geldpolitik der Zentralbanken, insbesondere der USA. Die Federal Reserve griff über Jahre hinweg durch eine Senkung des Leitzinses ein, wenn Vermögenspreise und Aktienkurse sanken. Sie blieb jedoch bei einer entgegengesetzten Entwicklung eher passiv. Diese Politik leistete während der Hauspreisblase einen Beitrag zu den konvergierenden Erwartungen der Finanzmarktakteure, dass die Immobilienpreise nicht fallen würden. Weiterhin ermöglichte der niedrige Leitzins das günstige Leihen von Geld, was zu der hohen Fremdkapitalrate der Finanzinstitute beigetragen hat und

ihnen umfangreiche Mittel für spekulative Finanzinvestitionen zur Verfügung stellte *(Carmassi et al. 2009, S. 983-987)*.

12.3 Volkswirtschaftliche Aspekte

Der niedrige Leitzins stellte eine wichtige Voraussetzung für die günstige Kreditvergabe an die US-amerikanischen Haushalte dar. Der Anteil des verfügbaren Einkommens der privaten Haushalte, der nicht konsumiert, sondern gespart wird **(Sparquote)**, betrug zu Beginn der 1980er Jahre noch zwischen 7 und 10%, fiel danach aber stetig. Ab 2005 pendelte er sich bei etwa 0% ein. Im Vergleich dazu betrug die Sparquote in Deutschland zwischen 2005 und 2008 durchschnittlich 11% *(Sinn 2009, S. 33)*. Da vermögende Amerikaner weiterhin gespart haben, bedeutet dies, dass die ärmeren über ihre Verhältnisse gelebt und ihren Konsum zum Teil mit Krediten finanziert haben. Neben Privathaushalten verschulden sich auch Unternehmen, um Investitionen tätigen zu können. Hinzu kommt, dass auch der amerikanische Staat seit dem Jahr 2000 immer neue Schulden gemacht hat. Wenn sowohl Privathaushalte, Unternehmen als auch Staat nicht mehr sparen, sondern sich verschulden, kann die Finanzierung nur über Kapitalimporte aus dem Ausland sichergestellt werden *(Sinn 2009, S. 34)*.

Kapitalimporte sind das Spiegelbild eines Leistungsbilanzdefizites, welches insbesondere entsteht, wenn der Wert der Waren- und Dienstleistungsimporte den der Exporte übersteigt (vgl. Kap. 5.1.1). Dieser Überschuss an importierten Waren wird durch Kapital oder Schenkungen aus dem Ausland ausgeglichen. Zunächst steht dem Importüberschuss der USA nur ein Abfluss von Dollar von amerikanischen Konten auf die Girokonten von Ausländern gegenüber. Da Girokonten jedoch keine

Zinsen einbringen, tauschen die Empfänger im Ausland ihre Dollar in amerikanische Wertpapiere und Realvermögen (physische Vermögenswerte) um. Den Abfluss dieser Vermögenstitel aus den USA nennt man Kapitalimport der Amerikaner oder analog Kapitalexport anderer Länder in die USA *(Sinn 2009, S. 34-36)*.

Seit etwa 1970 verzeichnen die USA einen Überschuss von Kapitalimporten gegenüber Kapitalexporten *(Sinn 2009, S. 34)*. Das Defizit in der amerikanischen Leistungsbilanz erreichte im Jahr 2006 mit circa 800 Mrd. US $ seinen vorläufigen Höhepunkt. Dieser Wert entspricht 6% des Bruttoinlandsproduktes (*IMF 2009c; Zeise 2009, S. 94*). Dem steht ein Defizit der amerikanischen Kapitalbilanz von etwa 5% des Bruttoinlandsproduktes in den letzten Jahren gegenüber. Im Jahr 2008 lag der amerikanische Nettokapitalimport bei 790 Mrd. US $. Die USA sind damit der mit Abstand größte Kapitalimporteur der Welt. Auf sie entfiel im Jahr 2008 fast die Hälfte der Nettokapitalimporte. Finanziert wird der Kapitalimport der USA von jenen Ländern, die dank ihrer

Exportüberschüsse Nettokapitalexporteure sind. Mehr als ein Fünftel der Nettokapitalexporte entfiel dabei auf China (2007), gefolgt von Deutschland (14%) und Japan (12%). Weitere Nettokapitalexporteure sind vor allem ölexportierende Länder sowie einige südostasiatische Staaten (vgl. Abb. 12.5; *Sinn 2009, S. 36 f.*).

Die **globalen Ungleichgewichte** in den Leistungs- und Kapitalbilanzen spielten eine wichtige Rolle für die Entstehung der Finanzkrise. Erst die Kapitalflüsse aus dem Ausland in die USA ermöglichten die niedrige Sparquote und hohe Kreditaufnahme der Amerikaner, die wie oben erläutert zur Immobilienpreisblase und nach deren Platzen zum Wertverfall von Mortgage-Backed Securities mit seinen schwerwiegenden Konsequenzen geführt hat.

Um zu verstehen, wieso die globalen Ungleichgewichte bisher durch Kapitalimporte und –exporte ausgeglichen wurden, muss insbesondere die **Rolle Chinas** betrachtet werden. Der wirtschaftliche Aufschwung Chinas hat zu hohen Exportüberschüssen des Landes geführt (vgl. Kap. 5.1.1 und

Abb. 12.5: **Aufteilung der Nettokapitalexporte und –importe (einschließlich Schenkungen) im Jahr 2007**

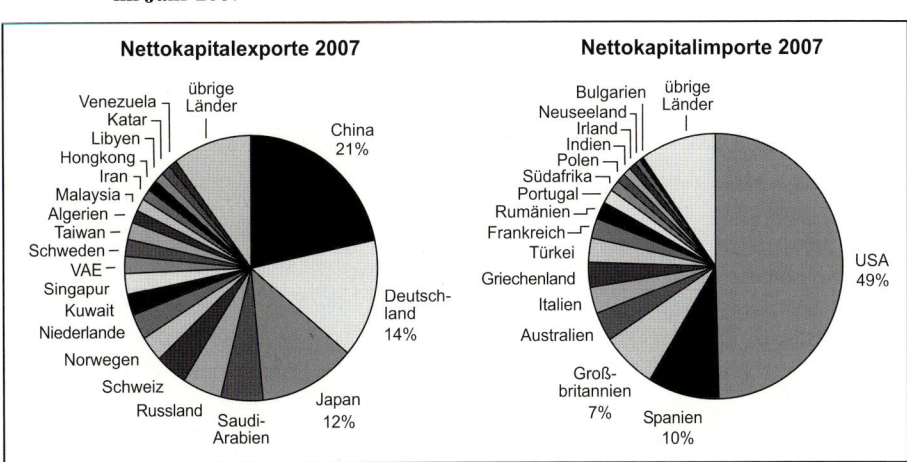

Quelle: Nach Sinn 2009, S. 37.

Kap. 6.5). Die chinesische Regierung verfolgt seit Jahren eine exportgetriebene Wachstumsstrategie, denn im Exportsektor lassen sich besonders leicht neue Arbeitsplätze schaffen *(Fehr 2009)*. China spart durchschnittlich nahezu die Hälfte seines Bruttoinlandsproduktes und legte in der Vergangenheit einen großen Teil dieses Geldes in Staatsschuldverschreibungen der USA (US-Treasuries) sowie in Obligationen amerikanischer Government Sponsered Enterprises wie Fannie Mae oder Freddie Mac an *(Schneider/Kirchgässner 2009, S. 321)*. China hat auf diesem Wege eine enorme Summe an Währungsreserven, größtenteils in US $, angelegt, die sich im Sommer 2009 auf mehr als 2,1 Billionen US $ beliefen (vgl. Abb. 12.6; *FAZ 2009a)*. Im Jahr 2008 machten die Käufe Chinas fast die Hälfte des ausländischen Erwerbs an US-Treasuries aus *(Wade 2009, S. 545)*. Damit ist **China der größte Gläubiger des amerikanischen Staates** *(Fehr 2009)*.

Nach der gängigen ökonomischen Theorie müsste die Situation eigentlich genau

Abb. 12.6: Chinesische Währungsreserven in Milliarden US $

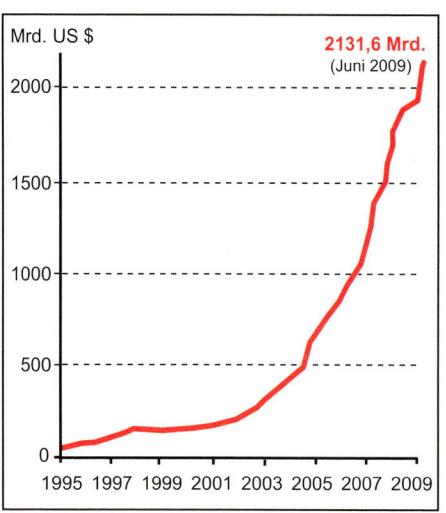

Quelle: Nach FAZ 2009a.

umgekehrt sein. In einem entwickelten Land wie den USA sollten hohe Profite generiert werden. Da jedoch das Wachstum der Bevölkerung und der Ökonomie dort relativ gering ist, bestünde ein relativ geringer Bedarf an Investitionen im Inland. Das überschüssige Kapital sollte daher in die schnell wachsenden Entwicklungsländer investiert werden. Das so finanzierte höhere Wachstum sollte den Entwicklungsländern dann auf längere Sicht die Rückzahlung der Schulden ermöglichen. Tatsächlich erlebten aber nicht Entwicklungsländer wie China, die viele Investitionen finanzieren müssen, eine hohe Kapitalzufuhr, sondern die USA. Diese finanzierte damit nicht Investitionen und hohes Wachstum, sondern hohen Konsum. Entgegen jeder Theorie strebte das Kapital nicht dorthin, wo es sich hoch verzinste, sondern in niedrig verzinste US-Anlagen. Keinem anderen Land der Welt würde bei einer ähnlichen Verschuldung so bereitwillig Kredit gewährt werden *(Zeise 2009, S. 96 f.)*.

Ein wesentlicher Grund, der die chinesische Regierung zum umfangreichen Kauf von Dollarreserven motivierte, ist, dass mit dem Aufkauf überzählige Dollar aus dem Umlauf genommen werden und so eine **Abwertung der amerikanischen Währung gegenüber dem Yuan verhindert** wird. China hatte wie andere asiatische Länder auch seine Währung an den Wert des US-Dollars gekoppelt. Normalerweise hätten die großen ökonomischen Fortschritte in China aber eine Neubewertung der chinesischen Währung mit sich gebracht. Die Kopplung an den Dollar verhinderte dies jedoch und führte zu einer zunehmenden Unterbewertung des Yuan. Im Jahr 2005 lockerte die chinesische Regierung die Dollar-Bindung zwar leicht, so dass der Yuan innerhalb der folgenden zwei Jahre um knapp 5% gegenüber dem Dollar aufgewertet wurde. Wäre

Abb. 12.7: Entwicklung des Dollarkurses zum Euro 1999-2010

Quelle: Nach Deutsche Bundesbank 2010a.

der Yuan jedoch frei konvertibel, würde er sehr viel stärker gegenüber dem Dollar zulegen. Dadurch wird sichergestellt, dass chinesische Güter für US-Konsumenten nicht teurer werden *(French et al. 2009, S. 296; Blume 2007; Handelsblatt 2010a)*. Durch die feste Bindung des Yuan an den Dollar wird die chinesische Währung auch gegenüber dem Euro als frei austauschbare Währung billiger. Dies ist für China von besonderem Vorteil, da Europa für die chinesische Wirtschaft ein noch wichtigerer Absatzmarkt als die USA ist *(FAZ 2009a)*. Daher stellt die Unterbewertung des Yuan eine bewusste Strategie der chinesischen Regierung dar.

Zwischen den USA und China ist im Laufe der Zeit eine **hohe strukturelle Abhängigkeit** entstanden *(French et al. 2009, S. 295)*. Die Amerikaner benötigen den Kapitalimport der Chinesen, um ihr Leistungsbilanzdefizit aufrecht erhalten zu

können. China ist im Gegenzug auf den Kauf von Dollarreserven angewiesen, um eine Aufwertung der eigenen Währung gegenüber dem Dollar und damit Nachteile beim Export zu vermeiden. Gleichzeitig sichert der Kapitalexport der Chinesen in die USA auch den Konsum von chinesischen Gütern durch die Amerikaner.

Eine dauerhafte Aufrechterhaltung derart hoher Kapitalimporte in die USA ist jedoch zu bezweifeln. Mit der Zeit wurde es immer schwieriger, für amerikanische Wertpapiere Käufer zu finden, denn die Wertpapierportfolios der internationalen Kapitalanleger füllten sich mehr und mehr mit amerikanischen Papieren und gerieten ins Ungleichgewicht. Normalerweise streben Kapitalanleger wohldiversifizierte Wertpapierportfolios an, um ihre Risiken zu streuen. Um die Kapitalanleger dennoch vom Kauf amerikanischer Wertpapiere zu überzeugen, mussten sich die Amerikaner mit immer niedrigeren Preisen zufrieden geben und immer höhere Renditen versprechen. In den Händen eines internationalen Anlegers, dessen Heimatwährung nicht der US-Dollar ist, ergibt sich der Preis eines amerikanischen Vermögensgegenstandes aus dessen Preis in US $ und dem Wechselkurs des Dollars in die Heimatwährung. Mindestens einer dieser Preise musste daher fallen, um das amerikanische Leistungsbilanzdefizit durch weitere Kapitalimporte finanzieren zu können. Am deutlichsten zeigte sich der **Preisverfall beim Kurswert des Dollars** (vgl. Abb. 12.7; *Sinn 2009, S. 39*).

Dieser wiederum führte dazu, dass die chinesische Regierung zunehmend den starken Kaufkraftverlust ihrer enormen Dollar-Reserven fürchtet und versucht, der

„Dollar-Falle" zu entkommen. China hat daher den Kauf weiterer US-Treasuries mehr oder weniger gestoppt. Zudem hat die chinesische Regierung seit Ende 2008 jeden Monat auf US-Dollar benannte Vermögenswerte im Wert von 50 bis 100 Milliarden US $ verkauft und im Gegenzug in Rohstoffe oder Aktien von nicht-amerikanischen Unternehmen investiert. Außerdem vergibt China Kredite an Ölfirmen in Russland, Brasilien und Abu Dhabi, welche in Öl zurück gezahlt werden. Eine weitere Strategie besteht darin, andere Staaten von einer Aufgabe des Dollar-Standards zu überzeugen. Im Rahmen der G20-Tagung im April 2009 forderte China, die Etablierung einer neuen internationalen Reservewährung *(Wade 2009, S. 545 f.)*.

Weiterführende und ergänzende Literatur zum Kapitel 12:

Sinn, H.-W. (2009): Kasino-Kapitalismus: Wie es zur Finanzkrise kam, und was jetzt zu tun ist. Berlin.

Bloss, M. / Ernst, D. / Häcker, J. / Eil, N. (2009): Von der Subprime-Krise zur Finanzkrise. Immobilienblase: Ursachen, Auswirkungen, Handlungsempfehlungen. München.

Franke, G. / Krahnen, J. P. (2009): Instabile Finanzmärkte. In: Perspektiven der Wirtschaftspolitik 10 (4): 335-366.

Crotty, J. (2009): Structural Causes of the Global Financial Crisis: A Critical Assessment of the ‚New Financial Architecture'. In: Cambridge Journal of Economics 33 (4): 563-580.

13 Auswirkungen der Finanz- und Wirtschaftskrise auf die globalisierte Wirtschaft

Wahrzeichen der Frankfurter Aktienbörse   *Quelle: Wikimedia commons.*

Nachdem in Kap. 12 die Ursachen der Finanz- und Wirtschaftskrise erläutert wurden, soll in diesem Kapitel aufgezeigt werden, welche Auswirkungen die Krise auf die globalisierte Weltwirtschaft hat. Damit wird der erste Teil dieses Buches (Kap. 2-5) aufgegriffen und auf die Folgen für den Welthandel und ausländische Direktinvestitionen (Kap. 13.1) sowie auf Konsequenzen für die Liberalisierung der Güter- und Kapitalmärkte (Kap. 13.2) eingegangen.

13.1 Folgen für Welthandel und ausländische Direktinvestitionen

Das Wachstum des Welthandels und der ausländischen Direktinvestitionen stellen wichtige Erscheinungsformen der Globalisierung dar (vgl. Kap. 5). Im Zuge der Finanz- und Wirtschaftskrise kam es jedoch zum **schwersten Einbruch im internationalen Handel seit dem Zweiten Weltkrieg** *(FAZ 2009b)*. Nachdem die jährlichen Wachstumsraten des Welthandels seit 2004 mit Werten zwischen 7% und 11% auf sehr hohem Niveau gelegen hatten, schwächte sich das Wachstum im zweiten Halbjahr 2008 ab. Im vierten Quartal 2008 und im ersten Quartal 2009 sanken die Exporte im Vergleich zum Vorquartal jeweils um über 20% (vgl. Abb. 13.1). Für das Jahr 2009 erwartet der Internationale Währungsfonds sogar eine Schrumpfung des Welthandels um 11%-Punkte. Diese Zahlen beziehen sich

Abb. 13.1: Entwicklung der weltweiten Exporte (1. Quartal 2005 bis 3. Quartal 2009)

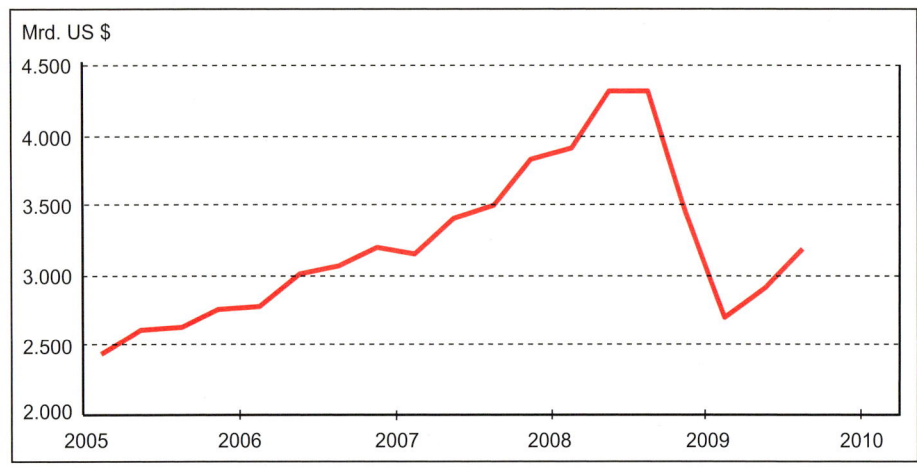

Quelle: Nach WTO 2010.

auf das Volumen des Welthandels. Betrachtet man dagegen den Wert des Welthandels in US $, so wird der Rückgang im Jahr 2009 sogar auf fast 15% geschätzt *(IMF 2009b, S. 204)*. Diese Diskrepanz rührt daher, dass während einer Rezession viele Warenpreise fallen *(Freund 2009, S. 3)*. Betrachtet man die Entwicklung des Welthandels nur zwischen August 2008 und dem Tiefstwert im März 2009, so stürzte der Dollarwert des Welthandels sogar um 31% ab, das Handelsvolumen um 22% *(Weltbank 2010)*. Der Einbruch war auch deshalb so stark, weil er in allen Regionen der Welt nahezu gleichzeitig erfolgte *(Boysen-Hogrefe et al. 2010, S. 4)*. Ab der zweiten Jahreshälfte 2009 war der Handel in den meisten Ländern wieder etwas gestärkt. Dennoch wird die Erholung relativ schwach bleiben, so dass das Wachstum des Welthandels für das Jahr 2010 nur auf 4,3% und für 2011 auf 6,2% geschätzt wird *(Weltbank 2010)*.

Die Entwicklung des Welthandels folgte in der Krise tendenziell der des weltweiten Bruttoinlandsproduktes, jedoch war die Schrumpfung des Welthandels sehr viel stärker. Dass der Welthandel in Krisenzeiten einem stärkeren Abschwung unterliegt als das Bruttoinlandsprodukt, hat mehrere Gründe. Zum einen hängt dies mit der zunehmenden Aufspaltung der Wertschöpfungsketten in einzelne Teilschritte und deren Verlagerung an verschiedene Standorte zusammen (vgl. Kap. 9). Das Bruttoinlandsprodukt gibt den Gesamtwert aller Güter an. Bei der Berechnung werden auf jeder Wertschöpfungsstufe die Vorleistungen abgezogen und nur der Mehrwert berücksichtigt. Die Angaben zum Welthandel stellen dagegen ein Bruttomaß dar. Ein Produkt, dessen Vor- und Zwischenprodukte während des Herstellungsprozesses mehrfach Ländergrenzen überschritten haben, fließt auch mehrfach in die Handelsstatistiken ein, in das Bruttoinlandsprodukt dagegen nur einmal. Regionen wie z. B. Ostasien, die stark in globale Produktionsnetzwerke eingebunden sind, weisen daher eine höhere Elastizität des Handels zum Einkommen auf. Ein weiterer Grund für die stärkere Schrumpfung des Welthandels im Vergleich zum Bruttoinlandsprodukt kann in der Zunahme protektionistischer Maßnahmen während Rezessionen liegen (vgl. Kap. 13.2). Hinzu kommt, dass während eines wirtschaftlichen Abschwungs die Produktion und der Handel von Gütern stärker abnehmen als bei Dienstleistungen. Während Dienstleistungen in entwickelten Volkswirtschaften den Hauptbestandteil des Bruttoinlandsproduktes ausmachen, stellen Güter die Mehrheit der Ex- und Importe *(Freund 2009, S. 2-8)*. Dies zeigt sich in der **unterschiedlich starken Abnahme von Welthandel und Bruttoinlandsprodukt.**

Dass der **Dienstleistungshandel** von der gegenwärtigen Krise weniger betroffen ist als der Güterhandel, lässt sich exemplarisch an folgenden Daten für die USA verdeutlichen. Während die monatlichen Importe und Exporte von Gütern zwischen Juli 2008 und Februar 2009 um etwa ein Drittel gesunken sind, nahm der Handel von Dienstleistungen im gleichen Zeitraum nur um etwa ein Zehntel ab. Innerhalb der Dienstleistungen gab es sogar Bereiche, in denen der Handel auch während der Krise noch gewachsen ist, so z. B. unternehmensbezogene und technische Dienstleistungen. Ein Grund für die höhere **Krisenresistenz des Dienstleistungshandels** ist, dass für Dienstleistungen eine geringere Handelsfinanzierung erforderlich ist als für Güter. Die durch die Krise induzierte Knappheit an Finanzmitteln hat sich daher nicht so gravierend auf den Dienstleistungshandel ausgewirkt. Eine weitere Ursache ist, dass Dienstleistungen nicht lagerbar sind und daher in Zeiten der Rezession weniger anfällig für Nachfragerückgänge sind als haltbare Güter. Ist die wirtschaftliche Situation schlecht, können Investitionen in Güter verschoben werden und die bisher vorhandenen Güter weiter genutzt werden. Dienstleistungen, die in der Vergangenheit in Anspruch genommen wurden, sind dagegen „aufgebraucht" und können dementsprechend nicht weiter genutzt werden. Hinzu kommt, dass die Nachfrage

für einige Dienstleistungen, insbesondere ins Ausland verlagerte Back-Office Funktionen (z. B. Buchhaltung), weitgehend unabhängig von der Menge der Produktion ist. Zudem gibt es auch Anzeichen, dass die Krise neue Aufgaben geschaffen hat, die für eine Verlagerung ins Ausland attraktiv sind, z. B. Rechtsberatungen oder Schuldenabwicklung *(Borchert/Mattoo 2009, S. 2-4; U.S. Census Bureau 2010).*

Ähnlich zum Welthandel markierte das Jahr 2008 auch das Ende des mehrjährigen Wachstums ausländischer Direktinvestitionen. Im Vergleich zum Vorjahr betrug der **Rückgang der weltweiten Direktinvestitionszuflüsse** (FDI-inflows) im Jahr 2008 14% und 2009 nach Schätzungen der UNCTAD sogar 39%. Die entwickelten Volkswirtschaften waren dabei am stärksten von der Abnahme betroffen. Nach einem Rückgang um knapp 30% im Jahr 2008 traf es diese Ländergruppe 2009 mit -41% noch härter. Dabei bestehen große Unterschiede zwischen der Entwicklung in der Europäischen Union und in den Vereinigten Staaten. In der EU war der Rückgang der Direktinvestitionszuflüsse 2008 mit 40% deutlich höher als 2009 (-29%). In den USA war die Situation genau umgekehrt, hier wuchsen die Direktinvestitionszuflüsse 2008 sogar noch um 17% und stürzten im Folgejahr mit -57% drastisch ein. Ein ähnliches Muster wiesen die Schwellen- und Entwicklungsländer auf. Zwar hatte sich das Wachstum der Direktinvestitionszuflüsse 2008 bereits etwas abgeschwächt, jedoch erfolgte der Einbruch mit -35% erst im Jahr 2009. Am höchsten waren die Rückgänge in den westasiatischen Ländern (vgl. Abb. 13.2; *UNCTAD 2010 a, b*). Was die Gestaltungsalternativen bei Direktinvestitionen betrifft (vgl. Kap. 3.4), gingen Fusionen und Übernahmen besonders stark zurück. 2009 nahmen sie im Vergleich zum Vorjahr

Abb. 13.2: **Veränderung der Zuflüsse ausländischer Direktinvestitionen 2008-2009* im Vergleich zum Vorjahr**

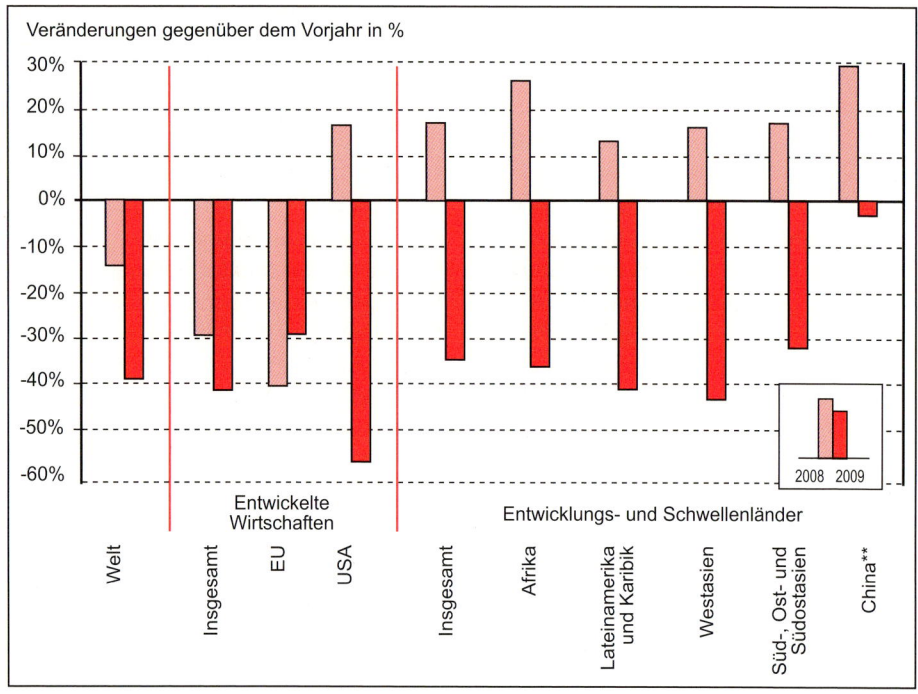

*   2009: Schätzungen
** China: Veränderung 2008-2009 ohne Finanzen

Quelle: Nach UNCTAD 2010a, 2010b.

um 66% ab. Die Anzahl der sogenannten Greenfield-Investitionen ging dagegen nur um 23% zurück *(UNCTAD 2010 b)*.

Eine wichtige **Ursache für den Rückgang ausländischer Direktinvestitionen** sind schlechtere Finanzierungsmöglichkeiten im Zuge der Finanz- und Wirtschaftskrise. Erstens vergeben Banken weniger Kredite und diese zu schlechteren Konditionen als vor der Krise. Zweitens führt die Krise bei vielen Unternehmen zu schrumpfenden Gewinnen, was ihre Fähigkeiten zur Selbstfinanzierung reduziert. Drittens verringert sich die Möglichkeit für Firmen, sich über den Aktienmarkt Geld zu beschaffen, da die Kurse im Zuge der Krise vielfach eingebrochen sind.

Zu den Finanzierungsschwierigkeiten kommen schlechte wirtschaftliche Aussichten hinzu, die die Neigung von Unternehmen reduzieren, in eine Expansion der Produktionskapazitäten zu investieren. Die Bereitschaft, Risiken einzugehen, hat sich aufgrund der unsicheren Zukunft insgesamt reduziert *(UNCTAD 2009a, S. 5-7)*.

Auch wenn einige makroökonomische Indikatoren darauf hindeuten, dass sich das Umfeld für internationale Investitionen allmählich wieder verbessert (z. B. Wachstum des Welt-Bruttoinlandsproduktes 2010), bleibt der Aufschwung der Weltwirtschaft fragil, so dass für das Jahr 2010 nur mit einer leichten Erholung der Direktinvestitionstätigkeit gerechnet wird *(UNCTAD 2010b)*.

13.2 Auswirkungen auf die Liberalisierung des Güter- und Kapitalverkehrs

Der Abbau von Handelshemmnissen auf den Güter- und Dienstleistungsmärkten sowie Erleichterungen bei transnationalen Investitionstätigkeiten stellen zentrale Voraussetzungen für den Globalisierungsprozess dar (vgl. Kap. 2). Allerdings hat sich in der Vergangenheit gezeigt, dass Rezessionen häufig mit einem zunehmenden **Protektionismus** einhergehen *(Bown 2009, S. 2)*. Besonders ausgeprägt war dies während der Großen Depression der 1930er Jahre (vgl. Kap. 2.1). Das Volumen des Welthandels betrug im Jahr 1933 nur noch ein Drittel von 1929. Verschiedene Studien schätzen, dass die protektionistischen Maßnahmen zwischen 25 und 50% zu diesem Einbruch beigetragen haben *(Larch/Lechthaler 2009, S. 1)*. Mittlerweile besteht weitgehende Übereinstimmung in der Einschätzung, dass die damaligen protektionistischen Maßnahmen eine wesentliche Ursache für die Tiefe und Dauerhaftigkeit der Krise waren. Angesichts der historischen Erfahrung äußern verschiedene Wissenschaftler und Politiker immer wieder Bedenken, dass Regierungen auch während der gegenwärtigen Finanz- und Wirtschaftskrise versuchen könnten, ihre heimische Wirtschaft und die inländischen Arbeitsplätze durch Abschottung ihrer Märkte zu schützen *(Larch/Lechthaler 2009, S. 1; Krueger 2009; Bown 2009, S. 2)*.

Als erste Anzeichen dafür werden z. B. Versuche von Regierungen gewertet, Steuergelder im Rahmen **nationaler Konjunkturpakete** nur für heimische Produkte zu verwenden. So wollte der US-Kongress Anfang 2009 eine „Buy American"-Klausel in das Konjunkturpaket einführen. Das letztlich verabschiedete Gesetz schwächte diese Klausel ab, aber es sieht immer noch vor,

dass bei Aufträgen für Infrastrukturprojekte nur Eisen- und Stahlprodukte verwendet werden dürfen, die in den USA hergestellt worden sind. Auch subventionieren viele Länder heimische Wirtschaftszweige, die von der Krise besonders betroffen sind. Dies betrifft insbesondere die Automobilindustrie. Diese Beispiele zeigen, dass die Gefahr des Protektionismus weit über reine Zollfragen hinaus reicht. Teilweise wird aber auch auf klassische Maßnahmen zurückgegriffen. Mehrere Länder haben ihre Einfuhrzölle auf bestimmte Waren angehoben, z. B. Russland für Stahl- und Eisenprodukte sowie für Lastkraftwagen, Indien für Sojabohnen und Spielzeug oder die USA für Reifen aus China *(Krueger 2009; FAZ 2009c; Larch/Lechthaler 2009, S. 1; Salvatore 2009, S. 598)*.

Die Nutzung von **importbeschränkenden Maßnahmen** stieg 2008 um 22% gegenüber dem Vorjahr. Dazu zählen Anti-Dumping-Zölle, Ausgleichszölle bei subventionierten Einfuhren oder globale Schutzklauseln, mit deren Hilfe eine inländische Branche vor einer plötzlichen Flut an Importen geschützt wird. Für das Jahr 2009 wird eine Steigerung um 18,5% erwartet. Die Nutzung dieser Maßnahmen beeinträchtigt vor allem den Handel zwischen Entwicklungs- und Schwellenländern. Fast drei Viertel der seit Beginn der Krise eingeleiteten Untersuchungsverfahren, die vor der Einführung importbeschränkender Maßnahmen erforderlich sind, wurden von Entwicklungs- und Schwellenländern initiiert. Besonders häufig waren Indien (20%), Argentinien (12%), die Türkei (8%), Brasilien (7%) und China (5%) involviert. Auch die Exporteure, die durch die protektionistischen Maßnahmen getroffen werden, sind primär in Entwicklungs- und Schwellenländern angesiedelt. Bei etwa 40% der eingeleiteten Maßnahmen war China betroffen. Betrachtet man allerdings den Anteil der durch importbeschränkende Maßnahmen benachteiligten Importe, so relativieren sich die zunächst alarmierend erscheinenden Daten. In den G20-Nationen, zu denen auch wichtige Schwellenländer wie China, Indien, Brasilien, Argentinien, Mexiko und Russland gehören, waren zwischen 2008 und Anfang 2009 nur 0,45% der Importe betroffen *(Bown 2009, S. 2)*. Damit ist das **Ausmaß protektionstischer Maßnahmen** zurzeit begrenzt. Bislang ist die Abnahme des Welthandels größtenteils durch die Rezession und nicht durch Protektionismus begründet *(Larch/Lechthaler 2009, S. 1)*. Ein wichtiger Grund, warum die nationalen Regierungen gegenwärtig noch keine stärkere Abschottung ihrer Ökonomien angestrebt haben, liegt in der umfassenden Globalisierung der Produktion. Immer mehr Unternehmen sind Bestandteil globaler Wertschöpfungsketten und Produktionsnetzwerke (vgl. Kap. 9). Für sie ist das Aufrechterhalten eines offenen Handelsregimes von großer Wichtigkeit, denn eine Abkehr davon würde ihre Kosten substanziell erhöhen und ihre Wettbewerbsfähigkeit verringern. Auch würde die Leistungskraft und Effizienz von Unternehmen abnehmen, wenn sie gezwungen sind, Arbeitsschritte selbst zu übernehmen, auf die sie nicht spezialisiert sind und bei denen ihnen möglicherweise Kompetenzen fehlen. Daher werden Regierungen von der Wirtschaft in der aktuellen Wirtschaftskrise eher dazu gedrängt, bedrohte Unternehmen oder Branchen durch Rettungspakete und Subventionen zu unterstützen statt Zölle zu erheben. Im Gegensatz zur Großen Depression in den 1930er Jahren bestehen heute zudem mehr Möglichkeiten sowie eine größere Bereitschaft der Länder, auf die Krise mit einer expansiven Geld- und Fiskalpolitik zu reagieren *(Evenett et al. 2009, S. 5; Krueger 2009)*.

Die bislang eingeführten protektionistischen Maßnahmen bewegen sich in den meisten Fällen in dem von der WTO erlaubten Rahmen *(Evenett et al. 2009, S. 3)*. Die WTO legt für ihre Mitglieder **Maximalzölle** (gebundene Zölle) fest, die nicht überschritten werden dürfen. Die **tatsächlich angewandten Zölle** liegen aufgrund des Prinzips der Meistbegünstigung (vgl. Kap. 2.2.1) jedoch häufig niedriger. Die Differenz zwischen einem tatsächlich angewandten Zoll und dem Maximalzoll (**„tariff water"**) stellt daher eine gewisse Flexibilität für ein Land dar, seine Zölle bei Bedarf zu erhöhen, ohne gegen die Regeln zu verstoßen. Es bestehen große regionale und sektorale Unterschiede bezüglich dieses Spielraums für Zollerhöhungen. Er ist in der Regel umso höher, je geringer das Einkommen eines Landes ist. Der weltweite Durchschnitt beträgt ca. 11%. Die durchschnittlichen tatsächlich angewandten Zölle liegen derzeit bei 5%. Addiert man diese beiden Werte, so erhält man einen maximal möglichen Zoll in Höhe von 16%. Dies entspricht fast einer Verdreifachung der Zölle.

Viele der von der WTO festgelegten Maximalzölle liegen jedoch über dem sogenannten **Prohibitivzoll**. Dieser gibt die Höhe des Zolls an, ab der die Importe des betroffenen Gutes völlig zum erliegen kommen. Da diese Wirkung jedoch ökonomisch nicht sinnvoll und normalerweise auch nicht politisch gewollt ist, ist es unwahrscheinlich, dass derart hoch angesetzte Maximalzölle voll ausgenutzt werden. Hinzu kommt, dass die multilateralen Abkommen im Rahmen der WTO in großem Umfang durch regionale Handelsabkommen ergänzt werden (vgl. Kap. 2.3). Wenn die unter Berücksichtigung des Prinzips der Meistbegünstigung tatsächlich angewandten Zölle (MFN-Zölle) steigen, bleibt der **Handel innerhalb dieser Präferenzabkommen** davon unberührt *(Foletti* *et al. 2009, S. 3-6)*. Dies würde mindestens 43% des Welthandels betreffen (2003) *(OECD 2003, S. 12)*. Unter Berücksichtigung dieser beiden Aspekte ergeben die Schätzungen von *Foletti et al. (2009, S. 9)*, dass von dem potenziellen Spielraum für Zollerhöhungen (Differenz aus Maximalzoll und MFN-Zoll) 28% nicht nutzbar sind. Damit können die durchschnittlichen Zölle von WTO-Mitgliedern aber immer noch mehr als verdoppelt werden.

Insofern ist die Gefahr einer Rückkehr zum Protektionismus durch das Bestehen eines multilateralen Handelsregimes nicht gebannt. Auch wenn viele Gründe gegen die außenwirtschaftliche Abschottung sprechen, die Politiker bislang vor allzu vielen protektionistischen Maßnahmen abgehalten haben, bleibt die Gefahr bestehen, dass die Welt in eine **Spirale des Protektionismus** abgleitet. Denn sobald einzelne Länder entsprechende Maßnahmen ergreifen, wird der Druck auf Politiker in anderen Ländern größer, die heimische Wirtschaft auf ähnliche Weise zu schützen *(Krueger 2009)*. Es besteht einerseits die Gefahr von reinen Vergeltungsmaßnahmen. Andererseits können Importbeschränkungen eines Landes dazu führen, dass andere Staaten aus Angst vor einer Verlagerung der Handelsströme und einer daraus resultierenden Überflutung ihres eigenen Marktes ihrerseits Importbeschränkungen für die betroffenen Produkte beschließen *(Larch/Lechthaler 2009, S. 2; Bown 2009, S. 3)*.

Protektionistische Maßnahmen müssen grundsätzlich nicht nur den Welthandel betreffen, sondern können auch transnationale **Investitionstätigkeiten** treffen. In der gegenwärtigen Finanz- und Wirtschaftskrise haben die meisten Länder bisher jedoch auf derartige Bestimmungen verzichtet *(UNCTAD 2010b)*. Dennoch sind einige Maßnahmen zu nennen, die wenig förderlich für ausländische Direktinvestitionen sind. Dazu gehören z. B. erhöhte Erfordernisse an Screenings ausländischer Investitionen durch die inländischen Behörden, neue Begrenzungen für ausländisches Eigenkapital in kleinen und mittleren Unternehmen oder Verschärfung von Vorschriften für ausländische Direktinvestitionen in Sektoren, die als bedeutsam für die nationale Sicherheit angesehen werden. Zudem liefern nationale Konjunkturprogramme und Staatshilfen mitunter die Möglichkeit für versteckten Protektionismus gegenüber ausländischen Direktinvestitionen. Auch kann ein zunehmender Handelsprotektionismus Einfluss auf Direktinvestitionsflüsse ausüben. Er kann z. B zur Verlagerung der Investitionsströme führen, um Handelsbarrieren zu überwinden. Dadurch werden auch globale Wertschöpfungsketten von Transnationalen Unternehmen beeinflusst *(UNCTAD 2009b, S. 1-3)*.

Weiterführende und ergänzende Literatur zum Kapitel 13:

Zur Entwicklung von Welthandel und ausländischen Direktinvestitionen in der Krise vgl. die in den Literaturempfehlungen zu Kap. 5 genannten Datenquellen.

Evenett, S. / Hoekman, B. / Cattaneo, O. (2009): Trade-Related Policy Responses to the Crisis: A Stock Taking. – PREM Notes Trade Policy No. 139. Washington, D.C.

Freund, C. (2009): The Trade Response to Global Downturns : Historical Evidence. – Policy Research Working Paper (World Bank) 5015.

Bown, C. P. (2009): The Global Resort to Antidumping, Safeguards, and Other Trade Remedies Amidst the Economic Crisis. – Policy Research Working Paper 5051.

14 Räumliche Implikationen der Finanz- und Wirtschaftskrise

Grafik: Roger Schmidt (www.karikatur-cartoon.de)

Die Finanz- und Wirtschaftskrise wirkt sich trotz der globalisierten und eng miteinander verflochtenen Weltwirtschaft räumlich sehr unterschiedlich aus. Dies resultiert z.B. aus institutionellen Unterschieden (z.B. Gesetze, Regulationsrahmen), dem Grad der Offenheit und der Einbindung einer Ökonomie in internationale Wirtschaftsprozesse sowie divergierenden Reaktionen der Politik auf die Krise. Die folgenden Abschnitte thematisieren die räumlichen Implikationen der Finanz- und Wirtschaftskrise auf verschiedenen Maßstabsebenen und nehmen dabei Bezug auf die in Teil II dieses Buches (Kap. 6 bis 11) behandelten Themen. Kap. 14.1 zeigt zunächst die unterschiedliche

Betroffenheit einzelner Ländergruppen bzw. Staaten von der Krise auf und diskutiert darauf aufbauend mögliche Veränderungen im weltwirtschaftlichen Machtgefüge. Kap. 14.2 widmet sich den Auswirkungen der Krise auf die Verflechtungen zwischen einzelnen Standorten, die in globale Produktionsnetzwerke eingebunden sind.

14.1 Räumliche Auswirkungen der Krise und die Folgen für das globale Machtgefüge

Die gegenwärtige Finanzkrise hatte zwar ihren Ursprung in den USA, jedoch führten die engen Verflechtungen in der Weltwirtschaft zu einer raschen weltweiten Ausbreitung der Rezession *(Sinn 2009, S. 26)*. Das Ausmaß der Krise variiert allerdings stark zwischen den einzelnen Ländern und Ländergruppen. Gemessen an der geschätzten prozentualen Veränderung des realen Bruttoinlandsproduktes 2009 im Vergleich zum Vorjahr waren die Industrieländer stärker betroffen (-3,4%) als die Schwellen- und Entwicklungsländer (+1,7%). Auch die Prognosen bezüglich der wirtschaftlichen Erholung weisen dieses Muster auf. Für das Jahr 2010 wird für die Industrieländer mit 1,3% nur ein schwaches Wachstum des realen Bruttoinlandsproduktes erwartet. Für die Schwellen- und Entwicklungsländer ist dagegen mit einem Wachstum in Höhe von 5,1% im Vergleich zum Vorjahr zu rechnen *(IMF 2009c)*.

Abb. 14.1 stellt die Entwicklung bzw. Schätzungen des Bruttoinlandsproduktes nach Ländergruppen dar. In allen Ländergruppen war bereits im Jahr 2008 ein verlangsamtes Wachstum zu verzeichnen, jedoch schrumpfte die Wirtschaftsleistung noch nicht. Am deutlichsten schlug sich die Krise im Jahr 2009 nieder. Die asiatischen Entwicklungsländer waren dabei von der weltweiten Wirtschaftskrise am geringsten betroffen, hier wuchs das Bruttoinlandsprodukt auch von 2008 auf 2009 noch über 6%. Ein Wirtschaftswachstum konnten außerdem die Ländergruppen des Mittleren Ostens und Afrikas verzeichnen. Die Volkswirtschaften aller anderen Ländergruppen sind 2009 im Vergleich zum Vorjahr geschrumpft. Am stärksten betroffen waren die ehemaligen

Abb. 14.1: Prozentuale Änderung des Bruttoinlandsproduktes im Vergleich zum Vorjahr nach Ländergruppen 2007-2010 (2009-2010 Schätzungen)

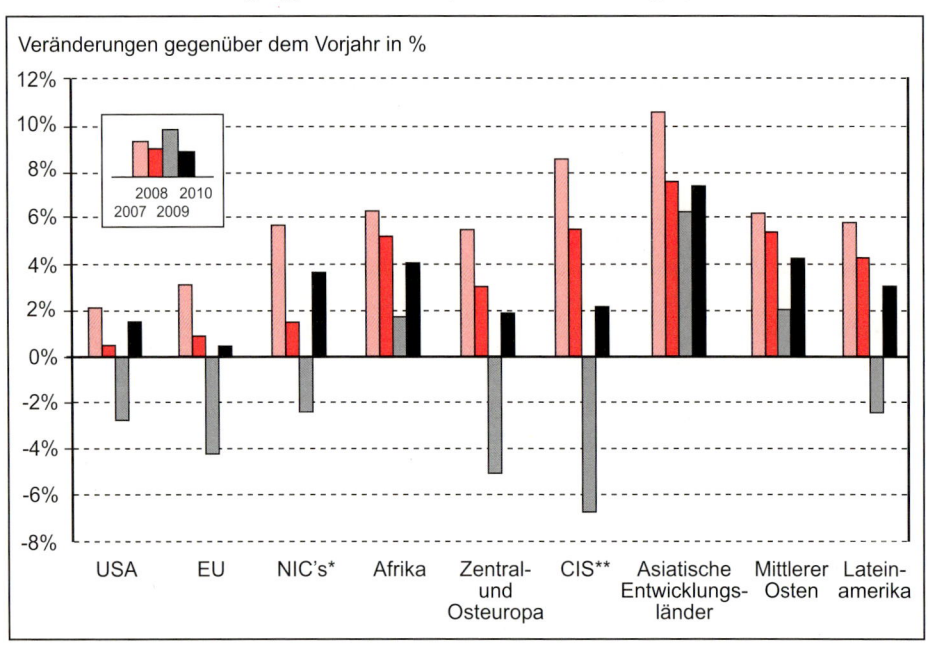

* *Newly Industrialized Countries: Hong Kong, Singapur, Südkorea, Taiwan*
** *Commonwealth of Independent States + Georgien und Mongolei*

Quelle: Nach IMF 2009c.

Sowjetrepubliken (CIS), wo die Wirtschaftsleistung 2009 um nahezu 7% nachließ. Mit einem Rückgang um 5% im Vergleich zum Vorjahr waren die zentral- und osteuropäischen Staaten ähnlich stark betroffen. In der Europäischen Union schrumpfte das Bruttoinlandsprodukt 2009 um schätzungsweise 4,2%. In dem Ausgangsland der Krise, den USA, war der Rückgang mit 2,7% dagegen noch relativ moderat. Einen Rückgang des Bruttoinlandsprodukts in ähnlicher Höhe verzeichneten Lateinamerika (-2,5%) und die südostasiatischen Schwellenländer Hong Kong, Singapur, Südkorea und Taiwan (-2,4%).

Für das Jahr 2010 wird eine wirtschaftliche Erholung in allen betrachteten Ländergruppen erwartet, jedoch bestehen auch hier beträchtliche regionale Unterschiede. Die Wachstumsraten des Bruttoinlandsproduktes sollen wiederum in den asiatischen Entwicklungsländern am höchsten sein (7,3%). Das geringste Wachstum wird mit 0,5% für die EU prognostiziert, gefolgt von den USA (1,5%) sowie den zentral- und osteuropäischen Ländern (1,8%) *(IMF 2009c)*. Im Folgenden sollen die Auswirkungen der Krise detailliert für ausgewählte Länder aufgezeigt werden.

14.1.1 USA

Angesichts der beschriebenen regional ungleichen Auswirkungen der Finanz- und Wirtschaftskrise ist damit zu rechnen, dass die Antriebskräfte der Weltwirtschaft weiter bzw. schneller von den westlichen Industrieländern in Richtung Ost- bzw. Südostasien verlagert werden *(Nesvetailova/Palan 2008; Wolf 2009; Kennedy 2009; Schröter 2009)*. In diesem Zusammenhang wird häufig über einen **Niedergang der amerikanischen Hegemonie** spekuliert, welche spätestens seit Ende des Zweiten Weltkrieges besteht (vgl. Kap. 6). Eine staatliche Vorherrschaft ist

generell durch drei Aspekte gekennzeichnet. Der jeweilige Hegemon stellt die führende wirtschaftliche Macht dar und beherrscht zudem das Weltfinanzsystem. Außerdem ist er militärisch dominierend, zumindest in dem Sinne, dass er seine wirtschaftliche Vormacht militärisch absichern kann. In der Vergangenheit nahm der Übergang zwischen einzelnen Hegemonie-Epochen stets mehrere Jahre oder Jahrzehnte in Anspruch und war durch schwere ökonomische Erschütterungen sowie Kriege bestimmt. Während die Vormachtstellung der USA im militärischen Bereich noch relativ unangefochten fortbesteht, wird diese im ökonomischen Bereich immer mehr herausgefordert *(Wolf 2009, S. 164 f.)*.

Dieser Prozess setzte bereits lange vor der derzeitigen Finanz- und Wirtschaftskrise ein. So ist der US-Dollar zwar nach wie vor die dominante Währung und der Fixpunkt für alle übrigen Währungen der Welt, jedoch verliert er stetig an Bedeutung *(Wolf 2009, S. 164 f.)* Die Reservewährungen bei den Notenbanken in aller Welt wurden bis Anfang der 1990er Jahre noch überwiegend in US-Dollar gehalten. Mittlerweile liegt der Anteil nur noch bei etwa 60%. Die Rolle, die Währungen bei Transaktionen in der Weltwirtschaft eingeräumt wird, gilt als guter Zukunftsindikator dafür, welche Bedeutung die dazugehörigen Volkswirtschaften haben *(Kennedy 2009; Heilmann 2010)*. In Bezug auf die Wirtschaftskraft ist die Situation ähnlich. Zwar erwirtschaftet die USA immer noch ein Viertel des Weltsozialproduktes *(Sinn 2009, S. 26)*, jedoch sind beispielsweise die enormen Unterschiede zwischen den ökonomischen Wachstumsraten der USA und vielen Schwellenländern (vgl. Abb. 14.1) oder das seit Jahren abnehmende Gewicht der USA im Welthandel (vgl. Kap. 5.1.1) Indizien für die schwindende ökonomische Dominanz.

Diese Entwicklungstendenzen bleiben auch im Zuge der Wirtschaftskrise erhalten bzw. werden durch sie teilweise noch verstärkt. Zwar haben die USA aufgrund ihrer Wirtschaftsmacht sehr viel mehr Möglichkeiten als die meisten kleineren Entwicklungs- und Schwellenländer, ihr ökonomisches Wachstum während der Rezession mit **staatlichen Finanzhilfen und Konjunkturprogrammen** anzukurbeln *(Hess 2009; James 2009)*. So ist der zurzeit beginnende Aufschwung maßgeblich durch das im Februar 2009 aufgelegte Konjunkturpaket über knapp 800 Mrd. US $ bedingt *(Boysen-Hogrefe et al. 2010, S. 10)*. Wachstumsraten, die auch nur annähernd denen einiger asiatischer Schwellen- oder Entwicklungsländer gleich kämen, werden jedoch auch mit derartigen staatlichen Interventionen keinesfalls erreicht. Hinzu kommt, dass gerade die südostasiatischen Schwellenländer mittlerweile die Finanzkraft haben, um ebenfalls Konjunkturprogramme aufzulegen *(Boysen-Hogrefe et al. 2010, S. 4)*. Relativ gesehen übertrifft China, der Hauptkonkurrent der Amerikaner, die USA im Hinblick auf die staatlichen Finanzhilfen für die lahmende Wirtschaft sogar (vgl. Kap. 14.1.3).

In den USA ist die fiskalische Ausgangsposition zudem sehr viel schlechter als in China. Innerhalb nur eines Jahres (2008 bis 2009) verdreifachte sich die **Neuverschuldung** der USA auf 1,4 Billionen US $. Dies ist auf einen Rückgang der Steuereinnahmen aufgrund der Rezession, Stützungen für Finanzinstitute und den Wohnungsmarkt, Arbeitslosenhilfen sowie das Konjunkturpaket zurückzuführen *(FTD 2009d)*. Für das Jahr 2010 wird eine weitere Steigerung erwartet, so dass das **Haushaltsdefizit** dann 10,6% der amerikanischen Wirtschaftsleistung entspricht *(Piper 2010)*. Die gesamte **US-Staatsverschuldung** beläuft

sich mittlerweile auf mehr als 12 Billionen US $, was 65% des Bruttoinlandsproduktes entspricht *(Welt Online 2010)*.

Der ehemalige US-Finanzminister Larry Summer stellte nach seiner aktiven politischen Zeit die provokante Frage, wie lange der größte Schuldner der Welt eigentlich noch die größte Weltmacht bleiben könne *(Ferguson 2010a)*. Die Problematik der hohen Verschuldung der USA und der damit einhergehenden Abhängigkeit von China wurden bereits in Kap. 12.3 erläutert. **Potenzielle Gefahren** stellen z.B. eine abnehmende Nachfrage nach amerikanischen Anleihen sowie damit einhergehende sinkende Dollarkurse und höhere Zinsverpflichtungen der Amerikaner oder das Abstoßen von Dollar-Reserven durch die Chinesen dar. Da der US-Dollar nach wie vor die führende Reservewährung ist und sich die USA in ihrer eigenen Währung verschulden, wird die Wahrscheinlichkeit eines Ausfalls dieser Vermögenswerte zwar als gering erachtet und die USA sind besser als alle anderen Staaten in der Lage, sich im Ausland zu verschulden. Wenn aber die Finanzmärkte das Vertrauen in das Land verlieren sollten, können auch die USA unter Druck geraten *(Frenkel/Rapetti 2009, S. 697; Heilmann 2010)*.

Die amerikanische Regierung verfolgt das Ziel, das Haushaltsdefizit bis zum Jahr 2013 auf etwa 4% zu reduzieren. Damit dies erreicht werden kann, muss die amerikanische Wirtschaft allerdings beständig wachsen. Doch selbst wenn dies der Fall sein sollte, ist zu erwarten, dass die Neuverschuldung gegen Ende des Jahrzehnts wieder steigt, weil die Ausgaben für die Krankenversicherung für Rentner und für die staatliche Rentenversicherung aufgrund des demographischen Wandels immer schneller wachsen *(Piper 2010)*. Die Langzeitprognosen des Congressional Budget Office sagen sogar voraus, dass die USA nie wieder einen ausgeglichenen Haushalt haben werden *(Ferguson 2010a)*.

Mittlerweile stellen daher auch Analysten die bisher mit der Bestnote AAA bewertete Bonität der USA in Frage. Die Rating-Agentur Moody´s sieht diese Bewertung bereits sogar in Gefahr. Wenn der Status des US-Dollars als Reservewährung weiter schwindet, das Verhältnis von Staatsschulden zum Bruttoinlandsprodukt sowie die Inflation steigen und die US-Wirtschaft stagniert, sei **mittelfristig mit einer Herabstufung des Ratings der USA zu rechnen** *(Heilmann 2010)*. Welche verheerenden Auswirkungen eine Herabstufung durch Ratingagenturen haben kann, hat sich während der Finanzkrise schon mehrfach gezeigt. In jedem Fall dürfte das bisherige Modell, bei dem die USA ihre hohen Schulden durch Kapitalimporte decken, nicht mehr aufrecht zu erhalten sein.

Wie bereits in Kap. 12.3 erwähnt wurde, versucht China derzeit, seine Dollar-Reserven zu reduzieren. Seit Ende 2009 ist China nun nicht mehr der größte Gläubiger der USA. Zurzeit wird dies noch dadurch kompensiert, dass viele Länder ihre Dollar-Reserven aufgrund der Griechenland-Krise und damit einhergehenden Unsicherheiten bezüglich des Euros aufstocken *(Handelsblatt 2010a)*. Dass die Probleme in Europa derzeit noch akuter sind als in den USA, wird im folgenden Kapitel dargelegt.

14.1.2   Europäische Union

Spätestens im Jahr 2010 wollte die EU laut der zehn Jahre zuvor formulierten Lissabon-Strategie der dynamischste und wettbewerbsfähigste Wirtschaftsraum der Welt sein. Die Finanz- und Wirtschaftskrise hat deutlich gemacht, dass diese Ziele auf absehbare Zeit nicht zu erreichen sein werden. Zwar ist die Krise in den USA

ausgebrochen, doch sind die Folgen für die EU gravierender. Während amerikanische Banken im Jahr 2008 etwas mehr als ein Drittel der Gesamtverluste aus der Krise getragen haben, summierte sich dieser Anteil bei den Europäischen Banken auf mehr als die Hälfte *(Nesvetailova/Palan 2008, S. 166 f.)*. Auch das Bruttoinlandsprodukt brach in der Europäischen Union stärker ein und die wirtschaftliche Erholung dürfte langsamer verlaufen als in den USA (vgl. Abb. 14.1).

Im Durchschnitt betrug das Wachstum des Bruttoinlandsprodukts in der EU 2008 1%, 2009 schrumpfte es um 4,2% und 2010 wird ein Wachstum von 0,5% prognostiziert. Zwischen den einzelnen Ländern der EU bestehen dabei große Unterschiede (vgl. Abb. 14.2).

In **Deutschland,** der größten Volkswirtschaft Europas, schrumpfte das Bruttoinlandsprodukt 2009 um schätzungsweise 5,3% im Vergleich zum Vorjahr, womit die Entwicklung unter dem EU-Durchschnitt liegt *(IMF 2009c)*. Dies ist vor allem der starken Exportabhängigkeit der deutschen Wirtschaft geschuldet. Die Exporte tragen fast zur Hälfte zum Bruttoinlandsprodukt bei. Während der Krise wirkte sich die starke Spezialisierung der deutschen Wirtschaft auf die Produktion von Investitionsgütern wie Maschinen, Ausrüstungen und Produktionsanlagen besonders nachteilig aus. Investitionsgüter sind für konjunkturelle Schwankungen in stärkerem Maße anfällig als z.B. Konsumgüter. Wenn sich die Absatzerwartungen verschlechtern und Überkapazitäten zu befürchtet sind, stellen viele Kunden der Investitionsgüterhersteller ihre Expansionspläne vorerst zurück *(Sinn 2009, S. 26-28; Grömling et al. 2009, S. 93 f.)*. Dementsprechend sanken die deutschen Exporte im Jahr 2009 mit -18,4% im Vergleich zum Vorjahr so stark wie seit 60 Jahren nicht mehr *(Schrinner 2010)*.

Abb. 14.2: Entwicklung des Bruttoinlandsprodukts in der Europäischen Union 2008-2010*

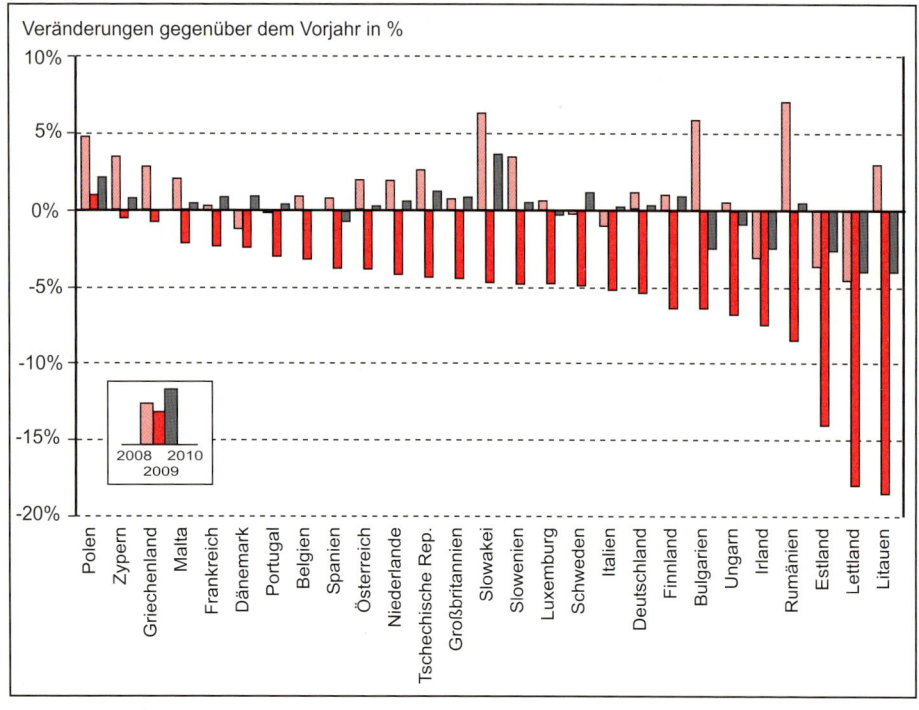

* 2009, 2010 Schätzungen   *Quelle: Nach IMF 2009c.*

Innerhalb der EU wurden bislang die **baltischen Länder** am schlimmsten von der Finanz- und Wirtschaftskrise getroffen. Nachdem sie aufgrund ihrer teils zweistelligen Wachstumsraten noch bis vor kurzem als die „baltischen Tiger" gefeiert wurden, kollabierte ihre Wirtschaft während der Finanz- und Wirtschaftskrise regelrecht. 2009 verzeichnete Litauen mit -18,5% im Vergleich zum Vorjahr den stärksten Rückgang des Bruttoinlandsproduktes in der EU, dicht gefolgt von Lettland mit -18%. Auch in Estland war die Schrumpfung mit -14% sehr stark. Für das Jahr 2010 wird für alle drei Länder ein weiterer Rückgang der Wirtschaftsleistung erwartet. Erst im Jahr darauf dürfte das Bruttoinlandsprodukt wieder steigen *(IMF 2009c)*. Den baltischen Staaten machten unter anderem das Platzen von

Immobilienblasen, die hohe Inflationsrate, der starke Rückgang des privaten Konsums sowie die hohe Auslandsverschuldung bei gleichzeitig geringem Deckungsgrad durch Devisenreserven zu schaffen. Nachdem Lettland mit dem Versuch scheiterte, Staatsanleihen zu verkaufen, musste das Land ein Hilfspaket des Internationalen Währungsfonds und der EU in Anspruch nehmen *(Büttner 2009; Mühlauer 2009; Steuer 2008; Puhl 2008; Boysen-Hogrefe et al. 2010)*. Zuvor sah sich bereits **Ungarn** gezwungen, externe finanzielle Hilfe vom IWF, der Weltbank sowie der EU in Anspruch zu nehmen. Die EU-Hilfe gründet auf einer Verordnung aus dem Jahr 2002, wonach EU-Mitglieder finanziellen Beistand erbitten können, wenn sie von Leistungs- oder Kapitalbilanzschwierigkeiten betroffen oder ernstlich bedroht sind *(Handelsblatt 2008; Hodson/Quaglia 2009, S. 941 f.)*.

Eine hohe Verschuldung und die Gefahr des Staatsbankrotts bedrohen jedoch nicht nur einige der neuen osteuropäischen Beitrittsländer. Mit **Griechenland** ist auch ein Land der Euro-Zone betroffen. Dies stellt derzeit eines der gravierendsten Probleme Europas infolge der Krise dar. Griechenland hatte über Jahre hinweg die EU und die Finanzmärkte mit Hilfe „kreativer Buchführung" über das tatsächliche Ausmaß seiner Schulden getäuscht *(Mattern 2009)*. Das Land hat rund 300 Milliarden Euro Schulden angehäuft und rechnet mit einem Gesamtdefizit von mehr als 120% des Bruttoinlandsproduktes im Jahr 2010. Die Neuverschuldung wird sich auf 13% belaufen, weit mehr als die für Euro-Länder erlaubten 3% des Bruttoinlandsproduktes. Daraufhin stuften Ratingagenturen die Kreditwürdigkeit Griechenlands herab *(FR 2009; Knuf 2010)*. In der Folge stiegen die Risikoaufschläge für griechische Staatsanleihen und damit die Zinszahlungen des Landes sowie die Gebühren für Versicherungen gegen Kreditausfall für Käufer der Anleihen. Die Gefahr, dass Griechenland irgendwann keine Käufer mehr für seine Bonds finden und auslaufende Anleihen nicht mehr bedienen könnte, spitzte sich im Frühjahr 2010 zu *(Salzmann 2010a, 2010b, 2010d; Sievers 2010; Handelsblatt 2010b, 2010c)*.

Über kurz oder lang hätte dies den **Staatsbankrott** bedeutet. Normalerweise ist ein Staatsbankrott nur bei Ländern vorstellbar, die sich in fremden Währungen verschulden müssen, um an Finanzmittel zu gelangen. Länder wie die USA, England oder Japan verschulden sich in eigener Währung. Ihre Notenbanken könnten im Notfall Geld drucken und damit die eigenen Staatsanleihen aufkaufen. Das mag zwar die Inflation anheizen, aber der Bankrott ist ausgeschlossen. Obwohl sich die Länder der **Eurozone** in der Regel auch in ihrer eigenen Währung verschulden, ist hier dennoch ein Staatsbankrott denkbar. Der große Unterschied der europäischen Währungsunion zu allen anderen Nationen besteht darin, dass es zwar eine gemeinsame Währung, aber keinen gemeinsamen Staat gibt. Nach den bisherigen Regeln war es der Europäischen Zentralbank ausdrücklich verboten, Staatsanleihen direkt von einem Mitglied der Währungsunion zu kaufen *(Heusinger 2010)*. In Artikel 125 des Vertrags über die Arbeitsweise der Europäischen Union (AEU) ist geregelt, dass die Union nicht für Verbindlichkeiten von Mitgliedsstaaten haftet und nicht für deren Schulden eintritt. Damit haftet jedes Land für sich und kann nicht auf die Solidarität aller zählen. Dies war eine der Grundvoraussetzungen für Länder wie Deutschland, der Währungsunion beizutreten *(Heusinger 2010)*. Zudem wurde ein Eingreifen des Internationalen Währungsfonds in Ländern der Währungsunion stets abgelehnt, u. a. aufgrund der mit den Hilfen einhergehenden Vorschriften *(FR 2009)*.

Eine Alternative zum Staatsbankrott wäre der **Austritt Griechenlands aus der Währungsunion** gewesen. Die wiedererlangte Drachme hätte dann gegenüber dem Euro abgewertet werden können, was die Wettbewerbsfähigkeit Griechenlands gesteigert hätte, weil die produzierten Waren für das Ausland günstiger geworden wären. Die Altschulden wären jedoch in Euro denominiert geblieben. Sie würden sich bei einer Abwertung der Drachme erhöhen, was für manche Banken existenzgefährdend sein könnte. Dies hätte wiederum negative Rückwirkungen auf die europäischen Banken, bei denen die Griechen verschuldet sind. Allein in Deutschland betragen die Forderungen gegenüber dem griechischen Staat und dort ansässigen Banken gut 40 Milliarden Euro *(Heusinger 2010)*. Die Gesamtschulden Griechenlands in Höhe von etwa 300 Milliarden Euro wurden überwiegend im EU-Ausland aufgenommen *(Salzmann 2010c)*.

Sowohl der Bankrott eines Eurolandes als auch der Austritt aus der Währungsunion hätten enorme Schockwellen ausgelöst und die **Gefahr einer Kettenreaktion** für weitere hoch verschuldete Euroländer wie Portugal oder Spanien erhöht *(Heusinger 2010; Sievers 2010)*. Daher entschloss sich die Europäische Union letztlich doch, ein Rettungspaket für Griechenland aufzulegen. Unter der Auflage der Einhaltung strikter Sparmaßnahmen sollen dem Land 110 Milliarden Euro über drei Jahre zur Verfügung gestellt werden. Sie werden gemeinsam von der Euro-Zone und vom Internationalen Währungsfonds aufgebracht *(Handelsblatt 2010d)*.

Das **Hilfspaket für Griechenland** beruhigte die Finanzmärkte allerdings nur kurzfristig. An den Märkten wurde über die Zukunft anderer Defizitländer wie Italien, Spanien oder Irland spekuliert, die wie zuvor Griechenland immer höhere Zinsen für ihre Anleihen bezahlen mussten. Zudem verlor der Euro stark an Wert. Schließlich sah sich die Europäische Union zum Handeln gezwungen, um weitere Spekulationen auf einen Zerfall der Währungsunion und einen erneuten Zusammenbruch des Interbankenmarktes wie zu Beginn der Finanzkrise zu verhindern. Sie beschloss einen **Schutzschirm** in Höhe von 750 Milliarden Euro, von dem 60 Milliarden aus Mitteln für Zahlungsbilanzhilfen von der EU-Kommission, 440 Milliarden von den Eurostaaten sowie Polen und Schweden und 250 Milliarden vom IWF bereitgestellt werden können. Für den Anteil der Eurostaaten wird eine Zweckgesellschaft

konstruiert, die sich ähnlich wie die deutsche Kreditanstalt für Wiederaufbau (KfW) die erforderlichen Mittel an den Finanzmärkten beschaffen und dieses Geld dann als Kredite an notleidende Eurostaaten vergeben kann. Die Kredite werden wiederum von den Eurostaaten bilateral garantiert. Zudem brach die Europäische Zentralbank (EZB) mit bestehenden Regeln und begann erstmals in ihrer Geschichte mit dem **Aufkauf von Staatsanleihen von Euro-Ländern**. Damit tritt die EZB selbst als Investor auf dem Finanzmarkt auf *(Handelsblatt 2010e, 2010f, 2010g, Riedel, 2010; Berschens et al. 2010)*.

Für diese Maßnahmen greift die Euro-Zone auf Artikel 122 des Vertrags über die Arbeitsweise der Europäischen Union zurück, der vorsieht, dass ein Mitgliedstaat finanziellen Beistand der Union gewährt bekommen kann, wenn er aufgrund von Naturkatastrophen oder außergewöhnlichen Ereignissen, die sich seiner Kontrolle entziehen, von gravierenden Schwierigkeiten ernsthaft bedroht ist *(AEU Art. 122; Handelsblatt 2010e)*. Ob das Maßnahmenpaket der Europäischen Union dauerhaft die erhoffte Wirkung entfalten wird, muss sich jedoch noch zeigen. An den Finanzmärkten werden verschiedene Aspekte kritisch bewertet. Zum einen habe die EZB mit ihrer Entscheidung, Staatsanleihen zu kaufen, ihre Prinzipien zerstört. Der Euro werde damit zunehmend zu einer weichen Währung. Zum anderen ist unklar, ob die Hilfsmittel durch die nationalen Parlamente tatsächlich freigegeben werden. Weiterhin wird mit den Maßnahmen versucht, ein Schuldenproblem mit neuen Schulden zu lösen *(Handelsblatt 2010h, Ferguson 2010b)*.

Die **grundlegenden Probleme des Euro-Raums** sind damit jedoch nicht gelöst. Nach *Krugman (2010)* sind schlecht geführte Haushalte wie in Griechenland keineswegs der Hauptgrund für die prekäre Lage in Europa. Die Ursache liege vielmehr in der Einführung des Euro zu einem Zeitpunkt, an dem Europa für eine einheitliche Währung noch nicht bereit gewesen sei, sowie in der Inflexibilität des Euros. Zwischen den Euro-Ländern bestehen starke Unterschiede bei Produktivität, Wachstum, Außenhandel und regionalen Inflationstrends *(Handelsblatt 2010h)*. Jedoch wird die Währungsunion nicht von einer fiskalpolitischen Union begleitet, so dass keine Mechanismen für finanzielle Transfers zwischen den Mitgliedstaaten vorgesehen sind und diese Ungleichgewichte nicht ausgeglichen werden können *(Ferguson 2010b)*. Sowohl *Krugman (2010)* als auch *Ferguson (2010b)* sind der Meinung, dass Europa schnellstens auch auf eine **politische Einheit** hinarbeiten müsse, damit die Einheitswährung funktioniere. Die europäischen Nationen wären dann mit amerikanischen Bundesstaaten vergleichbar. Da dies auf absehbare Zeit jedoch nicht geschehen wird, ist Europa den USA in dieser Hinsicht eindeutig unterlegen *(Krugman 2010)*.

In den USA hatte niemand über den Rauswurf Kaliforniens aus dem Staatenbund spekuliert, als der Bundesstaat im Juli 2009 vor der Pleite stand. Den USA wird zudem zugetraut, schneller aus der Krise zu kommen als Europa, da sie neben einer gemeinsamen Währung auch über eine **einheitliche Wirtschafts- und Finanzpolitik** verfügen. Die EU kann in ihrer Geldpolitik keine Rücksicht auf konjunkturelle Divergenzen nehmen *(Salzmann 2010a)*. Würde die Europäische Zentralbank beispielsweise die Zinsen wieder erhöhen, weil die Mehrheit der EU-Mitglieder die Wirtschaftskrise überwunden hat, so ist dies zum Nachteil einzelner Mitglieder, die über eine große Menge kurzfristig finanzierter Staatsschulden verfügen *(Mattern 2009)*. Zudem kann

sich die amerikanische Regierung jederzeit Budgetmittel gewähren, um die Konjunktur anzukurbeln. In der Eurozone setzt dagegen der **Stabilitätspakt** enge Grenzen für die Verschuldung der Mitgliedsstaaten. Der Ankurbelungsplan für die europäische Wirtschaft sieht nur Konjunkturprogramme in Höhe von 1,5% des europäischen Bruttoinlandsproduktes vor, im Gegensatz zu 5,6% in den USA. **Radikale Sparmaßnahmen**, die Staaten wie Griechenland als Bedingung für die Hilfsleistungen bereits während der noch fortdauernden Krise auferlegt werden, laufen zudem der Konjunkturförderung entgegen. Da die Euroländer weder die Geld- noch die Wechselkurspolitik selbst bestimmen können und auch ihr Budgetspielraum sehr begrenzt ist, besteht die Gefahr, dass sie verstärkt den Sozialwettbewerb, also den Druck auf die Löhne nutzen, um ihre Wettbewerbsfähigkeit zu verbessern *(Fitoussi 2010)*.

14.1.3 China

Insgesamt sind die ökonomischen Aussichten für die beiden bisher dominierenden Wirtschaftsräume USA und EU eher mäßig. Die Finanz- und Wirtschaftskrise hat, wenn auch aus unterschiedlichen Gründen, bei beiden gravierende Schwächen aufgezeigt. Zu Beginn der Finanzkrise waren einige Beobachter der Meinung, dass eine amerikanische Wirtschaftsflaute für die Weltwirtschaft nicht mehr so wichtig sei wie früher, da inzwischen ja **China als neuer Wachstumsmotor** zur Verfügung stünde. China hat in den letzten 30 Jahren zweifellos eine gewaltige Entwicklung durchgemacht, jedoch dies bei weitem nicht, um den globalen Nachfrageeinbruch auszugleichen. China erzeugte im Jahr 2007 gerade einmal 6% des Weltsozialproduktes und reicht damit noch lange nicht an die USA oder EU heran *(Sinn 2009, S. 25 f.; Stiglitz 2009)*. Schätzungen gehen jedoch davon aus, dass China bereits in zwei Jahren Japan als bisher zweitgrößte Volkswirtschaft überholt und zwischen 2020 und 2030 die USA von der Spitze verdrängt *(Schröter 2009; Focus Money 2009)*.

Einen wichtigen Beitrag dürfte dazu die Tatsache liefern, dass China von der globalen Finanz- und Wirtschaftskrise viel geringer betroffen ist als die bislang dominierenden Industrienationen. Während in den USA und der EU das Bruttoinlandsprodukt im Jahr 2009 schrumpfte, verlangsamte sich in China lediglich das Wachstum. Im Jahr 2009 wuchs das Bruttoinlandsprodukt in China im Vergleich zum Vorjahr um fast 9% und lag damit nur wenig unter dem Durchschnitt der letzten zehn Jahre, der knapp 10% beträgt *(IMF 2009c)*. Bereits Mitte 2009 ging der IWF davon aus, dass China als erste große Wirtschaftsmacht die weltweite Krise bereits hinter sich gelassen hat *(Wolf 2009, S. 178)*.

Grundsätzlich bestehen zwei wesentliche **Übertragungskanäle der globalen Krise**: einerseits über die Finanzmärkte, andererseits über den Rückgang der weltweiten Nachfrage, also über den Welthandel. Der erste Übertragungskanal spielte in China eine relativ geringe Rolle. Chinas Banken sind den globalen Finanzmärkten aufgrund strikter Devisenkontrollen und einer engen Regulation von Finanzinnovationen wenig ausgesetzt. Die **begrenzte Offenheit des chinesischen Finanzsystems** führte dazu, dass die Banken nur wenige Probleme mit Subprime-Krediten, Mortgage-Backed-Securities oder Credit Default Swaps hatten, die in Nordamerika und Europa das Finanzsystem beinahe kollabieren ließen (vgl. Kap. 12.1). Die chinesischen Banken erlitten also nur geringe Verluste, als die Krise begann. Die durchschnittliche Kreditausfallrate lag im Juni 2009 lediglich bei 1,8% *(Liu et al. 2009, S. 499; Sun 2009, S. 26)*.

Im Gegensatz zu vielen anderen Volkswirtschaften sind Chinas Finanzsektor sowie die öffentlichen und privaten Haushalte **niedrig fremdkapitalisiert**. Der daraus resultierende Spielraum, die Fremdkapitalrate zu erhöhen, ist für die wirtschaftliche Erholung von großer Bedeutung. Chinesische Banken wiesen zu Beginn der Finanzkrise stabile Bilanzen auf. Das Verhältnis von Krediten zu Einlagen betrug 2008 66%, im Gegensatz zu fast 100% in den USA *(Sun 2009, S. 25 f.; Focus Money 2009)*. Nachdem die Regierung die Bedingungen für die Kreditgewährung Ende 2008 gelockert hatte, war im ersten Halbjahr 2009 ein Kreditwachstum um 34% im Vergleich zum Vorjahreszeitraum zu verzeichnen. Im Gegensatz zu den meisten Banken der Industrieländer, die ihre übermäßig hohe Fremdkapitalrate abzubauen begannen und immer weniger Kredite vergaben, stellten die chinesischen Banken die benötigte Liquidität bereit und erhöhten ihre Fremdkapitalrate *(Wolf 2009, S. 178; Sun 2009, S. 25, S. 32)*.

Auch die **privaten chinesischen Haushalte sind gering verschuldet**. Die Schulden betrugen 2007 weniger als 30% des verfügbaren Einkommens. Dies stellt zwar eine starke Steigerung im Vergleich zum Jahr 1997 dar, als die Haushaltsschulden noch bei nahezu 0% lagen. Im Vergleich zu Ländern wie Japan oder den USA, wo der Anteil der Schulden am verfügbaren Einkommen bei 120% oder mehr liegt, ist der chinesische Wert immer noch sehr gering. Im Jahr 2007 sparten die chinesischen Haushalte fast ein Drittel ihres gesamten Einkommens, was ihre Ersparnisse auf über 70% des Bruttoinlandsproduktes steigen ließ *(Sun 2009, S. 26 f.)*. Auch wenn ein hoher Anteil der Ersparnisse aufgrund mangelnder sozialer Sicherungssysteme für die private Vorsorge benötigt wird, stellen sie doch eine Möglichkeit dar, kurzfristige Einkommenseinbußen abzufedern. So war der **private Konsum** 2009 erstaunlich hoch. Im ersten Quartal wuchs er um 9%. Die Einzelhandelsumsätze stiegen in der ersten Jahreshälfte im Vergleich zum Vorjahreszeitraum sogar um 15% *(Sun 2009, S. 26)*.

Das öffentliche Haushaltsdefizit in China betrug im Jahr 2008 0,4% und die gesamten ausstehenden Schulden lagen bei 20% des Bruttoinlandsproduktes. Die entspannte Finanzlage ermöglichte der chinesischen Regierung, ein umfangreiches Konjunkturpaket aufzuerlegen. In der absoluten Höhe fällt es mit knapp 600 Mrd. US $ zwar etwas geringer aus als das amerikanische, im Hinblick auf den Anteil am Bruttoinlandsprodukt ist es aber deutlich umfangreicher. Während das US-amerikanische Konjunkturpaket knapp 6% des BIP ausmacht *(Fitoussi 2010)*, sind es beim chinesischen etwa 14% *(Wolf 2009, S. 178; Focus Money 2009)*.

Um das Konjunkturprogramm zu realisieren, erwartet die chinesische Regierung, dass sie ihr Budgetdefizit auf 3% des Bruttoinlandsproduktes ausdehnen muss. *Sun (2009, S. 28)* demonstriert in einer stark vereinfachenden Rechnung, dass China selbst bei einem Budgetdefizit von 5% die Konjunkturprogramme mindestens ein Jahrzehnt durchführen könnte, bis der Anteil der Schulden am Bruttoinlandsprodukt den Durchschnitt der OECD-Länder von 80% erreicht hat. Mit den enorm hohen Reserven an ausländischen Währungen wäre China zudem problemlos in der Lage, seine kurzfristigen Schuldverpflichtungen abzudecken. Die fiskalischen Implikationen der Konjunkturhilfen sind in China also weit weniger gravierend als z.B. in den USA (vgl. Kap. 14.1.1).

Das Konjunkturprogramm trägt wesentlich zur wirtschaftlichen Erholung in China bei. Es wird geschätzt, dass es zwischen vier und fünf Prozent zusätzliches

Wirtschaftswachstum auslöst *(Liu 2009, S. 16; Bartsch 2010)*.

Es leistete insbesondere einen wichtigen Beitrag, um die abnehmende Nachfrage des Auslands nach chinesischen Produkten auszugleichen *(Liu 2009, S. 12)*. Im Gegensatz zu den Finanzmärkten spielten die internationalen Handelsverflechtungen für China eine wichtigere Rolle bei der Übertragung der Wirtschaftskrise. Nachdem China seit Beginn der Öffnungspolitik fast drei Jahrzehnte lang ein stetiges Handelswachstum verzeichnen konnte, wurde dieses Mitte 2008 unterbrochen. Zwischen September 2008 und Januar 2009 schrumpfte das Handelsvolumen um 41%. Auch wenn der Rückgang des Handels bereits im Februar 2009 seinen Höchststand erreicht hatte, war der Wert der Importe und Exporte auch Mitte 2009 noch 17% niedriger als im Vorjahr. Dabei war der Rückgang der Importe etwas geringer als bei den Exporten, was unter anderem den Investitionen der chinesischen Regierung geschuldet ist *(Liu et al. 2009, S. 499-501)*.

Chinas **Handelsabhängigkeit** ist insbesondere nach dem Beitritt zur WTO im Jahr 2001 stark angestiegen. Sie wird berechnet, indem das Bruttoinlandsprodukt des Landes durch den Wert der Gesamtimporte und –exporte geteilt wird. Demnach stieg die Handelsabhängigkeit von 43% im Jahr 2002 auf 66% im Jahr 2006. Danach war wieder ein leichter Rückgang auf 59% im Jahr 2008 zu verzeichnen. Allerdings spiegeln diese Zahlen aufgrund der komplexen weltweiten Lieferverbindungen nicht das tatsächliche Ausmaß der Außenabhängigkeit Chinas wider. Bei vielen Exportgütern entsteht ein Teil der Wertschöpfung nicht in China, da Vorprodukte teilweise aus dem Ausland bezogen werden. Betrachtet man nur den Mehrwert, der in China durch Exporte generiert wurde, so belief sich dieser 2001 auf

20% des Bruttoinlandsproduktes und stieg bis 2001 auf 27%. Dieser Wert kann als die exaktere Maßzahl des Abhängigkeitsgrades des chinesischen Bruttoinlandsproduktes von Exporten angesehen werden. Zwischen den einzelnen Sektoren bestehen dabei große Unterschiede. Die Textilindustrie ist mit fast 70% der Sektor mit dem höchsten Grad der Exportabhängigkeit *(Liu et al. 2009, S. 507-509)*. Inwieweit die Handelsabhängigkeit Chinas zu einem Rückgang der Exporte im Zuge der globalen Wirtschaftskrise führt, hängt auch davon ab, wie stark die Handelspartner von der Krise betroffen sind. Fast die Hälfte der Güter wird in die EU, die USA und nach Japan exportiert *(Liu 2009, S. 2)*, so dass China vom ökonomischen Zustand der führenden Industrieländer abhängig ist, die unter der Finanz- und Wirtschaftskrise stark gelitten haben *(Sinn 2009, S. 26)*.

Der Rückgang der Exporttätigkeit wirkte sich negativ auf den **chinesischen Arbeitsmarkt** aus. Infolge der gesunkenen Nachfrage sind bereits viele Fabriken geschlossen worden und die Arbeitslosigkeit ist gestiegen. Die offiziellen Statistiken weisen immer noch relativ niedrige Arbeitslosenquoten aus, jedoch erfassen sie bei weitem nicht alle Bevölkerungsgruppen. Beispielsweise werden die Arbeitsmigranten aus dem ländlichen Raum nicht in der Statistik berücksichtigt. Für diese Gruppe waren jedoch die Auswirkungen der Wirtschaftskrise am stärksten zu spüren *(Cai/Chan 2009, S. 513-518)*. Die asiatische Entwicklungsbank schätzt die ländliche Arbeitslosigkeit auf 30% *(Geinitz 2009)*. Die steigende Arbeitslosigkeit birgt ein erhebliches Konfliktpotenzial, denn die **soziale und ökonomische Polarisierung des Landes verschärft sich weiter**. Soziale Spannungen und Unruhen bergen die Gefahr einer politischen Destabilisierung in sich *(Hess 2009; Cai/Chan 2009, S. 513; Liu*

2009, S. 18). Die chinesische Regierung sieht eine Wachstumsmarke von 8% als das Minimum für die Aufrechterhaltung der Beschäftigung und der sozialen Stabilität an. Insofern reichen Wachstumszahlen alleine nicht aus, um die Gesundheit eines Wirtschaftssystems zu beurteilen *(Bartsch 2010; Geinitz 2009)*.

Ein anderes Problem besteht darin, dass das Konjunkturprogramm eher dazu beigetragen hat, teils **ungünstige Wirtschaftsstrukturen** zu konservieren statt notwendige Reformen anzugehen. Die Mittel sind nicht nur in Infrastruktur- und soziale Projekte geflossen, sondern auch in Wirtschaftszweige wie die Automobil- oder Konsumgüterindustrie, die ohnehin schon bedenkliche Überkapazitäten aufweisen *(Geinitz 2009)*. Auch hat das Konjunkturpaket keine neuen Akzente im Hinblick auf ein umweltfreundlicheres Wirtschaftswachstum gesetzt *(Wolf 2009, S. 178)*.

Eine weitere Gefahr, die den Weg Chinas an die Spitze der größten Wirtschaftsmächte der Welt beeinträchtigen könnte, liegt in den **zunehmenden Spekulationen**, die durch die gelockerte Kreditvergabepolitik ermöglicht wurden. Ein beträchtlicher Teil des Geldes aus dem Konjunkturprogramm ist nicht wie vorgesehen in zukunftsträchtige Infrastrukturprojekte, sondern in Spekulationen auf dem Aktien- und Immobilienmarkt geflossen. Hinzu kommt, dass viele Investoren den niedrigen Leitzins der USA ausnutzen, um einen günstigen Kredit in US-Dollar aufzunehmen und dieses geliehene Geld dann in höher verzinste chinesische Anlagen anzulegen. Dieser Vorgang wird als **Carry Trade** bezeichnet. Er zieht die Verlagerung von Milliardensummen von Niedrigzins- in Hochzinsländer nach sich und verspricht den Spekulanten üppige Gewinne. Problematisch ist, dass die Kapitalimporte schnell wieder abgezogen werden können, wenn z.B. der US-Dollar wieder an Wert gewinnt oder die USA die Zinsen erhöhen sollten. Dies kann zu einem erneuten Finanzcrash führen, der dann von China ausgehen würde. Der US-Ökonom Nouriel Roubini, der die jüngste Finanzkrise relativ genau vorhergesagt hat, sieht die Gefahr, dass sich insbesondere in China bereits wieder **neue Spekulationsblasen** aufbauen, deren Platzen die „größte koordinierte Kapitalentwertung aller Zeiten" auslösen könnte. Auch der deutsche „Wirtschaftsweise" Peter Bofinger sowie die Weltbank warnen vor Immobilienblasen in China *(Koch 2010; Bartsch 2010; Wolf 2009, S. 179; Geinitz 2009).*

Aus diesen Gründen sind die Einschätzungen zu Chinas künftiger Wirtschaftsentwicklung eher zwiespältig. Sie schwanken zwischen Stabilitätserwartungen und Absturzszenarien *(Geinitz 2009).* Vieles spricht dafür, dass sich das gegenwärtige Wachstumsmuster in China langfristig immer weniger aufrecht erhalten lässt *(Liu 2009, S. 23).*

14.2 Folgen für globale Produktionsnetzwerke

Ein wesentliches Merkmal der Globalisierung ist, dass nicht nur der Absatz von Gütern internationalisiert wurde, sondern sich auch die Produktionsprozesse dieser Güter über Staatsgrenzen hinweg ausgedehnt haben. In Kap. 9 wurde bereits dargelegt, wie Unternehmen ihre Wertschöpfungsketten in Teilprozesse aufspalten und diese an den Standorten mit den günstigsten Bedingungen weltweit durchführen oder durchführen lassen. Dies führt zur Entstehung eines komplexen Netzwerks aus Unternehmen verschiedenster Länder, die über Abnehmer-Zuliefer-Beziehungen miteinander verbunden sind. Die daraus resultierende hohe

Abhängigkeit zwischen ihnen birgt jedoch auch Gefahren, denn sie liefert mehr und schnellere **Kanäle der Ausbreitung von Krisenereignissen** als in einer Wirtschaft, die aus relativ unabhängig voneinander agierenden Unternehmen besteht *(Escaith/ Gonguet 2009, S. 2).* Ob ein Unternehmen relativ unbeschadet durch die gegenwärtige Finanz- und Wirtschaftskrise gelangt, hängt daher nicht nur von seiner eigenen Anfälligkeit gegenüber Nachfragerückgängen oder Finanzierungsengpässen ab, sondern auch von der Entwicklung der anderen Unternehmen im Produktionsnetzwerk.

Ein Produktionsprozess, der auf viele verschiedene Unternehmen und Länder verteilt ist, hängt auf allen Wertschöpfungsstufen stark von der **Verfügbarkeit von Krediten** ab. Ohne eine **Zwischenfinanzierung** könnten Unternehmen ihre Zulieferer meist nicht bezahlen, bevor sie nicht ihr eigenes Produkt weiter verkauft haben. Die Zahlungsflüsse würden erst beginnen, wenn das Endprodukt verkauft ist. Dementsprechend würde eine Firma, die in der Wertschöpfungskette als erstes produziert, ihr Geld als letztes erhalten *(Pitigala 2009, S. 3; Godart et al. 2009, S. 6).* Da internationale Transaktionen z.B. aufgrund von Wechselkursrisiken, politischem Risiko oder unzuverlässigen Informationen über die Finanzkraft eines ausländischen Partners in der Regel als risikoreicher angesehen werden als rein inländische Transaktionen, werden oft spezielle Kreditlinien und Versicherungen von Banken nachgefragt *(Escaith/Gonguet 2009, S. 4 f.).* Aufgrund der Finanzkrise tendieren viele Banken jedoch dazu, Risiken genauer abzuwägen und Kredite zurückhaltender zu vergeben (vgl. Kap. 12.1).

Erhält ein Mitglied eines globalen Produktionsnetzwerkes keinen Kredit, so kann es ihm bei geringer Eigenkapitalausstattung passieren, dass er benötigte Inputs von den in der Wertschöpfungskette vorgelagerten Unternehmen nicht mehr kaufen kann. Die Herstellung der Zwischenprodukte bzw. deren pünktliche Lieferung kann durch das betroffene Unternehmen nicht mehr gewährleistet werden. Schwierigkeiten eines einzigen Unternehmens können sich daher schnell auf das gesamte Produktionsnetzwerk übertragen *(Escaith/Gonguet 2009, S. 2 f., S. 8 f.)*.

Gerade in Branchen wie der Automobilindustrie, die just-in-time produzieren, kann der Ausfall eines Unternehmens den gesamten Produktionsplan zu Nichte machen. Um ein länger dauerndes **Stocken der Lieferkette** zu verhindern, kann oft nur der Austausch des betroffenen Lieferanten helfen. Der Aufbau von globalen Produktionsnetzwerken wurde von den Leitfirmen jedoch über viele Jahre hinweg betrieben und perfektioniert, so dass die Rekonstruktion von zerbrochenen Verbindungen nicht einfach ist. Bei Standardprodukten ist der Austausch eines Lieferanten noch relativ schnell möglich. Bei aufwendigen High-Tech-Systemen und Zwischenprodukten, die speziell auf die Bedürfnisse des Kunden abgestimmt sind, ist der Wechsel eines Zulieferers dagegen schwierig. Bestenfalls hat ein **Zuliefererwechsel** nur eine Kostensteigerung zur Folge, was sich negativ auf die Nachfrage auswirken kann, schlimmstenfalls muss die Produktion zumindest zeitweise gestoppt werden *(Lamparter 2009; Escaith/Gonguet 2009, S. 3 f.; Pitigala 2009, S. 5)*.

Um diese negativen Konsequenzen zu verhindern, entschließen sich Firmen des Produktionsnetzwerkes, die über eine größere Marktmacht und höhere finanzielle Kapazitäten verfügen, mitunter, den angeschlagenen Zulieferer zu unterstützen. Beispiele bieten einige Automobilhersteller, die ihre Zulieferer z.B. durch Vorauszahlungen

für Komponenten, den Kauf von Rohmaterialien, Beschleunigung der Bezahlung, Kreditvergabe oder Hilfestellung bei der Suche nach Finanzierungsmöglichkeiten unterstützen *(Lamparter 2009; Escaith/ Gonguet 2009, S. 4)*.

Schwierigkeiten eines Zulieferers infolge der Finanzkrise können nicht nur zu Störungen des Produktionsprozesses führen, sondern auch die **Kreditwürdigkeit** aller Mitglieder des Produktionsnetzwerkes reduzieren. Aufgrund der hohen Interdependenzen verschlechtern sich die Ratings der beteiligten Unternehmen, so dass die Wahrscheinlichkeit sinkt, neue Kredite zu erhalten. Umgekehrt erhöht ein steigendes Ausfallrisiko von bestehenden Krediten die Eigenkapitalerfordernisse der Banken, was diesen in Zeiten eines nur eingeschränkt funktionierenden Interbankenmarktes besondere Schwierigkeiten bereiten kann (vgl. Kap. 12.1). Somit bestehen **negative Rückkopplungsmechanismen** sowohl vom Finanzsystem in die Realwirtschaft als auch von der Realwirtschaft zurück in das Finanzsystem *(Escaith/Gonguet 2009, S. 17, S. 24)*.

Aufgrund der negativen Eigenschaft globaler Produktionsnetzwerke, krisenhafte Ereignisse schnell und weit zu verbreiten, stellt sich die Frage, ob sich die Bedeutung dieser Art der Produktionsorganisation in Zukunft reduzieren wird. Bislang ist darauf noch keine endgültige Antwort zu finden, da die Anpassungsprozesse an die Finanz- und Wirtschaftskrise noch andauern. Allerdings sind immer wieder Meldungen in der Presse zu finden, dass große internationale Unternehmen ihr **globales Produktionsnetzwerk straffen** und einige der zuvor ausgelagerten Wertschöpfungsstufen wieder insourcen möchten. So reagiert Europas größter Autobauer VW mit verstärkter Eigenfertigung von Einzelteilen und Internalisierung von

Dienstleistungen auf die Krise, womit sich innerhalb kürzester Zeit der Trend des Outsourcens in dem Unternehmen völlig umgekehrt hat *(FTD 2009a, b)*. Ein weiteres Beispiel stellt Sony dar. Der japanische Elektronikkonzern plant als Reaktion auf den Nachfragerückgang im Zuge der Wirtschaftskrise, sein Zulieferernetzwerk in den nächsten zwei Jahren um die Hälfte zu reduzieren. Die benötigten Zwischenprodukte sollen in größeren Mengen von den verbleibenden Zulieferern gekauft werden, was die Beschaffungskosten um mehr als 5 Milliarden US $ senken soll *(Soble 2009)*. Auch die Lanxess AG aus Leverkusen, einer der führenden Chemiekonzerne in Deutschland, begründet die Straffung ihres globalen Produktionsnetzwerkes mit dem Ziel der Kostensenkung *(Lanxess AG 2009)*.

Dies stellt eine interessante Entwicklung dar, wird doch eine wesentliche Ursache der Entstehung globaler Produktionsnetzwerke in der Kostenreduktion durch die Produktion an (lohn-)kostengünstigeren Standorten im Ausland gesehen (vgl. Kap. 9). Im Gegensatz zu der dominanten Managementempfehlung der letzten Dekaden, sich auf wenige Kernkompetenzen zu beschränken und alle anderen wertschöpfenden Prozesse an Zulieferer auszulagern, zeigt eine repräsentative Erhebung des Fraunhofer Instituts für System- und Innovationsforschung in Deutschland, dass Firmen mit einer hohen Fertigungstiefe deutlich produktiver sind *(Lay et al. 2009)*. Offensichtlich entstehen durch das Outsourcen Transaktionskosten (vgl. Kap. 3.2.2) in der Abstimmung mit den Zulieferern, die Spezialisierungsvorteile überkompensieren. Darüber hinaus fallen Logistikkosten sowie Zulieferermargen an, die das Outsourcen zusätzlich verteuern. Da die Ausschöpfung betrieblicher Produktivitätsreserven für viele Firmen vor dem Hintergrund der aktuellen Wirtschaftskrise noch stärkeres Gewicht

erhält als zuvor, wäre es denkbar, dass das **Insourcing** künftig wieder an Bedeutung gewinnt *(Lay et al. 2009, S. 1 f., S. 9)*.

Weitere **Veränderungen** können durch die Finanz- und Wirtschaftskrise im Hinblick auf die **Governance-Strukturen** globaler Produktionsnetzwerke ausgelöst werden. Einerseits üben staatliche Rettungsmaßnahmen für von der Krise besonders stark betroffene Wirtschaftszweige einen Einfluss auf globale Produktionsnetzwerke aus. Da die Möglichkeit für teure Rettungspakete vor allem in den reichen Industrienationen gegeben ist (vgl. Kap. 14.1.1) und hier gleichzeitig die meisten Leitunternehmen globaler Produktionsnetzwerke ansässig sind (vgl. Kap. 9), wirken sich derartige staatliche Maßnahmen tendenziell bewahrend auf die bestehenden Machtstrukturen aus. Dies zeigen *Sturgeon/Van Biesebroeck (2009)* beispielhaft für die Automobilindustrie auf.

Andererseits hat die Finanz- und Wirtschaftskrise es Unternehmen aus Schwellen- und Entwicklungsländern vielfach ermöglicht, über Beteiligungen an sowie Übernahmen von wankenden westlichen Unternehmen **Zugriff auf Schlüsselpositionen** in globalen Produktionsnetzwerken zu erhalten *(Aalbers 2009, S. 39-41; FTD 2009c; Nesvetailova/Palan 2008, S. 177; Spiegel Online 2009)*. Auch dies lässt sich wiederum gut an der Automobilindustrie demonstrieren, in der chinesische Unternehmen im Zuge der Krise stark an Bedeutung gewonnen haben. Chinesische Firmen liegen derzeit technologisch noch hinter den westlichen Autokonzernen zurück. Dies hatte sich zuletzt im Jahr 2007 gezeigt, als die Premiere der ersten chinesischen Limousine auf dem deutschen Markt damit endete, dass der ADAC-Sicherheitstest schwere Mängel an dem Wagen offenbarte. Viele Unternehmen haben erst vor kurzem mit der Eigenentwicklung begonnen, nachdem sie sich jahrelang auf den Nachbau von bestehenden Modellen in Kooperation mit europäischen, amerikanischen oder japanischen Herstellern beschränkten. Die derzeitige Branchenkrise hat es chinesischen Unternehmen nun ermöglicht, **günstig Know-how der etablierten Hersteller einzukaufen**.

So steht die Firma Geely kurz vor dem Kauf von Volvo. Der US-Konzern Ford versucht seit Beginn der Finanz- und Wirtschaftskrise seine defizitäre Tochter abzugeben. Spekulationen zu Folge liegt der Kaufpreis für Volvo bei etwa 2 Milliarden US $, während Ford das schwedische Traditionsunternehmen vor zehn Jahren noch für 6,5 Milliarden US $ übernommen hatte. Die Beijing Automotive Industry Holding Corporation (BAIC) hat für 200 Millionen US $ Rechte an Fahrzeug-Plattformen, Motorentechnik und Getrieben der General Motors-Tochter Saab erworben. Der Konzernchef schätzt die Zeitersparnis bei der Entwicklung international wettbewerbsfähiger Modelle durch den Kauf der Saab-Technologie auf vier bis fünf Jahre gegenüber hauseigener Forschung. Ein weiteres Beispiel stellt die Shanghai Automotive Industry Corporation (SAIC) dar. Sie besitzt die Markenrechte für MG-Rover und möchte innerhalb von kurzer Zeit Eigenentwicklungen in Europa vertreiben, indem sie die Vorteile des MG-Vertriebsnetzes in Europa und die günstige Produktion in China kombiniert *(FTD 2009c)*.

Diese Beispiele deuten auf eine **Verschiebung in den Machtstrukturen globaler Produktionsnetzwerke** hin. Verschiedenste Unternehmen aus Industrienationen, die bislang die Kontrolle und Koordination der Wertschöpfungskette übernommen haben, sind durch die Finanz- und Wirtschaftskrise in eine ökonomische Schieflage geraten. Dies hat es finanzstarken Unternehmen aus Schwellen- und Entwicklungsländern, insbesondere aus China, ermöglicht, zu relativ günstigen Preisen Teilbereiche von Firmen oder auch ganze Unternehmen aufzukaufen. Durch das so erworbene Know-how werden sie in die Lage versetzt, rentablere und technologisch höher entwickelte Stufen des Produktionsprozesses zu übernehmen und damit ihre Wertschöpfung zu erhöhen sowie an Einfluss zu gewinnen.

Weiterführende und ergänzende Literatur zum Kapitel 14:

Frenkel, R. / Rapetti, M. (2009): A Developing Country View of the Current Global Crisis: What Should Not Be Forgotten and What Should Be Done. In: Cambridge Journal of Economics 33 (4): 685-702.

Liu, L. (2009): Impact of the Global Financial Crisis on China: Empirical Evidence and Policy Implications. In: China & World Economy 17 (6): 1-23.

Sun, M. (2009): China: Unscathed Through the Global Financial Tsunami. In: China & World Economy 17 (6): 24-42.

Zu den räumlich differenzierten Auswirkungen der Krise vgl. vor allem auch die aktuelle Tagespresse, z. B. *Handelsblatt* oder *Financial Times Deutschland*.

Escaith, H. / Gonguet, F. (2009): International Trade and Real Transmission Channels of Financial Shocks in Globalized Production Networks. – WTO Staff Working Paper ERSD-2009-06, Genf.

Literatur

Aalbers, M. (2009): Geographies of the Financial Crisis. In: Area 41 (1), S. 34-42.

Aberle, G. / Hedderich, A. (1995): Von den Ertragsfunktionen zu den Kostenfunktionen. In: wisu – Das Wirtschaftsstudium 24, S. 348-360.

AEU (Vertrag über die Arbeitsweise der Europäischen Union) i.d.F. aufgrund des am 1.12.2009 in Kraft getretenen Vertrages von Lissabon (ABl. EG Nr. C 115 vom 9.5.2008, S. 47).

Alvarez-Plata, P. / Brücker, H. / Siliverstovs, B. (2003): Potential Migration from Central and Eastern Europe into the EU-15. An Update. Report for the European Commission, DG Employment and Social Affairs.

Aoyama, Y. (2007): Oligopoly and the Structural Paradox of Retail TNCs: an Assessment of Carrefour and Wal-Mart in Japan. In: Journal of Economic Geography 7 (4), S. 471-490.

Arnhold, K. (2003): Digital Divide. Zugangs- oder Wissenskluft? München.

ASEAN (2008): ASEAN Statistical Yearbook 2008. Jakarta.

Backhaus, N. (2009): Globalisierung. Das Geographische Seminar. Braunschweig.

Bähr, J. (2004): Bevölkerungsgeographie. 4. Auflage, Stuttgart.

Barham, N. / Dörry, S. / Schamp, E.W. (2007): Relational Governance and Regional Upgrading in Global Value Chains – The Case of Package Tourism in Jordan. In: Die Erde 138 (2), S. 169-186.

Bartlett, C.A. / Goshal, S. (2002): Managing across Borders: the Transnational Solution. 2. Auflage, Boston (Mass.).

Bartsch, B. (2009): China wächst – aber wie? In: Frankfurter Rundschau 66, Nr. 18 (22.01.2010), S. 16.

Baßeler, U. / Heinrich, J. / Utecht, B. (2010): Grundlagen und Probleme der Volkswirtschaft. 19. Auflage, Stuttgart.

Bathelt, H. (1991): Schlüsseltechnologie-Industrien. Standortverhalten und Einfluss auf den regionalen Strukturwandel in den USA und Kanada. Berlin, Heidelberg, New York.

Bathelt, H. (1995): Der Einfluß von Flexibilisierungsprozessen auf industrielle Produktionsstrukturen am Beispiel der Chemischen Industrie. In: Erdkunde 49, S. 176-196.

Bathelt, H. (2000): Räumliche Produktions- und Marktbeziehungen zwischen Globalisierung und Regionalisierung – Konzeptioneller Überblick und ausgewählte Beispiele. Berichte zur deutschen Landeskunde 74 (2), S. 97-124.

Bathelt, H. (2005): Cluster Relations in the Media Industry: Exploring the ´Distanced Neighbour` Paradox in Leipzig. In: Regional Studies 39 (1), S. 105-127.

Bathelt, H. / Malmberg, A. / Maskell, P. (2004): Clusters and Knowledge: Local Buzz, Global Pipelines and the Process of Knowledge Creation. In: Progress in Human Geography 28 (1), S. 31-56.

Bathelt, H. / Depner, H. (2003): Innovation, Institution und Region. Zur Diskussion über nationale und regionale Innovationssysteme. In: Erdkunde 57 (2), S. 126-143.

Bathelt, H. / Glückler, J. (2003): Wirtschaftsgeographie. Ökonomische Beziehungen in räumlicher Perspektive. Stuttgart.

Bathelt, H. / Zakrezewski, G. (2007): Messeveranstaltungen als fokale Schnittstellen der globalen Ökonomie. In: Zeitschrift für Wirtschaftsgeographie 51 (1), S. 14-30.

Beaverstock, J.V. / Smith, R.G. / Taylor, P.J. (1999): A Roster of World Cities. In: Cities 16 (6), S. 445-458.

Becattini, G. (1991): The Industrial District as a Creative Milieu. In: Benko, G. / Dunford, M. (eds.): Industrial Change and Regional Development: the Transformation of New Industrial Spaces. S. 102-114.

Beck, U. (2007): Weltrisikogesellschaft. Auf der Suche nach der verlorenen Sicherheit. Bonn.

Becker, H. (2007): Drachenflug: Wirtschaftsmacht China quo vadis? Berlin, Heidelberg.

Bel, G. / Fageda, X. (2008): Getting There Fast: Globalization, Intercontinental Flights and Location of Headquarters. In: Journal of Economic Geography 8 (4), S. 471-495.

Berndt, C. (2007): Frontera/Borderlands. Labor einer Welt in Bewegung. In Geographische Rundschau 59 (1), S. 20-27.

Berndt, C. (2009): Globalisiertes Nordamerika. Regionale ökonomische Integration und die mexikanische Arbeitsmigration in die USA. In: Geographische Rundschau 61 (6), S. 26-33.

Berschens, R. / Goffart, D. / Riedel, D. (2010): Wie Deutschland zum Bremser in der EU wurde. In: Handelsblatt (11.05.2010). http://www.handelsblatt.com/politik/ deutschland/ euro-rettung-wie-deutschland-zum-bremser-in-der-eu-wurde; 2578329 (25.05.2010).

Bertram, H. (1993): Werkzeugmaschinenbau in Deutschland und die globale Konkurrenz. In: Geographische Rundschau 45 (9), S. 486-492.

Bertram, H. (2005): Neue Anforderungen an die Güterverkehrsbranche im Management globaler Warenketten. In: Neiberger, C. / Bertram, H. (Hrsg): Waren um die Welt bewegen. Strategien und Standorte im Management globaler Warenketten. Mannheim, S. 17-31.

Bertram, H. / Schamp, E.W. (1989): Räumliche Wirkungen neuer Produktionskonzepte in der Automobilindustrie. In: Geographische Rundschau 41 (5), S. 284-290.

Blankenburg, S. / Palma, J.G. (2009): Introduction: The Global Financial Crisis. In: Cambridge Journal of Economics 33 (4), S. 531-538.

Bloss, M. / Ernst, D. / Häcker, J. / Eil, N. (2009): Von der Subprime-Krise zur Finanzkrise: Immobilienblase: Ursachen, Auswirkungen, Handlungsempfehlungen. München.

Blotevogel, H.H. (2002): Deutsche Metropolregionen in der Vernetzung. In: Informationen zur Raumentwicklung (6/7), S. 345-351.

Blume, G. (2007): Das Dilemma des reichen Mannes: Wohin mit den vielen Dollars? Wenn China seine Devisenpolitik ändert, schadet es sich selbst. In: Die Zeit Nr. 47 (15.11.2007). http://www.zeit.de/2007/47/China-Dollar?page=all (06.02.2010).

BMF (2007): Internationaler Währungsfonds (IWF). http://www.bundesfinanzministerium.de/nn_53848/DE/Wirtschaft__und__Verwaltung/Internationale__Beziehungen/Internationaler__Waehrungsfonds/1784.html?__nnn=true (25.08.2009)

BMWI (2008): Vom GATT zur WTO. http://www.bmwi.de/BMWI/Navigation/Aussenwirtschaft/Handelspolitik-EU-WTO/wto,did=193026.html (30.07.2010).

BMWI (2009a): Stand der Welthandelsrunde (Doha Development Agenda - DDA), Stand 2. April 2009. Berlin. http://www.bmwi.de/BMWi/Redaktion/PDF/WTO/wto-handelsrunde-stand-juli-august-2007,property=pdf, bereich= bmwi,sprache=de,rwb=true.pdf (21. 04. 2009).

BMWI (2009b): Die Abkommen der WTO. http://www.bmwi.de/BMWi/ Navigation/Aussenwirtschaft/Handelspolitik-EU-WTO/wto,did=209592.html (25.08.2009).

Boesch, H. (1966): Weltwirtschaftsgeographie. Braunschweig.

Borchert, I. / Mattoo, A. (2009): The Crisis-Resilience of Services Trade. Policy Research Working Paper 4917.

Borla, A.L. (1995): Globale Wettbewerbsstrategien für die deutsche Schiffbauindustrie. Dissertation Hochschule St. Gallen, Bamberg.

Borsdorf, A. / Coy, M. (2009): Megacities and Global Change. Case Studies from Latin America. In: Erde 140 (4), S. 341-359.

Boschma, R. A. (2004): Competitiveness of Regions from an Evolutionary Perspective. In: Regional Studies 38 (9), S. 1001-1014.

Boschma, R. A. / Frenken, K. (2006): Why is Economic Geography not an Evolutionary Science? Towards an Evolutionary Economic Geography. In: Journal of Economic Geography 6 (3), S. 273-302.

Boschma, R. A. / Wenting, R. (2004): The Spatial Evolution of the British Automobile Industry. In: Papers in Evolutionary Economic Geography 05.04. Utrecht.

Bown, C.P. (2009): The Global Resort to Antidumping, Safeguards, and Other Trade Remedies Amidst the Economic Crisis. Policy Research Working Paper 5051.

Boysen-Hogrefe, J. / Dovern, J. / Gern, K.-J. / Jannsen, N. / van Roye, B. / Scheide, J. (2010): Erholung der Weltkonjunktur ohne große Dynamik. In: IfW (Hrsg.): Weltkonjunktur und deutsche Konjunktur im Winter 2009. Kieler Diskussionsbeiträge Nr. 470/471 (Januar 2010), S. 3-38.

Braun, B. / Dietsche, C. (2008): Indisches Leder für den Weltmarkt. Umweltprobleme und Standards in globalen Wertschöpfungsketten. Geographische Rundschau 60 (3), S. 12-19.

Bronger, D. (2000): Metropolen im asiatisch-pazifischen Raum. Von Megastädten zu Global Cities. In: Sohn, A. / Weber, H. (Hrsg.): Hauptstädte und Global Cities an der Schwelle zum 21. Jahrhundert. Bochum, S. 269-294.

Bruhn, M. (2005): Internationalisierung von Dienstleistungen – Eine Einführung in den Sammelband. In: Bruhn, M. / Stauss, B. (Hrsg.): Internationalisierung von Dienstleistungen: Forum Dienstleistungsmanagement. Wiesbaden, S. 3-42.

Brülhart, M. (2009): An Account of Global Intra-industry Trade, 1962–2006. In: The World Economy, S. 401-459.

Bundeszentrale für politische Bildung (2004): Das Lexikon der Wirtschaft. Grundlegendes Wissen von A – Z. 2. Auflage, Bonn.

Burger, M.J. / Wall, R. / van der Knaap, G.A. (2008): Measuring Urban Competition on the Basis of Flows between Cities: Some Evidence from the World City Network. GaWC Research Bulletin 273.

Büttner, J. (2009): Die Tiger liegen danieder. In: Frankfurter Allgemeine Zeitung (16.03.2009). http://www.faz.net/s/RubC98402BCC5D44E-AB925FE13321328FA1/Doc~E6CA4468863 D546A685DB4A4DB011552E~ATpl~Ecom mon~Scontent.html (18.02.2010).

Cai, F. / Chan, K.W. (2009): The Global Economic Crisis and Unemployment in China. In: Eurasian Geography and Economics 50 (5), S. 513-531.

Capling, A. (2008): Preferential Trade Agreements as Instruments of Foreign Policy: An Australia–Japan Free Trade Agreement and Its Implications for the Asia Pacific Region. In: The Pacific Review 21 (1), S. 27-43.

Carmassi, J. / Gros, D. / Micossi, S. (2009): The Global Financial Crisis: Causes and Cures. In: Journal of Common Market Studies 47 (5), S. 977-996.

Christaller, W. (1933): Die zentralen Orte in Süddeutschland. Jena, Darmstadt.

Christensen, P.R. (2000): Challenges and Pathways for Small Sub-Contractors in an Era of Global Supply Chain Restructuring. Vatne, E. / Taylor, M. (eds): The Networked Firm in a Global World. Small firms in new environments. Hampshire, S. 67-92.

Christopherson, S. (2007): Barriers to ‚US style' Lean Retailing: the Case of Wal-Mart's Failure in Germany. In: Journal of Economic Geography 7 (4), S. 451-469.

Clark, G. (2005): Money Flows like Mercury. The Geography of Global Finance. In: Geografiska Annaler 87B (2), S. 99-112.

Coase, R. H. (1937): The Nature of the Firm. Reprint in: Coase, R.H. (1988): The Firm, the Market, and the Law. Chicago.

Coe, N. M. / Dicken, P. / Hess, M. (2008a): Introduction: Global Production Networks – Debates and Challenges. In: Journal of Economic Geography 8, S. 267-269.

Coe, N. M. / Dicken, P. / Hess, M. (2008b): Global Production Networks: Realizing the Potential. In: Journal of Economic Geography 8, S. 271-295.

Coe, N. M. / Hess, M. (2005): The Internationalisation of Retailing: Implications for Supply Network Restructuring in East Asia and Eastern Europe. In: Journal of Economic Geography 5 (4), S. 449-473.

Coe, N.M. / Kelly, P.F. / Yeung, H.W.C. (2007): Economic Geography : A Contemporary Introduction. Malden.

Coleman, W.D. / Underhill, G.R.D. (1998): Introduction : Domestic Politics, Regional Economic Co-Operation, and Global Economic Integration. In: Coleman, W.D. / Underhill,

G.R.D. (eds.): Regionalism & Global Economic Integration : Europe, Asia and the Americas. London, S. 1-16.

Congleton, R.D. (2009): On the Political Economy of the Financial Crisis and Bailout of 2008-2009. In: Public Choice 140 (3-4): 287-317.

Cooke, P. / DeLaurentis, C. / Tödtling, F. / Trippl, M. (2007): Regional Knowledge Economies: Markets, Clusters and Innovation. Cheltenham.

Cooke, P. / Piccaluga, A. (2006): Regional Development in the Knowledge Economy. New York u.a.

Coriat, B. (1991): Technical Flexibility and Mass Production: Flexible Specialisation and Dynamic Flexibility. In: Benko, G. / Dunford, M (eds.): Industrial change and regional development, S. 134-158.

Coucke, K. / Sleuwaegen, L. (2008): Offshoring as a Survival Strategy: Evidence from Manufacturing Firms in Belgium. In: Journal of International Business Studies 39 (8), S. 1261-1277.

Cowan, R. / David, P.A. / Foray, D. (2000): The Explicit Economics of Knowledge Codification and Tacitness. In: Industrial and Corporate Change 9 (2), S. 211-253.

Craig, J.T. / Aresel, Z. (2004): The Starbucks Brandscape and Consumers´ (Anticorporate) Experiences of Glocalization. In: Journal of Consumer Research 31 (?), S. 631-642.

Crawford, J.-A. / Fiorentino, R. V. (2005): The Changing Landscape of Regional Trade Agreements. World Trade Organization Discussion Paper 8, Genf.

Crewe, L. (2000): Geographies of Retailing and Consumption. In: Progress in Human Geography 24 (2), S. 275-290.

Crotty, J. (2009): Structural Causes of the Global Financial Crisis: A Critical Assessment of the ‚New Financial Architecture‘. In: Cambridge Journal of Economics 33 (4), S. 563-580.

Daniels, P. / Bradshaw, M. / Shaw, D. / Sidaway, J. (2008): An Introduction to Human Geography. Issues for the 21st century, 3. Auflage, Harlow, u.a.

Dawson (2007): Scoping and Conceptualising Retailer Internationalisation. In: Journal of Economic Geography 5 (4), S. 373-397.

Demary, M. (2009): Die Anatomie der US-Hauspreisblase. In: IW-Trends – Vierteljahresschrift zur empirischen Wirtschaftsforschung 36 (4). http://www.iwkoeln.de/ Portals/ 0/pdf/ trends04_09_2.pdf (27.01.2010).

Department for Education and Employment (1999): Assessment of Possible Migration Pressure and its Labour Market Impact following EU Enlargement to Central and Eastern Europe. DfEE Research Brief No. 138/139.

Depner, H. (2006): Transnationale Direktinvestitionen und kulturelle Unterschiede. Lieferanten und Joint Ventures deutscher Automobilzulieferer in China. Bielefeld.

Depner, H. (2007a): „Guanxi" – Produktion in deutsch-chinesischen Kooperationen. In: RKW Magazin 58 (4/2007), S. 20-21.

Depner, H. (2007b): Friction Losses at the Interface: Global Production Networks and Local Firms. Examples from the Automobile Industry in Shanghai. In: Die Erde 138 (2), S. 151-168.

Depner, H. / Bathelt, H. (2006): Interaktionen in interkulturellen Unternehmensbeziehungen. Horizontale und vertikale Vernetzungsoptionen deutscher Automobilzulieferer in China. In: Geographische Zeitschrift 94 (2), S. 77-97.

Depner, H. / Dewald, U. (2005): Deutsche Automobilzulieferer in China. In: Zeitschrift für Wirtschaftsgeographie 49 (1), S. 23-41.

Deutsche Bundesbank (2010a): Euro-Referenzkurse der Europäischen Zentralbank – Jahres- und Monatsdurchschnitte. http://www. bundesbank.de/statistik/statistik_zeitreihenliste.php?pdf=stat_ eurefd.pdf&open=devisen (04.05.2010).

Deutsche Bundesbank (2010b): Zeitreihen-Datenbank des IWF. http://www.bundesbank. de/statistik/statistik.php (10.05.2010).

Dicken, P. (1986): Global Shift. Industrial Change in a Turbulent World. London.

Dicken, P. (2004): Geographers and Globalization: Yet Another Missed Boat? In: Transactions of the Institute of British Geographers

29 (1), S. 5-26.

Dicken, P. (2007): Global Shift. Mapping the changing contours of the world economy. 5. Auflage, London, Thousand Oaks, New Delhi.

Dicken, P. / Lloyd, P.E. (1999): Standort und Raum. Theoretische Perspektiven in der Wirtschaftsgeographie. Stuttgart.

Dieckheuer, G. (2001): Internationale Wirtschaftsbeziehungen. München, Wien.

Diercke Wörterbuch Allgemeine Geographie (2001). München.

Diez, J. R. (2009): Auswirkungen der NAFTA auf Handel und Investitionsströme in Mexiko. In: Geographische Rundschau 61 (6), S. 4-11.

Diez, J.R. (1997): NAFTA. Regionalökonomische Auswirkungen der nordamerikanischen Freihandelszone. In: Geographische Rundschau 49 (12), S. 688-694.

Dittrich van Weringh, K. (2003): Kulturen zwischen Globalisicrung und Regionalisierung. In: Informationen zur politischen Bildung 280, S.63-65.

Dohse, D. / Laaser, C.-F. / Schrader, J.-V. / Soltwedel, R. (2005): Raumstruktur im Internetzeitalter: Tod der Distanz? Eine empirische Analyse. In: Kieler Diskussionsbeiträge 416/417, Institut für Weltwirtschaft. Kiel.

Donaghu, M. / Barff, R. (1990): Nike just did it: International Subcontracting and Flexibility in Athletic Footwear Production. Regional Studies 24.6, S. 537-552.

Dorenkamp, A. (2008): Blockierte Clusterbildung – das Beispiel der TV-Branche am Standort Mainz/Wiesbaden. Dissertation Universität Gießen.

Dorenkamp, A. / Mossig, I. (2006): Die Gründungsregionen Köln und Mainz: Zur Rolle von Gründungen im Zuge der Clusterevolution am Beispiel der TV-Branche. In: Sternberg, R. (Hrsg.): Deutsche Gründungsregionen, S. 281-308.

Dörry, S. (2008): Crossing Juridical Borders: Relational Governance in International Package Tourism from Germany to Jordan. In: Tamásy, C. / Taylor, M. (eds.): Globalising Worlds and New Economic Configurations.

Farnham, S. 23-33.

Dunford, M. (1997): Die Europäische Union – Gewinner und Verlierer der Integration. In: Geographische Rundschau 49 (12), S. 717-722.

Dunning, J.H. (1981): Explaining the International Direct Investment Position of Countries: Towards a Dynamic or Developmental Approach. In: Weltwirtschaftliches Archiv 117 (1), S.30-64.

Eich-Born, M. (2005b): Schiffbau in Europa im Zeitalter der Globalisierung. In: Geographische Rundschau 57 (12), S. 54-61.

Eich-Born, M. (2005a): Transformation der ostdeutschen Schiffbauindustrie. Anpassungsprozesse in einem global-lokalen Institutionengefüge. – Reihe Wirtschaftsgeographie 26, Münster.

Escaith, H. / Gonguet, F. (2009): International Trade and Real Transmission Channels of Financial Shocks in Globalized Production Networks. – WTO Staff Working Paper ERSD-2009-06, Genf.

Evenett, S. / Hoekman, B. / Cattaneo, O. (2009): Trade-Related Policy Responses to the Crisis: A Stock Taking. – PREM Notes Trade Policy No. 139 (July 2009). Washington, D.C.

Exter, M. (1997): Containerverkehr – Subsystem der Weltwirtschaft. In: Geographische Rundschau 49 (12), S. 743-746.

Fassmann, H. (2004a): EU-Erweiterung und Ost-West-Wanderung: Freizügigkeit und Übergangsregelung. In: Petermanns Geographische Mitteilungen 148 (2), S. 6-15.

Fassmann, H. (2004b): Stadtgeographie 1. Allgemeine Stadtgeographie. Braunschweig

Fassmann, H. / Hintermann, C. (1997): Migrationspotenzial Osteuropa. Struktur und Motivation potentieller Migranten aus Polen, der Slowakei, Tschechien und Ungarn. ISR-Forschungsberichte Heft 15, Wien.

FAZ (2010): Ostasien schafft die größte Freihandelszone der Welt. Frankfurter Allgemeine Zeitung (03.01.2010). www.faz.net (19.02.2010).

FAZ (2009a): Bindung der asiatischen Währungen an den Dollar ist ein Problem. Frankfurter

Allgemeine Zeitung Nr. 233 (25.09.2009), S. 13.

FAZ (2009b): Scharfer Rückgang des Welthandels. Frankfurter Allgemeine Zeitung (25.03.2009).

FAZ (2009c): Latente Globalisierungsangst macht sich breit. Frankfurter Allgemeine Zeitung Nr. 47 (25.02.2009), S. 12.

FAZ (2009d): Zweifel im Jahr des Tigers. Frankfurter Allgemeine Zeitung (28.12.2009). www.faz.net (Abruf vom 28.03.2010).

FAZ (2009e): Vor dem Untergang. Den Werften droht der Absturz. Die Banken geben kein Geld, der Staat soll helfen. Frankfurter Allgemeine Zeitung Nr. 29 (04.02.2009), S. 18.

FAZ (2009f): HSH Nordbank macht Verluste. Frankfurter Allgemeine Zeitung Nr. 115 (20.05.2009), S. 16.

FAZ (2009g): HSH Nordbank-Eigentümer beschließen Kapitalerhöhung. Frankfurter Allgemeine Zeitung Nr. 117 (22.5.2009), S. 17.

FAZ (2006): China bald zweitgrößte Handelsnation. In Frankfurter Allgemeine Zeitung (10.11.2006).

Fehr, B. (2009): Der Weltwirtschaft droht ein beinharter Umbruch. In: Frankfurter Allgemeine Zeitung Nr. 79 (03.04.2009), S. 13.

Feldhoff, T. (2007): Neue Entwicklungstendenzen im Weltluftverkehr. Hub Airports, Strategic Alliances, Low-Cost-Carriers. In: Geographische Rundschau 59 (5), S. 28-35.

Feldman, M.P. / Audretsch, D.B. (1996): Location, Location, Location: The Geography of Innovation and Knowledge Spillovers. In: WZB discussion paper 96-28. Berlin.

Ferguson, N. (2010a): Die Globalisierung der Schulden. In: Frankfurter Rundschau 66, Nr. 42 (19.02.2010), S. 22 f.

Ferguson, N. (2010b): Der Euro wird zur weichen Währung. Interview in: Handelsblatt (11.06.2010). http://www.handelsblatt.com/politik/konjunktur-nachrichten/ finanzhistoriker-niall-ferguson-der-euro-wird-zur-weichen-waehrung;2578488 (25.05.2010).

Fiorentino, R.V. / Verdeja, L. / Toqueboeuf, C. (2006): The Changing Landscape of Regional Trade Agreements: 2006 Update. – WTO Discussion Paper 12. Genf.

Fitoussi, J.-P. (2010): „Ich verstehe nicht, warum man aus Griechenland eine solche Affäre macht." In: Frankfurter Rundschau 66, Nr. 35 (11.02.2010), S. 2 f.

Flüchter, W. (1996): Bedeutung und Einfluß Japans in Ost- und Südostasien. Friedliche Neuauflage der „Großasiatischen Sphäre Gemeinsamen Wohlstands"? In: Geographische Rundschau 48 (12), S. 702-709.

Flüchter, W. / Yamamoto, K. (2002): Automobilindustrie in Japan. In: Geographische Rundschau 54 (6), S. 18-26.

Focus Money (2009): China/Indien : Krise als Chance. Focus Money Nr. 24 (03.06.2009). http://www.focus.de/finanzen/boerse/china-indien-krise-als-chance_aid_404569.html (16.02.2010).

Focus Money (2010): China: Die Macht der Rohstoffe. Focus Money Nr 3 (13.01.2010). http://www.focus.de/finanzen/boerse/aktien/china-die-macht-der-rohstoffe_aid_470143.html (02.08.2010).

Foletti, L. / Fugazza, M. / Nicita, A. / Olarreaga, M. (2009): Smoke in the Water: The Use of Tariff Policy Flexibility in Crises. – Policy Research Working Paper No. WPS 5050. Washington, DC. http://econ.worldbank.org/external/default/main?pagePK =64165259&theSitePK= 469382&piPK=64165421&menuPK=64166322&entityID=000158349_20090914082452 (10.02.2010).

Förster, K. (2009): Land unter bei den deutschen Werften. In: Weser Kurier, September 2009, Nr. 212.

Fortune (2008): Fortune Global 500. www.money.cnn.com/magazines/fortune/fortune500/2008/Fill_list/index.html (23.05.2008).

Foster, R.J. (2008). Coca-Globalization : Following Soft Drinks from New York to New Guinea. New York.

FR (2009): Sorge um Griechenland. In: Frankfurter Rundschau 65, Nr. 288 (11.12.2009), S. 17.

Franke, G. / Krahnen, J.P. (2009): Instabile Finanzmärkte. In: Perspektiven der Wirtschaftspolitik 10 (4), S. 335-366.

Franzmeyer, F. / Brücker, H. (1997): Europäische Union: Osterweiterung und Arbeitskräftemigration. In: DIW Wochenbericht 5/97.

French, S. / Leyshon, A. / Thrift, N. (2009): A Very Geographical Crisis: The Making and Breaking of the 2007-2008 financial crisis. In: Cambridge Journal of Regios, Economy and Society 2 (2), S. 287-302.

Frenkel, M. / Hemmer, H.-R. (1999): Grundlagen der Wachstumstheorie. München.

Frenkel, R. / Rapetti, M. (2009): A Developing Country View of the Current Global Crisis: What Should Not Be Forgotten and What Should Be Done. In: Cambridge Journal of Economics 33 (4), S. 685-702.

Freund, C. (2009): The Trade Response to Global Downturns: Historical Evidence. – Policy Research Working Paper (World Bank) 5015.

Friedman, T. L. (1999): The Lexus and the Olive Tree. New York.

Fröbel, F. / Heinrichs, J. / Kreye, O. (1977): Die neue internationale Arbeitsteilung : Strukturelle Arbeitslosigkeit in den Industrieländern und die Industrialisierung der Entwicklungsländer. Reinbek bei Hamburg.

FTD (2009a): VW holt Produktion von Zulieferteilen heim. Financial Times Deutschland (23.09.2009). http://www.ftd.de/unternehmen/industrie/:insourcing-vw-holt-produktion-von-zulieferteilen-heim/50014233.html (13.02.2010).

FTD (2009b): VW will mehr Zulieferteile selber bauen. Financial Times Deutschland (02.09.2009). http://www.ftd.de/unternehmen/industrie/autoindustrie/:insourcing-vw-will-mehr-zulieferteile-selber-bauen/50004422. html (13.02.2010).

FTD (2009c): Expansion nach Westen : Wie China eine Auto-Weltmacht werden will. Financial Times Deutschland (27.01.2010). http://www.ftd.de/unternehmen/ industrie/ autoindustrie/:expansion-nach-westen-wie-china-eine-auto-weltmacht-werden-will/50065228.html (13.02.2010).

FTD (2009d): USA verdreifacht Haushaltsdefizit. In: Financial Times Deutschland (08.10.2009). http://www.ftd.de/politik/ international/:rekordschulden-usa-verdreifacht-haushaltsdefizit/50020573.html (20.02.2010).

Fuchs, M. (2001): Transnationale Lernprozesse in Ciudad Juárez, Mexiko: Von der Maquiladora zum Knoten im Globalen Industrienetzwerk. INEF-Report 53/2001, Duisburg.

Gabler Kompakt-Lexikon (2001): Wirtschaft A-Z. 8. Auflage, Wiesbaden.

Gabler Wirtschaftslexikon (2010): Verbriefung von Kreditportfolios. http://wirtschaftslexikon.gabler.de/Definition/verbriefung-von-kreditportfolios. html (01.02.2010).

Gaebe, W. (1991): Räumliche Auswirkungen der Internationalisierung in der Autoindustrie. In: Erdkunde 45, S. 95-107.

Gaebe, W. (1993): Neue räumliche Organisationsstrukturen in der Automobilindustrie. In: Geographische Rundschau 45 (9), S. 493-497.

Gaebe, W. (2004): Urbane Räume. Stuttgart

GATS (2009): http://www.wto.org/english/docs_e/legal_e/26-gats_01_e.htm (09.09.2009)

GATT (2009): http://www.wto.org/english/ docs_e/legal_e/gatt47_02_e.htm#article XXIV (09.09.2009).

Gebhardt, H. / Glaser, R. / Radtke, U. / Reuber, P. (2007): Geographie. Physische und Humangeographie. München.

Geinitz, C. (2009): Zweifel im Jahr des Tigers. In Frankfurter Allgemeine Zeitung (28.012.2009). http://www.faz.net/s/Rub050436A85B3A4C-64819D7E1B05B 60928/Doc~E3F7DFD0DB D344FAFA58DF7F7C7266BB9~ATpl~Ecom mon~Scontent.html (21.02.2010).

Geographische Rundschau (2004): Die Europäische Union seit dem 01.05.2004. In: Geographische Rundschau 56 (5). Posterbeilage.

Gereffi, G. (1994): The Organization of Buyer-Driven Global Commodity Chains: How U.S. Retailers Shape Overseas Production Networks. G. Gereffi und M. Korzeniewicz (ed): Commodity Chains and Global Capitalism. Westport, Connecticut, S. 95-122.

Gereffi, G. (1999): International Trade and Industrial Upgrading in the Apparel Commodity Chain. Journal of International Economics 48

(1), S. 37-70.

Gereffi, G. / Korzeniewicz, M. (1990): Commodity Chains and Footwear Exports in the Semiperiphery. W. G. Martin (ed): Semiperipheral States in the World Economy. New York, S. 45-68.

Gereffi, G. / Humphrey, J. / Sturgeon, T. (2005): The Governance of Global Value Chains. In: Review of International Political Economy 12 (1), S. 78-104.

Gereffi, G. / Korzeniewicz, M. / Korzeniewicz, R. P. (1994): Introduction: Global Commodity Chains. Gereffi, G. / Korzeniewicz, M. (eds): Commodity Chains and Global Capitalism. Westport, Connecticut, S. 1-14.

Gerhard, U. (2004): Global Cities - Anmerkungen zu einem aktuellen Forschungsfeld. In: Geographische Rundschau 56 (4), S. 4-10.

Gertler, M.S. (1993): Implementing Advanced Manufacturing Technologies in Mature Industrial Regions: Wowards a Social Model of Technology Production. In: Regional Studies 27 (7), S. 665-680.

Gertler, M.S. (1995): "Being There": Proximity, Organization, and Culture in the Development and Adoption of Advanced Manufacturing Technologies. In: Economic Geography 71 (1), S. 1-26.

Gertler, M. S. (1996): Worlds Apart: The Changing Market of the German Machinery Industry. In: Small Business Economics 8, S. 87-106.

Gertler, M.S. (2003): Tacit Knowledge and the Economic Geography of Context, or The Undefinable Tacitness of Being (There). In: Journal of Economic Geography 3 (1), S. 75-99.

Giddens, A. (1995): Konsequenzen der Moderne. Frankfurt/Main.

Giese, E. (1999): Bedeutungsverlust innerstädtischer Geschäftszentren in Westdeutschland. In: Berichte zur deutschen Landeskunde, Band 73 (1), S. 33-66.

Giese, E. / Zeng, G. (1993): Regionale Aspekte der Öffnungspolitik der VR China. In: Geographische Zeitschrift 81, S. 176–195.

Giese, E. / Zeng, G. (1997): Wirtschaftliche Entwicklung und außenwirtschaftliche Verflechtung der VR China. In: Geographische Rundschau 49 (12), S. 708-716.

Glückler, J. (2005): Digitalisierung und das Paradox informatorischer Reichweite in der Agenturfotografie. In: Geographische Zeitschrift 93 (2), S. 100-120.

Godart, O. / Görg, H. / Görlich, D. (2009): Back to Normal? The Future of Global Production Networks After the Crisis. – Kiel Policy Brief No. 9. Kiel.

Goldman, R. und Papson, S. (1998): Nike Culture. London.

Gotterbarm, C. (2005): Wal-Mart - globale Expansion eines amerikanischen Handelsriesen. In: Geographische Rundschau 57 (2), S. 54-60.

Grabher, G. (2001): Ecologies of Creativity: the Village, the Group, and the Heterarchic Organisation of the British Advertising Industry. In: Environment and Planning A, 33, S. 351-374.

Grabher, G.(1993): Wachstums-Koalitionen und Verbindungs-Allianzen: Entwicklungsimpulse und –blockierungen durch regionale Netze. In: Informationen zur Raumentwicklung (1), S. 749-7558.

Grömling, M. / Hüther, M. / Jäger, M. / Kroker, R. (2009): Deutschland nach der Krise: Aufbruch oder Depression? Wirtschaftshistorische Betrachtung und wirtschaftspolitische Leitlinien. – Forschungsberichte aus dem Institut der deutschen Wirtschaft Köln Nr. 55. Köln.

Gross, H. (1947): Das Gesicht der Weltwirtschaft: ein Querschnitt durch die Nachkriegszeit. Hamburg.

Grote, M. (2003): Die Evolution des Finanzplatzes Frankfurt. In: Geographische Zeitschrift 91 (3/4), S. 200-217.

Grote, M. / Wellmann, A. (1999): Mikroökonomik. München.

Haas, H.-D. / Neumair, S.-M. (2006): Internationale Wirtschaft. Rahmenbedingungen, Akteure, räumliche Prozesse. München.

Haas, H.-D. / Rehner, J. / Zademach, H.-M. (2008): Produktpiraterie, Plagiate und geistiges Eigentum in China. In: Geographische

Rundschau 60 (5), S. 20-26.

Hahn, B. (2004a): EU-25 - Chancen und Risiken der Erweiterung auf 25 Mitgliedsländer. In: Geographische Rundschau 56 (5), S. 59-62.

Hahn, B. (2004b): New York, Chicago, Los Angeles. Global Cities im Wettbewerb. In: Geographische Rundschau 56 (4), S. 12-18.

Hahn, B. (2007): Europäische Union und andere regionale Integrationen im Vergleich. In: Geographische Rundschau 59 (3), S. 4-11.

Hahn, B. (2009): Welthandel. Geschichte – Konzepte – Perspektiven. Heidelberg.

Halder, G. (2005): Chirurgische Instrumente aus Tuttlingen und Sialkot/Pakistan. In: Geographische Rundschau 57 (2), S. 12-20.

Halder, G. (2006): Strukturwandel in Clustern am Beispiel der Medizintechnik in Tuttlingen. – Wirtschaftsgeographie 32. Berlin.

Handelsblatt (2008): IWF und EU pumpen Milliarden nach Ungarn. In: Handelsblatt (29.10.2008). http://www.handelsblatt.com/ iwf-und-eu-pumpen-milliarden-nach-ungarn;2074948;0 (20.02.2010).

Handelsblatt (2010a): Massenverkauf aus China. US-Bonds verlieren an Attraktivität. In: Handelsblatt (17.02.2010). http://www. handelsblatt.com/finanzen/anleihen/ massenverkauf-aus-china-us-bonds-verlieren-an-attraktivitaet;2531535 (19.02.2010).

Handelsblatt (2010b): Anleihen der Schuldenstaaten unter Druck. In: Handelsblatt (26.04.2010). http://www.handelsblatt.com/finanzen/rohstoffe/unsicherheit-an-den-maerkten-anleihen-der-schuldenstaaten-unter-druck;2568463 (25.05.2010).

Handelsblatt (2010c): Hilfe für Griechenland immer dringlicher (28.04.2010). http://www. handelsblatt.com/newsticker/politik/hilfe-fuer-griechenland-immer-dringlicher;2570041 (25.05.2010).

Handelsblatt (2010d): Lob für Athens Sparkurs – 110 Milliarden Hilfe. In: Handelsblatt (02.05.2010). http://www.handelsblatt.com/ newsticker/politik/lob-fuer-athens-sparkurs-110-milliarden-hilfe;2572583 (25.05.2010).

Handelsblatt (2010e): Euro-Länder ringen um Abwehrwaffe gegen Spekulanten. In: Handelsblatt

(09.05.2010). http://www.handelsblatt.com/ politik/international/ krisentreffen-der-eu-finanzchefs-euro-laender-ringen-um-abwehrwaffe-gegen-spekulanten;2577224 (25.05.2010).

Handelsblatt (2010f): 750 Milliarden sollen den Euro retten. In: Handelsblatt (10.05.2010). http://www.handelsblatt.com/politik/international/schutzschirm-steht-750-milliarden-sollen-den-euro-retten;2577574 (25.05.2010).

Handelsblatt (2010g): Wie Politiker Spekulanten ausspielen wollen. In: Handelsblatt (11.05.2010). http://www.handelsblatt.com/ finanzen/boerse-inside/verteidigung-des-euro-wie-politiker-spekulanten-ausspielen-wollen;2578486 (25.05.2010).

Handelsblatt (2010h): Euro-Schutzschirm verpufft an den Märkten. In: Handelsblatt (11.05.2010). http://www.handelsblatt.com/ finanzen/marktberichte/devisen-und-aktien-euro-schutzschirm-verpufft-an-den-maerkten;2579120 (25.05.2010).

Hassink, R. (2002): Südkoreas Regionalentwicklung. In: Zeitschrift für Wirtschaftsgeographie 46 (3-4), S. 213-227.

Hassink, R. (2006): Der Erfolg des südkoreanischen Schiffbaus und seine Gründe. In: Geographische Rundschau 58 (9), S. 62-67.

Hassler, M. (2006): Globale und lokale Produktionsnetzwerke der balinesischen Bekleidungsindustrie. In: Geographica Helvetica 61 (1), S. 50-57.

Hauser, H. / Schanz, K.-U. (1995): Das neue GATT: Die Welthandelsordnung nach Abschluss der Uruguay-Runde. München.

Häußermann, H. / Läpple, D. / Siebel, W. (2007): Stadtpolitik. Frankfurt a.M.

Hayter, R. (1997): The Dynamics of Industrial Location. The Factory, the Firm and the Production System. Chichester u.a.

Heberer, T. (2007): Soziale Herausforderungen im städtischen und ländlichen Raum. In: Fischer, D./Lackner, M. (Hrsg.): Länderbericht China. Bonn, S. 463-490.

Heilmann, D. (2010): Analysten zweifeln an US-Staatsfinanzen. In: Handelsblatt (05.02.2010). http://www.handelsblatt.com/

politik/konjunktur-nachrichten/ haushalts-defizit-analysten-zweifeln-an-us-staatsfinanzen;2525121 (20.02.2010).

Heilmann, S. (2005): Aufstieg zur Weltmacht. In: Informationen zur Politischen Bildung Nr. 289: Volksrepublik China, S. 4-8.

Heineberg, H. (2006): Grundriß Allgemeine Geographie. Stadtgeographie. 3. Auflage, Paderborn.

Heinrich, G. (2009): Seltene Erden: China scheitert mit Übernahmeprojekt. In: Wallstreet Online (29.09.2009). http://www.wallstreetonline. de/nachrichten/nachricht/2812347-seltene-erden-china-scheitert-mit-uebernahme-projekt. html (02.08.2010).

Hemmer, H.-R. (2002): Wirtschaftsprobleme der Entwicklungsländer. 3. Auflage, München.

Hemmer, H.-R. (2000) : Möglichkeiten und Grenzen einer besseren Einbeziehung der LLDC's in das System der weltwirtschaftlichen Arbeitsteilung. - Entwicklungsökonomische Diskussionsbeiträge der Justus-Liebig-Universität Gießen 28. Gießen.

Hemmer, H.-R. / Bubl, K. / Krüger, R. / Marienburg, H. (2001): Die Entwicklungsländer im Globalisierungsprozess - Opfer oder Nutznießer? Sankt Augustin.

Hemmer, H.-R. / Lorenz, A. (2004): Grundlagen der Wachstumsempirie. München.

Henderson, J. / Dicken, P. / Hess, M. / Coe, M.N. / Yeung, H.W.-C. (2002): Global Production Networks and the Analysis of Economic Development. Review of International Political Economy 9 (3), S. 436-464.

Hess, M. (2009): Niemand kann sich der Krise entziehen. In: Zeit Online (12.03.2009). http://www.zeit.de/online/2008/51/ausblick-kriese-gewinner-verlierer (13.02.2010).

Heusinger, R. (2010): Warum und wie die EU den Griechen helfen muss. Frankfurter Rundschau 66, Nr. 25 (30./31.01.2010), S. 3.

Hinrichs, C. (2005): Ausländische Direktinvestitionen als Wachstumsmotor? Eine empirische Analyse am Beispiel Lateinamerikas. Diss. Heidelberg.

Hodson, D. / Quaglia, L. (2009): European Perspectives on the Global Financial Crisis: Introduction. In: Journal of Common Market Studies 47 (5), S. 939-953.

Howells, J.R.L. (2002): Tacit Knowledge, Innovation and Economic Geography. In: Urban Studies 39 (5/6), S. 871-884.

Hussain, M. / Istatkov, R. (2009): Internal Market still Accounts for more than 50 % of EU Foreign Direct Investments and Trade in Services. - Eurostat Statistics in focus 56/2009. http://epp.eurostat.ec.europa.eu/cache/ITY_OFF-PUB/KS-SF-09-056/ EN/KS-SF-09-056-EN. PDF (23.11.2009).

IMF – International Monetary Fund (1992): Articles of Agreement. 22. Juli 1944 i.d. F. vom 11. November 1992. http://www.imf.org/external/pubs/ft/aa/index.htm (22.04.2009).

IMF (2008): Balance of Payments and International Investment Position Manual, Sixth Edition (BPM6). http://www.imf.org/external/pubs/ft/bop/2007/pdf/BPM6.pdf (04.09.2009).

IMF (2009a): Global Financial Stability Report: Navigating the Financial Challenges Ahead. Oktober 2009. Washington, DC.

IMF (2009b): World Economic Outlook April 2009 : Crisis and Recovery. Washington, DC.

IMF (2009c): World Economic Outlook Database. Oktober 2009. http://www.imf.org/external/pubs/ft/weo/2009/02/weodata/index. aspx (29.01.2010).

IMF (2009d): History. http://www.imf.org/external/about/history.htm (22.04.2009).

IMF (2009e): Reform of IMF Quotas and Voice: Responding to Changes in the Global Economy. http://www.imf.org/external/np/exr/ib/2008/040108.htm (22.04.2009).

IMF (2009f): Download entire World Economic Outlook database. http://www.imf.org/external/pubs/ft/weo/2009/01/weodata/download. aspx (12.05.2009).

IMF (2010): A factsheet. The IMF at a Glance. June 2010. http://www.imf.org/external/np/exr/facts/pdf/glance.pdf (30.07.2010).

James, H. (2009): Die Krise der Finanzmärkte und die Rückkehr des Staates. Vortrag bei der Handelskammer Bremen, 28.10.2009, Bremen.

Kalkowski, P. / Mickler, O. / Manske, F. (1995): Technologiestandort Deutschland. Produktinnovation im Maschinenbau: traditionelle Stärken – neue Herausforderungen. Berlin.

Keilbach, M. (2002): Determinanten der räumlichen Konzentration von Industrie und Dienstleistungsbranchen. Eine empirische Analyse für Westdeutschland. In: Jahrbuch für Regionalwissenschaft 22 (1), S. 61-79.

Kenen, P. B. (2000): The International Economy. 4. Auflage, Cambridge.

Kennedy, P. (2009): Weltfinanzkrise : „USA verlieren Weltmacht-Status". Interview in Zeit Online (04.05.2009). http://www.zeit.de/online/2008/42/interview-paul-kennedy?page=all (15.02.2010).

Kern, H. / Schumann, M. (1990): Rationalisierung in der industriellen Produktion. 4. Auflage, München.

Kessler, J. (2009): Der Mythos vom globalen Dorf: Zur räumlichen Differenzierung des Globalisierungsniveaus. In: Kessler, J. / Steiner, C. (Hrsg.): Facetten der Globalisierung: Zwischen Ökonomie, Politik und Kultur. Wiesbaden, S. 28-79.

Kessler, J. / Steiner, C. (2009): Facetten der Globalisierung: Zwischen Ökonomie, Politik und Kultur. In: Kessler, J. / Steiner, C. (Hrsg.): Facetten der Globalisierung: Zwischen Ökonomie, Politik und Kultur. Wiesbaden, S. 19-27.

Kickner, S. (2006): Lage und Verteilung der Internetbetriebe in der Bundesrepublik Deutschland. In: Erdkunde 60 (1), S. 51-63.

Kiese, M. / Schätzl, L. (2008): Cluster und Regionalentwicklung: Theorie, Beratung und praktische Umsetzung. Dortmund.

Klagge, B. (2009): Finanzmärkte, Unternehmensfinanzierung und die aktuelle Finanzkrise. In: Zeitschrift für Wirtschaftsgeographie 53 (1/2), S. 1-13.

Klaschka, S. (2007): Die politische Geschichte im 20. Jahrhundert. In: Fischer, D. / Lackner, M. (Hrsg.): Länderbericht China. 3. Auflage, Bonn, S. 129-155.

Klau, A. R. (1995): Firmeninterner Handel: Eine theoretische und empirische Analyse unternehmensinternen Außenhandels multinationaler Unternehmungen. Berlin.

Klepper, S. (2002): The Capabilities of New Firms and the Evolution of the US Automobile Industry. In: Industrial and Corporate Change 11, S. 645-666.

Knorr, A. / Arndt, A. (2003): Wal-Mart in Deutschland - eine verfehlte Internationalisierungsstrategie.

Knox, P. L. / Marston, S. A. (2007): Human Geography: Places and Regions in Global Context. 4. Auflage, New Jersey.

Knox, P. L. / Marston, S. A. (2008): Humangeographie. 4. Auflage, Heidelberg.

Knuf, T. (2010): Rettungs-Marathon. In: Frankfurter Rundschau 66, Nr. 35 (11.02.2010), S. 2 f.

Koch, H. (2010): Heißes Geld: Das Weltwirtschaftsforum in Davos sucht nach Rezepten gegen neue Blasen am Finanzmarkt / Forderungen nach schärferen Kontrollen des Kapitalverkehrs. Frankfurter Rundschau 66, Nr. 21 (26.01.2010), S. 16 f.

Koopmann, G. / Franzmeyer, F. (2003): Weltwirtschaft und internationale Arbeitsteilung. In: Informationen zur politischen Bildung 280: Globalisierung, S. 12 - 26.

Koppell, J.G.S. (2001): Hybrid Organizations and the Alignment of Interests: The Case of Fannie Mae and Freddie Mac. In: Public Administration Review 61 (4), S. 468-482.

Korhonen, P. (1999): Entwicklungstheorie in Ostasien: Das Gänseflug-Modell. In: E+Z: Entwicklung und Zusammenarbeit 40 (6), S. 169-171.

Korzeniewicz, M. (1994): Commodity Chains and Marketing Strategies: Nike and the Global Athletic Footwear Industry. Gereffi, G. / Korzeniewicz, M. (eds): Commodity Chains and Global Capitalism. Westport, Connecticut, S. 247-265.

Koschatzky, K. (1997): Die ASEAN-Staaten zwischen Globalisierung und Regionalisierung. In: Geographische Rundschau 49 (12), S. 702-707.

Köhler, L. (1991): Die Internationalisierung produzentenorientierter Dienstleistungsunternehmen. Hamburg.

Kösters, W. (1998): Handelspolitik. In: Klemmer, P. (Hrsg.): Handbuch Europäische Wirtschaftspolitik. München.

Kraas, F. (2007): Megacities and global change. Key priorities. In: Geographical Journal 173 (1), S. 79-82.

Kraas, F. (2009): Globalisierungs- und Marginalisierungsprozesse in Megastädten. In: Praxis Geographie 39 (7/8), S. 4-8.

Kraas, F. / Nitschke, U. (2008): Megaurbanisierung in Asien. Entwicklungsprozesse und Konsequenzen stadträumlicher Reorganisation. In: Informationen zur Raumentwicklung (8), S. 447-456 .

Kramm, K. (1980): Die Seeschiffswerften und ihre Standorte in der Bundesrepublik Deutschland unter Berücksichtigung der Zulieferindustrie und der internationalen Wettbewerbslage. Dissertation Bochum, Geowissenschaften, Essen.

Krätke, S. (1995): Globalisierung und Regionalisierung. Geographische Zeitschrift 83 (3/4), S. 207-221.

Krätke, S. (2001): Institutionelle Ordnung und soziales Kapital der Wirtschaftsregionen: Zur Bedeutung von Raumbindungen im Kontext der Globalisierung. In: Geographische Zeitschrift 89 (2+3), S. 144-164.

Krätke, S. (2007): Metropolisation of the European Economic Territory as a Consequence of Increasing Specialisation of Urban Agglomerations in the Knowledge Economy. In: European Planning Studies 15 (1), S. 1-27.

Krätke, S. / Taylor, P.J. (2004): A World Geography of Global Media Cities. In: European Planning Studies 12 (4), S. 459-477.

Kruber, K.-P. / Mees, A.L. / Meyer, C. (2008a): Institutionen und Instrumente der internationalen Handelspolitik. In: Informationen zur politischen Bildung 299: Internationale Wirtschaftsbeziehungen, S. 33-43.

Kruber, K.-P. / Mees, A.L. / Meyer, C. (2008b): Strukturen der internationalen Währungs- und Finanzpolitik. In: Informationen zur politischen Bildung 299: Internationale Wirtschaftsbeziehungen, S. 44-56.

Kruber, K.-P. / Mees, A.L. / Meyer, C. (2008c): Theoretische Grundlagen des internationalen Handels. In: Informationen zur politischen Bildung 299: Internationale Wirtschaftsbeziehungen, S. 23-32.

Krueger, A.O. (2009): Die zerstörerische Kraft des Protektionismus. In: Frankfurter Allgemeine Zeitung Nr. 61 (13.03.2009), S. 12.

Krüger, W. (2005): Organisation. In: Bea, F. X. / Friedl, B. / Schweitzer, M. (Hrsg.): Allgemeine Betriebswirtschaftslehre, Band 2: Führung. 9. Auflage, Stuttgart, S. 140-234.

Krugman, P. (1991): Geography and Trade. Leuven, Cambridge (Mass.), London.

Krugman, P. (2010): Über die Reichweite kreativer Buchhaltung. In: Frankfurter Rundschau 66, Nr. 42 (19.02.2010), S. 22 f.

Krugman, P.R. (ed.) (1986): Strategic Trade Policy and the New International Economics. Cambridge.

Krugman, P. R. / Obstfeld, M. (2009): Internationale Wirtschaft. Theorie und Politik der Außenwirtschaft. 8. Auflage, München.

Kujath, H. J. (2005): Deutsche Metropolregionen als Knoten in Europäischen Netzwerken. In: Geographische Rundschau 57 (3), S. 20-27.

Kulke, E. (1997): Einzelhandel in Europa. Merkmale und Entwicklungstendenzen des Standortsystems. In Geographische Rundschau 49 (9), S. 478-482.

Kulke, E. (2004): Neue Konsumentenverhaltensweisen und ihre Auswirkungen auf Angebot und Standort. Petermanns Geographische Mitteilungen 148 (5), S. 88-91.

Kulke, E. (2008): Grundriss Allgemeine Geographie. Wirtschaftsgeographie. 3. Auflage, Paderborn u.a.

Lamparter, D.H. (2009): Autozulieferer: Goliath bangt um David. In: Zeit Online (19.02.2009). http://www.zeit.de/2009/08/ Autozulieferer?page=all (13.02.2010).

Lanxess AG (2009): Lanxess strafft globales Produktionsnetzwerk. Presseinformation (15.12.2009). Leverkusen. http://lanxess. com/uploads/tx_lxsmatrix/2009-00210. pdf (13.02.2010).

Larch, M. / Lechthaler, W. (2009): Why ``Buy

American" is a Bad Idea but Politicians Still Like it. – Kiel Working Paper No. 1570, Kiel.

Lawson, C. / Lorenz, E. (1999): Collective Learning, Tacit Knowledge and Regional Innovative Capacity. In: Regional Studies 33 (4), 305-317.

Lay, G. / Kinkel, S. / Jäger, A. (2009): Stellhebel für mehr Produktivität : Benchmarking identifiziert Potenziale zur Steigerung der Produktivität. – Mitteilungen aus der ISI-Erhebung zur Modernisierung der Produktion 48. Karlsruhe.

Lenz, B. / Menge, J. (2007): Organisation von Transportketten unter dem Einfluss von Informations- und Kommunikationstechnologien. In: Geographische Rundschau 59 (5), S. 14-21.

Liebert, N. (2009): Zhing-zhong für Afrika. Chinas Süd-Süd-Kooperation: Investieren, Rohstoffe sichern, keine Fragen stellen. In: Le Monde diplomatique Nr. 8834 (13.3.2009).

Liefner, I. (2008): Ausländische Direktinvestitionen und Wissenstransfer nach China. In: Geographische Rundschau 60 (5), S. 4-11.

Liefner, I. / Schmid, D. (2009): Arbeitsplatzexport durch „Offshoring"? Erwünschte und unerwünschte Wirkungen der wirtschaftlichen Integration in Nordamerika. In: Geographische Rundschau 61 (6), S. 20-25.

Liu, L. (2009): Impact of the Global Financial Crisis on China: Empirical Evidence and Policy Implications. In: China & World Economy 17 (6), S. 1-23.

Liu, W. / Pannell, C.W. / Liu, H. (2009): The Global Economic Crisis and China's Foreign Trade. In: Eurasian Geography and Economics 50 (5), S. 497-512.

Lo, V. (2001): Zwischen regionalen und globalen Beziehungen: Wissensbasierte Netzwerke im Finanzsektor. In: Esser, J. / Schamp, E.W. (Hrsg.): Metropolitane Region in der Vernetzung. Der Fall Frankfurt/Rhein-Main, S. 131-153.

Lo, V. / Schamp, E.W. (2003): Knowledge, Learning, and Regional Development. - Reihe Wirtschaftsgeographie 24. Münster u.a.

Lösche, P. / Loeffelholz, H. D. von (2004): Länderbericht USA. Bonn.

Ludwig, T. / Tholen, J. (2004): Beschäftigung, Auftragslage und Perspektiven im deutschen Schiffbau. Ergebnisse einer Betriebsrätebefragung im September 2004. – IAW Forschungsbericht 7, Oktober 2004, Universität Bremen.

Lundvall, B.-A. (ed.) (1992): National Systems of Innovation. Towards a Theory of Innovation and Interactive Leraning. London, New York.

Lundvall, B.-A. / Maskell, P. (2000): Nation States and Economic Development: from National Systems of Production to National Systems of Knowledge Creation and Learning. In: Clark, G. L. / Feldman, M. P. / Gertler, M.S. (eds.): The Oxford Handbook of Economic Geography. Oxford, S. 353-372.

Mackinnon, D. / Cumbers, A. (2007): An Introduction to Economic Geography. Globalization, Uneven Development and Place. Harlow u.a.

Maier, G. / Tödtling, F. (2006): Regional- und Stadtökonomik 1. Standorttheorie und Raumstruktur. 4. Auflage, Wien u.a.

Maier, J. / Tödtling, F. / Trippl, M. (2006): Regional- und Stadtökonomik 2. Regionalentwicklung und Regionalpolitik. 3. Auflage, Wien, New York.

Malecki, E.J. (2000): Knowledge and Regional Competitiveness. In: Erdkunde 54 (4), 334-351.

Maneschi, A. (2007): History of Economic Thought on Trade Policy. In: W.A. Kerr / J.D. Gaisford (eds.): Handbook on International Trade Policy. Cheltenham, S. 19-28.

Martin, R. (1999): Stateless Monies, Global Financial Integration and National Economic Autonomy: the End of Geography? In: Bryson et al. (eds.): The Economic Geography Reader. Producing and Consuming Global Capitalism, S. 64-70.

Martinelli, F. / Schoenberger, E. (1991): Oligopoly is Alive and Well: Notes for a Broader discussion of flexible accumulation. In: Benko, G. / Dunford, M (eds.): Industrial change and regional development, S. 117-133.

Maskell, P. / Malmberg, A. (1999): Localised Learning and Industrial Competitiveness. In: Cambridge Journal of Economics 23 (2), S. 167-185.

Mattern, C. (2009): Krise in Griechenland belastet den Euro. In: Zeit Online (14.12.2009). http://www.zeit.de/wirtschaft/geldanlage/2009-12/griechenland-eu-boers-o-meter?page= all (18.02.2010).

Meusburger, P. (2007): Organisation und Akteure in der Wirtschaftsgeographie. In: Gebhardt et al. (Hrsg.): Geographie. München, S. 677.

Miner, W. M. (2007): Modern History of Trade Policy. In: Kerr, W.A. / Gaisford, J.D. (eds.): Handbook on International Trade Policy. Cheltenham, S. 29-43.

Mossig, I. (2000): Räumliche Konzentration der Verpackungsmaschinenbau-Industrie in Westdeutschland. Eine Analyse des Gründungsgeschehens. Reihe Wirtschaftsgeographie, Münster, Hamburg, London.

Mossig, I. (2002): Konzeptioneller Überblick zur Erklärung der Existenz geographischer Cluster. Evolution, Institutionen und die Bedeutung des Faktors Wissen. In: Jahrbuch für Regionalwissenschaft 22 (2), S. 143-161.

Mossig, I. (2005): Die Branchen der Kulturökonomie als Untersuchungsgegenstand der Wirtschaftsgeographie. In: Zeitschrift für Wirtschaftsgeographie 49 (2), S. 97-110.

Mossig, I. (2006): Netzwerke der Kulturökonomie. Lokale Knoten und globale Verflechtungen der Film- und Fernsehindustrie in Deutschland und den USA. Bielefeld.

Mossig, I. (2008a): Automobilindustrie. Räumliche Strukturen zu Beginn des 21. Jahrhunderts. In: Praxis Geographie 4/2008, S. 4-8.

Mossig, I. (2008b): Global Distribution and Cluster Development: Hollywood and the German Connection. In: Tamásy, C. / Taylor, M. (eds.): Globalising Worlds and New Economic Configurations. Ashgate, Aldershot, Burlington, S. 35-45.

Mossig, I. (2008c): Entstehungs- und Wachstumspfade von Clustern: Konzeptionelle Ansätze und empirische Beispiele. In: Kiese, M. / Schätzl, L. (Hrsg.): Cluster und Regionalentwicklung: Theorie, Beratung und praktische Umsetzung, S. 51-68.

Mossig, I. (2008d): Global Networks of the Motion Picture Industry in Los Angeles/ Hollywood Using the Example of their Connections to the German Market. In: European Planning Studies 16 (1), S. 43-59.

Mossig, I. (2010): Die Medien- und Kulturökonomie in Deutschland. In: Kulke, E. (Hrsg.): Wirtschaftsgeographie Deutschlands.

Mossig, I. / Klein, J. (2003): Das Produktionscluster der Optischen Industrie im Raum Wetzlar. Ansatzpunkte für eine clusterorientierte Strukturpolitik. In: Raumforschung und Raumordnung 61 (4), S. 237-251.

Mrusek, K. / Astheimer, S. (2005): Zustände wie in einer Spaghettischüssel. Frankfurter Allgemeine Zeitung Nr. 154 (06.07.2005), S. 14.

Mühlauer, A. (2009): Der tiefe Fall der Superstars. In: Süddeutsche Zeitung (05.06.2009). http://www.sueddeutsche.de/wirtschaft/464/471008/text/(18.02.2010).

Müller-Wille, W. (1966): Politisch-geographische Leitbilder, reale Lebensräume und globale Spannungsfelder. In: Geographische Zeitschrift 54 (1), S. 13-38.

Mundell, R.A. (2009): The World Economy: Quo Vadis? In: Journal of Policy Modeling 31 (4), S. 493-497.

Nadvi, K. (2008): Global Standards, Global Governance and the Organization of Global Value Chains. In: Journal of Economic Geography 8 (3), S. 323-343.

National Bureau of Statistics of China (2009): China Statistical Yearbook 2009. Beijing.

Nelson, R. R. (2000): National Innovation System. In: Acs, Z. J. (ed.): Regional Innovation, Knowledge and Global Change. London, New York, S. 11-26.

Nesvetailova, A. / Palan, R. (2008): A Very North Atlantic Credit Crunch: Geopolitical Implications of the Global Liquidity Crisis. In: Journal of International Affairs 62 (1), S. 165-185.

Nike (2008): Nike Contract Factory Disclosure List. Current as of April 28, 2008. http://www.nikebiz.com/responsibility/

documents/Nike_CRR_Factory_List_ C.pdf (30.09.2009).

Nonaka, I. / Takeuchi, H. (1995): The Knowledge Creating Company: How Japanese Companies Create the Dynamics of Innovation. New York.

Nuhn, H. (1990): Schiffbau in Norddeutschland – Krise und Strukturwandel eines traditionellen Industriezweigs an der Küste. In: Mitteilungen der Geographischen Gesellschaft in Hamburg (80), S. 341-366.

Nuhn, H. (1997): Globalisierung und Regionalisierung im Weltwirtschaftsraum. In: Geographische Rundschau 49 (3), S. 136-143.

Nuhn, H. (1998): Maritime Wirtschaft in Norddeutschland. In: Kulke, E. (Hrsg.): Wirtschaftsgeographie Deutschlands. Gotha, Stuttgart, S. 309-343.

Nuhn, H. (2007): Globalisierung und Verkehr – weltweit vernetzte Transportsysteme. In: Geographische Rundschau 59 (5), S. 4-12.

Nuhn, H. (2008): Globalisierung des Verkehrs und weltweite Vernetzung. In: Schamp, E.W. (Hrsg.): Globale Verflechtungen. – Handbuch des Geographieunterrichts 9. Köln, S. 48-62.

Nuhn, H. (2009): Innovationen im Verkehr : Container, Kühlkette und Telematik-anwendungen. In: Geographie und Schule 31 (179), S. 4-12.

O'Brian, R. (1992): Global Financial Integration: The End of Geography. London.

OECD (Organization for Economic Co-Operation and Development) (2003): Regionalism and the Multilateral Trade System. Paris.

Ohmae, K. (1995): The End of the Nation State: The Rise of Regional Economies. London.

Oßenbrügge, J. (2004): Macht im Werden? Europas Weg zum integrierten Wirtschaftsraum und zur politischen Union. In: Praxis Geographie 5/2004. S. 4-9.

Otto, A.H. (2005): Makroökonomische Effekte der Direktinvestitionen. – Schriften zur Wirtschaftstheorie und Wirtschaftspolitik 33. Frankfurt a.M. u.a..

Pascha, W. (1996): Wirtschaftsgesinnung und ökonomischer Aufstieg Japans. In: Geographische Rundschau 48 (6), S. 346-351.

Pausenberger, E. (1997): Globalisierung aus

volkswirtschaftlicher und betriebswirtschaftlicher Sicht. Zeitschrift für Wirtschaftswissenschaften 16, S. 133-162.

Pausenberger, E. (Hrsg.) (1994): Internationalisierung von Unternehmungen. Strategien und Probleme ihrer Umsetzung. Stuttgart.

Piper, N. (2010): USA: Rekorddefizit. 1,6 Billionen Dollar fehlen in der Kasse. In: Süddeutsche (01.02.2010). http://www.sueddeutsche.de/wirtschaft/689/ 501929/text/ (20.02.2010).

Pitigala, N. (2009): Global Economic Crisis and Vertical Specialization in Developing Countries. – PREM Notes Trade No. 133. Washington, D.C.

Pohl, H. (1994): Transnational Investment from the 19th Century to the Present : Introduction. In: Pohl, H. (ed.): Transnational Investment from the 19th Century to the Present. – Zeitschrift für Unternehmensgeschichte, Beiheft 81. Stuttgart, S. 7-24.

Pohlmann, M. (2004): Die Entwicklung des Kapitalismus in Ostasien und die Lehren aus der asiatischen Finanzkrise. In: Leviathan – Zeitschrift für Sozialwissenschaft 1/2004, S. 360-381.

Polanyi, M. (1966): The Tacit Dimension. Garden City.

Porter, M. E. (1991): Nationale Wettbewerbsvorteile. Erfolgreich konkurrieren auf dem Weltmarkt. Wien.

Puhl, J. (2008): Das Ende des Estland-Booms. In: Spiegel Online (31.08.2008). http://www.spiegel.de/wirtschaft/0,1518,574531-2,00.html (20.02.2010).

Pütz, R. (2003): Konvergenz oder Divergenz? Transformation und Entwicklungstrends des Einzelhandels in Polen und Ostdeutschland. In: Stöber, G. (Hrsg.): Der Transformationsprozess in (Ost-)Deutschland und in Polen. Hannover, S. 72-96.

Pütz, R. / Schröder, F. (2007): Konsum und Konsumenten in der Geographie. In: Gebhardt, H. / Glaser, R. / Radtke, U. / Reuber, P. (Hrsg.): Geographie : Physische Geographie und Humangeographie. Heidelberg, S. 911-929.

Ram, U. (2004): Glocommodification: How the

Global Consumes the Local – McDonald´s in Israel. In: Current Sociology 52 (1), S. 11-31.

Rauh, J. (2005): Internationale Telekommunikation und Welthandelsströme. In: Geographische Rundschau 57 (2), S. 40-47.

Rehfeld, D. (1999): Produktionscluster. Konzeption, Analysen und Strategien für eine Neuorientierung der regionalen Strukturpolitik. München, Mering.

Rehle, N. (1996): Zwischen Tradition und Moderne. Essay zur Zukunft der Gablonzer Industrie. In: Kulturamt der Stadt Kaufbeuren (Hrsg.): 1946-1996. 50 Jahre Neugablonz. Kaufbeuren, 45-71.

Riedel, D. (2010): Deutschland muss 144 Milliarden Euro tragen. In: Handelsblatt (10.05.2010). http://www.handelsblatt.com/politik/deutschland/hilfspaket-deutschland-muss-144-milliarden-euro-tragen;2578056 (25.05.2010).

Richter, R. / Furubotn, E. (1996): Neue Institutionenökonomik. Eine Einführung und kritische Würdigung. Tübingen.

Ritzer, G. (2006): Die McDonaldisierung der Gesellschaft. 4. Auflage, Konstanz.

Ruschinkski, M. / Sturm, J.-E. (2003): Foreign Direct Investment and Growth: Panel Data Evidence from 22 OECD countries. In: Frenkel, M. / Stadtmann, G. (eds.): Foreign Direct Investment : Theory, Empirical Evidence and Policy Implications. 1st INFER Workshop on International Economics, May 2003. Berlin, S. 136-147.

Rutherford, T. / Holmes, J. (2008): 'The Flea on the Tail of the Dog': Power in Global Production Networks and the Restructuring of Canadian Automotive Clusters. In: Journal of Economic Geography 8 (4), S. 519-544.

Sabel, C. (1994): Flexible Specialisation and the Reemergence of Regional Economics. In: Amin, A. (ed.): Post-fordism. A reader, S. 101 - 156.

Salvatore, D. (1993): Protection and World Welfare: Introduction. In: Salvatore, D. (Hrsg.): Protection and welfare. Cambridge, S. 1- 14.

Salvatore, D. (2009): The Challenges to the Liberal Trading System. In: Journal of Policy Modeling 31 (4), S. 593-599.

Salzmann, B. (2010a): Der Euro im Sog von Hellas. In: Frankfurter Rundschau 66, Nr. 17 (21.01.2010), S. 17.

Salzmann, B. (2010b): Von Händlern und Schweinen. Händler reden schon von den Pigs: Portugal, Italien, Griechenland, Spanien. In: Frankfurter Rundschau 66, Nr. 25 (30./31.01.2010), S. 2 f.

Salzmann, B. (2010c): Ansteckungsgefahr. In: Frankfurter Rundschau 66, Nr. 31 (06./07.02.2010), S. 17.

Salzmann, B. (2010d): Aufatmen an der Akropolis. Frankfurter Rundschau 66, Nr. 21 (26.01.2010), S. 15.

Sassen, S. (1997): Metropolen des Weltmarkts. Die neue Rolle der Global Cities. 2. Auflage, Frankfurt, New York.

Sapper, K. (1930): Allgemeine Wirtschafts- und Verkehrsgeographie. Leipzig.

Schamp, E.W. (1996): Globalisierung von Produktionsnetzwerken und Standortsystemen. Geographische Zeitschrift 84 (3/4), S. 205-219.

Schamp, E.W. (2008): Globale Wertschöpfungsketten. Umbau von Nord-Süd-Beziehungen in der Weltwirtschaft. Geographische Rundschau 60 (3), S. 4-11.

Schamp, E.W. (1991): Towards a spatial reorganization of the German Car industry? The implications of new production concepts. In: Benko, G. / Dunford, M (eds.): Industrial change and regional development, S. 159-170.

Schamp, E.W. (2000): Vernetzte Produktion. Industriegeographie aus institutioneller Perspektive. Darmstadt.

Schamp, E.W. (2005): Cluster und Netzwerke als Werkzeuge der regionalen Entwicklungspolitik. Eine Kritik am Beispiel der Rhein-Main-Region. In: Cernavin, O. / Führ, M. / Kaltenbach, M. / Thießen, F. (Hrsg.): Cluster und Wettbewerbsfähigkeit von Regionen. Erfolgsfaktoren regionaler Wirtschaftsentwicklung. Berlin, S. 91 – 110.

Schätzl, L. (2003): Wirtschaftsgeographie 1. Theorie. 9. Auflage, Paderborn.

Schiller, D. / Meyer, S. (2008): Agile Unternehmensorganisation und Wirtschaftsnetzwerke im Perlflussdelta. In: Geographische Rundschau 60 (5), S. 36-43.

Schmalz, S. (2008): Umbrüche in der Weltwirtschaft: Aufstrebende Schwellenländer und der Niedergang von IWF und WTO. In: Peripherie 28 (111), S. 259-279.

Schneider, F. / Kirchgässner, G. (2009): Financial and World Economic Crisis: What Did Economists Contribute? In. Public Choice 140 (3-4), S. 319-327.

Schneider-Sliwa, R. (2005): USA. Geographie, Geschichte, Wirtschaft, Politik. WBG-Länderkunden. Darmstadt.

Scholz, F. (2000): Perspektiven des Südens im Zeitalter der Globalisierung. Geographische Zeitschrift 88 (1), S. 1-20.

Scholz, F. (2002): Die Theorie der fragmentierenden Entwicklung. Geographische Rundschau 54 (10), S. 6-11.

Scholz, F. (2004): Geographische Entwicklungsländerforschung. Berlin.

Scholz, F. (2006): Entwicklungsländer: Entwicklungspolitische Grundlagen und regionale Beispiele. Braunschweig.

Scholz, F. (2007): Entwicklungsländer. Entwicklung und Unterentwicklung im Prozess der Globalisierung. Braunschweig.

Scholz, F. (2010): Globalisierung - Genese-Strukturen-Effekte. Braunschweig.

Schricke, E. (2007): Lokalisierungsmuster und Entwicklungsdynamik von Clustern der Optischen Technologien in Deutschland. Untersucht am Beispiel von Clusterstrukturen in Thüringen, Bayern und Niedersachsen. Berlin.

Schrinner (2010): China löst Deutschland als Exportweltmeister ab. In: Handelsblatt (09.02.2010). http://www.handelsblatt.com/ politik/konjunktur-nachrichten/ offizielle-daten-china-loest-deutschland-als-exportweltmeister-ab;2526529 (20.02.2010).

Schröter, H.G. (1994): Transnational Investment from the 19th Century to the Present. In: Pohl, H. (ed.): Transnational Investment from the 19th Century to the Present. – Zeitschrift für Unternehmensgeschichte, Beiheft 81. Stuttgart, S. 205-226.

Schröter, H.G. (2009): Asien stark dank Kapitalkontrollen. In: Frankfurter Rundschau 65, Nr. 291 (15.12.2009), S. 19.

Schubert, V. (1999): Das Leistungsbilanzdefizit der USA – Eine Gefahr für die Weltwirtschaft? In: KfW – Beiträge zur Mittelstands- und Strukturpolitk, Heft 13, S. 10-19.

Schwab, T. (2009): Reiche Ernte - Landkauf in Entwicklungsländern. In: Frankfurter Rundschau (24.08.2010) http://www.fr-online.de/ wirtschaft/reiche-ernte/-/1472780/3228416/-/ index.html (26.08.2009)

Scott, A. J. (2005): On Hollywood. The Place,The Industry. Princeton.

Scott, A.J. (2006): Geography and Economy. Three Lectures. Oxford.

Senghaas, D. (1974): Elemente einer Theorie des peripheren Kapitalismus. In: Senghaas,D. (Hrsg.): Peripherer Kapitalismus. Analysen über Abhängigkeit und Unterentwicklung. Frankfurt a. M., S. 7-36.

Senghaas, D. (1979): Dissoziation und autozentrierte Entwicklung. Eine entwicklungspolitische Alternative für die Dritte Welt. In: Senghaas, D. (Hrsg.): Kapitalistische Weltökonomie. Kontroversen über ihren Ursprung und ihre Entwicklungsdynamik. Frankfurt a. M., S. 376-412.

Senti, R. (2000): WTO : System und Funktionsweise der Welthandelsordnung. Zürich.

Siebert, H. (1987): Protektionismus und Wechselkurs. In: Wirtschaftsdienst IX, HWWA – Institut für Wirtschaftsforschung. Hamburg, S. 476-480.

Siebert, H. (2000): Einführung in die Volkswirtschaftslehre. 13. Auflage, Stuttgart, Berlin, Köln.

Sievers, M. (2010): Plan B für Athen. In: Frankfurter Rundschau 66, Nr. 25 (30./31.01.2010), S. 2.

Sinn, H.-W. (2005): Die Basar-Ökonomie. Deutschland: Exportweltmeister oder Schlusslicht? Bonn.

Sinn, H.-W. (2009): Kasino-Kapitalismus : Wie es zur Finanzkrise kam, und was jetzt zu tun ist. Berlin.

Sinn, H.-W. / Flaig, G. / Werding, M. / Munz, S. / Düll, N. / Hofmann, H. (2001): EU-Erweiterung und Arbeitsmigration: Wege zu einer schrittweisen Annäherung der Arbeitsmärkte. Ifo Beiträge zur Wirtschaftsforschung. München.

Soble, J. (2009): Sony plans to halve supplier network. In: Financial Times (22.05.2009). http://www.ft.com/cms/s/4c92138e-4668-11de-803f-00144feabdc0,dwp_uuid= ebe33f66-57aa-11dc-8c65-0000779fd2ac,print=yes.html# (13.02.2010).

Spiegel Online (2006): Wal-Mart in Deutschland. Chronologie des Scheiterns. (28.07.2006). http://www.spiegel.de/wirtschaft/0,1518,429049,00.html (23.05.2008).

Spiegel-Online (2009): China will Krise für Einkaufstour im Ausland nutzen. Spiegel-Online (22.07.2009). http://www.spiegel.de/wirtschaft/0,1518,637482,00.html (16.02.2010).

Stahlecker, T. (2006): Situationsanalyse – Dienstleistungsexport in Deutschland. In: Local Global GmbH (Hrsg.): Export von Dienstleistungen : Potenziale und Strategien beim „Going International". Stuttgart, S. 23-30.

Standard & Poor (2010): S&P/Case-Shiller Home Price Indices : 2009, A Year In Review. http://www.standardandpoors.com/indices/sp-case-shiller-home-price-indices/en/us/?indexId=spusa-cashpidff--p-us---- (03.02.2010).

Stehr, N. (2001): Wissen und Wirtschaften. Die gesellschaftlichen Grundlagen moderner Ökonomie. Frankfurt am Main.

Sternberg, R. (2004): Zur räumlichen Verteilung von Domainnamen in Deutschland. Empirische Befunde und Erklärungen. In: Petermanns Geographische Mitteilungen 148 (4), S. 78-85.

Sternberg, R. / Kiese, M. / Schätzl, L. (2004): Clusteransätze in der regionalen Wirtschaftsförderung. Theoretische Überlegungen und empirische Beispiele aus Wolfsburg und Hannover. In: Zeitschrift für Wirtschaftsgeographie 48, S. 164-181.

Steuer, H. (2008): Krise trifft Baltikum mit voller Wucht. In: Handelsblatt (16.11.2008). http://www.handelsblatt.com/politik/international/krise-trifft-baltikum-mit-voller-wucht; 2090191 (18.02.2010).

Stierle, M.H. / Juretzka, J. (2003): The Accelerator Theory in a New Light: FDI and Business Cycles. In: Frenkel, M. / Stadtmann, G. (eds.): Foreign Direct Investment : Theory, Empirical Evidence and Policy Implications. 1st INFER Workshop on International Economics, May 2003. Berlin, S. 17-35.

Stiglitz, J. (2004): Die Schatten der Globalisierung. 4. Auflage, München.

Stiglitz, J. (2006): Die Chancen der Globalisierung. Bonn.

Stiglitz, J. (2009): China schafft Werte für die Zukunft. Interview in: Frankfurter Rundschau 65, Nr. 69 (23.03.2009), S. 2 f.

Storper, M. / Venables, A. J. (2004): Buzz: Face-to-face Contact and the Urban Economy. In: Journal of Economic Geography 4 (4), S. 351-370.

Storper, M. / Walker, R. (1989): The Capitalist Imperativ. Territory, Technology, and Industrial Growth. Oxford, Cambridge (Mass.).

Strambach, S. (2004): Wissensökonomie, organisatorischer Wandel und wissensbasierte Regionalentwicklung. In: Zeitschrift für Wirtschaftsgeographie 48 (1), S. 1-18.

Stratenschulte, E. D. (2006): Wirtschaft in Deutschland. Bundeszentrale für Politische Bildung, Bonn.

Sturgeon, T. / Van Biesebroeck, J. / Gereffi, G. (2008): Value Chains, Networks and Clusters: Reframing the Global Automotive Industry. In: Journal of Economic Geography 8 (3), S. 297-321.

Sturgeon, T.J. / Van Biesebroeck, J. (2009): Crisis and Protection in the Automotive Industry : A Global Value Chain Perspective. – Policy Research Working Paper 5060. Washington, D.C.

Sun, M. (2009): China: Unscathed Through the Global Financial Tsunami. In: China & World Economy 17 (6), S. 24-42.

Sunkel, O. (1972): Transnationale kapitalistische Integration und nationale Desintegration: Der

Fall Lateinamerika. In: Senghaas, D. (Hrsg): Imperialismus und strukturelle Gewalt. Analysen über abhängige Reproduktion. Frankfurt am Main, S. 258-315.

Taube, M. (2007): Wirtschaftliche Entwicklung und struktureller Wandel seit 1949. In: Fischer, D. / Lackner, M. (Hrsg.): Länderbericht China. 3. Auflage, Bonn, S. 248-264.

Taubmann, W. (2001): Wirtschaftliches Wachstum und räumliche Disparitäten in der VR China. In: Geographische Rundschau 53 (10), S. 10-17.

Taubmann, W. (2007): Naturräumliche Gliederung und wirtschaftsgeographische Grundlagen. In: Fischer, D. / Lackner, M. (Hrsg.): Länderbericht China. 3. Auflage, Bonn, S. 15-49.

Taylor, P.J. / Derudder, B. / Witlox, F. (2007): Comparing Airline Passenger Destinations With Global Service Connectivities: A Worldwide Empirical Study of 214 Cities. In: Urban Geography 28 (3), S. 232-248.

Tetzlaff, R. (1996): Weltbank und Währungsfonds – Gestalter der Bretton-Woods-Ära. Opladen.

Tholen, J. / Ludwig, T. (2005): Beschäftigung, Auftragslage und Perspektiven im deutschen Schiffbau. Ergebnisse einer Betriebsrätebefragung im September 2005. - IAW Forschungsbericht 9, Oktober 2005, Universität Bremen.

Tödtling, F. / Kaufmann, A. / Lehner, P. (2005): Interneteinsatz und die räumliche Struktur von Innovationsnetzwerken - untersucht am Beispiel österreichischer Unternehmen. In: Jahrbuch für Regionalwissenschaft 25 (2), S. 127-148.

Ufen, A. (2004): Neuer Regionalismus in Südostasien – das Beispiel der ASEAN. In: Nord-Süd aktuell 1/2004, S. 88-97.

UNCTAD - United Nations Conference on Trade and Development (2006a): World Investment Report 2006. New York. http://www.unctad.org/en/docs/wir2006_en.pdf (12.11.2006).

UNCTAD (2006b): http://www.unctad.org/Templates/WebFlyer.asp?intItemID=2190&lang=1 (15.11.2006).

UNCTAD (2006c): http://www.unctad.org/Templates/WebFlyer.asp?intItemID=2193&lang=1 (15.11.2006).

UNCTAD (2006d): http://www.unctad.org/Templates/WebFlyer.asp?intItemID=2191&lang=1 (15.11.2006).

UNCTAD (2006e): http://www.unctad.org/Templates/WebFlyer.asp?intItemID=2192&lang=1 (15.11.2006).

UNCTAD (2008): World Investment Report 2008: Transnational Corporations and the Infrastructure Challenge. New York, Genf.

UNCTAD (2009a): World Investment Report 2009: Transnational Corporations, Agricultural Production, and Development. Genf.

UNCTAD (2009b): Investment Policy Monitor No. 1 (December 2009).

UNCTAD (2009c): Interactive Database. http://www.unctad.org/Templates/Page.asp?intItemID=3199&lang=1 (03.09.2009).

UNCTAD (2010a): Interactive Database. http://www.unctad.org/Templates/Page.asp?intItemID= 3199&lang=1 (11.02.2010).

UNCTAD (2010b): Global and Regional FDI Trends in 2009. - Global Investment Trends Monitor No. 2 (19.01.2010). New York, Genf.

US Census Bureau (2010): U.S. International Trade in Goods and Services. November 2009. http://www.bea.gov/newsreleases/international/trade/2010/pdf/trad1109.pdf (09.02.2010).

VDA (Verband der Automobilindustrie) (2009): Jahresbericht 2009. Frankfurt a.M.

Vicard, V. (2009): On Trade Creation and Regional Trade Agreements: Does Depth Matter? In: Review of World Economics 145 (2), S. 167–187.

Volz, G. (1998): Die Organisationen der Weltwirtschaft : Hintergründe ihrer Entstehung, Aufgaben und Wirkungsweise. Eine Einführung. München, Wien.

Vorauer-Mischer, K. (2004): Regionen der EU. Problemgebiete und Möglichkeiten der Regionalförderung. In: Geographische Rundschau 56 (5), S. 4-8.

VSM (Verband für Schiffbau und Meerestechnik

e.V.), Jahresberichte.

Wade, R. (2009): From Global Imbalances to Global Reorganization. In: Cambridge Journal of Economics 33 (4), S. 539-562.

Wang, H. (2007): Starke Bande zwischen China und Afrika. In: Entwicklung & Zusammenarbeit 48 (6).

Weintraub, S. (2007): Theory and Practice in the Conduct of Trade Policy. In: W.A. Kerr / J.D. Gaisford (eds.): Handbook on International Trade Policy. Cheltenham, S. 11-18.

Welt Online (2010): USA machen 1,6 Billionen Dollar neue Schulden. In: Welt Online (01.02.2010). http://www.welt.de/wirtschaft/article6054191/USA-machen-1-6-Billionen-Dollar-neue-Schulden.html (20.02.2010).

Weltbank (1989): IBRD Articles of Agreement, as amended effective February 16, 1989. http://web.worldbank.org/WBSITE/EXTERNAL/EXTABOUTUS/ 0,,contentMDK:20 049557~menuPK:63000601~pagePK:3454 2~piPK:36600~ theSitePK:29708,00.html (22.04.2009).

Weltbank (2008): Weltentwicklungsbericht 2008. Agrarwirtschaft für Entwicklung. Bonn.

Weltbank (2009): Quick Query selected from World Development Indicators. http://ddp-ext.worldbank.org/ext/DDPQQ/showReport.do?method=showReport (07.09.2009).

Weltbank (2010): Global Economic Prospects 2010: World trade (21.01.2010). http://web.worldbank.org/external/default/main?content MDK=20665751&theSitePK=612501&pageP K=2904583&piPK=2904598 (08.02.2010).

Werlen, B. (2000): Verschwindet die Ferne? Zur Zukunft der räumlichen Bedingungen. In: Praxis Geographie (2), S. 15-19.

Werner, K. / Weiss, H. (2001): Schwarzbuch Markenfirmen. Die Machenschaften der Weltkonzerne. Wien.

Wieczorek-Zeul, H. (2009): Landnahme. In: Frankfurter Rundschau (25.08.2009). http://www.fr-online.de/politik/doku---debatte/landnahme/-/1472608/2820958/-/index.html.

Wiliamson, O. E. (1990): Die ökonomischen Institutionen des Kapitalismus. Unternehmen, Märkte, Kooperationen. Tübingen.

Witte, P. (1995): Kernfähigkeiten und Diversifikation: Probleme, Lösungsansätze und Handlungsempfehlungen untersucht am Beispiel der Werftenindustrie. Dissertation Hochschule St. Gallen, Hallstadt.

Wöhe, G. (1996): Einführung in die Allgemeine Betriebswirtschaftslehre. 19. Auflage, München.

Wolf, W. (2009): Sieben Krisen – ein Crash. Wien.

WTO - World Trade Organization (2008a): International Trade Statistics 2008. Genf. http://www.wto.org/english/res_e/statis_e/its2008_e/its08_toc_e.htm (02.03.2009).

WTO (2008b): Members and observers. http://www.wto.org/english/thewto_e/whatis_e/tif_e/org6_e.htm. (02.03.2009).

WTO (2008c): World Trade Report 2008. Trade in a Globalizing World. Genf. http://www.wto.org/english/res_e/booksp_e/anrep_e/world_trade_report08_e.pdf (11.05.2009).

WTO (2009a): International Trade Statistics 2009. Genf. http://www.wto.org/english/res_e/statis_e/its2009_e/its09_toc_e.htm (23.11.2009).

WTO (2009b): Statistic Database. http://stat.wto.org/StatisticalProgram/WSDBStatProgramHome.aspx? Language=E (24.09.2009).

WTO (2009c): Statistic Database. Trade Profiles. http://stat.wto.org/CountryProfile/WSDBCountryPFHome.aspx?Language=E (23.11.2009).

WTO (2009d): World Trade Report 2009. Trade Policy Commitments and Contingency Measures. Genf. http://www.wto.org/english/res_e/booksp_e/anrep_e/world_ trade_report09_e.pdf (28.08.2009).

WTO (2009e): 2009 Press Releases. Press/554 (23 March 2009): World Trade 2008, Prospects for 2009: WTO sees 9% global trade decline in 2009 as recession strikes. http://www.wto.org/english/news_e/pres09_e/pr554_e.htm (11.05.2009).

WTO (2010): Short-term merchandise trade statistics. http://www.wto.org/english/res_e/statis_e/ quarterly_world_exp_e.htm (13.02.2010).

Zademach, H.-M. (2009): Global Finance and the Development of Regional Clusters: Tracing Paths in Munich's Film and TV Industry. In: Journal of Economic Geography 9 (5), S. 697-722.

Zademach, H.-M. / Knogler, M. / Haas, H.-D. (2006): Zur Inwertsetzung modularer Produktionsnetzwerke: Potenziale, Grenzen und räumliche Implikationen am Beispiel der Halbleiterindustrie. In: Geographische Zeitschrift 94 (4), S. 185-208.

Zeise, L. (2009): Ende der Party: Die Explosion im Finanzsektor und die Krise der Weltwirtschaft. 2. Auflage, Köln.

Zimmermann, J. (1993): Sportartikelindustrie in Pakistan: Kleinindustrie als Hoffnungsträger einer „frustrierten" Industrialisierung? In: Geographische Rundschau 45 (11), S. 658-664.

Zook, M. A. (2005): The Geography of the Internet Industry. Venture Capital, Dot-coms, and Knowledge. Malden u.a.

Internetquellen:

http://europa.eu/scadplus/leg/de/lvb/g24231.htm (02.10.2009).

http://ec.europa.eu/regional_policy/policy/object/index_de.htm (19.02.2010).

http://europa.eu/pol/reg/index_de.htm (19.02.2010).

http://money.cnn.com/magazines/fortune/global500/2008/full_list/ (21.07.2008)

http://www.aseansec.org/19226.htm (24.09.2009)

http://www.lboro.ac.uk/gawc/

http://www.leitzinsen.info/usa.htm (03.02.2010).

www.bundesfinanzministerium.de/bundeshaushalt 2006/html/vsp2i-e.html (21.07.2008).

www.denic.de (15.10.2008).

www.finanznachrichten.de/nachrichten 2006-12/artikel-7514596.asp (21.07.2010).

www.nordcapital.com/main/nca/at/fonds/containerumschlag.jsp (06.03.2009).

www.starbucks.com (19.02.2009).

www.worldbank.org (03.03.2009).

Sachregister